Norddeutsche Felsbilder

Von

TORSTEN CAPELLE

1984

Verlag August Lax Hildesheim

Gedruckt mit Mitteln des Landes Niedersachsen

CIP-Kurztitelaufnahme der Deutschen Bibliothek
Capelle, Torsten:
Norddeutsche Felsbilder / von Torsten Capelle. — Hildesheim:
Lax, 1984.
   (Wegweiser zur Vor- und Frühgeschichte Niedersachsens; H. 14)
   ISBN 3-7848-1914-1
NE: GT

© Verlag August Lax Hildesheim

Inhaltsverzeichnis

Vorwort 5
Einleitung 7
Das skandinavische Kerngebiet 8
Zeichnungen auf steinernen Kleinobjekten 15
Schalensteine und Rillensteine 20
Einfache geometrische Motive 31
Die sogenannten Sonnensteine 39
Figurale Motive 45
Der Stein von Anderlingen 54
Miniaturen auf Bronzen 59
Verbreitung und Zusammenfassung 63
Weiterführende Literatur 68
Abbildungsnachweise 70

Vorwort

Die vorliegende Darstellung greift räumlich über das Zuständigkeitsgebiet der „Wegweiser zur Vor- und Frühgeschichte Niedersachsens" hinaus. Dennoch wurde sie in diese Reihe aufgenommen, da einige der eindrucksvollsten und aussagefähigsten norddeutschen Felsbilder gerade im niedersächsischen Raum gefunden worden sind. Für die Förderung der Veröffentlichung in dieser Form danke ich dem Herausgeber.

Die meisten Bildsteine sind entweder im Niedersächsischen Landesmuseum in Hannover beziehungsweise im Schleswig-Holsteinischen Landesmuseum im Schloß Gottorp in Schleswig ausgestellt oder aber im Gelände gut sichtbar aufzusuchen.

Wie im archäologischen Schrifttum häufig üblich, werden zur genauen Bezeichnung der Fundorte die Namen der jeweiligen Altkreise hinzugefügt, da diese kleineren Einheiten eine bessere Lokalisierung erlauben als Hinweise auf die neuen Großkreise.

Für die Anfertigung der vorzüglichen Umzeichnungen danke ich Frau M. Knüppel und Frau R. Geske, die sich dieser mühevollen und einfühlsamen Arbeit am Seminar für Ur- und Frühgeschichte der Westfälischen Wilhelms-Universität in Münster unterzogen haben.

Torsten Capelle

Einleitung

In Stein geschlagene oder geritzte Bilder und Zeichen der ausgehenden Jungsteinzeit und vor allem der Bronzezeit sind aus dem norddeutschen Raum in bemerkenswerter Anzahl bekannt (Karte: *Abb. 40*). Sie stammen aus einem Gebiet, das zur Entstehungszeit dieser Denkmäler zum sogenannten ‚nordischen Kreis' gehörte. Es sind diese Stücke, die hier insgesamt vorgestellt werden sollen, nicht aber die bald südlich davon auftretenden Innenzeichnungen an den Wänden neolithischer Steinkisten und vereinzelte Ritzungen auf den etwa zeitgleichen Menhiren (zu denen wohl auch als ein nördlicher Vorposten der ‚Süntelstein' bei Belm im Kreis Osnabrück zählt), da diese Zeugnisse ihre Wurzeln in Westeuropa haben und in keinerlei Zusammenhang mit der erstgenannten Gruppe stehen.

Als Felsbilder gelten ganz allgemein Zeichen und Zeichnungen, die in eine mehr oder weniger glatte Gesteinsoberfläche eingeschlagen oder eingeritzt worden sind. Solche Bilder sind fast überall dort auf der Erde anzutreffen, wo die natürlichen Voraussetzungen für ihre Anbringung — nämlich größere, möglichst plane Felsflächen — gegeben waren. Bei uns sind vor allem die skandinavischen Beispiele bekannt, die eine besondere Konzentration in Süd- und Mittelschweden sowie im südlichen Norwegen und in Dänemark aufweisen. Die räumlich daran anschließenden Felszeichnungen Norddeutschlands sind in Schleswig-Holstein, Mecklenburg und Niedersachsen entdeckt worden, doch beschränkt sich das Vorkommen inhaltsreicher Darstellungen bisher auf Niedersachsen und Schleswig-Holstein. Im Vergleich zu dem reichhaltigen schwedischen und dänischen Material sind diese rein zahlenmäßig selbstverständlich als seltenere Erscheinungen zu bezeichnen. Dennoch ist ihre zusammenfassende Betrachtung angebracht, um die Kenntnis von dieser für die nordeuropäische Urgeschichte so bedeutsamen Denkmälergruppe auch in ihren Randgebieten zu vermitteln.

Hier an der Südgrenze des spätneolithischen, bronzezeitlichen und früheisenzeitlichen Felsbildgebietes werden sie ebenso wie in Dänemark (abgesehen von der im Osten gelegenen Insel Bornholm) allerdings nie auf gewachsenem Felsen angetroffen; stets kommen sie nur auf losen Felsblöcken vor, während sie in Norwegen und Schweden nahezu ausschließlich auf anstehenden, durch Gletscherschliff präparierten Felsflächen zu finden sind. Daher konnten sie in Norddeutschland auch in manchen Fällen von ihrem ursprünglichen Standort beziehungsweise Entstehungsort verschleppt werden. Das gilt aber glücklicherweise nur für einige wenige aussagefähige Exemplare. Sehr wahrscheinlich hat es sogar mehr als die hier verzeichneten Beispiele im norddeutschen Flachland gegeben, die jedoch dem frühneuzeitlichen Straßen- und Brückenbau zum Opfer gefallen sind: Sie werden unbeachtet gesprengt worden sein, um die Findlinge besser als leicht verfügbare Baumaterialien verwenden zu können. Da die Bilder oft schwer von natürlichen Unebenheiten auf der Steinoberfläche zu unterscheiden sind, liegt eine solche Annahme nicht fern.

Klar zu unterscheiden von den urgeschichtlichen Einarbeitungen sind in der Regel moderne Eingriffe an Felsblöcken. Oft handelt es sich dabei nur um vorbereitete Löcher oder Rillen für Setzkeile oder Sprengstoff, mit denen die großen Brocken in handliche Teile zerlegt werden sollten. Manchmal sind es aber auch einwandfreie christliche Kreuze oder andere Symbole, die erst in jüngster Zeit entstanden sein können. Nur in Ausnahmefällen ist dabei offensichtlich bewußt versucht worden, urgeschichtliche Bilder nachzuempfinden (oder absichtlich zu fälschen?). Das gilt zum Beispiel für zwei eingemeißelte Fußbilder und ein Kreiszeichen an den Johannissteinen auf dem Piesberg in Osnabrück-Pye, die erst in den zwanziger Jahren dieses Jahrhunderts angebracht worden sind.

Das skandinavische Kerngebiet

Die Erforschung der skandinavischen Felszeichnungen ist in den letzten Jahrzehnten besonders intensiv betrieben worden. Im Rahmen dieser Untersuchungen wurden auch die in Stein geschlagenen Bilder Dänemarks und Schonens im südlichen Schweden zusammenfassend und übersichtlich vorgelegt. Diese Bereiche bieten aufgrund ihrer regionalen Nachbarschaft naturgemäß die besten Vergleichsbeispiele zu den norddeutschen Exemplaren.

Flache oder nur leicht geneigte Blöcke sowie vor allem anstehende Felsen, die durch den Gletscherschliff ideale Zeichnungsflächen boten, sind für die Bilder offensichtlich bevorzugt ausgewählt worden. Meistens liegen sie in kleinen Gruppen beisammen; nur wenige größere Areale sind bis jetzt bekannt geworden.

Die Felsbilder Nordeuropas lassen sich grob in zwei Gruppen teilen, eine nördliche und eine südliche (einschließlich derjenigen des norddeutschen Raumes). Im Süden begegnen viele Symbole, häufig auch Menschen; die Zeichnungen sind hier stark schematisiert und damit als verhältnismäßig einfach zu charakterisieren. Im Norden sind sie eher naturalistisch gestaltet; hier überwiegen bei weitem die Tierdarstellungen (in Norddeutschland ist nur in einem einzigen Fall ein Tierbild zu erkennen).

Da die Zeichnungen nur wenige Millimeter in die Oberfläche eingetieft worden sind, ist es oft schwer, sie auf Anhieb zu erkennen. In jedem Jahr treten neue zutage. Ursprünglich waren sie sicher mit einer rötlich-braunen Farbe eingefärbt, wie es einige wenige, an geschützter Stelle gelegene Felsmalereien in Nordskandinavien nahelegen, die nur auf die Oberfläche aufgetragen worden sind. Die Anfertigung der Felsbilder oder Felsritzungen, wie sie zuweilen auch zutreffend genannt werden, erforderte einen großen Aufwand, so daß ihre Anbringung für die ‚Steinmetze' ein sehr wichtiges Anliegen gewesen sein muß. In der Regel werden sie mit einem harten Stein als Werkzeug eingeritzt und -gepickt worden sein, doch muß bei manchen Bildern der Präzision nach zu schließen ein spitzes Metallgerät Verwendung gefunden haben. Allerdings setzte das harte Material — meistens Granit oder Gneis — der äußeren Ausdrucksform von vornherein verhältnismäßig enge Grenzen.

Bei der Betrachtung von Ritzungsflächen wirkt die große Vielfalt der auftretenden Bilder und Zeichen anfangs sehr unübersichtlich, doch ist es in der Regel trotz zahlreicher Überschneidungen möglich, sie recht gut zu entwirren. Es sind dabei verschiedene chronologische

Horizonte voneinander zu trennen, die jedoch alle überwiegend der jüngeren Bronzezeit angehören. Diese sichere Datierung beruht in erster Linie darauf, daß die gleichen Motive zum Teil in geradezu identischer Zeichnungsweise auf kleinen bronzenen Gegenständen in zeitlich gut zu bestimmenden Grabfunden häufig auftreten (für niedersächsische Beispiele siehe *Abb. 38 und 39*). Das heißt, die Felsbilder Nordeuropas sind grob gesagt 3000 Jahre alt. Sie stellen das umfangreichste Bildquellenmaterial aus dem urgeschichtlichen Europa dar.

Abgesehen von einfachen Zeichen wie den zahllosen sogenannten Schalengrübchen (dazu siehe unten) ist das Schiff das häufigste Motiv (*Abb. 1*). Es ist besonders für das südliche Skandinavien kenn-

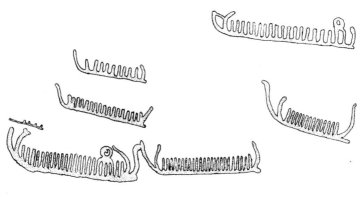

Abb. 1
Lökeberg, Westschweden.

zeichnend und darf wohl ganz allgemein als Ausdruck einer seefahrenden Bevölkerung verstanden werden. Diese Schiffsbilder sind schon rein antiquarisch von großer Bedeutung, da gleichzeitige Originalfunde nicht überliefert sind. Als besonders charakteristisch kann die immer wiederkehrende Angabe von Doppelsteven an Bug und Heck angesehen werden. Oberhalb und unterhalb der vorzustellenden, aber nicht eingezeichneten Wasserlinie befinden sich jeweils vorn und hinten ein Rammsteven beziehungsweise ein Ziersteven. Die Ziersteven laufen oben oft in einen Tierkopf aus. Diese Fahrzeuge müssen in beiden Richtungen voll manövrierfähig gewesen sein. Die aufgezeichneten Mannschaften sind in ihrer Anzahl bis zu etwa 30 Mann wahrscheinlich etwas übertrieben, doch müssen es immerhin schon recht beachtliche, große Boote gewesen sein.

Fast ebenso oft begegnen auf den Felsen kreisförmige Zeichen, entweder offen oder mit Spiralen beziehungsweise Speichen oder Kreuzen gefüllt. Treten sie in Verbindung mit Wagendarstellungen auf, wird man sie als Räder ansprechen dürfen. Sonst müssen sie aber wohl zumeist als Sonnensymbole gelten, zumal wenn sich ihnen die Arme von Personen in anbetender Haltung entgegenstrecken. Auch in anderen Fundzusammenhängen ist die Verehrung der Sonne im bronzezeitlichen Norden gut belegt.

Überhaupt scheint ein wesentlicher Teil der Abbildungen — vor allem die der Symbole — einem kultisch-religiösen Bereich zuzuweisen zu sein. In jüngster Zeit ist sogar der Vorschlag gemacht worden, die zahlreichen Fußbilder (*Abb. 2*) als Spuren vorübergegangener und sonst nicht sichtbarer Gottheiten zu deuten, die wahrscheinlich selbst nicht abgebildet werden durften.

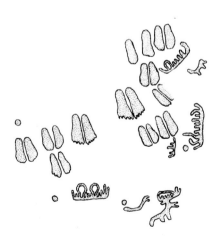

Abb. 2
Lökeberg, Westschweden.

Auf einen Jagdzauber lassen dagegen am ehesten die Abbildungen von Wild schließen. Der natürlichen Fauna entsprechend sind es im Norden Skandinaviens vorwiegend Elchbilder, im Süden dagegen Hirschdarstellungen. Zuweilen sind ganze Rudel solcher Tiere wiedergegeben. Vermutlich sind sie auf den Felsen zeichnerisch festgehalten worden als Ausdruck bereits erfolgten Jagdglücks oder aber in der Hoffnung, dadurch magisch unterstützt, ein solches zu erhalten beziehungsweise geradezu zu erzwingen. Dafür würden auch die zahlreichen Fischbilder auf den Felsinseln innerhalb der Stromschnellen von Nämforsen im schwedischen Norrland sprechen, da dieser Platz bis zur Flußregulierung und modernen Errichtung eines Wasserkraftwerkes als hervorragender Ort für den Lachsfang galt.

Sicher erkennbare Haustiere finden sich dagegen nur in wesentlich geringerer Anzahl. Bei Bildern von Schweinen ist eine solche Bestimmung in keinem Fall einwandfrei möglich. Erwähnenswert sind vor allem das Pferd als Reittier und das Rind mit deutlich markierten Hörnern als Zugtier, und zwar sowohl vor Wagen als auch vor dem Pflug (*Abb. 3*). Besonders die Pflügerszenen sind von großem Inter-

Abb. 3
Tanum, Westschweden.

esse, da sie ohne Zweifel einen Fruchtbarkeitskult nachweisen; dasselbe gilt im übrigen für phallisch betonte Zeichnungen von Männern, die häufig auftreten. Nahegelegt wird diese Deutung darüber hinaus durch die Lage vieler solcher Bildflächen inmitten fruchtbaren Ackerlandes.

Menschen gehören vielerorts zum ständigen Motivvorrat der Felsbildflächen. Meist handelt es sich dabei allerdings — soweit überhaupt erkennbar — nur um männliche Darstellungen. Sie kommen in sehr unterschiedlichen Zusammenhängen vor: als Reiter und Pflüger, als Betende und sogenannten Akrobaten — am ehesten wohl Tänzer im Rahmen kultischer Zeremonien — und nicht zuletzt als bewaffnete Jäger und Kämpfer. An Waffen tragen sie Schild, Speer und Axt, die in ihren Ausführungen vollkommen denjenigen entsprechen, die aus den Grabfunden im Original belegt sind. Solche Szenen können vor einer Jagd oder einem Kampf angebracht worden sein, um einen erfolgreichen Ausgang des Unternehmens durch zeichnerische Vorwegnahme zu bewirken, sie können aber ebensogut danach als Dank oder einfach als Erinnerung an ein solches Ereignis entstanden sein. Dann wären sie als historische Aufzeichnungen zu werten.

Drei Stile lassen sich bei den Menschenbildern voneinander unterscheiden. Zum einen können die Figuren schwungvoll und geradezu elegant wirken, zum anderen eher kantig und erstarrt, etwa mit viereckigem oder dreieckigem Rumpf. Die dritte Variante bilden eine Art Strichmännchen, zuweilen mit einem Kreis als angegebenem Rumpf.

Von den genannten Waffen treten einige auch in anderem Zusammenhang auf, nämlich als Kultobjekte. So finden sich unter den dargestellten Äxten übergroße Exemplare mit weit ausschwingender Schneide, die zeremonienhaft emporgehoben getragen werden. Einige Funde aus Gräbern und Horten zeigen, daß diese Ausführung der Äxte nur aus einem blattdünnen Bronzemantel besteht, der über einen Tonkern gegossen wurde. Sie sind also für den praktischen Gebrauch nicht verwendbar, da sie beim ersten Hieb zerbrechen würden. Ähnlich sind die mehrfach abgebildeten Hörnerhelme zu verstehen, die im Kampf durch einen gezielt geführten Schlag leicht vom Kopf zu streifen wären, oder die dünnen Bronzeschilde, die wesentlich weniger widerstandfähig sind als etwa ein Lederschild. Objekte dieser Art werden ohne Zweifel nur bei festlichen Anlässen zur Schau getragen worden sein. Sie begegnen entsprechend auch überwiegend innerhalb von Szenen, die eine prozessionsartige Anordnung mehrerer Personen zeigen. In diesen Bereich gehören schließlich auch noch die Darstellungen von Musikanten, die die großen geschwungenen Luren tragen, das heißt die ältesten Blasinstrumente Europas. Sie kommen fast stets in paariger Verwendung vor. Aus Gräbern sind Luren bisher nicht bekannt geworden; sie werden also kaum zum persönlichen Besitz einzelner Personen gehört haben. Dagegen liegen sie — in der Regel ebenfalls paarig — aus zahlreichen Horten beziehungsweise Opferfunden vor, so daß bereits aus dieser Fundsituation ihre Sonderstellung ersichtlich wird.

Schließlich sind — um damit diesen kurzen Überblick über die häufigsten Motive der skandinavischen Felsbilder zu beenden — noch Zeichnungen von Kleidungsstücken zu erwähnen. Es handelt sich dabei um mantelartige Umhänge sowie um Kittel mit Trägern — beides Formen, die auch gut erhalten aus einem schwedischen Moor und aus dänischen Baumsärgen im Original überliefert sind. Das Erstaunliche an diesen in ihren äußeren Umrissen auf den Felsen wiedergegebenen Textilien ist die Tatsache, daß sie in natürlicher Größe aufgezeichnet wurden — im Gegensatz zu allen übrigen Motiven, die bis auf ganz wenige Ausnahmen immer sehr stark verkleinert dargestellt sind. Offenbar sind hier wirkliche Kleidungsstücke auf den Felsen ausgebreitet und in ihren Konturen nachgezogen worden. Sie können möglicherweise als Opfer angesprochen werden, wobei das Bild als Ersatz für ein tatsächliches Textil ausgereicht zu haben scheint.

Auffallend bei den skandinavischen Felsbildern ist besonders die innere Unregelmäßigkeit auf den einzelnen Bildflächen. Es liegen also nicht insgesamt entworfene Kompositionen vor, sondern voneinander unabhängige Bilder, die sich oft sogar störend überschneiden und daher auch nicht gleichzeitig entstanden sein können. Ein Felsen wurde demnach mehrfach aufgesucht. Verwirrend erscheint darüber hinaus, daß selbst innerhalb geschlossener Szenen variierende Proportionen und ungleiche Maßstäbe festzustellen sind. Schließlich ist in diesem Zusammenhang auch das Fehlen jeglicher Perspektive zu nennen. Solche Momente erschweren natürlich eine Deutung. Dennoch können einige Aussagen über die Ursachen der Entstehung dieser vielfältigen Welt der skandinavischen Felsbilder mit Gewißheit gemacht werden. Auf jeden Fall sind sie nicht alle aus ein und demselben Grund angefertigt worden. Manche sind einem Fruchtbarkeitskult zuzuweisen, andere hängen mit Jagd- und Fangmagie zusammen. Weiterhin sind zeichnerische Kriegsbitt- oder Kriegsdankopfer ebenso zu erschließen wie Zeugnisse der Sonnenverehrung. Auch Verbindungen zum Totenkult lassen sich anhand gleichartiger Zeichnungen an den Wänden steinerner Grabkammern aufzeigen. Diese Themenbereiche können sich selbstverständlich inhaltlich überschneiden und ergänzen. Doch wird keineswegs jede Szene religiös, kultisch oder magisch zu interpretieren sein. Dieses geradezu für ewige Dauer geschaffene steinerne Bildarchiv scheint unerschöpflich zu sein. Manches wird nur rein erzählenden Charakter haben und vieles von diesen Dokumenten aus schriftloser Zeit wird wohl für immer ungedeutet bleiben müssen.

Um so wichtiger ist es, möglichst alle vorhandenen Quellen dieser Art zu erfassen und auszuwerten. Dazu gehören eben auch die norddeutschen Exemplare, die zeigen, wie weit die damit verbundenen Vorstellungen regional gereicht haben.

Zeichnungen auf steinernen Kleinobjekten

Die Zierfreude der Bronzezeit ist allgemein bekannt. Der neue, gut formbare Werkstoff hat dafür wahrscheinlich entscheidende Anstöße geliefert. Im voraufgehenden Neolithikum bot sich für Ausschmückungen fast nur die Keramik an. Seit Beginn der Bronzezeit ist dagegen ein weites Spektrum hölzerner, hörnerner, metallener, keramischer und auch steinerner Objekte überliefert, die mit Ornamenten und Figuren versehen sind oder sogar plastisch gestaltet wurden. Für viele dieser Motive steht eine kultische Bedeutung außer Frage.

Die verzierten Steingeräte gehören zwar nicht zu den Felsbildern im engeren Sinne, da sie naturgemäß der Monumentalität entbehren, doch zeigen sie in kleinerer Form zum Teil Motive, die mit denjenigen auf den großen Findlingen übereinstimmen oder zumindest vergleichbar sind und die auch in derselben Manier angebracht wurden. Daher seien einige derart verzierte Steingeräte aus der Bronzezeit hier kurz exemplarisch vorgeführt.

Einfache Rippen, Wülste oder zu Gruppen angeordnete schmale Rillen werden wohl lediglich als reiner Dekor zu verstehen sein. Die Präzision ihrer Anfertigung, wie sie etwa auf einer nackengebogenen bronzezeitlichen Axt (*Abb. 4*) sichtbar wird, zeigt aber bereits deut-

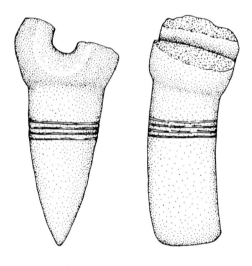

Abb. 4
Bleckede, Kr. Lüneburg.
M. 2:3.

lich, daß die Steinmetze oder -schleifer den Umgang mit dem Material hervorragend beherrschten. Nicht nur große Granitblöcke, sondern auch feinere Felsgesteinarten waren demnach vollendet in ihr Repertoire einbezogen.

Kann es sich bei diesem ersten genannten Beispiel vielleicht um eine in Stein nachempfundene ehemalige Umwicklung für die Befestigung einer Schäftung handeln, so ist dagegen eine ähnliche profane Erklärung für einfache X-Zeichen nicht zu finden. Da solche wiederholt in ähnlicher Ausführung begegnen (*Abb. 5a und 5b*), sind sie nicht als reine Spielereien abzutun. Ein heute unbekannter Symbolgehalt wird in der Bronzezeit wahrscheinlich damit verbunden gewesen sein.

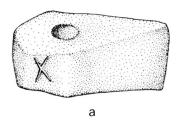 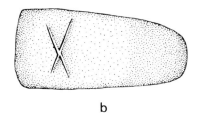

a　　　　　　　　　　　　b

Abb. 5
a: Münster-Geist, Westfalen.
M. 2:3.
b: Altenberge, Kr. Steinfurt.
M. 2:3.

Solchermaßen verzierte Gegenstände sind in erster Linie Geräte oder Waffen gewesen; ihre Stellung als Ornamentträger war dagegen nur von untergeordneter Bedeutung.

Anders verhält sich das mit einigen weiteren Fundstücken. Zu diesen zählen kleine pilzförmige Steine mit einer umlaufend eingearbeiteten Rille, die keinerlei praktische Funktion gehabt haben können (*Abb. 6*). Großformatige Entsprechungen zu ihnen deuten als sogenannte Rillensteine (dazu siehe unten) auf eine Verwendung im Kult hin. Daher wird ein solcher Zusammenhang auch für diese Miniaturausgaben, die noch neben früheisenzeitlichen Urnen auf einigen Gräberfeldern vorkommen, anzunehmen sein.

Auf abgeflachten, mehr als faustgroßen Geröllsteinen sind häufig an einer Seite oder auch beiderseits mehrere Zentimeter weite, kreisrun-

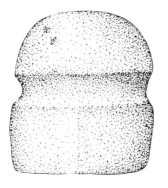
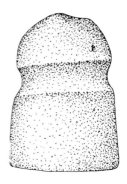

Abb. 6
Garbsen, Kr. Neustadt a. Rbg.
M. 2:3.

de uhrglasförmige Eintiefungen festzustellen. Diese Schälchen sind eingepickt oder eingebohrt. Sie sind oft als Hilfsmittel zur Halterung oder Befestigung dieser Steine bei einer mutmaßlichen Nutzung als Geröllkeulen gedeutet worden. Da es jedoch zahlreiche ebensolche Schälchen auf großen Findlingen — den sogenannten Schalensteinen (dazu siehe unten) — gibt, die im Kult der jüngeren Steinzeit und der Bronzezeit eine Rolle gespielt haben werden, ist ein Zusammenhang damit durchaus möglich. Vollends wird das nahegelegt bei einer kleinen Sandsteinstange (*Abb. 7*), die aufgrund ihrer Form und Größe weder als Werkzeug noch als Waffe gedient haben kann; sie trägt eine klassische Schalengrube von bemerkenswertem Umfang.

In dieselbe Richtung weist ein Axtbruchstück (*Abb. 8*), das auf der Höhe des zum Teil noch erkennbaren Schaftloches abgebrochen ist. Das verbliebene Fragment ist an der Bruchstelle sorgfältig poliert worden; darüber hinaus wurde auf der einen Seite ein Schalengrübchen eingebohrt und diesem unmittelbar gegenüberliegend auf der anderen Seite eine Spirale eingraviert. Es kann nie beabsichtigt gewesen sein, die Bohrung vollständig durchzuführen, da dann das feine Spiralornament zerstört worden wäre. Die Bohrung sollte also keinen praktischen Zweck erfüllen, sondern sie muß aus anderen Gründen erfolgt sein. Sowohl Schalengruben als auch Spiralen sind auf den

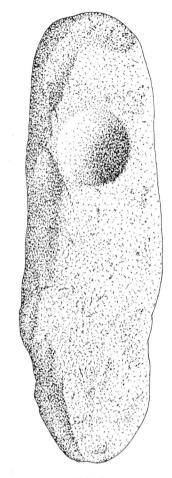

Abb. 7
Klein Görnow, Kr. Sternburg.
Länge 27 cm.

bronzezeitlichen Felsbildern Skandinaviens häufig als Motive belegt. Beide werden daher auf der genannten Axt als Miniaturbilder aufzufassen sein. Entsprechend sind auch viele andere angefangene Bohrungen auf Äxten als Schalengruben zu deuten, die ausschließlich symbolischen Wert gehabt haben. Es ist vorgeschlagen worden, daß diesen Bohrungen eine rituelle Bedeutung beigemessen wurde, die vielleicht aus dem Leben erhaltenden Feuerbohren entstanden ist. Auf jeden Fall lieg ein kultischer Zusammenhang am nächsten, da Axt und Beil durch Opferfunde in Mooren, durch exponierte Darstellungen auf Felsbildern sowie durch Amulettanhänger aus Bernstein in Axtform als religiöse Symbole vielfach belegt sind.

Als letztes Beispiel eines Miniaturbildes in Stein sei ein nur 10 cm großes abgeflachtes quarzitisches Sandsteingeröll genannt, das auf der einen Seite eine mehrteilige kleine Zeichnung trägt (*Abb. 9*). Um einen Mittelpunkt verlaufen zwei konzentrische Kreise, wie sie in größerem Format auf den sogenannten Sonnensteinen (dazu siehe unten) vorkommen. Die beiden Kreise auf dem Geröll von Volkwardingen im Kreis Soltau werden von einer dritten, schlüssellochförmigen, offenen Linie eingefaßt, deren beide Enden stielartig nach unten auslaufen. Wie bei manchen großen Felsbildern ist hier das Motiv durch kleine (im linken Abschnitt offensichtlich mißlungene) punktförmige Eintiefungen vorgezeichnet worden, die erst in einem zweiten Arbeitsgang miteinander verbunden worden sind. Auch für dieses so entstandene Motiv sind Parallelen auf den skandinavischen Felsbildflächen bekannt. Dort lassen die entsprechenden Bildzusammenhänge an eine Darstellung der Sonnenscheibe denken, deren künstliches Abbild auf einem Podest stehend oder auf einem Gestell im Rahmen von Zeremonien verehrt wurde. Um die Wiedergabe eines solchen, auf einem Gerüst befestigten Sonnenbildes könnte es sich hier ebenfalls handeln. Doch kann ein so einfaches Motiv natürlich auch einen ganz profanen, nicht erschließbaren Hintergrund haben.

Die mit Zeichnungen versehenen steinernen Kleinobjekte werden, wie die Motive zeigen, überwiegend gewiß nicht losgelöst von den eigentlichen Felsbildern entstanden sein.

Schalensteine und Rillensteine

Das häufigste und vielleicht auch das älteste Motiv auf den verzierten großen Steinflächen der Findlinge bilden einfache Schälchen. Diese Eintiefungen sind uhrglasförmig ausgearbeitet. Der Durchmesser be-

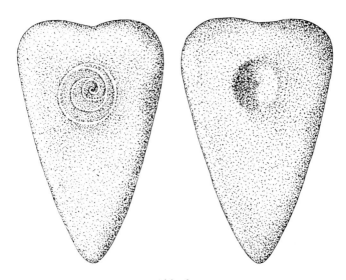

Abb. 8
Gremersdorf-Seegalendorf, Kr. Oldenburg/Holst.
Länge 8 cm.

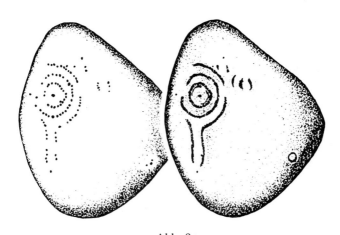

Abb. 9
Volkwardingen, Kr. Soltau.
M. 1:2.

trägt in der Regel zwei bis acht Zentimeter, die Tiefe schwankt zwischen fünf Millimetern und drei Zentimetern. Sie treten sowohl einzeln als auch häufig in großer Zahl (oft bis weit über hundert) auf einem Stein auf. Manchmal sind sie geradezu flächendeckend auf der Oberfläche beziehungsweise Schauseite verteilt (*Abb. 10*). In einigen

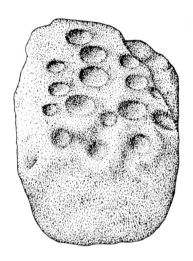

Abb. 10
Emmendorf, Kr. Uelzen.

Fällen wird der Eindruck vermittelt, daß sie reihen- oder musterartig aufeinander bezogen sind, doch ist meistens kein solcher Zusammenhang erkennbar. Sie werden auch sicher nicht innerhalb einer Steinfläche alle gleichzeitig angebracht worden sein. Vielmehr wird gleichsam mit Nachträgen zu rechnen sein, so daß — abhängig von den wiederholten Anlässen, aus denen sie eingebracht wurden — die entsprechend ausgeschmückten Flächen allmählich gewachsen sind.

Trotz der oft starken Verwitterung machen die einzelnen Schälchen einen sehr gleichmäßigen Eindruck. Daher werden sie jeweils in einem Arbeitsgang entstanden sein. In einigen Fällen bewahrte Drehspuren lassen daran denken, daß ein Bohrstock dabei Verwendung fand. Dafür könnte auch die kreisrunde Form sprechen. Sie wären dann in gleicher Technik hergestellt wie die oft makellosen Durchbohrungen von Felsgesteinäxten. Bei den größeren Exemplaren ist ein solches Verfahren aber nicht sehr wahrscheinlich. Diese werden am ehesten eingepickt worden sein, worauf verbliebene Schlagspuren hindeuten.

Steine, die ausschließlich Schälchen tragen — die sogenannten Schalensteine —, sind aus dem norddeutschen Raum zu Hunderten bekannt; auf manchen von ihnen sind einige Schälchen durch eine seichte Rinne miteinander verbunden. Sehr stark vertreten sind sie unter anderem im Bereich der jungsteinzeitlichen Megalithkultur Norddeutschlands (*Abb. 11*). Südlich der Randzone des nordischen

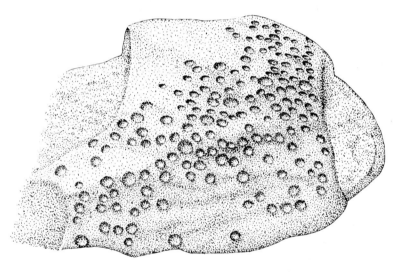

Abb. 11
Mankmoos, Kr. Sternberg.

Kreises sind sie nur ausnahmsweise belegt. Das massierte Vorkommen in Schleswig-Holstein, Mecklenburg, Pommern und Niedersachsen zeigt damit deutlich die Zugehörigkeit auch dieser einfachen

Markierungen zu der skandinavischen Felsbildwelt. Das findet seine Bestätigung in einigen unten zu besprechenden Bildsteinen, die sowohl inhaltsreiche Motive als auch einfache Schalengruben gemeinsam auf einer Fläche aufweisen. Die in anderen Teilen Europas und auch bei außereuropäischen Völkern beobachteten Schalensteine weisen keinen erkennbaren Zusammenhang mit dieser Nordgruppe auf; sie werden unabhängig davon zu verschiedenen Zeiten (und Zwecken?) entstanden sein.

Die meisten Schalensteine wurden ohne sichtbaren Fundzusammenhang mit anderen Denkmälern angetroffen. Wahrscheinlich sind sie überwiegend in ihrer natürlichen Lage belassen worden, das heißt dort, wo sie von den eiszeitlichen Gletschern abgelagert worden waren. Allerdings fällt die häufige Nähe zu jungsteinzeitlichen und bronzezeitlichen Grabanlagen auf. Zuweilen, so etwa bei Ripdorf im Kreis Uelzen, finden sich sogar zahlreiche Schalensteine unmittelbar am Rand oder im näheren Umfeld einer Hügelgräbergruppe. Ausnahmsweise liegt ein solcher Stein sogar oben auf der Kuppe eines Hügelgrabes.

Bei den Grabanlagen mit Schalensteinen als direktem oder benachbartem Bestandteil handelt es sich sehr oft um Megalithgräber, bei denen ein oder mehrere Decksteine (*Abb. 12*) auf ihrer Oberfläche

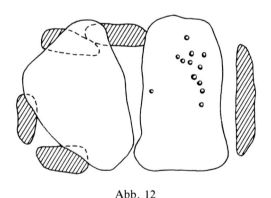

Abb. 12
Bliesdorf, Kr. Stade.

mit Schälchen zum Teil geradezu übersät sein können. Vor allem an den gut untersuchten Großsteingräbern Mecklenburgs hat das vielfach beobachtet werden können. Ausnahmsweise finden sich solche Zeichen auch im Inneren der Kammern, wo sie wohl während der Nutzungszeit dieser zugänglichen Grabräume eingeschlagen wurden.

Befunde dieser Art deuten auf einen Zusammenhang zwischen einfachen Felszeichnungen und dem Totenkult. Die häufige Verbindung mit jungsteinzeitlichen Gräbern gibt einen Anhaltspunkt dafür, daß die Anbringung dieser Zeichen bereits im Neolithikum erfolgt sein kann. Allerdings bietet das Vorkommen von Schälchen auf der Oberseite von Decksteinen noch keine Gewähr dafür, daß diese schon in der jüngeren Steinzeit eingetieft wurden. Ist der Deckstein nicht durch einen Erdmantel geschützt gewesen, so mag seine freiliegende Fläche auch noch in der Bronzezeit genutzt worden sein. Dafür könnte ein Beispiel aus dem benachbarten dänischen Raum sprechen, das ein einwandfrei bronzezeitliches Motiv — eine Schiffsdarstellung — auf einem Deckstein zeigt. Einen sicheren bronzezeitlichen Ansatz bietet beispielsweise das Hügelgrab 19 von Daudiek im Kreis Stade. Hier trug der Deckstein einer kleinen bronzezeitlichen Steinkiste 27 Schälchen. Auch weisen manche Decksteine von Urnen der jüngeren Bronzezeit sowie ebenfalls Randsteine von den Einfassungen der Gräber dieser Zeit Schalengruben auf. Die Sitte, Schälchen unmittelbar auf Steingräbern oder auf Teilen von Gräbern anzubringen, scheint demnach sowohl im Neolithikum als auch in der Bronzezeit bestanden zu haben. Ganz vereinzelt finden sich sogar noch Schalensteine auf Friedhöfen der vorrömischen Eisenzeit.

In seiner Verwendung näher bestimmbar zu sein scheint ein sehr großer Schalenstein von Wiershausen im Kreis Hannoversch Münden. Die aus tertiärem Kieselsandstein bestehende 75 cm dicke Platte (*Abb. 13*) ist 2,80 m lang und 2,30 m breit. Sie trägt auf der Oberfläche 55 Schälchen von bis zu 8 cm Durchmesser und 2,5 cm Tiefe. Auf dem Stein lagen ein 18 cm langes bronzenes Dolchblatt mit Ziernieten am Griff und eine bronzene Schmucknadel. Der Stein liegt in einem bereits weitgehend abgetragenen Hügelgräberfeld, zu dem ehemals mindestens 20 Grabhügel gehört haben. Aufgrund seiner Lage in

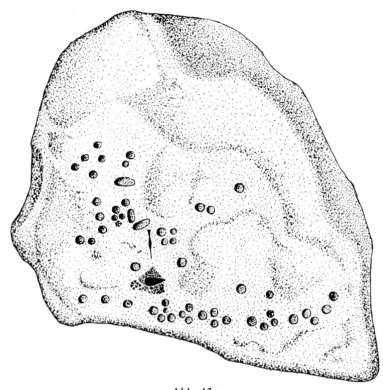

Abb. 13a
Wiershausen, Kr. Hannoversch Münden.

dem Gräberfeld kann dieses Denkmal wohl am ehesten als ein zu den Gräbern gehöriger Opferplatz angesprochen werden, auf dem mit den Bestattungen zeitgleiche Bronzegaben niedergelegt wurden. Ähnlich könnten dann vielleicht auch die oben genannten Schalensteine im Bereich des Gräberfeldes von Ripdorf gedeutet werden. Allerdings ist in Wiershausen nicht ganz ausgeschlossen, daß es sich bei den beiden Bronzen um Reste einer vergangenen Bestattung handelt, die unmittelbar auf dem Stein angelegt worden wäre. Einwandfreie solche Befunde auf einfachen Schalensteinen sind nämlich aus Schleswig-Holstein belegt. Dagegen gibt es aus Restrup im Kreis Ber-

Abb. 13 b
Wiershausen, Kr. Hannoversch Münden.

senbrück auch einen Schalenstein, der vermutlich den Ort eines Brandopferplatzes markiert. Feuerspuren und Knochen auf einem Steinpflaster fanden sich auch bei einem Schalenstein im Sachsenwald im Kreis Herzogtum Lauenburg. Manche Schalensteine heißen noch heute im Volksmund ,,heiliger Stein" oder ,,Opferstein". Auch der ,,Altarstein" bei Dransfeld im Kreis Münden ist hier zu nennen.

Der große Schalenstein von Wiershausen liegt zwar innerhalb eines bronzezeitlichen Hügelgräberfeldes und er ist auch nachweisbar noch während der Bronzezeit zur Deponierung von Bronzen — sei es als

Opfergaben oder als Grabbeigaben — benutzt worden, doch ist eine Entstehung der Schälchen im Neolithikum nicht ausgeschlossen. In diesem Falle könnte der auffallend bearbeitete Stein zum Anlaß genommen worden sein, hier ein Gräberfeld anzulegen. Bei der genannten bronzezeitlichen Steinkiste von Daudiek wird dagegen anzunehmen sein, daß die Schälchen erst in Verbindung mit dem Grabbau in den Deckstein eingetieft wurden.

Auch wenn die Schalensteine mehrfach mit dem Totenkult und zuweilen auch mit Opferungen in Zusammenhang stehen, so ist doch die Bedeutung der einzelnen Schälchen noch weitgehend unklar. Ihre Verbindung mit anderen Zeichen zeigt zunächst einmal nur, daß sie Sinnbilder im weitesten Sinne des Wortes sind. Die Häufigkeit der Schalensteine und die Tatsache, daß es auch transportable Kleinobjekte (vor allem gut faustgroße Geröllsteine und Äxte, dazu siehe oben) mit solchen Schälchen gleichsam als eine Art Taschenausgabe gab, deuten darauf hin, daß man solcher Schälchen allenthalben bedurfte. Ein praktischer Gebrauch ist allerdings nicht zu erkennen. Schon seit langem ist man daher zu der Meinung gelangt, daß sie um ihrer selbst Willen erzeugt wurden, wie das auch für einige angefangene Bohrungen an steinernen Äxten vermutet wird; Art und Anordnung der Bohrungen zeigen dort, daß nie beabsichtigt war, diese vollständig durchzuführen. Vielleicht kam dem aus irgendwelchen Gründen auf Dauer sichtbar in Stein verbliebenen Aufwand die eigentliche Bedeutung zu. Denkbar wäre auch, daß auf diese Weise Gesteinspulver gewonnen werden sollte, wie das ähnlich noch in der Neuzeit zu volksmedizinischen Zwecken geschehen ist; von solchen Gebräuchen zeugen heute noch Schleifrillen an manchen Kirchenwänden und -portalen. Andere moderne Analogien weisen auf Opfer hin: In Schweden legte man zuweilen noch vor wenigen Generationen kleine Gaben für die Elfen in die Schälchen und auf Irland opferte man darin Münzen und anderes, um Fruchtbarkeit zu erlangen. Solche Überlieferungen bieten aber nur vage Anhaltspunkte für die Erklärung der stein- und bronzezeitlichen Schalengruben. Sicher werden sie im Laufe der Zeiten für sehr unterschiedliche Handlungen beansprucht worden sein. Zur Aufnahme von Gaben und Opfern wären ohnehin nur diejenigen Schälchen geeignet gewesen, die auf annähernd waagerechten Flächen angebracht worden sind, nicht aber die zahlreichen an stark geneigten oder senkrechten Steinseiten. Die kultische Bedeutung der Schalensteine wird jedoch kaum zu bestreiten sein.

Daß den Schalensteinen auch in der Neuzeit noch eine gewisse Aufmerksamkeit entgegen gebracht wurde, ergibt sich aus ihrem zuweilen an sehr exponierter Stelle erfolgten Einbau etwa in Kirchenfundamenten oder Brückenbögen.

Mit ebensovielen Unsicherheitsfaktoren hinsichtlich der Deutung behaftet sind die sogenannten Rillen- oder Furchensteine, die allerdings in wesentlich geringerer Anzahl bekannt sind. Sie werden durch eine, seltener auch mehrere, auf einer Seite sehr tief (bis zu 10 cm) eingebrachte oder auch umlaufende Rillen gekennzeichnet. In einigen Fällen sind die Rillen durch dichtes Aneinanderreihen kleiner Grübchen entstanden. Steine dieser Art mit einer durchschnittlichen Größe von bis zu einem Meter sind bisher nur einzeln angetroffen worden. Nur in Mecklenburg gehört ein Rillenstein als fester Bestandteil zu einem Megalithgrab (*Abb. 14*). Bei Melzingen im Kreis Uelzen liegt ein etwa zwei Meter langer Rillenstein im Zentrum einer künstlich ausgehobenen Mulde auf einem sorgfältig gefügten Rollensteinfundament (*Abb. 15*). Der gesamte Befund war hier früher durch einen niedrigen Erdwall eingehegt. Die Situation spricht am ehesten für einen umfriedeten Opfer- oder Kultplatz inmitten eines umfangreichen Hügelgräberfeldes der ausgehenden Jungsteinzeit und der Bronzezeit. Zugehörige Votivgaben neben und unter dem Stein verstärken diese Annahme. Dieser Stein kann also ebenso wie mancher Schalenstein als Opferplatz angesprochen werden. Eine besondere Herrichtung des Platzes für den Standort eines Rillensteines konnte auch in Form einer Pflasterung im Entenmoor bei Leherheide im Kreis Wesermünde beobachtet werden. Der 1,20 m hohe, mit einer umlaufenden Rille versehene Stein soll dort ursprünglich aufrecht gestanden haben. Damit muß er weithin sichtbar gewesen sein.

Auch wenn die ursprüngliche Bedeutung der Furchen nicht bekannt ist, so zeigen diese einfachen Eintiefungen doch ebenso wie die Fundumstände, daß es sich dabei wie bei den Schalensteinen um Denkmäler des Neolithikums und der Bronzezeit handelt, die dem Bereich

Abb. 14
Dummertewitz, Rügen.

des Kultes zuzuweisen sind. Analog zu den Schälchen gibt es entsprechend auch Rillensteine im Miniaturformat (siehe oben). Auch sind später zwei niedersächsische Rillensteine wohl mit der Absicht, ihren heidnischen Charakter zu bannen, in mittelalterliche Kirchen eingebaut worden: St. Aegidien in Stedesdorf bei Wittmund in Ostfriesland und Nikolaikapelle der Benediktiner-Reichsabtei in Harsefeld im Kreis Stade.

Abb. 15
Melzingen, Kr. Uelzen.

Einfache geometrische Motive

Unter den Motiven auf den norddeutschen Felsblöcken herrschen die einfachen geometrischen Ornamente vor. Häufig ist auf denselben Flächen auch zusätzlich eine Anzahl von Schalengruben angebracht.

Aus Westerohrstedt im Kreis Husum stammt ein flacher rundlicher Stein, der auf der Unterseite mehr als 60 unregelmäßig verteilte Schalengruben trägt, von denen mehrere durch flache Rillen miteinander verbunden sind; an den Schmalseiten sind einige einfache Rillen zu erkennen. Auf der Schauseite (*Abb. 16*) führen von einer zentralen Schalengrube aus mehrere Rillen annähernd strahlenförmig in verschiedene Richtungen. Das so entstandene Muster wirkt geradezu wie ein über die Fläche gezogenes Netz. Ein weiterer Stein mit einem netzartigen Ornament stammt aus Beldorf (dazu siehe unten).

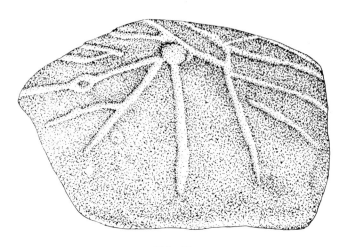

Abb. 16
Westerohrstedt, Kr. Husum.

Regelrecht sternförmig sind drei Bilder auf einem großen Stein, der bei der Einebnung eines bronzezeitlichen Grabhügels in Mehlbek im Kreis Steinburg (*Abb. 17*) zutage kam. Es sind zwei komplette vielzackige Sternzeichen etwa in der Mitte des Steines und ein mißlungen wirkendes Zeichen am rechten Rand. Vermutlich wird dieser innerhalb der nordischen Felsbilderwelt in seiner Verzierung einzigartige Stein zeitlich mit dem Grab in unmittelbarem Zusammenhang stehen.

Die meisten geometrischen Zeichen bestehen jedoch aus kreisförmigen Motiven. Bei Tolk im Kreis Schleswig wurde ein Schalenstein gefunden, auf dem oben links deutlich der Ansatz zu einem Kreis zu erkennen ist (*Abb. 18*). Warum er unvollendet blieb, ist nicht mehr zu ergründen. Sicher hätte das fertige Zeichen so aussehen sollen wie auf dem Stein von Rieseby im Kreis Eckernförde. Dieser Stein mit seiner sehr verwaschenen Bildseite ist nahezu flächendeckend mit Schälchen verziert (*Abb. 19*), die zum Teil durch breite Rillen miteinander verbunden sind. Im oberen Teil ist darüber hinaus ein geschlossener eingetiefter Kreis sichtbar. In seinem Zentrum befindet

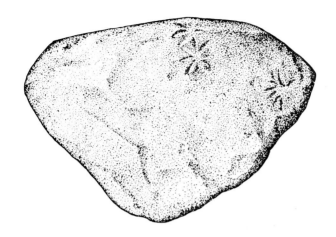

Abb. 17
Mehlbek, Kr. Steinburg.

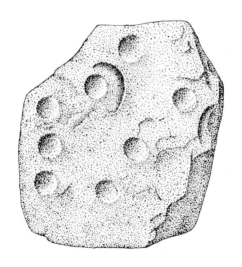

Abb. 18
Tolk, Kr. Schleswig.

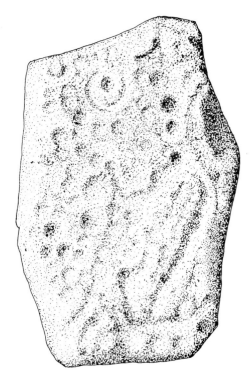

Abb. 19
Rieseby, Kr. Eckernförde.

sich eine Schalengrube; eine weitere innere Untergliederung weist er nicht auf. Da der Stein an der rechten Seite abgebrochen ist, mag eventuell der oben rechts sichtbare größere Bogen ehemals zu einem weiteren Kreis gehört haben. Vervielfacht begegnet das einfache Kreismotiv auf dem südlichsten hier vorzustellenden Denkmal. Dieser über einen Meter hohe Stein wurde ohne Fundzusammenhang bei Marienborn im Kreis Haldensleben nur wenige Kilometer östlich der niedersächsischen Grenze in Sachsen geborgen. Er zeigt (*Abb. 20*) zahlreiche kleine Schalengruben sowie mehrere größere Exemplare, die jeweils von einem Ring umzogen sind. Auch ein bei dem unten zu

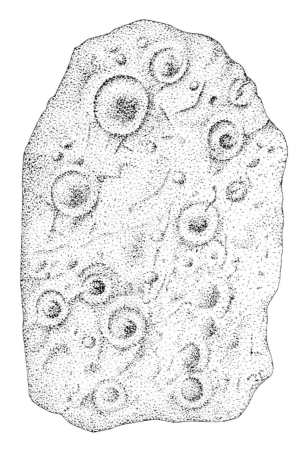

Abb. 20
Marienborn, Kr. Haldensleben.

besprechenden Stein von Bunsoh angetroffener kleinerer Stein trägt drei von einer umlaufenden Rille eingefaßte Schalengruben.

Auf den Steinen von Tolk, Rieseby, Bunsoh und Marienborn sind die Kreise jeweils nur untergeordnete Motive, die innerhalb der in allen vier Fällen flächendeckend eingetieften Schalengruben nicht durch eine besondere Stellung auffallen. Einige weitere Steine zeigen dagegen den Kreis in komplizierterer Ausführung mit Innengliederung als dominierende oder gar einzige Zeichen. So trägt ein leicht beschädigter Deckstein eines Großsteingrabes in Blengow im Kreis Bad Doberan in Mecklenburg neben schlichten Schalengruben auch vier auffallende Kreise, die alle im Inneren durch ein Kreuz unterteilt sind (*Abb. 21*). Es sind also vierspeichige Räder oder sogenannte Radkreuze, die auf den skandinavischen Bildflächen häufig in Verbindung mit Wagendarstellungen begegnen und dort der Bronzezeit angehören. In Blengow werden sie ebenfalls erst in dieser Zeit entstanden sein, da der Deckstein des Megalithen frei zugänglich war. Ein ebensolches Radkreuz gehört jeweils auch zu dem Motivvorrat der weiter unten vorzustellenden Steine von Klein Meinsdorf und Bunsoh.

Der in einem Steinwall gefundene, etwa 70 cm hohe Stein von Borgstedtfelde im Kreis Rendsburg ist auffallenderweise auf beiden Seiten mit einem beherrschenden Radbild geschmückt. Auf der einen Seite — hier als Rückseite bezeichnet — befindet sich ein großer Kreis, in dessen Zentrum eine tiefe Schale eingebracht ist (*Abb. 22*). Außerhalb des Kreises sowie in der Innenfläche sind zahlreiche flache schalenförmige Mulden wahrzunehmen, die zum Teil den Kreisverlauf

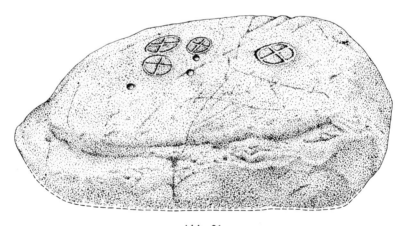

Abb. 21
Blengow, Kr. Bad Doberan.

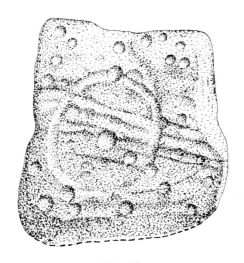

Abb. 22
Borgstedtfelde, Kr. Rendsburg.
Rückseite.

unmittelbar unterbrechen; dasselbe trifft für eine geradlinige Rille zu, die sich schräg über die gesamte Fläche hinzieht. Der Betrachter erhält den Eindruck, daß die Verzierung auf dieser Seite entweder nicht gelungen oder nicht fertiggestellt worden ist. Die Vorderseite (*Abb. 23*) wird dagegen von einem sorgfältig gearbeiteten Kreis eingenommen, dessen Durchmesser 40 cm beträgt. Im Inneren ist diese Kreisfläche durch acht Speichen aufgegliedert, die in einem zentralen Schälchen zusammenlaufen. Nur die unterste Speiche ist leicht asymmetrisch angebracht. Am äußeren Rand dieser Bildfläche sind schließlich noch einige Schälchen zu beobachten.

Ähnlich in der Gestaltung, jedoch nur auf einer Seite verziert, ist ein Stein von Süderschmedeby im Kreis Flensburg, der südlich eines Grabhügels gefunden wurde. Der mit einer Länge von 35 cm und einer Breite von 33 cm ziemlich kleine Stein zeigt einen aus einer breiten Rille bestehenden Kreis; im Inneren führen sechs sehr schmale Linien durch eine zentral gelegene Schalengrube (*Abb. 24*). Ebenso wie bei der Vorderseite des Steines von Borgstedtfelde kann bei diesem

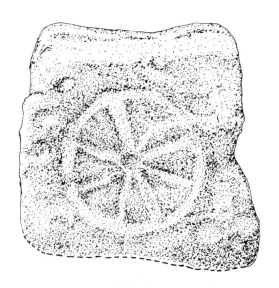

Abb. 23
Borgstedtfelde, Kr. Rendsburg.
Vorderseite.

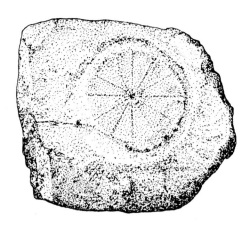

Abb. 24
Süderschmedeby, Kr. Flensburg.

Exemplar von einem Rad — hier ein zwölfspeichiges — gesprochen werden. Bemerkenswert ist dabei im Gegensatz zu dem zuvor genannten Beispiel, daß die Speichen betont schmaler und flacher ausgeführt sind als der Kreis selbst. Bei diesem klaren Unterschied ist anzunehmen, daß der Kreis mit einem Schlagstein eingepickt wurde, die Speichen aber mit einem harten spitzen Werkzeug eher eingemeißelt worden sind.

Die Bedeutung des Radzeichens in der nordischen Bronzezeit ist nicht genau zu erfassen. Es kann sich dabei sowohl um eine verfremdete Darstellung der Sonnenscheibe handeln, als auch um eine verkürzte symbolische Wiedergabe des Wagens, der ja nachweisbar gerade in dieser Zeit auch in Nordeuropa Eingang fand.

Die Speichenräder (einschließlich der Radkreuz-Varianten) sind in Norddeutschland nur aus Schleswig-Holstein und dem benachbarten Mecklenburg bekannt. In Niedersachsen ist, regional ziemlich weit von diesen Beispielen getrennt, das Kreismotiv dagegen völlig abweichend davon ausgestaltet worden.

Die sogenannten Sonnensteine

Zu den bereits behandelten geometrisch verzierten Blöcken gehören auch drei besonders auffällige Steine aus dem nördlichen Niedersachsen, die vor allem durch das Motiv miteinander verbunden sind: Sie sind jeweils auf einer sehr planen Seite nahezu flächendeckend mit konzentrischen Kreisen um einen gemeinsamen Mittelpunkt bedeckt.

Der Stein von Beckstedt im Kreis Grafschaft Hoya wurde bereits 1921 beim Abbruch eines Hauses entdeckt, in dessen Fundament er in der Neuzeit eingemauert worden war. Über die ursprünglichen Fundumstände beziehungsweise über den ehemaligen Aufstellungsort ist entsprechend nichts bekannt. Der aus rotem Granit bestehende, nahezu dreieckige Stein hat eine Höhe von fast 90 cm und eine maximale Breite von 60 cm. In die oberen zwei Drittel sind bis an den Rand elf konzentrische Kreise in gleichmäßigem Abstand um einen etwas stärker ausgearbeiteten Mittelpunkt bis zu 5 mm tief eingearbeitet (*Abb. 25*). Der größte hat einen Durchmesser von 54 cm. Da der untere winklig zulaufende Teil des Steines unbearbeitet ist, wird er mit diesem Abschnitt im Erdboden verankert und damit als sichtbares Denkmal aufgestellt gewesen sein.

Ebenfalls aus rotem Granit besteht der Stein von Harpstedt im Kreis Grafschaft Hoya, über dessen urzeitlichen Standort leider auch keine Angaben mehr zu erhalten sind. Es ist ein rhombischer Stein mit ei-

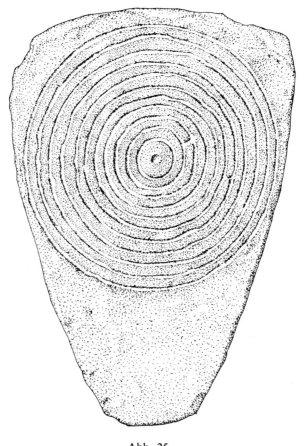

Abb. 25
Beckstedt, Kr. Grafschaft Hoya.

ner größten Länge von 90 cm und einer größten Breite von 87 cm. Auf seiner Bildfläche sind insgesamt zwölf konzentrische Kreise in sehr regelmäßigen Abständen um einen betonten Mittelpunkt eingearbeitet (*Abb. 26*). Der größte Kreis hat hier einen Durchmesser von 67 cm. Wenn der Stein ehemals aufrecht gestanden hat, so wird zur Verankerung einer der unverzierten Winkel nicht ausgereicht haben, so daß mit einer zusätzlichen Abstützung gerechnet werden muß.

Der dritte vergleichbare Stein wurde ohne erkennbaren Fundzusammenhang in Horsten im Kreis Wittmund entdeckt. Die etwa 1,10 m hohe und 1,10 m breite Platte aus rötlichem Granitporphyr trägt im Zentrum der Vorderseite ein deutlich ausgeprägtes Schalengrübchen,

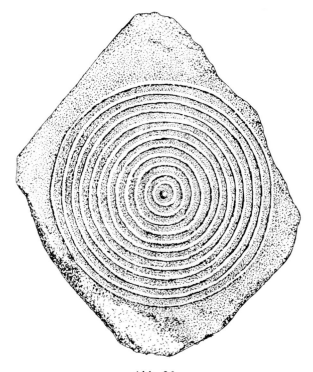

Abb. 26
Harpstedt, Kr. Grafschaft Hoya.

um das siebzehn konzentrische Kreise mit großer Genauigkeit gezogen worden sind (*Abb. 27*); der äußerste hat einen Durchmesser von 77 cm.

Auch nur annähernd mit diesen drei niedersächsischen Monumenten vergleichbare Einzelsteine gibt es andernorts nicht. Allerdings ist das Motiv der konzentrischen Kreise in Verbindung mit anderen Bildern auf losen Blöcken auf Irland und auf anstehenden Felsen in Skandinavien belegt. Im Norden deuten die Bildzusammenhänge darauf hin, daß damit die Sonne dargestellt sein soll. Das hat zur geläufigen

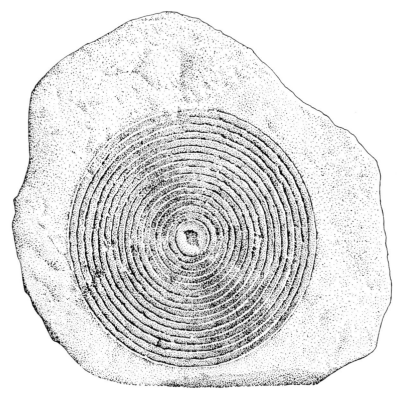

Abb. 27a
Horsten, Kr. Wittmund.

Abb. 27b
Bergung des Sonnensteins von Horsten, Kr. Wittmund.

Bezeichnung der drei vorgestellten Steine als ‚Sonnensteine' geführt. Nach wie vor ist diese Interpretation wohl die zutreffendste, da die Wärme, Fruchtbarkeit und damit Leben spendende Sonne verehrt worden ist: Der berühmte, in Dänemark gefundene bronzezeitliche ‚Sonnenwagen' von Trundholm stellt die von einem Pferd gezogene goldene Sonnenscheibe dar, die ebenfalls mit konzentrischen Kreisen (hier als schmale Wülste) geschmückt ist.

Die drei niedersächsischen Sonnensteine sind durch mehrere gemeinsame Merkmale ausgezeichnet. Sie wurden im Hinblick auf die Gesamtverbreitung der Felsbilder ziemlich nahe beieinander gefunden (Nr. 1—3 auf der Karte Abb. 40); zwischen den beiden erstgenannten lag sogar nur ein Abstand von sieben Kilometern. Sie sind auch in ihrer Größe annähernd vergleichbar. Ausgewählt wurde in allen drei Fällen ein rötliches Gestein, das auf einer Seite eine vorgegebene ziemlich plane Fläche besaß. Nur diese Fläche ist jeweils dekoriert worden, während alle anderen Teile der Steine unbearbeitet blieben. Zusätzliche Motive sind auf keinem der drei Steine vorhanden.

Die konzentrischen Kreise sind auf allen drei Steinen bemerkenswert gleichmäßig gezeichnet. Kleine Abweichungen von der exakten Kreisform zeigen jedoch, daß ein zirkelartiges Instrument, wie etwa ein Schnurzirkel, als Hilfsmittel nicht Verwendung gefunden hat. Aber eine Vorzeichnung vor der eigentlichen Einmeißelung kann natürlich dennoch stattgefunden haben.

Das gleiche Motiv in kaum zu unterscheidender Ausführung, die Auswahl des gleichen farbigen Gesteins sowie die relative Nähe der Fundorte zueinander legen es nahe, in diesen Bildsteinen die Erzeugnisse ein und desselben Steinmetzes zu sehen, der sein Kreismotiv in ganz anderer Weise ausschmückte, als es in Schleswig-Holstein geschehen ist. Er muß ein gefragter Künstler gewesen sein, der verschiedenenorts seine großen Fähigkeiten zur Verfügung gestellt hat. Für die Herkunft aus einer Hand spricht nicht zuletzt auch die Präzision der Darstellung, die auf steinernen Denkmälern der weiteren Umgebung nicht anzutreffen ist; sie deutet auch auf die Verwendung eines spitzen, am ehesten metallenen Werkzeuges hin.

Nach allem zu urteilen, werden diese Steine weithin sichtbar aufgestellt gewesen sein. Die Schauseite wird dabei vermutlich nach Osten zur aufgehenden Sonne oder nach Süden gewiesen haben, um auf den höchsten Stand der Sonne zu deuten. Vielleicht waren sie jeweils zentrale Objekte innerhalb einer bronzezeitlichen Siedlungskammer, in der sie einen Anziehungspunkt in einem kultisch bestimmten Bereich bildeten. Auf jeden Fall wird ihre Bedeutung nicht geringer gewesen sein als die ebenfalls zugänglich stehenden und liegenden Schalensteine und Rillensteine. Von diesen unterscheiden sie sich aber nicht nur über das Motiv hinaus durch die naturgegebene Farbe, sondern vor allem durch ihre Seltenheit sowie durch das Geschick und den Arbeitsaufwand, die für ihre Herstellung notwendig waren. Das wird sie auch schon vor 3000 Jahren eine Sonderstellung im Leben der bronzezeitlichen Bevölkerung haben einnehmen lassen.

Leider wird über die ehemals nähere Umwelt dieser Steine auch in Zukunft nichts mehr zu erfahren sein, da die früheren Standorte nicht mehr zu lokalisieren sind. Hier könnte nur ein gut beobachteter Neufund weiterführen, der auch Rückschlüsse auf die Nutzungsweise der bereits bekannten Exemplare zuließe. Vollends ungewiß wird aber bleiben, ob die gezielt ausgewählten roten Granitblöcke am Platz ihrer Auffindung beziehungsweise in unmittelbarer Nähe bearbeitet und aufgestellt wurden oder ob sie eigens von weither herangeschafft worden sind.

Figurale Motive

Etwas differenzierter, wenn auch nicht von derselben Präzision wie die sogenannten Sonnensteine, sind die figuralen Motive, die zum Teil bestimmte identifizierbare Gegenstände erkennen lassen, zum überwiegenden Teil aber menschliche Hand- und Fußabdrücke beinhalten, die immer in Originalgröße wiedergegeben sind. Mit den bisher vorgeführten Schälchen, Rillen und verschiedenartig gestalteten Kreisen ist der Motivbestand der norddeutschen Felsbilder also noch keineswegs erschöpft.

Ein erdfester Findling von etwa 1,65 m Länge, der von den Hügelgräbern des Gattberges bei Powe im Kreis Osnabrück umgeben wird, trägt ein Schälchen und eine 23 cm lange fußsohlenartige Eintiefung (*Abb. 28*). Der Stein war von einem künstlichen Pflaster gut faustgroßer Rollsteine umgeben, das heißt sein Standort ist besonders hergerichtet gewesen. Die Lage innerhalb des Gräberfeldes läßt ähnlich wie bei manchen Schalensteinen an einen unmittelbaren Zusammenhang denken. Vielleicht hat er im Rahmen von Bestattungszeremonien oder bei Gedenkfeiern eine Rolle gespielt.

Vielseitiger ist der Motivvorrat des Steines von Schülldorf im Kreis Rendsburg, der unter anderem mit zwei merkwürdigen Zeichen ausgestattet ist. Neben Schälchen, verbindenden Rillen und mindestens zwei durch die betonte Ballenpartie erkennbaren Füßen, die ebenso schematisch wiedergegeben sind wie der Fußabdruck auf dem Gattberg, sind hier ein gleicharmiges kleines Kreuz, vergleichbar den Innenzeichnungen der oben behandelten Radkreuze, sowie eine gerade, längs über den Stein verlaufende Rille angebracht, die kurz vor ihrem oberen Ende ein Oval durchdringt (*Abb. 29*). Dieses dominierende Motiv wird seit langem für die Darstellung eines geschäfteten Beiles gehalten. Obgleich diese Deutung mangels vergleichbarer Bilder aus dem skandinavischen Raum nicht durch weitere Belegexemplare zu erhärten ist, wird sie wohl richtig sein. Dafür könnte auch die durch andersartige Befunde belegte Bedeutung der Axt im Kult sprechen, auf die oben bereits hingewiesen wurde.

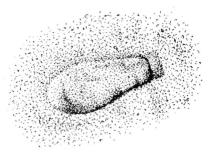

Abb. 28a
Gattberg bei Powe, Kr. Osnabrück.

Geradezu gewaltig wirkt der große inhaltsreiche Deckstein eines Ganggrabes von Bunsoh im Kreis Süderdithmarschen, der auf seiner stark gewölbten Oberseite flächendeckend mit verschiedenen Zeichen verziert ist (*Abb. 30*). Vor allem ist eine Unzahl kleinerer und größerer Schalengruben zu erkennen, von denen mehrere durch auffallend breite Rillen miteinander verbunden sind; ein Schälchen wird von einem Kreis umgeben, wie das etwa auf dem Stein von Marienborn (*Abb. 20*) mehrfach der Fall ist. Dicht daneben ist ein einzelnes Radkreuz mit einem harten spitzen Gerät eingezeichnet, dessen Linienführung wesentlich feiner wirkt als diejenige der anderen Motive. Etwa in der Mitte des Steines ist ein gut ausgearbeiteter Fußabdruck mit deutlichen Zehen sichtbar und am Rand finden sich mehrere zum Teil sehr breitflächige Handbilder, die zumindest in einem Fall paarig angeordnet sind. Alle Bilder dieses Steines können durch-

Abb. 28b
Gattberg bei Powe, Kr. Osnabrück.

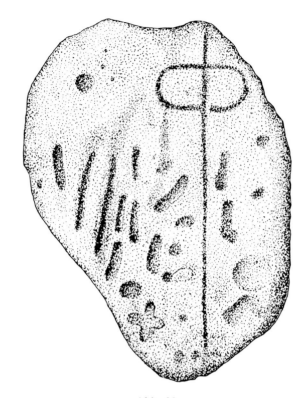

Abb. 29
Schülldorf, Kr. Rendsburg.

aus erst in der frühen Bronzezeit entstanden sein, da wenigstens der obere Teil des riesigen Decksteines frei gelegen haben wird. Ein späterer Zeitansatz ist jedoch nicht möglich, da unmittelbar auf dem Stein ein Grab der älteren Bronzezeit angelegt worden war. Ein weiterer Stein von Bunsoh enthält 28 Schälchen, von denen drei durch einen umlaufenden Kreis eingefaßt werden; darüber hinaus soll es hier auch noch einen heute zerschlagenen Stein mit einem „Sonnenrad" gegeben haben.

Je ein Fußbild und ein Handbild neben reihenförmig angeordneten Schälchen trägt auch ein mächtiger Stein von Beldorf im Kreis

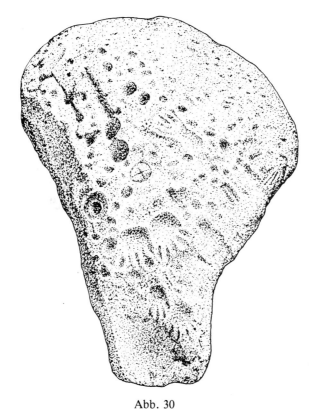

Abb. 30
Bunsoh, Kr. Süderdithmarschen.

Rendsburg, der annähernd horizontal gelegen haben soll (*Abb. 31*). Senkrecht neben diesem stand ein mannshoher Stein, der auf der Vorderseite fast ganz, auf der Rückseite jedoch nur teilweise ausgeschmückt ist. Die Schauseite wird von einer Furchenzeichnung eingenommen (*Abb. 32*), die wie ein in Parabelform von oben nach unten hängendes netzförmiges Gebilde wirkt. Der obere Teil der Rückseite ist von zahlreichen Schälchen bedeckt. Daß diese beiden Steine von Beldorf in ihrer Aufstellung aufeinander bezogen waren, steht außer Zweifel. Ihre Kombination erweckt geradezu einen altarähnli-

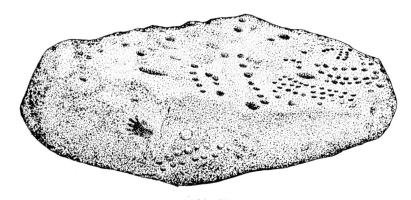

Abb. 31
Beldorf, Kr. Rendsburg.
Liegender Stein.

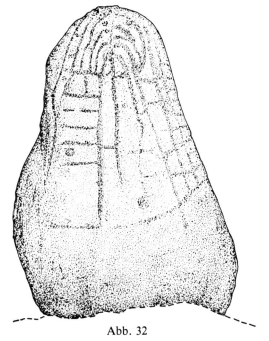

Abb. 32
Beldorf, Kr. Rendsburg.
Stehender Stein.

chen Eindruck. Beide Steine zusammen in Verbindung mit Kulthandlungen zu sehen, wird gewiß gerechtfertigt sein.

Mehrere verschiedene Motive trägt ein Stein von Klein Meinsdorf im Kreis Plön (*Abb. 33*). Neben einigen wenigen Schälchen finden sich hier ein vierspeichiges Rad sowie Bilder von Händen und Füßen. Auffallend ist dabei, daß die beiden Handbilder strichartig gestaltet sind, wodurch die fünf Finger jeweils sehr lang und schmal wirken, die Füße dagegen flächenhaft ausgeführt wurden. Ein Fuß ist einschließlich der Zehen geradezu naturalistisch geformt, während zwei weitere rechts unten auf der Bildfläche absichtlich ohne Zehen wie-

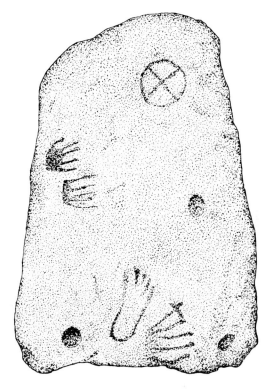

Abb. 33
Klein Meinsdorf, Kr. Plön.

dergegeben sind; an Stelle der Zehen ist bei den letzteren der vordere Fußabschluß durch einen geraden Strich markiert. Beide Varianten sind auch aus Skandinavien bekannt. Im Gegensatz zu einigen anderen Steinen sind die einzelnen Motive auf dem Stein von Klein Meinsdorf nicht flächendeckend aneinander gereiht, sondern locker über die ganze Bildfläche gestreut. Eine gleichzeitige Anbringung ist wohl kaum anzunehmen.

Bei den sehr stark verwaschenen und daher hier in einer Abbildung nicht vorführbaren Zeichen auf einem Stein von Ölixdorf im Kreis Steinburg kann es sich eventuell ebenfalls um Hand- und Fußbilder handeln, doch muß diese Lesung als ungewiß gelten; sicher ist nur, daß auch dieser Stein verziert worden ist.

Werden mit den Hand- und Fußbildern verschiedenenorts in Norddeutschland nur ‚Spuren' von Menschen greifbar, so gibt es darüber hinaus aber aus Niedersachsen auch zwei Beispiele von vollständigen Menschenbildern. Es sind eine szenische Darstellung von Anderlin-

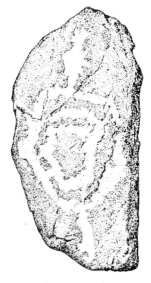

Abb. 34a
Schafwinkel, Kr. Verden.

gen, die im folgenden Abschnitt gesondert besprochen wird, und ein kleines Einzelbild von Schafwinkel.

Der in Schafwinkel im Kreis Verden geborgene Stein aus Porphyr ist nur etwa 35 cm lang. Er lag mit der Bildseite nach unten seitlich über einer spätbronzezeitlichen Doppelbestattung. Das Bild (*Abb. 34*) zeigt zwei unregelmäßige, breit eingeschlagene konzentrische Kreise und im oberen Teil dazwischen den Ansatz eines dritten Kreises als Bogen. Vermutlich handelt es sich bei diesem Motiv um die Wiedergabe eines Schildes, denn auch dessen Träger ist sichtbar: Unter dem Schild ragt ein Bein mit angedeutetem Fuß hervor und über dem Schild ist ein Kopf mit Doppelschopf oder Doppelhörnern (Hörnerhelm?) angegeben. Leider ist diese für den norddeutschen Raum einzigartige Felszeichnung materialbedingt recht grob und unregelmäßig gearbeitet. Sie kann nur mit einem kräftigen Schlagstein eingepickt worden sein, wodurch die Linienführung an mehreren Stellen zu sehr ausgerissen ist. Dennoch ist es aber dem Hersteller gelungen, das beabsichtigte Motiv erkennbar anzubringen. Sollte der Stein ursprüng-

Abb. 34b
Schafwinkel, Kr. Verden.

lich eine sichtbar aufgestellte Grabkennzeichnung gewesen sein, muß er in irgendeiner Form eine Abstützung besessen haben, da unten kein Abschnitt unverziert geblieben ist, der eine direkte Verankerung ermöglichte. Denkbar ist aber auch, daß er von vornherein mit dem Bild nach unten niedergelegt wurde. Dann war die Darstellung nicht für die Lebenden bestimmt, sondern ausschließlich den Toten zugedacht. Daß es tatsächlich Bilder gegeben hat, die den Toten allein vorbehalten gewesen sind, zeigt der Figurenstein von Anderlingen.

Der Stein von Anderlingen

Wesentlich inhaltsreicher als das mit Helm (?) und Schild ausgestattete Menschenbild von Schafwinkel ist ein Stein von Anderlingen im Kreis Bremervörde, der die einzige szenische Darstellung aus dem norddeutschen Raum enthält. Er war kein Grabstein im heutigen Sinne, der einen bestimmten Platz markiert, sondern er gehörte zur inneren Ausschmückung eines Grabes.

Das Grab von Anderlingen war ein Hügelgrab von etwa 25 m Durchmesser und etwa 2 m Höhe. Der Kern des Hügels bestand aus einer dichten Rollsteinpackung, die von einem Erdmantel überwölbt war. Wie das oft der Fall ist, lag das eigentliche Grab nicht im Zentrum des Hügels, sondern zum Rand hin versetzt. Das war sicher Absicht der Erbauer; es ist nicht etwa darauf zurückzuführen, daß im Laufe der Aufschüttung die Orientierung verloren wurde. Vielleicht sollte das Grab dadurch dem Zugriff von Grabräubern entzogen werden, die in der Regel ihre Plünderungsschächte senkrecht von oben in der Mitte eintrieben. Für einen solchen Schutz könnte auch die schwer durchdringbare Steinpackung sprechen. Die Grabkammer selbst war eine große, 2 m lange, 70 cm breite und 1 m hohe Steinkiste, die ihrer Bauweise nach in der Tradition der neolithischen Megalithen steht, jedoch nicht wie diese als zugängliches Kollektivgrab diente, sondern nur für eine einzige Bestattung errichtet war. Die Nordost-Südwest ausgerichtete Steinkiste war etwa 50 cm in den gewachsenen Erdboden eingetieft. Im Inneren fanden sich einige gut bestimmbare Beigaben der älteren Bronzezeit sowie einige unverbrannte, aber nicht mehr bestimmbare Knochenreste, die vermutlich in einem vergangenen Baumsarg gelegen haben.

An der südwestlichen Schmalseite (*Abb. 35*) stand der Bildstein, der mit seinem untersten unregelmäßigen Teil im Erdboden verankert war, während der mittlere und obere Teil mit den geraden Seiten und dem gewölbten Abschluß die Bildelemente trägt. Der wesentliche Bildinhalt (*Abb. 36*) ist seit langem gleichbleibend gelesen worden. In der Mitte befindet sich eine im Profil gesehene, nach rechts gewendete menschliche Figur, die in den erhobenen Händen eine Axt oder ein Beil trägt; axttragende Personen gibt es auch auf skandinavischen Felsbildern innerhalb von feierlichen Prozessionsdarstellungen. Links davon ist eine nach links gewendete Menschenfigur wiedergegeben, deren leicht eingedrückte Knie zeigen, daß sie in der Bewegung erfaßt sein soll; sie hat die Hände mit gespreizten Fingern adorantenartig erhoben. Hände mit gespreizten Fingern begegnen ja auch sonst auf den norddeutschen Felsbildern, allerdings als losgelöste Symbole. Am rechten Bildrand ist eine nach rechts gewendete Figur mit angehobenen Händen zu sehen. Wahrscheinlich trägt sie einen nicht mehr erkennbaren Gegenstand vor sich her. Im Gegensatz zu den beiden erstgenannten Personen ist diese mit einem fast bis zu den Knöcheln reichenden kittelartigen Gewand bekleidet.

Die Bilder wurden bei der Auffindung des Steines gar nicht gleich erkannt. Das zeigt mit aller Deutlichkeit, wie schwer solche Darstellungen oft zu entdecken sind. Vielleicht trägt daher auch mancher bereits bekannte Findling Darstellungen, die noch der Entdeckung durch ein geübtes Auge harren. Für den zeitgenössischen Betrachter der Bronzezeit waren die Bilder natürlich besser sichtbar, da die frisch bearbeiteten Stellen einen deutlichen Kontrast zur natürlichen dunkleren Gesteinsoberfläche geboten haben werden. Darüber hinaus ist es durchaus möglich, daß die einzelnen Bilder durch einen heute verwitterten Farbauftrag betont gewesen sind, denn in einem nur wenige Generationen späteren jungbronzezeitlichen Grab bei Seddin in der Mark Brandenburg sind nachweisbar verschiedene Farben zur Ausschmückung der inneren Grabwände benutzt worden;

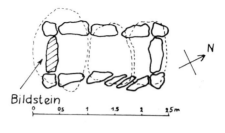

Abb. 35
Steinkiste von Anderlingen, Kr. Bremervörde.

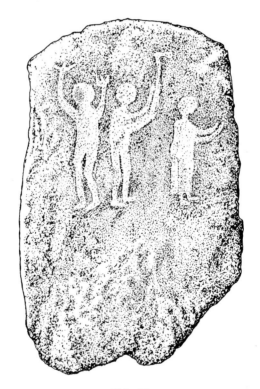

Abb. 36
Anderlingen, Kr. Bremervörde.

dort dienten sie allerdings nicht zur Betonung von andersartig gestalteten Motiven, sondern als eigenständiges Ausdrucksmittel.

Der Stein von Anderlingen wird vielfach als ‚Dreigötterstein' angesprochen. Ohne Zweifel hat er einen feierlichen, zeremonienhaften Charakter. Da uns aber Dreigötter-Einheiten erst mehr als ein Jahrtausend später literarisch belegt sind, muß eine solche Deutung doch sehr vage bleiben. Näherliegend ist eigentlich die Vermutung, daß hier ein Ausschnitt aus dem Bestattungsritual wiedergegeben ist. Das dem Bestatteten vorbehaltene Bild würde diesem dann auf Dauer die Ehrungen dokumentieren, die ihm bei seiner Totenfeier entgegengebracht worden waren. Die außergewöhnlichen Ehrungen haben ja auch einen Niederschlag in dem mit gewaltigem Arbeitsaufwand errichteten Grabhügel erfahren. Ähnlich ist auch der etwa zeitgleiche eindrucksvollste vergleichbare Befund zu interpretieren. Es handelt sich dabei um ein Steinkistengrab bei Kivik in Schonen, das durch eine noch wesentlich größere Steinaufschüttung geschützt war. An den beiden Längsseiten dieser lediglich für einen Toten bestimmten Grabkammer standen insgesamt mindestens acht dem Innenraum zugewandte Bildsteine mit deutlich erkennbaren Trauerzeremonien, Musikdarstellungen und verschiedenen Symbolen, zu denen unter anderem auch Axtbilder gehören, wie ein solches ja auch von der mittleren Figur in Anderlingen getragen wird. Das Grab von Kivik liegt übrigens inmitten einer dichten Felsbildregion, wodurch der Zusammenhang zwischen Grabbildern und offenen Felszeichnungen zumindest räumlich angezeigt wird.

Leider ist an dem Stein von Anderlingen bald nach seiner Auffindung ein wenig herummanipuliert worden. Ob dadurch unerkannte einzelne Bildelemente zerstört worden sind, ist nicht mehr zu entscheiden. Es ist durchaus damit zu rechnen, daß er in der Neuzeit noch irreführend ‚ergänzt' worden ist. Das bedeutet, daß zusätzliche Details, die erst bei einer 1979 erfolgten Abreibung sichtbar wurden, nicht unbedingt ebenfalls bronzezeitlich sein müssen (*Abb. 37*). Unmittelbar rechts neben der zentralen Figur trat dabei eine kleinere rechtsgewendete Figur hervor. Ebenso kamen dabei unten ein hundeähnliches Tierbild und ganz oben eine girlandenartige Schnur zutage.

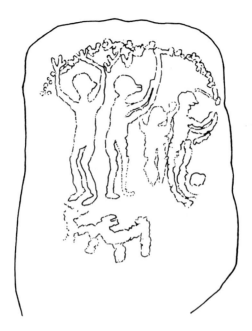

Abb. 37
Anderlingen, Kr. Bremervörde.
Neue Abreibung.

Diese drei Elemente sind gröber eingeschlagen als die drei ersten Personenbilder. Vor allem die vierte Menschenfigur macht einen etwas störenden Eindruck, da sie nicht nur in den Proportionen nicht mit den übrigen übereinstimmt, sondern auch die Gesamtkomposition unterbricht. Ein solcher eventueller zeitgenössischer Nachtrag ist bei einem Bild unwahrscheinlich, das zu dem bestimmten Anlaß der Grablegung gefertigt wurde; es kann kaum wie offene Felszeichnungsflächen allmählich gewachsen sein. Vielleicht ist diese in der Machart auch gröber wirkende Figur den bedauerlichen Maßnahmen nach der Auffindung des Steines zu verdanken. Der obere Girlandenabschluß und eine unten abgesetzte Tierzone würden dagegen durchaus zu den zweifelsfrei lesbaren Bildern des genannten Grabes von Kivik passen. Auf der modernen Abreibung werden aber auch die schnabelförmigen maskenhaften Gesichter der drei Hauptpersonen im Profil besser sichtbar; solche Vermummungen begegnen auch auf südschwedischen Felsbildern.

Bleibt die Einzelansprache einiger Details auf dem Stein von Anderlingen damit also etwas unsicher, so darf die Gesamtinterpretation der Bildfläche als die Darstellung einer in feierlicher Situation befindlichen kleinen Menschen- oder Göttergruppe als unbestritten gelten. Da die Szene in Verbindung mit einer Grablegung entstanden ist und nach der Schließung des Grabes der Welt der Lebenden entzogen war, wird sie insgesamt einen nicht näher erschließbaren religiösen Inhalt aus dem Bereich des Totenkultes haben. Die Adorantenhaltung, das erhobene Beilsymbol und die tänzerisch-prozessionsartige Aufstellung der Personen unterstreichen dieses.

In dem Grab von Anderlingen muß eine Persönlichkeit bestattet gewesen sein, die durch den mächtigen Hügel, die sorgfältig und stabil gebaute Kammer sowie vor allem durch den Bildstein auf besondere Weise geehrt worden ist. Dieser Stein ist sowohl durch seinen Standort als auch durch seinen Bildinhalt in Norddeutschland einzigartig. Der Tote, dem er zugedacht war, muß zu Lebzeiten innerhalb seiner Siedlungsgemeinschaft eine herausragende Rolle gespielt haben. Ob seine Stellung und sein Ansehen auf politischer, wirtschaftlicher oder religiöser (als ‚Priester') Macht (wobei alle drei Bereiche auch in einer Hand vereinigt gewesen sein können) beruhte, wird allerdings nie mehr zu klären sein.

Miniaturen auf Bronzen

Die über das norddeutsche Flachland verteilten Bildsteine stehen nicht allein in weiter Flur. Sie gehören vornehmlich zur bronzezeitlichen Kultur des nordischen Kreises, dessen künstlerische Ausdrucksformen auch in ganz anderen Materialien einen Niederschlag erfahren haben. Insbesondere sind es Zeichnungen auf bronzenen Gebrauchs- und Zierobjekten, die hier als direkte Ergänzung zu den in Stein überlieferten Bildern von Interesse sind. Dazu zählen etwa

Äxte und Schwerter, Schmuckscheiben und Halsringe, Pinzetten und Kämme sowie vor allem kleine Rasiermesser. Die auf solchen alltäglichen Gegenständen zur Verfügung stehenden Flächen von zuweilen nur wenigen Quadratzentimetern Größe sind oft überaus sorgfältig mit Ornamenten und Figuren ausgeschmückt, die in die polierten Oberflächen eingraviert oder -gepunzt worden sind. Dafür wurden ebene, ungewölbte Flächen bevorzugt. Häufig werden diese Bildflächen durch eine feine, geometrisch gegliederte Randborte eingefaßt.

In der Regel handelt es sich insgesamt um rein geometrische Ornamente. Es sind sehr einfache Muster, die auf sich wiederholenden Elementen aufgebaut sind. In der älteren Bronzezeit wirken sie etwas starr, in der jüngeren Bronzezeit machen sie aber durch die Einbeziehung schwungvoller Spiralen und vereinzelter schematisierter zoomorpher Details durchaus einen lebendigen Eindruck.

In der jüngeren Bronzezeit erfuhren diese meist flächendeckend, zuweilen aber auch nur randgebunden auftretenden Verzierungen ebenfalls eine Erweiterung durch die Aufnahme figuraler Motive, die sowohl mit den erstgenannten kombiniert, als auch unabhängig davon begegnen.

Die wichtigsten Bildträger sind dabei die kleinen einschneidigen Rasiermesser, die häufig in männlichen Bestattungen vorkommen. Diese Messer haben einen geraden Rücken, eine leicht geschwungene gedengelte Schneide sowie einen etwas plastisch gestalteten Griff, der oft in einer Spirale, seltener auch in einem Tierkopf ausläuft. Die Ziermotive, die sich stets nur auf einer der beiden Seiten befinden, sind nie mitgegossen, sondern immer erst nach dem Guß in die Oberfläche eingetieft worden.

Das häufigste Motiv auf den Rasiermessern stellen die Schiffsabbildungen, die in ihrer äußeren Form denjenigen auf den südskandinavischen Felszeichnungen vollkommen entsprechen. Allerdings erlaubte ihre Anbringung auf den Bronzen gegenüber jenen eine wesentlich genauere Hervorhebung von Details, so daß sie die oft groben Darstellungen in Stein gut ergänzen.

Meist bedeckt das jeweilige Schiffsbild freistehend die ganze Fläche; zuweilen wächst es aber auch aus einer geometrischen Randborte hervor. Ein Messer von Aurich (*Abb. 38*) weist allein vier Schiffsbilder

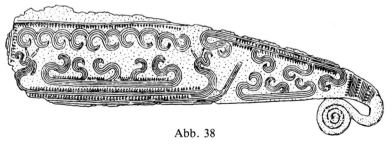

Abb. 38
Bronzenes Rasiermesser von Aurich.
Länge 14,0 cm.

auf: links ein großes und unmittelbar darüber ein kleineres stark stilisiertes, rechts unten ein sehr kleines, das nur durch drei schwungvoll geführte parallele Linien gekennzeichnet wird, und rechts oben ein auf dem Kopf stehendes Schiff, das in die Randborte hineinkomponiert ist. Oft sind markante Unterschiede zwischen Bug und Heck zu erkennen. So kann sich zum Beispiel die Kielplanke am Bug in einen lang vorgestreckten Rammsteven fortsetzen, während der eigentliche Steven dort ähnlich wie achtern gestaltet ist; auf einem Messer aus der Gegend von Bremen (*Abb. 39*), auf dem auch die Spanten des

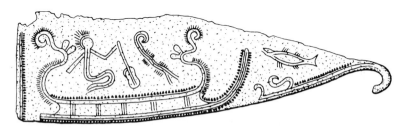

Abb. 39
Bronzenes Rasiermesser aus der Gegend von Bremen.
Länge 12,7 cm.

Schiffes, die die Planken miteinander verbinden, deutlich zu erkennen sind, enden die Steven in Tierköpfen. Dieses Messer ist auch ein Beispiel für die zusätzliche Darstellung von Personen, die in der Regel eine nicht notwendig mit dem Schiff zusammenhängende Tätigkeit ausüben, sondern oft eher den Eindruck von Beschwörungen und kultischen Szenen vermitteln: Hier ist eine kniende Figur mit Strahlenkranz am Kopf und einem paddelähnlichen Gegenstand in der Hand vor einer Schlange wiedergegeben. Weiterhin begegnen hier ein Fisch und unten rechts vielleicht andeutungsweise der Teil eines zweiten Bootes. Leider ist es jedoch kaum möglich, den Symbolgehalt solcher Motive zu bestimmen. Bei der menschlichen Figur ist beispielsweise an die Darstellung des Sonnengottes gedacht worden, da die Sonne in Form von kreisförmigen Motiven mit zugehörigem Strahlenkranz mehrfach sowohl auf Rasiermessern als auch auf Felsbildern vorzukommen scheint.

Die große Präzision in der technischen Ausführung sowie die ausgewogenen Kompositionen dieser feinen Gravuren berechtigen dazu, von richtigen Miniaturen zu sprechen. Sie zeigen in hohem Maße das Geschick der Kunsthandwerker ihrer Zeit, und zwar wesentlich differenzierter, als es die eindrucksvollen Arbeiten der Steinmetze in den spröden Felsblöcken vermögen.

Mag auch die Interpretation der einzelnen Motive umstritten bleiben, so ist ihre jeweilige Lesung jedoch gesichert. Diese verzierten Kleinbronzen sind für die Betrachtung der norddeutschen Felsbilder vor allem aus zwei Gründen von erheblicher Bedeutung. Zum einen kommen sie in gut datierten Grabfunden vor und belegen damit, da viele einfache Motive gleichermaßen auf Bronzen und auf Felsblöcken auftreten, daß auch die entsprechenden Felsbilder der Bronzezeit zuzuweisen sind. Zum anderen bieten sie eine Bereicherung der Bildvielfalt. Dabei zeigen sie vor allem, daß auch das Schiff, das eines der vorherrschenden Motive auf den südskandinavischen Felsflächen bildet, auch zum Motivvorrat dieser Zeit in Norddeutschland gehört hat. Warum dieses Motiv jedoch nicht auch hier in Stein geschlagen wurde, sondern lediglich von den Bronzegießern verwendet worden ist, wird nicht mehr zu beantworten sein. Allerdings ist es nicht ausgeschlossen, daß ein Neufund auch diese Lücke eines Tages schließt. Eigentlich ist das sogar auf dem geschilderten Hintergrund geradezu zu erwarten.

Verbreitung und Zusammenfassung

Auch ohne Einbeziehung der zahlreichen Schalen- und Rillensteine sind immerhin gut zwanzig Bildsteine aus dem norddeutschen Raum belegt (*Karte auf Abb. 40*), die regional eine Fortsetzung des dänischen und südschwedischen Felsbildgebietes bis auf die Höhe von Osnabrück-Haldensleben dokumentieren. Als Ersatz für die fehlenden anstehenden Felsflächen wurden hier lose Blöcke gewählt.

Fast ausnahmslos sind die norddeutschen Exemplare nur auf einer Seite verziert, das heißt sie haben eine Schauseite. Die Anbringung aller Zeichen auf einem einzelnen Stein muß nicht jeweils gleichzeitig aus einem bestimmten Anlaß erfolgt sein. Sie ist aber stets mit demselben Aufwand und mit derselben Sorgfalt vollzogen worden wie in Skandinavien selbst. Auffallend ist dabei, daß die schönsten Exemplare in Niedersachsen und damit am weitesten entfernt vom skandinavischen Kerngebiet angetroffen wurden.

Grundsätzlich neues Licht auf die nordeuropäische Felsbildkunst können die hier vorgestellten Zeugnisse selbstverständlich nicht werfen. Doch lassen sie einige Folgerungen zu, die eventuell auch für die Auswertung der skandinavischen Bildflächen von Bedeutung sein können. Selbst die verhältnismäßig wenigen norddeutschen Exemplare lassen Ansätze für räumliche Gruppierungsmöglichkeiten erkennen: So kommen etwa Speichenräder verschiedener Varianten nur in Schleswig-Holstein und Mecklenburg vor, während die ihnen äußerlich, aber wohl auch in der Bedeutung nahestehenden konzentrischen Kreise ausschließlich in Niedersachsen westlich der Weser belegt sind; vollständige Menschenfiguren sind nur aus Niedersachsen bekannt, Hand- und Fußbilder dagegen fast ausschließlich aus Schleswig-Holstein.

In chronologischer Hinsicht gibt es Anhaltspunkte dafür, daß viele einfache Schalensteine bereits im Neolithikum entstanden sind. Für inhaltsreichere Darstellungen liegen allerdings weder Anzeichen noch gar Beweise für eine so frühe Datierung vor. Die Zeichnungen von Bunsoh können zwar noch in der jüngeren Steinzeit angefertigt wor-

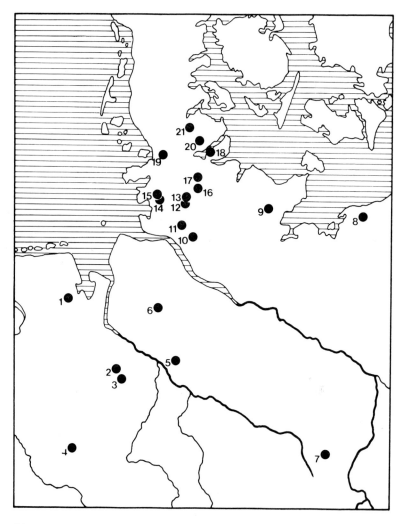

den sein, doch mögen sie ebensogut erst unmittelbar vor Anlage des aufliegenden älter-bronzezeitlichen Grabes in den Stein eingeschlagen worden sein.

Abgesehen von dem eindeutigen Befund von Anderlingen sind auch direkte sichere Hinweise für einen bronzezeitlichen Zeitansatz nur spärlich vertreten. Für den großen Schalenstein von Wiershausen ist allerdings bezeugt, daß er zumindest während der Bronzezeit aufgesucht und genutzt wurde; eine gleichzeitige Entstehung der dort angebrachten Zeichen ist dadurch jedoch nicht gewährleistet. Die Figur auf dem kleinen Stein von Schafwinkel ist dagegen mit Sicherheit erst in der Bronzezeit angefertigt worden, da unter dem Stein eine bronzezeitliche Doppelbestattung angetroffen wurde und da mit Schild und einer eventuellen hörnerartigen Kopfbedeckung bronzezeitliche Elemente dargestellt sind. Demnach können also beide niedersächsischen Exemplare mit Menschendarstellungen — Anderlingen und Schafwinkel — dieser Periode zugewiesen werden.

Trotz der begrenzten Zahl der Denkmäler in Norddeutschland ist der Motivvorrat erstaunlich groß. Neben Schalen — zum Teil durch Rillen verbunden oder in reihenförmiger Andeutung — begegnen als einfache Zeichen noch Furchen, die zu größeren netzartigen Gebilden kombiniert sein können, ein Kreuz sowie vielzackige Sterne. Unter den nächst komplizierteren Zeichnungen sind die Kreise zu nen-

Abb. 40
Verbreitung der norddeutschen Bildsteine
(ohne einfache Schalen- und Rillensteine).
1 Horsten, Kr. Wittmund; 2 Harpstedt, Kr. Grafschaft Hoya; 3 Beckstedt, Kr. Grafschaft Hoya; 4 Gattberg, Kr. Osnabrück; 5 Schafwinkel, Kr. Verden; 6 Anderlingen, Kr. Bremervörde; 7 Marienborn, Kr. Haldensleben; 8 Blengow, Kr. Bad Doberan; 9 Klein Meinsdorf, Kr. Plön; 10 Ölixdorf, Kr. Steinburg; 12—13 Beldorf, Kr. Rendsburg; 14—15 Bunsoh, Kr. Süderdithmarschen; 16 Schülldorf, Kr. Rendsburg; 17 Borgstedtfelde, Kr. Rendsburg; 18 Rieseby, Kr. Eckernförde; 19 Westerohrstedt, Kr. Husum; 20 Tolk, Kr. Schleswig; 21 Süderschmedeby, Kr. Flensburg.

nen, die als Speichenräder oder als eine dichte Folge präzise ausgeführter konzentrischer Linien flächendeckend ausgeführt sein können. Zu diesen, in ihrer äußeren Umrißform noch nicht sehr anspruchsvollen Bildern, kann auch das Beil von Schülldorf gezählt werden.

Beachtung verdienen schließlich diejenigen Bilder, die vollständige Menschenfiguren wie in Schafwinkel und Anderlingen oder einzelne menschliche Körperteile beziehungsweise deren Spuren wiedergeben: flächig oder strichförmig ausgeführte Hände sowie Füße mit und ohne Zehen. Wie erst vor kurzem vorgeschlagen, mögen solche Zeichen dem Bereich der Götterwelt angehören. In vielen indoeuropäischen Schriftquellen — auch in solchen, die die frühgeschichtliche Religion der Germanen betreffen — wird nämlich von unsichtbaren, auch im Bild nicht dargestellten Göttern gesprochen. Sie sind durch ihre Fahrzeuge wie Wagen oder Schiff, auf denen sie Umfahrten vornahmen, und durch ihre Attribute charakterisiert. Damit wären Bilder solcher Gegenstände selbst als anikonische Göttersymbole zu verstehen. In einer solchen religiösen Welt könnten auch die zahlreichen Fußbilder als Spuren vorübergegangener Gottheiten betrachtet worden sein. Das würde aber insgesamt bedeuten, daß es während der Bronzezeit im Norden kaum menschengestaltige Götterbilder gegeben haben kann. Somit wären konsequenterweise auch menschliche Figuren wie in Schafwinkel, in Anderlingen und auf dem Rasiermesser aus der Gegend von Bremen nicht als Götter aufzufassen.

Als Besonderheiten des norddeutschen Raumes, die keine annähernden Parallelen in dem reichhaltigen skandinavischen Material besitzen, können nur der Opferstein von Wiershausen mit den darauf liegenden Bronzeobjekten und die großen sogenannten Sonnensteine angesehen werden. Trotz dieser hier betont hervorgehobenen Eigentümlichkeiten des niedersächsischen Raumes ist eine enge Verbindung zu den skandinavischen Felsbildern gegeben. Fast alle in Norddeutschland belegten Motive beggenen auch in Skandinavien, vor allem im benachbarten Dänemark und in Schonen. Eines der Hauptmotive der skandinavischen Zeichnungen fehlt allerdings auf unseren Steinen: das Schiff; dieses ist aber hinreichend auf bronzenen Rasiermessern vertreten. Damit geben in Ergänzung zu dem materiellen Fundgut und zu den Bestattungssitten auch die Felsbilder weite Teile Norddeutschlands als Südzone des ‚nordischen Kreises' zu erkennen, obgleich es sich in einigen Fällen nur um Ausstrahlungserscheinungen handeln wird.

Ohne Zweifel ist die eigentümliche Welt der bronzezeitlichen Felsbilder in Nordeuropa sehr vielfältig, sowohl hinsichtlich der einzelnen Motive als auch in bezug auf ihre Kompositionen. Die meisten Darstellungen sind jedoch für den heutigen Betrachter ohne weiteres erkennbar, das heißt schlicht lesbar. Leider ist damit allerdings noch keine Deutung gegeben. Der Phantasie ist hier ein weiter Spielraum belassen. Daher sind im Vorstehenden nur Deutungsmöglichkeiten angesprochen worden, die eine große Wahrscheinlichkeit für sich haben; andere wurden außer acht gelassen, da sie weitgehend dem Bereich der Spekulation zuzuweisen sind. Dagegen können Aussagen darüber gemacht werden, in welchem größeren äußeren Rahmen die Felsbilder in Norddeutschland zu sehen sind. Liegen Angaben über die Fundumstände vor, so bezeugen sie häufig eine Verbindung der Zeichnungen mit dem Totenkult: Bei Wiershausen sind Opferungen innerhalb eines Hügelgräberfeldes vorgenommen worden und auch andere Opfersteine fanden sich unmittelbar bei oder in der Nähe von Grabhügeln; Schalensteine (die eventuell auch von abgetragenen Hügelbegrenzungen stammen können) finden sich in Gräbern, auf Hügeln, am Rande von Gräberfeldern und als Decksteine von Grabkammern; der Bildstein von Schafwinkel wurde in deutlichem Zusammenhang mit Bestattungen aufgedeckt und der Bildstein von Anderlingen stand mit seiner verzierten Fläche zum Raum des Toten gewendet an der Stirnseite einer bronzezeitlichen Steinkiste. Eine große Zahl der beschriebenen Steine erlaubt allerdings keine derartige Aussage, da sie einzeln ohne Fundverband überliefert sind. Diese mögen zum Teil auch ohne Beziehung zum Totenkult entstanden sein.

Auch wenn die Geheimnisse der Felsbilder nicht insgesamt gelüftet werden können, bilden diese Zeichnungen doch das auffälligste Zeugnis der Kunst in der nordeuropäischen Bronzezeit vor etwa 3000 Jahren. Sie nehmen als älteste Monumentalkunst des Nordens einen besonderen Rang im gesamten ur- und frühgeschichtlichen Europa ein. Auf dem europäischen Kontinent gilt das in hohem Maße für die niedersächsischen Beispiele.

Weiterführende Literatur

Die nachfolgende kurze Literaturliste enthält nur solche Arbeiten, die sich ausführlich mit dem behandelten Problemkreis beschäftigen. Aufgenommen wurden auch einige wesentliche skandinavische Werke, die einen Einblick in den Zentralbereich der nordischen Felsbildkunst vermitteln. In der aufgeführten Literatur finden sich ergänzende Hinweise. Verwiesen sei darüber hinaus für speziellere Angaben auf die im Anschluß daran verzeichneten Abbildungsnachweise mit der genauen Bezeichnung der einzelnen zutreffenden Beiträge, die einen Zugang zu näheren Beschreibungen und Darstellungen der jeweiligen Fundumstände ermöglichen.

ALMGREN, O.: Nordische Felszeichnungen als religiöse Urkunden (1934).

ALTHIN, C.-A.: Studien zu den bronzezeitlichen Felszeichnungen von Skåne (1945).

BALTZER, L.: Schwedische Felsbilder von Göteborg bis Strömstad (1919).

BAUDOU, E.: Die regionale und chronologische Einteilung der jüngeren Bronzezeit im Nordischen Kreis (1960).

CAPELLE, T.: Felsbilder in Nordwestdeutschland — Eine Übersicht. Acta Archaeologica 43, 1972.

CAPELLE, T.: Kunst und Kunsthandwerk im bronzezeitlichen Nordeuropa (1974).

EVERS, D.: Neue Bildelemente am Stein von Anderlingen. Archäologisches Korrespondenzblatt 11, 1981.

FREDSJÖ, Å; JANSON, S. und MOBERG, C.-A.: Hällristningar i Sverige (1956).

GLOB, P. V.: Helleristninger i Danmark (1969).

HANSEN, W.: Die Verbreitung und Bedeutung der Schalensteine im Glauben und Brauch der Vorzeit (= Teildruck der Dissertation) (1937).

JACOB-FRIESEN, K. H. und G.: Einführung in Niedersachsens Urgeschichte, II. Teil — Bronzezeit (1963).

KÜHN, H.: Die Felsbilder Europas (1956).

MALMER, M. P.: A Chorological Study of North European Rock Art (1981).

MARSTRANDER, S.: Østfolds jordbruksristninger, Skeberg (1963).

PETERS, H.-G. und SCHLÜTER, W.: Archäologische Denkmäler und Funde im Landkreis Osnabrück. Wegweiser zur Vor- und Frühgeschichte Niedersachsens 7 (1976^2).

REDLICH, C.: Der ‚Dreigötterstein' von Anderlingen, Kr. Bremervörde. Nachrichten aus Niedersachsens Urgeschichte 32, 1963.

RÖSCHMANN, J.: Schalensteine. Offa 19, 1962.

RÖSCHMANN, J.: Vorgeschichte des Kreises Flensburg (1963).

SCHIRNIG, H.: Schalensteine aus dem Bereich des Elbe-Seitenkanals im Kreis Uelzen. In: Materialhefte zur Ur- und Frühgeschichte Niedersachsens 3 (1970).

SCHLÜTER, W.: ‚Kultsteine' im Osnabrücker Land. In: Führer zu vor- und frühgeschichtlichen Denkmälern 44 (1979).

SCHULDT, E.: Die mecklenburgischen Megalithgräber (1972).

SCHWANTES, G.: Vorgeschichte Schleswig-Holsteins (1939).

SCHWANTES, G.: Geschichte Schleswig-Holsteins 1 — Die Urgeschichte (1958).

STRUWE, K. W.: Die Bronzezeit. In: Geschichte Schleswig-Holsteins 2 (1979).

TEMPEL, W.-D.: Landkreis Rotenburg (Wümme). In: Führer zu archäologischen Denkmälern in Deutschland 4 (1984) 156 ff.

WEGEWITZ, W.: Rillen- und Rinnensteine: wenig beachtete Denkmäler der Vorzeit. Archäologisches Korrespondenzblatt 13, 1983.

Abbildungsnachweise

Titelbild: Niedersächsisches Landesmuseum, Abt. Urgeschichte, Hannover. Das Foto zeigt den Bildstein von Anderlingen (vgl. Abb. 35—37).

Fotovorlagen: Nds. Landesverwaltungsamt — Institut für Denkmalpflege —, Hannover.

Die Abbildungen 1—40 (außer Nr. 9 und 15, die direkt übernommen worden sind) wurden nach folgenden Vorlagen gezeichnet:

Abb. 1: L. BALTZER, Schwedische Felsbilder von Göteborg bis Strömstad (1919), Taf. 1, 6.

Abb. 2: L. BALTZER (wie Abb. 1), Taf. 1, 3.

Abb. 3: L. BALTZER (wie Abb. 1), Taf. 23, 1.

Abb. 4: K. TACKENBERG, Die jüngere Bronzezeit in Nordwestdeutschland, Teil II. Die Felsgesteingeräte (1974), Taf. 4, 4.

Abb. 5a: K. TACKENBERG (wie Abb. 4), Taf. 1, 2.

Abb. 5b: K. TACKENBERG (wie Abb. 4), Taf. 1, 4.

Abb. 6: D. BOHNSACK, Die Urnengräber der frühen Eisenzeit aus Garbsen (Kr. Neustadt a. Rbg.) und aus dem Stadtkreis Hannover (1973), Taf. 34.

Abb. 7: E. SCHULDT, Riesensteingräber an der Warnow (1967), Abb. 25.

Abb. 8: H. GEISSLINGER, Die Vor- und Frühgeschichte Schleswig-Holsteins im Spiegel bedeutender Funde im Landesmuseum Schleswig. In: Führer zu vor- und frühgeschichtlichen Denkmälern 9 (1968), S. 121.

Abb. 9: W. DÜRRE, Ein ,,Bildstein'' von Volkwardingen, Gem. Bispingen, Kr. Soltau. Nachrichten aus Niedersachsens Urgeschichte 44, 1975, Abb. 1.

Abb. 10: K. H. und G. JACOB-FRIESEN, Einführung in Niedersachsens Urgeschichte, II. Teil — Bronzezeit (1963), Taf. 4b.

Abb. 11:	G. GÄRTNER, Die ur- und frühgeschichtlichen Denkmäler und Funde des Kreises Sternberg (1969), Taf. 61.
Abb. 12:	W. HANSEN, Die Verbreitung und Bedeutung der Schalensteine im Glauben und Brauch der Vorzeit (1937), Abb. 6.
Abb. 13:	K. H. und G. JACOB-FRIESEN (wie Abb. 10), Abb. 231.
Abb. 14:	E. SCHULDT, Steinzeitliche Grabmonumente der Insel Rügen (1971), Abb. 39.
Abb. 15:	W.-D. ASMUS, Untersuchung des stein-bronzezeitlichen ,,Opfersteines" von Melzingen, Kr. Uelzen. Germania 36, 1958, Abb. 1.
Abb. 16:	J. RÖSCHMANN, Vorgeschichte des Kreises Flensburg (1963), Taf. 143, 4.
Abb. 17:	K. KERSTEN, Vorgeschichte des Kreises Steinburg (1939), Abb. 313.
Abb. 18:	W. HANSEN (wie Abb. 12), Abb. 9.
Abb. 19:	G. SCHWANTES, Vorgeschichte Schleswig-Holsteins (1939), Abb. 347.
Abb. 20:	W. SCHULZ, Vor- und Frühgeschichte Mitteldeutschlands (1939), Abb. 120.
Abb. 21:	Nach einem Foto von E. SCHULDT, Schwerin.
Abb. 22:	E. REHER, Ein neuer Schalenstein mit Sonnenrad. Germanen-Erbe 1939, 287.
Abb. 23:	E. REHER (wie Abb. 22), 287.
Abb. 24:	J. RÖSCHMANN (wie Abb. 16), Taf. 142, 4.
Abb. 25:	K. H. und G. JACOB-FRIESEN (wie Abb. 10), Abb. 229.
Abb. 26:	K. H. und G. JACOB-FRIESEN (wie Abb. 10), Taf. 3.
Abb. 27:	R. MAIER, Ur- und frühgeschichtliche Denkmäler und Funde aus Ostfriesland (1974), Abb. 18.
Abb. 28:	Nach einem Foto von W. SCHLÜTER, Osnabrück.
Abb. 29:	G. SCHWANTES (wie Abb. 19), Abb. 719.

Abb. 30:	G. SCHWANTES (wie Abb. 19), Abb. 330.
Abb. 31:	G. SCHWANTES (wie Abb. 19), Abb. 331.
Abb. 32:	G. SCHWANTES (wie Abb. 19), Abb. 332.
Abb. 33:	G. SCHWANTES (wie Abb. 19), Abb. 346.
Abb. 34:	D. SCHÜNEMANN, Ein spätbronzezeitlicher Bildstein in Gerkenhof, Gem. Schafwinkel, Kr. Verden? Nachrichten aus Niedersachsens Urgeschichte 35, 1966, Taf. 1.
Abb. 35:	K. H. und G. JACOB-FRIESEN (wie Abb. 10), Abb. 272.
Abb. 36:	K. H. und G. JACOB-FRIESEN (wie Abb. 10), Abb. 273.
Abb. 37:	D. EVERS, Neue Bildelemente am Stein von Anderlingen. Archäologisches Korrespondenzblatt 11, 1981, Abb. 2.
Abb. 38:	R. MAIER (wie Abb. 27), Abb. 22.
Abb. 39:	E. SPROCKHOFF, Nordische Bronzezeit und frühes Griechentum. Jahrbuch des Römisch-Germanischen Zentralmuseums Mainz 1, 1953, Abb. 30, 3.
Abb. 40:	Entwurf des Verfassers.

Vorwort

In den achtziger Jahren schenkte uns jemand eine Kopie der „stolen essences" in englischer Sprache, unter der Auflage, sie in Deutschland ja niemandem zugänglich zu machen, denn sie waren ja „gestohlen". Jemand hatte Seminare, die George Vithoulkas über die Essenzen verschiedener Arzneimittel gehalten hatte, in schriftlicher Form in Umlauf gebracht, ohne daß George Vithoulkas auch nur je im geringsten sein Einverständnis erklärt hätte.
Seine Essenzen waren damals eine Revolution in der homöopathischen Welt.
Arzneimittelbilder wurden lebendig, anschaulich, auf unsere heutige Zeit übertragbar, vergleichbar mit Patienten, die man zu betreuen hatte.
Uns waren die Aufzeichnungen unentbehrlich geworden.
Wir hatten jetzt diese Essenzen und sollten sie unseren Freunden und Kollegen vorenthalten. Die einfachste Lösung schien uns irgendwann, George Vithoulkas selbst zu fragen, ob wir nicht dieses wertvolle Material ins Deutsche übersetzen und Interessierten zugänglich machen dürften. Und wir durften! Selbstverständlich mit der Anmerkung, daß diese Aufzeichnungen nicht direkt seiner Feder entstammten und auch nicht von ihm korrigiert waren.
Anfänglich planten wir, fünfzig Exemplare zu drucken; während der Übersetzungsarbeit dachten wir an ungefähr hundert. Es kam anders. Die Essenzen revolutionierten auch die deutsche homöopathische Welt. Aber das Skript blieb was es war: ein für Freunde und Bekannte verfaßtes Buch, handgetippt, mit Tippfehlern, mit inhaltlichen Fehlern, die sich im Laufe der Mitschriften und Kopien in aller Welt eingeschlichen hatten, mit Lücken, von denen wir nicht wußten, wie sie zu füllen waren.
Und es dauert Jahre, bis wir die Zeit fanden, dem Buch, seinen inneren Werten entsprechend, eine angemessenere äußere Form zu geben, Fehler zu korrigieren und Lücken zu schließen.

Durch Rücksprache mit George Vithoulkas konnten wir strittige Punkte sicher bereinigen. So ist jetzt zum Beispiel klar, daß Granatum von George Vithoulkas nicht als Sonnenstichmittel eingestuft wird. Bisher stand es als eines der Hauptmittel in den Essenzen.

Fünf neue Arzneimittel

>   Acidum sulfuricum
>   Guajacum
>   Helleborus
>   Ruta
>   Theridion

bereichern die „Neuen Essenzen" jedoch sicherlich am meisten.

George Vithoulkas hat sein Einverständnis gegeben, diese bisher noch nicht veröffentlichten Arzneimittel erstmalig in einem Buch herauszugeben. Sie beruhen auf Alonissos-Seminaren von 1984 und 1985.

Es muß jedoch auch weiterhin gesagt werden, daß die Arzneimittelbilder in den Essenzen nicht der offiziellen, von George Vithoulkas geschriebenen Materia medica entsprechen und somit nicht in allen Punkten seine Auffassung wiedergeben müssen.

Ebenfalls neu ist die **systematische Aufarbeitung** des Inhaltes.
Der Wert der Essenzen liegt in der Kombination der psychologisch-pathologischen Aspekte unserer Arzneimittel mit den handfesten Informationen, die zu einer sicheren Verschreibung führen, den sogenannten Key-notes.
Die wichtigsten Key-notes finden Sie hier auf engstem Raum. Es ist jedoch schwer, bei der Fülle der Information sich genau zu erinnern, wo man was gelesen hat, und es sogleich wiederzufinden.
Durch einen **Index** der **Arzneimittel** und der **Differentialdiagnosen** ist es endlich möglich, dieses Buch auch als Nachschlagewerk zu nutzen. Jederzeit, während der Anamnese, in der Praxis, schnell und effektiv.

Krankheiten manifestieren sich auf den drei Ebenen des menschlichen Seins - der geistigen, der emotionalen und der körperlichen Ebene. Krankheiten durchlaufen verschiedene Stadien, sie entwickeln sich. Ebenso auch die Arzneimittel. Sie präsentieren sich uns in verschiedenen Stadien. Dieses Verständnis ist wichtig, da auf dieser Erkenntnis die Arzneimittelbilder aufbauen.

Oft wird im Text von der „Arzneimittel-Pathologie", zum Beispiel der Thuja-Pathologie, gesprochen. Im deutschen Sprachgebrauch ist das ungewöhnlich. Gemeint ist damit die Entwicklung der Krankheitszeichen und Symptome, die für für dieses Arzneimittel kennzeichnend sind.

Wird in einer Beschreibung ein Arzneimittel-Typus personifiziert, zum Beispiel wenn von „ihr" bei Lachesis gesprochen wird, so entspricht das eher dem eingebürgerten homöopathischen Sprachgebrauch und verflüssigt den Lesefluß. Es gibt durchaus Lachesis-Männer und -Frauen. Den Arzneimitteln werden auch immer wieder verschiedene Artikel zugeschrieben, „er", „sie" und „es". Wir möchten dem Eindruck entgegenwirken, ein Arzneimittel würde nur einem Geschlecht zugeordnet.

Manche Arzneimittel liegen in mehreren Varianten vor. Sie entsprechen verschiedenen Versionen, die George Vithoulkas vorgetragen hat. Wir haben sie beibehalten, damit die Vorträge nichts von ihrer Lebendigkeit einbüßen.

Für Fälle, in denen das englische Wort treffender charakterisiert als die deutsche Übersetzung, haben wir es in Klammern belassen.

Lachesis, Nux vomica und Phosphor wurden in Anlehnung an das Buch „Medizin der Zukunft", G. Vithoulkas in der Übersetzung von G. Behnisch, bearbeitet. Als Vorlage für Kalium carbonicum diente die Übersetzung C. Freverts.

Weiterhin möchten wir uns für rat- und tatkräftige Hilfe bei Frau Melina Karp und Herrn Dr. med. G. Behnisch bedanken, die bei der ursprünglichen Übersetzung mitgeholfen haben.

Ganz besonders bedanken möchten wir uns bei Herrn George Vithoulkas, auf dessen Forschung und Erfahrung die Arzneimittelbilder beruhen. Mit den „Essenzen" erlaubt er uns sozusagen einen Schnelleinstieg in seine Materia medica.

Augsburg, im April 1998   Greta Hieronymus-Faust
                                                                              Jürgen Faust

INHALT

ACIDUM FLUORICUM	1
ACIDUM NITRICUM	5
ACIDUM PHOSPHORICUM	10
ACIDUM SULFURICUM	15
AETHUSA	22
AGARICUS	25
AGNUS CASTUS	28
ALUMINA	30
ARGENTUM NITRICUM	35
ARSENICUM ALBUM	39
AURUM METALLICUM	47
BARIUM CARBONICUM	52
BISMUTHUM	58
BRYONIA	60
CALCIUM CARBONICUM	65
CALCIUM PHOSPHORICUM	72
CANNABIS INDICA	77
CAPSICUM	82
CARBO VEGETABILIS	88
CAUSTICUM	93
CHELIDONIUM	98
DULCAMARA	103
GRAPHIT	107
GRATIOLA	112
GUAJACUM	114
HELLEBORUS	121
HEPAR SULFURIS	133
HYOSCYAMUS	137
IGNATIA - 1. Version	140
IGNATIA - 2. Version	144
KALIUM BICHROMICUM	147

Inhalt

KALIUM CARBONICUM	152
LACHESIS	159
LYCOPODIUM	167
LYSSINUM	172
MAGNESIUM MURIATICUM	177
MEDORRHINUM	181
MERCURIUS SOLUBILIS	187
NATRIUM MURIATICUM	193
NUX VOMICA	201
PHOSPHOR	207
PLATIN	212
PLUMBUM METALLICUM	217
PULSATILLA	222
RHUS TOXICODENDRON	225
RUTA	227
SEPIA - 1. Version	232
SEPIA - 2. Version	235
SEPIA - 3. Version	237
SILICEA	242
STANNUM	247
STAPHISAGRIA	251
STRAMONIUM	257
SULFUR	261
SYPHILINUM	269
TARANTULA HISPANICA	273
THERIDION CURASSAVICUM	277
THUJA	283
TUBERCULINUM BOVINUM	289
VERATRUM ALBUM	292
INDEX	295
INDEX, DD	300

ACIDUM FLUORICUM

Acidum fluoricum ist in erster Linie ein männliches Mittel. Der Acidum-fluoricum-Patient ist ein **Materialist** im wahrsten Sinne des Wortes, er ist ein Mann von Welt. Er **genießt das Leben** in vollen Zügen und kümmert sich nicht viel um Dinge wie geistige Entfaltung, Bewußtsein, Disziplin - solche Gedanken sind ihm fremd.
Viel primitive Energie steckt in ihm (crude energie), die sich bereits in jungen Jahren durch **großes sexuelles Verlangen** manifestiert. Geschlechtsverkehr braucht er einfach. Ein fünfzigjähriger Mann erzählt Ihnen vielleicht, daß er seit seinem dreizehnten oder vierzehnten Lebensjahr täglich Verkehr habe und brauche.

Acidum-fluoricum-Patienten sind nicht leicht zu erkennen. Sie kommen vielleicht wegen ihres Haarausfalls, wegen Schlaflosigkeit oder wegen einer Angst, die sie nicht kontrollieren können. Als Therapeut verschreiben Sie mehrere Mittel, und es tut sich nichts, denn es ist ein Acidum-fluoricum-Fall. Wenn Sie den Patienten mit der Zeit besser kennenlernen, erfahren Sie etwas über sein persönliches Leben, und ein gewisses Bild zeichnet sich ab.

Meist stellt sich ein **ausgeprägtes sexuelles Verlangen** heraus, das schon seit früher Jugend besteht. Oft berichtet der Patient auch von einer frühen, jedoch nur sehr kurz dauernden Ehe, an die sich eine Vielzahl wechselnder Beziehungen anschloß. So viele schöne Frauen Acidum-fluoricum-Männer auch haben mögen - manchmal fünf auf einmal -, sie sind nie befriedigt. Sie achten sehr auf Äußerlichkeiten, ihre Freundinnen sind meist sehr hübsch. Ihre **Beziehungen** spielen sich sehr **oberflächlich** ab. Sie legen keinen Wert auf tiefergehende, innere Kommunikation mit der Partnerin. Sie wollen körperlichen Sex und sonst nichts.

Acidum fluoricum ist unsensibel, gehört nicht zu den feinfühligen Mitteln, besitzt eine Menge Aggressivität und Durchsetzungsvermögen: „Ich bin der große Mann." Trifft ein solcher Mann auf eine sensible Frau, nimmt er keine Rücksicht auf sie. Er schenkt den Gefühlen der anderen keine Beachtung.
Mit der Zeit entwickelt er ein Gefühl - sagen wir - der Überlegenheit, das in manchen Verhaltensweisen deutlich wird, mit denen er andere unterdrückt. Zum Beispiel hat ein Acidum-fluoricum-Mann fünf Freundinnen gleichzeitig und bringt sie alle fünf dazu, blaue Blusen zu tragen, weil er es will. Das ist seine Art, **Macht über andere auszuüben**. Oder eine Acidum-fluoricum-Frau veranlaßt ihre fünf Männer, Schnurrbärte zu tragen, und dann befiehlt sie plötzlich wieder, die Bärte abzurasieren.

ACIDUM FLUORICUM

Acidum-fluoricum-Menschen können auf einer anderen Ebene auch freundlich und gütig sein. Sie **helfen** anderen gerne - aber **in materieller Hinsicht**. Hilfe im emotionalen oder geistigen Bereich verstehen sie nicht, das einzige, was für sie zählt, ist finanzielle Hilfe. Muß jemand dringend operiert werden, springen sie ein und zahlen ihm die Operation.

Nach außen hin scheinen sie großes Interesse für andere zu hegen; was sich in ihrem Inneren abspielt, steht auf einem anderen Blatt. Sie haben **keinen wirklichen Kontakt** und fühlen sich im Grunde isoliert. Sie kennen ihre eigenen Wünsche und Freuden nicht sonderlich gut.

Sie verlieren das Interesse an ihrer Frau und ihren Kindern, an Menschen also, die ihnen sehr nahestehen, wenn sie nicht mehr zu ihrem Vergnügen beitragen. Wenn ihre Frauen ihnen keinen Spaß mehr bringen, sie nicht mehr sexuell erregen, dann ist die Sache beendet. Sie behandeln ihre Partnerinnen wie Gegenstände.

Aber der gleiche Mann, der seiner Frau gegenüber so gefühllos reagiert, kann **sehr empfindsam sein, besonders wenn es um das Leiden anderer geht**. Er tut das Äußerste, um das Leben eines krebskranken Kindes zu retten.

Tief im Innern steht eine große **Angst um die eigene Gesundheit dahinter**, und oft können wir entsetzliche **Angst vor Krebs** beobachten. Es ist, als würde dieser Mann versuchen, den Krebs durch seine guten Taten auszutreiben - wie man mit einem Ritual böse Geister austreibt. Wann immer diese Patienten mit Krebs konfrontiert werden, gehen sie hin und versuchen zu helfen.

Sie haben entsetzliche **Furcht vor dem Leiden**, sie wollen um keinen Preis leiden. Deshalb bemühen sie sich sehr, Ärzte als ihre Freunde zu gewinnen. Sie sind auch gerne bereit, ihren Ärzten Geld zur Verfügung zu stellen, solange sie das Gefühl haben, es könnte etwas für sie getan werden; sie kommen nicht auf die Idee, Geldmittel zur Verfügung zu stellen, nachdem man ihnen geholfen hat. In erster Linie wollen sie, daß man sie von ihren Leiden befreit; in dieser Hinsicht sind sie materialistisch eingestellt, so idealistisch ihre eventuelle Großzügigkeit auch scheinen mag. Hinter all dem steht die große Angst, einer ernsten Krankheit anheimzufallen und zu leiden. Sie wollen ihr Leben genießen und ohne Leiden sterben. Das sind die Patienten, die sagen: „Sie versprechen doch, mich zu erschießen oder mir eine tödliche Injektion zu verabreichen, falls ich einmal unheilbar krank werde."

Zieht man die Erregbarkeit, die hormonelle Überaktivität, den täglichen Sex in Betracht, so ist klar, daß das **System** eines Tages **zusammenbricht** und sich die Situation gerade ins Gegenteil verkehrt. Es kommt zur **Erschöpfung auf allen drei Ebenen**.

Was bleibt dann noch übrig? Das Gedächtnis steckt voll sexueller Erinnerungen. Acidum fluoricum ist ein Mittel bei **Priapismus**. Der Acidum-fluoricum-Patient

war immer bestrebt, eine Partnerin zum Objekt seiner Lust zu machen. Jetzt denkt er an eine junge Frau oder sieht sie und zieht sie in Gedanken aus und hat einen **Orgasmus, ohne** auch nur eine **Erektion** zu haben. Sie sehen, wie schwach das System ist. Der Patient braucht nur an ein Mädchen zu denken, und schon kommt es zu Orgasmus und Ejakulation ohne vorausgehende Erektion.
Die beste Zeit für Sex ist in der Mittagszeit - so zwischen 13 und 14 Uhr.

Acidum-fluoricum-Patienten sind erfolgreich. Sie sind Geschäftsleute und leben für materielle Dinge. Von Zeit zu Zeit plagt sie die Idee, irgendeine Beschwerde könne ein Symptom für Krebs sein. Da sie alle möglichen Ärzte zu Freunden haben, können sie schnell zu einem rennen und ihn bitten, ihr Leiden schnellstens zu diagnostizieren und sie zu retten.
Sie sind vielbeschäftigte Leute und haben eine entsetzliche **Eile** und Hektik in sich. Am Anfang der Anamnese berichten sie kurz von ihrer Schlaflosigkeit und diesem und jenem. Dann folgt schon die brüske Frage: „Was geben Sie mir?" Länger als drei Minuten soll das Ganze nicht dauern. Sie geben ihm *Nux vomica*, und es tut sich nichts. Beim nächsten Mal klagt er noch genauso über Schlaflosigkeit. Sie schlagen in aller Eile „Schlaflosigkeit" nach und geben *Sulfur*, denn der Patient ist auch heiß (Acidum fluoricum ist ein **heißes Mittel**). Nichts. Beim dritten Mal kommen Sie auf die Ängste zu sprechen, merken, daß er anderen gerne hilft und durch Tod und Krebserkrankungen anderer ganz durcheinandergebracht wird. Sie denken: „Oh, ein *Phosphor*-Fall!" Aber: Durst hat er keinen, er schläft rechts und links, Eiscreme mag er, aber nicht übermäßig gern, Gewitter genießt er geradezu. Die ersten Zweifel regen sich. Sie überlegen: Er ist sehr warm, er ist aktiv. Sie sehen die Angst. Er spricht die ganze Zeit von Krebs oder ähnlichem - und da erzählt er Ihnen von einer Freundin, von zwei Freundinnen, von drei Freundinnen oder auch von fünf Freundinnen.

Acidum fluoricum ist in der Rubrik „**Furcht vor Leiden**" nachzutragen. Neben *Hepar* und *Chamomilla* - jedes Mittel hat seine ihm eigene Furcht vor Leiden.
Chamomilla übertreibt den Schmerz innerlich, steigert sich in den Schmerz hinein, so daß er unerträglich wird.
Auch *Hepar sulfuris* leidet aufgrund seines überempfindlichen Nervensystems; der Schmerz wird so stark empfunden, daß er nicht auszuhalten ist.
Acidum fluoricum hat **Angst, irgendwann einmal zu leiden**. Er sieht zum Beispiel alte Leute leiden und fürchtet sich davor, da auch einmal hindurch zu müssen. Hat der Acidum-fluoricum-Patient aktuell Schmerzen, erträgt er sie ganz gut. Seine Furcht vor dem Leiden bezieht sich auf die Zukunft, vor allem auf das Alter.

ACIDUM FLUORICUM

Acidum-fluoricum-Patienten sind **warm**. **Kaltes Wasser, kalte Anwendungen tun ihnen gut**. Manchmal brauchen sie zweimal täglich ein kaltes Duschbad, um sich wohlzufühlen. Warme Anwendungen, warme Getränke verschlechtern.
Die **Nägel** sind **deformiert**, die **Haare** kleben zusammen und **fallen aus**.
Auf der Haut bilden sich gern **Epitheliome** und semimaligne Tumoren.

Im ganzen Körper entwickelt sich mit der Zeit eine Art **Schlaffheit**, die sich **besonders** im **Gefäßsystem** äußert und häufig zu **Varizen** führt.
Prolapsneigung, Prolaps des Uterus und des Rectums. Häufig **Verstopfung**, die die Patienten ganz verrückt macht.

In bezug auf ihren Stuhlgang sind sie ausgesprochen hypochondrisch. Klappt es damit nicht, werden sie sehr ängstlich.
Ähnlich reagiert eine Acidum-fluoricum-Frau, wenn sich ihre Periode etwas verschiebt; gleich denkt sie an Krebs. Der geringste Anlaß genügt, und die Furcht vor Krebs taucht auf.

Oft kommt es zu **Prostatahypertrophie** und zu häufigem Harndrang.
Wird dem Drang zu urinieren nicht nachgegeben, entwickeln sich Kopfschmerzen.
Schmerzhafte Erektionen die ganze Nacht lang (*Staphisagria, Cantharis*).

Zum Schlaf: Acidum fluoricum schläft sofort ein, erwacht nach drei bis vier Stunden, ist hellwach; viele **Gedanken** drängen sich auf, besonders **sexueller Art**; **Erektionen** halten ihn wach. Manchmal **Schlaflosigkeit** über Jahre.

Ergänzende Mittel: *Pulsatilla, Silicea*

ACIDUM NITRICUM

Es ist schwierig, ein Wort zu finden, das den ganzen Acidum-nitricum-Patienten umfaßt, aber wenn ich mich für eines entscheiden sollte, würde ich sagen, er ist eine **„PLAGE"** (pest). Diesen Eindruck macht Acidum nitricum durch seine ständige innere **UNZUFRIEDENHEIT** auf seine Umwelt. Er ist ewig unzufrieden und unglücklich, freut sich nie, nicht einmal unter den glücklichsten Umständen. Letztendlich meiden die anderen seine Gesellschaft. Mit ihm zusammen zu sein, ist höchst unerfreulich, und deshalb wird er von seinen Mitmenschen als „Plage" empfunden.

Lassen Sie uns die verschiedenen Stadien der Acidum-nitricum-Pathologie betrachten, bei der sich die körperliche, geistige und emotionale Ebene kompliziert miteinander verflechten. Am meisten sticht auf der körperlichen Ebene die **Trägheit** (sluggishness) **des Kreislaufsystems** hervor. Sie liegt vielen Elementen des Acidum-nitricum-Bildes zugrunde und ist für die extreme **Schwäche** und auch für die ausgeprägte **Frostigkeit** dieses Mittels verantwortlich. Auch die indolenten **Ulcera**, die laufend nässen und sich weiter ausbreiten, gehen darauf zurück.
Ein anderes Charakteristikum sind die **Fissuren** am Haut-Schleimhaut-Übergang. Sie können der Trockenheit in diesem Bereich zugeschrieben werden, die die Haut leicht aufreißen läßt. Physiologisch ist die Trockenheit wiederum durch die schwache Zirkulation zu erklären.

Die Nieren und andere innere Organe scheinen bei Acidum nitricum nicht ausreichend zu funktionieren, und so müssen viele Stoffwechselschlacken über die Haut ausgeschieden werden. Deshalb **riecht** der Acidum-nitricum-Patient auch so **widerlich**. Der **Fußschweiß** ist außerordentlich ekelhaft. Sogar der **Urin** stinkt wie Pferdeharn. Die **Absonderungen sind allgemein sehr übelriechend, scharf, wundmachend** und sehr störend für den Patienten.

Der Stoffwechsel ist bei Acidum nitricum auf charakteristische Weise gestört. Der Patient ist normalerweise dünn und sehnig, er hat Schwierigkeiten, Fett zu absorbieren, infolgedessen **verlangt** er **nach Fett**. Er verlangt auch nach **kräftig schmeckenden, gut gewürzten Speisen** und **gesalzenem Fisch**, wie Hering. Die Kiefergelenke knacken beim Kauen.

Fahren in einer Kutsche bessert die Symptome des Acidum-nitricum-Patienten, das beschreibt Kent. Dieser typische Zug läßt sich natürlich heute in unseren gut gefederten Wagen nur selten beobachten. Ich denke, die Symptome bessern sich, weil der ganze Körper sanft erschüttert wird; die ständige Vibration regt den Kreislauf vorsichtig an.

Vom körperlichen Aspekt her ist der Acidum-nitricum-Patient anämisch, die Haut ist eingesunken und blaß, besonders das Gesicht. Er wirkt abgehärmt und ängstlich. Acidum-nitricum-Patienten erwecken aufgrund ihrer allgemeinen Schwäche den Eindruck rasch schwindender Gesundheit. In den frühen Stadien, während die Symptome hauptsächlich im Körperlichen zu finden sind, äußert der Patient nichts von der großen Angst um seine Gesundheit; sie wird erst später deutlich. Er sagt: „Egal, ob ich sterbe", aber innerlich beunruhigt es ihn sehr, daß seine Gesundheit schließlich doch zusammenbrechen könnte. Diese innere Empfindung in Verbindung mit der körperlichen Schwäche gibt ihm das Gefühl, mit seiner Gesundheit eine Niederlage zu erleiden. Er kommt zu dem Schluß, daß ihm nicht mehr geholfen werden kann. Acidum nitricum hat eine Art **Verzweiflung um die Genesung**, wenn auch nicht so deutlich wie *Arsen* oder *Calcium carbonicum*.

Man muß sich auch bei diesem Mittel ins Gedächtnis rufen, daß viele körperliche Symptome verschwinden können, wenn die Krankheit auf tiefere Ebenen vordringt. Wenn die **Angst um die Gesundheit und die Furcht vor dem Tod** einmal zur ständigen Qual geworden sind, treten der üble Fußgeruch oder das Verlangen nach Fett und nach Salz oft in den Hintergrund. Manchmal ist das Verlangen nach Salz und Fett schon lange als „schlecht für die Gesundheit" unterdrückt worden. Die körperlichen Symptome verschwinden umgekehrt proportional zum Auftreten der Furcht und der Ängste.

Der Acidum-nitricum-Mensch schläft unruhig und **erwacht am Morgen sehr übelgelaunt, sehr reizbar und sehr müde.** Jedes der Hauptmittel bei unerquicklichem Schlaf hat seine eigenen, einzigartigen Züge. Acidum nitricum ist zu dieser Tageszeit so reizbar, daß man ihn nicht einmal grüßen darf. Ich erinnere mich an einen Acidum-nitricum-Patienten, der als Verkäufer arbeitete. Die Kunden kamen natürlich am Morgen herein und sagten: „Guten Morgen." Er brachte aber nur ein widerwilliges „Morg..." über die Lippen. Morgens zu sprechen war einfach zu schwierig für ihn. Die Welt erscheint dem Acidum-nitricum-Patienten in der Frühe sehr dunkel und zum Verzweifeln.
Alle **Schmerzen** werden jedoch **nachts schlimmer**: die Splitterschmerzen, die arthritischen Schmerzen und die Schmerzen in den langen Röhrenknochen.

Auf der emotionalen Ebene sehen wir bei Acidum nitricum eine „**Angstneurose**". Kent spricht von einer großen, inneren Empfindlichkeit des Acidum-nitricum-Patienten. **Alles ärgert** ihn, nichts stellt ihn zufrieden. Lärm belästigt einen solchen

Patienten, aber nicht nur Lärm, auch kleine körperliche Beschwerden können zum großen Ärgernis werden. So gesehen, entspricht die innere Empfindlichkeit eher einem **Zustand chronischer Unzufriedenheit und chronischen Unglücklichseins**. Verbinden wir diesen Wesenszug mit der **Reizbarkeit,** haben wir das Bild von Acidum nitricum vor uns.

Die Patienten beschweren sich immer; manche tun es offen, viele aber behalten ihre Beschwerden für sich und entwickeln eine Art „Nicht-Verzeihen-Können". Es ist typisch für den Acidum-nitricum-Patienten, daß er nicht vergessen kann, was ihm angetan wurde. Entschuldigt sich der Übeltäter etwa mit den Worten: „Es tut mir leid, ich hatte unrecht. Ich habe das und das im Affekt gesagt", so antwortet der Acidum-nitricum-Patient: „Ist in Ordnung. Ist nicht so schlimm." Aber tief im Inneren **verzeiht** er ihm **nie**. Dieses Symptom finden wir sogar in frühen Stadien, wenn sich die Krankheit noch überwiegend im Körperlichen abspielt.

Wir sehen einen Menschen, der von der Welt enttäuscht ist und nicht mehr den Mut hat, weiterzukämpfen. Er lebt dahin, läßt sich gleichsam treiben, nichts zählt mehr. In dieser Phase der Apathie und Gleichgültigkeit breitet sich die anfängliche Schwäche auf allen drei Ebenen aus und führt den Patienten schließlich in die Isolation. Seine Gefühle stumpfen ab (bland). Um seinen Zustand zu entschuldigen, entwickelt er eine eigene Philosophie; er wird zum **Nihilisten** und glaubt an nichts mehr. Er scheint nicht mehr die Kraft zu haben, Neues zu unternehmen, es fehlt ihm an jeglicher Initiative. Er hat Hoffnung und Antrieb verloren.

Fassen wir einmal zusammen: Der Acidum-nitricum-Patient ist reizbar, er ist empfindlich, sowohl im Inneren als auch nach außen hin. Innerlich quälen ihn die eigenen Gedanken, von außen fühlt er sich durch jeden Lärm, durch jede Störung beeinträchtigt, fühlt sich durch jede Kleinigkeit im Umgang mit anderen Menschen verletzt. Er ist unglücklich, unzufrieden und kann nicht verzeihen. Er ist so mit seinem eigenen Leid und seiner Unzufriedenheit beschäftigt, daß er nichts mehr um sich herum wahrnimmt.

In den Anfangsstadien treten in erster Linie körperliche Beschwerden und Schwäche auf, aber gelegentlich kann den Patienten **große Furcht vor dem Tod** plagen. Wenn die Krankheit weiterschreitet, entwickelt sich **unheimliche Angst um die Gesundheit**.
Häufiger jedoch tritt die Angst um die Gesundheit bei einem ganz anderen Acidum-nitricum-Patienten auf. Meistens befällt diese Angst jenen Typ, der sich bisher ein ganz angenehmes Leben gemacht, das „dolce vita" genossen hat, den sogenannten „jet-setter". Eines Tages empfiehlt ihm der Arzt, sich wegen einer kleinen

Beschwerde gründlich untersuchen zu lassen, um eine ernsthafte Erkrankung auszuschließen. Von da an packt ihn die Panik; die Angst um die Gesundheit bleibt oft lange bestehen, wenn sie nicht mit Acidum nitricum behandelt wird.

Der Patient denkt in seiner Angst völlig irrsinnig. Zum Beispiel findet eine Acidum-nitricum-Frau einen Pickel auf ihrer Kopfhaut und beschließt schnell, daß es sich dabei mit neunzigprozentiger Sicherheit um einen bösartigen Gehirntumor handelt. Man erklärt ihr, daß sich Gehirntumore unter dem Schädelknochen befinden, aber sie ist nicht zufrieden. Sie konsultiert einen zweiten Arzt, dann einen dritten, dann einen vierten. Sie gehört zu den Patienten, die den Arzt laufend anrufen und meinen: „Ja, ich kann ihren Standpunkt verstehen, der Pickel verschwindet auch; aber jetzt spüre ich leichte Schmerzen in der Brust, das muß Krebs sein..."

Acidum nitricum hat **vor allem Angst vor Krebs**, die Patienten fürchten weniger Herzerkrankungen oder einen Schlaganfall als Krankheiten, die in ihren Augen unweigerlich zum Tod führen, wie zum Beispiel Krebs.

Ein anderer Wesenszug von Acidum nitricum ist, daß es ihnen schwerfällt, Kontakte zu knüpfen. Sie benehmen sich, als sei immer eine Barriere zwischen ihnen und den anderen. Wenn sie voller Angst sind und der Arzt bestätigt ihnen, es sei alles in Ordnung, beharren sie trotzdem auf ihrer Vorstellung. Eine Barriere scheint echte Kommunikation zu verhindern. Acidum-nitricum-Patienten bleiben in ihrer eigenen Welt des **Mißtrauens**. Deshalb sind sie auch als Unterhaltungspartner denkbar ungeeignet; sie können den Standpunkt des anderen nicht verstehen.

Sexuelle Erregbarkeit ist ein anderer Zug dieses Mittels. Der Acidum-nitricum-Patient ist oft der Typ Mann, der zu Prostituierten geht, um seine körperlichen, sexuellen Gelüste zu befriedigen; emotionale oder geistige Kontakte bedeuten ihm nichts. Nichts bedeuten trifft zwar nicht ganz zu; er steht auf dem Standpunkt, daß keine Frau perfekt genug für ihn sei. So zieht er es vor, sexuelle Kontakte auf die körperliche Ebene zu beschränken.

Schließlich erreicht die Krankheit die geistige Ebene. Es mag sein, daß Acidum-nitricum-Patienten **Selbstmordgedanken** nachhängen, weil sie in dieser Welt keinen Ausweg mehr sehen. Sie fühlen sich zu schwach, um mit den Umständen fertig zu werden. Aber durch ihre große **Furcht vor dem Tod** fehlt ihnen normalerweise der Mut, sich umzubringen.

Ich erinnere mich an einen Fall, in dem ein Patient mit der Pistole in der Tasche zum Behandlungstermin erschien. Bereitwillig gab er zu, sich zum Selbstmord entschlossen zu haben. Er würde die Pistole mit sich herumtragen und nur auf den richtigen Zeitpunkt warten. Er hatte sie schon seit Monaten in der Tasche. Er bekam Acidum nitricum und verkaufte seine Pistole. Ich erinnere mich, daß er an schwerer **Akne** litt - so bösartiger Akne, wie wir sie sonst bei *Calcium sulfuricum* oder *Calcium silicatum* sehen. Er hatte die typische morgendliche Verschlimmerung von Acidum nitricum. In den ersten Morgenstunden verspürte er überhaupt keine Lust, mit irgend jemandem zu sprechen. Früh morgens zu sprechen war ihm so schlimm, daß er jeden hätte umbringen können, der ihn auch nur mit „Guten Morgen!" begrüßte.

Manchmal erhalten Sie solche Informationen nur von Verwandten. Der Patient kann es Ihnen nicht erzählen, da er nicht bemerkt, daß seine Krankheit für ihn zur Philosophie geworden ist. Er denkt sich: „Warum sollte ich irgend jemanden am Morgen grüßen?" Seine Ansicht über das Leben steht fest, und einen anderen Standpunkt sieht er nicht. Der Patient spürt die Einengung seiner inneren Freiheit nicht. Trotzdem bleibt die Furcht vor dem Tod bei Acidum nitricum der schlimmste geistige Zustand. Zu einer richtigen Geisteskrankheit kommt es bei diesem Mittel im allgemeinen nicht.

ACIDUM PHOSPHORICUM

Acidum phosphoricum ist gekennzeichnet durch große **SCHWÄCHE, DIE AUF DER EMOTIONALEN EBENE BEGINNT** und auf die geistige und körperliche Ebene weiterschreitet. **Anhaltender Kummer** oder auch **plötzlicher, schwerer Kummer** stellt normalerweise die auslösende Ursache dar. Meine klinische Erfahrung bestätigt nicht die Beschreibung Kents, nach der die geistige Schwäche das erste pathologische Stadium bei Acidum phosphoricum ist. Ich habe bei meinen Patienten gesehen, daß die Schwäche anscheinend erst die emotionale Ebene befällt und sich dann entweder auf die geistige oder auf die körperliche Ebene ausbreitet, je nach ererbter konstitutioneller Stärke oder Schwäche.

Innere und äußere Auslöser können bei jedem bis zu einem gewissen Grad zur Schwäche führen - sei es auf der körperlichen, auf der emotionalen oder auf der geistigen Ebene. Das Ausmaß der Anfälligkeit hängt vom einzelnen ab. Die für Acidum phosphoricum typische Schwäche beginnt auf der emotionalen Ebene.
Im Gegensatz dazu sind bei zwei anderen Säuren zuerst die anderen Ebenen betroffen: *Acidum picrinicum* führt die Liste der Mittel an, die zu geistiger Schwäche neigen, während *Acidum muriaticum* in erster Linie durch Muskelschwäche gekennzeichnet wird.

Bei Acidum phosphoricum findet sich meist ein Kummerproblem in der Vorgeschichte, entweder relativ kleiner Kummer über lange Zeit oder großer Kummer, der plötzlich auftritt. Bei Acidum phosphoricum muß es nicht ein schwerwiegender Kummer sein, während bei *Ignatia* schon ein größerer Schock nötig ist, um krankhafte Störungen auszulösen.
Typischerweise trägt der Acidum-phosphoricum-Patient seinen Kummer still mit sich herum - das Mittel sollte zweiwertig in der Rubrik „**stiller Kummer**" nachgetragen werden, neben *Ignatia*, *Natrium muriaticum* und *Pulsatilla*. Die erste Reaktion des Patienten ist ein „Weichwerden" (softening) - ein Spannungsverlust auf der emotionalen Ebene; das führt zu **emotionaler Gleichgültigkeit**. Der Patient isoliert sich, will allein gelassen werden, ähnlich wie *Sepia*. Er kapselt sich ab; symbolisch dafür ist, daß Acidum phosphoricum gern mit dem Gesicht zur Wand schläft.

Wenn der Kummer noch tiefer in den Patienten eindringt, „friert" die emotionale Ebene völlig ein; **kein Gefühl** regt sich mehr, was immer auch passiert. Es breitet sich eine solche Stille auf der emotionalen Ebene aus, daß der Patient nicht mehr reagieren kann; kein Reiz scheint mehr vom Organismus wahrgenommen zu werden. Der Acidum-phosphoricum-Patient weiß selbst, daß er seine emotionale Reaktionsfähigkeit verloren hat, auch wenn seine Umgebung noch nichts bemerkt. Genauso wie körperlich Ruhe und Kälte herrscht, regt sich auch gefühlsmäßig nichts mehr. Dieser Zustand ähnelt *Sepia* und *Aurum*.

Bei *Aurum* herrscht tiefe, innere Stille, ein Absterben, das aber auf die starken Depressionen zurückzuführen ist. Der *Aurum*-Patient hat aufgegeben, besitzt aber noch Gefühle; er ist nicht wirklich apathisch.

Sepia ist apathisch, weil sich zwei oppositionelle Kräfte aufheben, nicht so sehr durch die Schwäche nach einem Kummer. *Sepia*-Patienten haben vielleicht im täglichen Leben keine Empfindungen, aber durch bestimmte Dinge sind sie sehr leicht erregbar.

Acidum-phosphoricum-Patienten hingegen sind in ihren Gefühlen nicht ansprechbar. Reize jeder Art prallen an ihnen ab und lassen sie gleichgültig.

Ein sehr schwerer **Schock**, wie zum Beispiel der plötzliche und unerwartete Tod eines geliebten Menschen, kann bei einem Patienten eine dramatische Änderung der Persönlichkeit hervorrufen. Unter diesen Umständen kann die körperliche Ebene umgangen werden und der Abwehrmechanismus reagiert mit **emotionaler Stille und Lähmung** (emotional paralysis and stillness). Ein aktiver und lebensfroher Mensch zieht sich in sich selbst zurück, nicht aufgrund von Depressionen, sondern eher weil Gefühl und Verstand nicht mehr können. Solch ein Patient will nicht leben und will nicht sterben. In seinem Haus herrscht Unordnung, und auf dem Fußboden häuft sich der Schmutz, aber er hat keine Lust, etwas dagegen zu unternehmen. Selbstmordgedanken drängen sich ihm vielleicht auf, doch er findet nicht die Kraft, sie auszuführen.

Nach dem anfänglichen auslösenden Schockerlebnis kann die Degeneration entweder auf der körperlichen Ebene fortschreiten - bei relativ starker Konstitution - oder aber auf der geistigen Ebene - bei relativ schwacher Konstitution.

Lassen Sie uns zuerst die Fälle betrachten, die mit vorwiegend **körperlichen Beschwerden** den homöopathischen Arzt konsultieren. Man hört oft folgende Geschichte: „Es ging mir sehr gut bis vor einem Jahr, ich war gesund und aktiv, aber seitdem geht es ständig bergab mit mir." Der Patient **ermüdet leicht**, während er früher sehr viel Energie besaß. Bei weiterer Nachfrage ergibt sich, daß der Patient schon länger an einem stillen Kummer leidet. Den meisten Menschen mag das Ausmaß des Kummers zu gering erscheinen, um die Schwere des daraus folgenden Zusammenbruchs zu erklären. Eine Frau klagt zum Beispiel, ihr Ehemann widme seiner Mutter zuviel Aufmerksamkeit. Oder sie hat ihn schon lange im Verdacht, Ehebruch zu begehen, hat aber niemandem etwas von ihren Befürchtungen erzählt.

Während des Stadiums des körperlichen Zusammenbruchs kann eine Vielzahl von Symptomen auftreten - **rapider, plötzlicher Haarausfall, auffälliges Nachlassen der Sehschärfe, Kopfschmerzen, besonders in den Schläfen, mit einem kochenden Gefühl im Kopf; Frostschauer, denen Hitzewellen mit Schweißausbrüchen** folgen, ein häufiges Symptom von *Gelsemium*, das körperlich auch ziemlich schlapp ist. Oft findet man in der Vorgeschichte **unerklärliche subfebrile Temperaturen**. Ähnlich wie bei *Ignatia* muß der Patient **häufig tief Luft holen - seufzen**. Abgang von Blähungen. Oft ist der **Urin milchig**, als hätte er kleine Beimengungen geronnener Milch, besonders gegen Ende des Urinierens. **Sexuelle Gleichgültigkeit, Impotenz und Ejaculatio praecox** sind ebenfalls bekannt.

Trockenheit ist ein sehr häufiges Symptom bei Acidum phosphoricum. Trockenheit der Nase, der Augen. Trockenheit des Mundes mit bitterem Geschmack. Meist **Verlangen nach Obst, nach saftigen, erfrischenden Dingen**. Es ist, als sei der Patient dehydriert.

Betrachtet man die extreme körperliche Erschöpfung, die Trägheit, den Haarausfall, das Nachlassen der Sehschärfe, die Dehydratation und die sexuelle Schwäche, so läßt sich vermuten, daß die Unterfunktion des endokrinen Systems - besonders der Nebennierenrinde und der Sexualhormondrüsen - bei der Acidum-phosphoricum-Pathologie eine wichtige Rolle spielt. Das Krankheitsbild kann mit der metabolischen Alkalose, wie sie in der Schulmedizin bekannt ist, verglichen werden.

Im Stadium des körperlichen Zusammenbruchs sind nur wenige emotionale oder geistige Symptome offensichtlich - vielleicht nur **stiller Kummer und eventuell Furcht oder Schwindel an hohen Plätzen**. Der Patient ist lieber allein und wirkt etwas apathisch.

In der körperlichen Phase kann es für den Homöopathen sehr schwer sein, Acidum phosphoricum zu erkennen. Eine ganze Reihe anderer Medikamente deckt ebenfalls die Erschöpfung und weitere körperliche Symptome ab, wie zum Beispiel *Helonias, Acidum muriaticum* und andere. Als Wegweiser sollte man sich folgende, für Acidum phosphoricum sehr charakteristische Symptome einprägen: körperliche Schwäche, Dehydratation, Verlangen nach Obst und nach Saftigem, verminderte sexuelle Energie und Haarausfall.

ACIDUM PHOSPHORICUM

Die nächste Stufe der Krankheitsentwicklung äußert sich in Schwächung und **Degeneration der geistigen Fähigkeiten,** wobei es keine Rolle spielt, ob die vorausgehenden Störungen sich langsam infolge anhaltenden Kummers entwickelt hatten oder ob ein gewaltiger Schock plötzlich in die emotionale Ebene eingebrochen war.

Entsetzliche **Vergeßlichkeit und Gedächtnisschwäche,** besonders für Worte, treten charakteristischerweise als die ersten geistigen Symptome auf. Stellt man dem Patienten eine Frage, sieht er einen mit leerem Blick an und antwortet schließlich nach ein bis zwei Minuten. Sein Gehirn registriert die Frage, findet aber einfach nicht die richtigen Worte, um zu antworten.

Dem liegt ein anderer Prozeß zugrunde als bei einem *Mercurius*-Patienten, der auch langsam antwortet; aber er erfaßt die Frage nur schwer und benötigt deshalb so viel Zeit.

Auch *Phosphor* antwortet langsam, aber eher weil er sich gereizt fühlt und nicht antworten will.

Nachdem für längere Zeit die Gefühle stillstanden, abgeschaltet waren, breitet sich die Schwäche auf dem gesamten geistigen Bereich aus. Jegliche geistige Aktivität wird äußerst schwierig, obwohl der Acidum-phosphoricum-Patient normalerweise seiner Arbeit weiter nachgehen kann.

Demgegenüber beginnt beim *Acidum-picrinicum*-Patienten die Schwäche auf der geistigen Ebene und schreitet fort, bis er nicht mehr die einfachsten geistigen Arbeiten ausführen kann. *Acidum picrinicum*

Schließlich befällt **schwere Apathie** alle Lebensbereiche. Acidum-phosphoricum-Patienten sind nicht wirklich geisteskrank, sondern haben nur jegliches Interesse verloren.

Geisteskranke Patienten, die total apathisch sind, die nur herumsitzen und einen Gegenstand anstarren, brauchen wahrscheinlich *Pulsatilla*.

Am Ende sind Gefühle, Gedächtnis, Denkfähigkeit völlig lahmgelegt. Zu diesem Zeitpunkt sind die körperlichen Symptome vielleicht ganz verschwunden. Es fällt den Patienten nicht schwer, körperlich zu arbeiten. Die Anstrengung tut ihnen unter Umständen ganz gut - im Gegensatz zu dem ersten Stadium, als die körperliche Symptomatologie vorherrschte. Die **Haare** fallen nicht mehr aus, statt dessen sind sie **glanzlos und fettig.**

Mangelnde geistige Klarheit ist gekoppelt mit emotionaler Apathie. Der Patient berichtet, er könne keinen Gedanken zu Ende denken, selbst der Versuch ermüde ihn schon. Er vergißt die Namen von Menschen, von Plätzen, er vergißt vergangene Ereignisse. Er kann nicht begreifen, was er gelesen hat.

Wir müssen Acidum phosphoricum deutlich gegenüber den anderen Säuren abgrenzen. „**Lähmung" ist ein Schlüsselwort für Acidum phosphoricum**, *Acidum picrinicum* und *Acidum muriaticum*, aber jeweils mit der Betonung auf unterschiedlichen Ebenen.
Bei Acidum phosphoricum liegt der Krankheitsherd zuerst im Gemütsbereich.

Bei *Acidum picrinicum* zeigt sich die Schwäche zunächst im Geistigen und dehnt sich dann auf die emotionale und körperliche Ebene aus. Die geistige Überanstrengung ist bei *Acidum picrinicum* der auslösende Faktor. *Acidum-picrinicum*-Patienten verkraften nur wenig geistige Anstrengung; arbeiten sie trotz der geistigen Schwäche weiter, bekommen sie leicht Kopfschmerzen. Das gilt besonders für die *Acidum-picrinicum* -Kinder (vergleiche *Calcium phosphoricum*). Dann folgt Gleichgültigkeit, jedoch nicht so schlimm wie bei Acidum phosphoricum. Im Endstadium degeneriert das Rückenmark, wodurch die Extremitäten und der ganze Körper von lähmiger Schwäche befallen werden. Ein weiterer differentialdiagnostischer Punkt: *Acidum picrinicum* wird durch Hitze verschlimmert, **Acidum phosphoricum ist frostig**.

Die Schwäche bei *Acidum muriaticum* beginnt auf der körperlichen Ebene. Die Muskelschwäche ist so ausgeprägt, daß der Patient im Stuhl oder Bett einfach zusammensinkt. Auch die Zungen- oder Sphinktermuskulatur kann geschwächt oder gar gelähmt sein. Schwäche bei Fieber, Sepsis.
Von der körperlichen Ebene breitet sich die Schwäche auf die emotionale und schließlich auf die geistige Ebene weiter aus.

ACIDUM SULFURICUM

Acidum sulfuricum wird durch die **Umweltverschmutzung** häufiger gebraucht. Mit all den Abgasen nehmen wir viel Schwefelsäure auf. Acidum sulfuricum wirkt auf bestimmte Menschen. Unter diesem Aspekt ist es sehr interessant zu beobachten, was in unserer heutigen Gesellschaft passiert, wie sich die Städtegesellschaft, in der das Leben so schnell geworden ist, auf die Menschen auswirkt.
Je größer die Stadt, desto schneller das Leben dort. Hat das Großstadtleben, haben die Abgase etwas mit unserem Acidum-sulfuricum-Bild zu tun? Ja, bestimmt. Wir produzieren in unseren Großstädten viele Acidum-sulfuricum-Patienten. Konstitutionelle Acidum-sulfuricum-Typen werden unter diesen Umständen sehr bald und sehr tiefgehend betroffen.

Bronchialasthma, Diabetes, Purpura haemorrhagica, klimakterische Beschwerden, Bleivergiftung, Gastritiden, Colitiden, malignes Fieber mit Tendenz zur Sepsis sind typische Acidum-sulfuricum-Erkrankungen.

Acidum sulfuricum ist bei **Folgen von Verletzungen** indiziert, wenn *Arnica* ausgewirkt hat oder nicht angezeigt ist. Bei Spätfolgen von Verletzungen, wo auch immer, besonders aber nach Verletzungen der Gelenke; wenn Steifheit und Schmerzen zurückgeblieben sind und *Arnica*, *Bryonia*, *Rhus toxicodendron* getan haben, was immer sie konnten; in diesen Fällen sollte Acidum sulfuricum versucht werden.
Acidum sulfuricum hat eine Neigung zur **Purpura haemorrhagica**, und diese Eigenschaft macht es für Verletzungsfolgen sehr brauchbar.

Die Leber ist sehr betroffen, **Erschöpfung mit Zittern**, wie alle Säuren.
Dann dieser Kopfschmerz, den ich beschrieben habe.
(George Vithoulkas hatte zwei Kopfschmerzfälle vorgestellt. Die Quintessenz war, daß sich in beiden Fällen die Patienten hinlegen mußten, weil der Kopf so schwer war, daß aber gleichzeitig Liegen die Kopfschmerzen verschlechterte.)
Aber allein mit solchen Symptomen kann man nicht Acidum sulfuricum verschreiben, man braucht die Essenz des Mittels.

Acidum sulfuricum, das ist ein **INNERER ZUSTAND DER BESCHLEUNIGUNG**. Das ist wie bei einem Auto: Sie geben Gas, Vollgas, das Auto beschleunigt, vibriert.
Acidum sulfuricum ist innerlich sehr schnell. Der Acidum-sulfuricum-Patient hat das Gefühl, alles sehr schnell tun zu müssen. Deshalb können seine Beziehungen

ACIDUM SULFURICUM

auch nur oberflächlich bleiben, er kann in seiner Eile nicht richtig kommunizieren. Acidum sulfuricum hat innerlich furchtbare Eile - **EILE - EILE - EILE**.

Acidum sulfuricum spricht mit jemandem, und noch bevor das Gespräch beendet ist, will er schon wieder etwas anderes tun. Verschiedenste Dinge kommen diesen Leuten auf einmal in den Sinn, und alles soll sofort erledigt werden. Große Eile, die bei keinem anderen Arzneimittel so deutlich wird.

Das ist nicht die Eile, wie wir sie von *Tarantula* kennen. Zum Beispiel: Acidum sulfuricum setzt sich, um etwas zu lesen. Dann fällt ihm etwas ein, was er tun sollte. Er springt auf und tut es. Acidum sulfuricum **„bringt ständig nichts zu Ende"**. Wie sehr er sich auch bemüht, methodisch vorzugehen, er kann sich einfach nicht hinsetzen, in Ruhe eine Sache erledigen und sich dann einer anderen zuwenden. Er kann es einfach nicht. Das Gefühl auf Hochtouren zu laufen, ständig mit Vollgas zu beschleunigen, das ist Acidum sulfuricum. Das erinnert an die Autos, die mit Höchstgeschwindigkeit durch die Großstädte sausen. In den Großstädten sehen wir auch immer mehr Acidum-sulfuricum-Patienten.

Acidum sulfuricum ist in gewisser Weise auch **unzufrieden**. Es kann in sich selbst keine Zufriedenheit finden. Es **fehlt ihm an Kommunikation** mit der Welt um sich herum, mit anderen Menschen und mit seinem tiefsten Inneren. In seiner Eile kann es nicht mit seinen Gefühlen in Verbindung treten. Es weiß nicht, was sich in ihm abspielt. Es muß immer etwas tun, etwas tun, etwas tun.

Die Patienten **wachen nachts auf**, werden sofort unruhig und können nicht mehr schlafen. Sie schlafen drei oder vier Stunden, dann wachen sie auf und werden unruhig.
Die **Ruhelosigkeit** ist von der Art, daß sie etwas tun müssen; und obwohl sie eigentlich nicht urinieren müssen, stehen sie auf, um Wasser zu lassen.

Ein Acidum-sulfuricum-Patient berichtete: „Ich bin so sehr in Eile, daß ich die Wasserspülung schon drücke, bevor ich uriniert habe."

Sie setzen sich zum Essen, aber sie sind so sehr mit anderen Dingen beschäftigt, daß sie nicht wissen, was sie auf dem Teller haben.

Nie sind sie ruhig, nie können sie sich konzentrieren. Aber **nach außen können sie sehr ruhig erscheinen**, besonders wenn es um berufliche Dinge geht. Ein Arzt zum Beispiel kann scheinbar ruhig einem Patienten zuhören. Sie haben die Fähigkeit, die Eile im Inneren zu verstecken; was abläuft, läuft im Inneren ab. Selber können sie kaum glauben, daß andere ihren inneren Aufruhr nicht bemerken. Sie stehen vor dem Spiegel und fragen sich: „Sehe ich wohl ruhig aus?"

Aber wenn sie etwas mit dem Körper tun, etwas, das man von außen sehen kann, dann fällt die Eile auf: Sie essen zum Beispiel sehr schnell, und sie tun viele Dinge auf einmal.
Tarantula bringt seine Aufgaben zu Ende und hat viel Energie.
Acidum sulfuricum ist ein müdes Mittel, zittert vor Erschöpfung.

Acidum sulfuricum kann ganz ruhig dasitzen und ruhig sprechen. Dem Arzt fällt gar nichts auf. Wenn die Patienten sich unter Kontrolle halten, geht das, aber wenn sie sich gehenlassen, bemerken Sie die Eile.

Und dann diese Unzufriedenheit, die entsteht, weil sie mit sich und mit den anderen nicht wirklich in Kontakt sind. Einen solchen Patienten müssen Sie verstehen und erkennen lernen.

Ein solcher Patient kommt zu Ihnen, spricht mit Ihnen, berichtet Ihnen zügig, was er will, und dann hat man das Gefühl, daß er wieder gehen will, daß er alles gesagt hat und jetzt gehen muß.

Und so geht das vierundzwanzig Stunden am Tag. Ein menschliches Wesen braucht ein gewisses Maß an Befriedigung, an Kommunikation, um sich wohlzufühlen. Aber Acidum sulfuricum ist im Kopf so beschäftigt, so beschleunigt, daß es zu gar nichts kommt. Wir sagen „Eile", aber das ist nicht Eile, das ist die Hölle.

Dieser Zustand ist äußerst störend. Keine Ruhe, keine Rast, nichts bringt Freude. Und Freude bringt Energie. Und so ist der Acidum-sulfuricum-Patient **immer müde**. Müde, müde, müde. Er zwingt sich, sich hinzulegen, aber das eilige Gefühl läßt ihn nicht los. Er hält einen Mittagsschlaf, schläft zwei Stunden, schläft fünf Minuten, das eilige Gefühl bleibt, jagt ihn wieder aus dem Bett.

Hinlegen verschlechtert. Zum Beispiel die Kopfschmerzen: Acidum-sulfuricum-Patienten sind so müde, daß sie sich hinlegen müssen, und dann werden die Kopfschmerzen schlimmer. Wenn sie sich am Abend mit den Kopfschmerzen ins Bett legen, dann bleiben die Kopfschmerzen bestehen und sind am Morgen noch viel schlimmer. Kopfschmerzen schlimmer beim Erwachen; wenn die Patienten sich am Abend mit den Schmerzen ins Bett legen, wachen sie am Morgen in einem fürchterlichen Zustand auf.

ACIDUM SULFURICUM

Schlechte Laune, Verzweiflung, Unzufriedenheit. Sie können keine Befriedigung aus dem Gefühl ziehen, etwas zu Ende gebracht zu haben. Sie wissen, daß sie nichts wirklich zu Ende bringen.

Bei Acidum-sulfuricum-Patienten kann Ihnen absolute **Oberflächlichkeit** auffallen - ein New-York-Zustand. Sie leben in ständigem Sturm, in Eile, Angst, ohne Kommunikation. Einer sieht den anderen und sieht ihn doch nicht - keine Kommunikation.
Acidum-sulfuricum-Patienten können niemanden in Ruhe anschauen, Augen-Kontakt fällt ihnen schwer, sie können keine Kommunikation aufnehmen.

Die Handschrift verändert sich beim **Schreiben** und wird schließlich **unleserlich**, weil sie so **schnell** schreiben. Um zu schreiben, muß man sich auch ein bißchen innerlich darauf einstellen, aber bei Acidum sulfuricum geht das nicht: Eile, Eile, Eile.

Der Acidum-sulfuricum-Zustand kommt zum Vorschein
erstens durch unser stressiges Leben,
zweitens durch die Abgase, die wir jeden Tag einatmen.
Das ergibt einen Teufelskreis.
Sie können zuschauen, wie die Umweltverschmutzung die Menschen beeinträchtigt, besonders in den großen Städten. Manche Patienten sind nicht unbedingt konstitutionell Acidum sulfuricum, aber man muß es zuerst geben, und erst dann taucht ein zweites Mittel auf.

Acidum sulfuricum muß schnell gehen, „sitzt schon auf dem Patientenstuhl, noch bevor Sie ihm überhaupt die Türe geöffnet haben", rauscht zur Tür herein, grüßt erst gar nicht. Berichtet schnell von seinen Beschwerden, und dann bekommt man den Eindruck: „Ich bin jetzt fertig, geben Sie mir das Mittel, dann gehe ich."

So geht das, bis eines Tages jemand, der vorher sehr ruhig war, sich in extremer **Reizbarkeit** wiederfindet, die er nicht mehr beherrschen kann. Er kann so gereizt sein, daß er **Dinge zerbricht**. Er zerstört das Telefon, wenn ihn sein Gesprächspartner zu sehr unter Druck setzt. Wie *Nux vomica*, aber die Situation hat nichts mit *Nux vomica* zu tun. *Nux vomica* kann immer so reagieren. Bei Acidum sulfuricum spitzt sich die Situation allmählich zu, und irgendwann kommt der Ausbruch. Der Patient zerbricht etwas, schlägt und schimpft und ist hinterher total erschöpft. Dann erholt er sich und kann weitermachen.

Viele der Acidum-sulfuricum-Typen erkennen nicht, daß sie sich in einer pathologischen Situation befinden. Sie glauben, daß der Druck in ihrem Leben solche Reaktionen einfach notwendig macht. Dann bekommen sie Herzschmerzen. Bei der geringsten emotionalen Erregung treten Herzschmerzen auf. Und wegen dieser Beschwerde kommen sie dann zu uns.

Zwei oder drei Jahre lang kann das so gehen: Sie bemerken gar nicht, daß etwas mit ihnen los ist. Sie haben das Gefühl: „Du mußt rennen, du mußt rennen", aber sie halten das für einen ganz natürlichen Zustand. Das ist es nicht. Wenn Sie Acidum sulfuricum geben, verschwindet die übermäßige Eile.

Sexueller Kontakt ist schnell, oberflächlich und unbefriedigend. Acidum-sulfuricum-Patienten sind sehr leicht erregbar, aber der Orgasmus bringt keine wirkliche Befriedigung. Weil Acidum sulfuricum überhaupt so müde ist, fühlt es sich nach Sex noch erschöpfter, innerlich leer. „Was zur Hölle soll das Ganze." Fühlt sich wie ein leerer Sack - total ermattet.

Schließlich stellt sich eine Art **Lebensüberdruß** ein. Es ist dem Acidum-sulfuricum-Patienten egal, ob er lebt oder nicht, er hat überhaupt keine Furcht vor dem Tod, es kümmert ihn nicht, ob er stirbt. Aber er begeht nicht Selbstmord, Acidum sulfuricum ist kein wirklich suicidales Mittel. „Das Leben hat keinen Wert, es ist ein ständiges Leiden, es liegt mir nichts daran, wenn ich sterbe, ich habe keine Angst vor dem Tod."

Acidum sulfuricum kann sehr **geistesabwesend** sein. Es vergißt sofort, was er eigentlich tun soll, schon nach einigen Minuten weiß es nichts mehr davon. Es lebt in einem verrückten Geisteszustand, fühlt es und kann es auch beschreiben.

Aber vergessen Sie nicht: Die Acidum-sulfuricum-Patienten, die ich gesehen habe, hatten sich, wenn sie wollten, unter Kontrolle. Sie verwenden ihre ganze Energie darauf, ruhig zu erscheinen.

Sie **wachen unerfrischt auf**, so, als hätten sie gar nicht geschlafen.

Einige **Schlüsselsymptome**:

- Sie trinken nicht gerne Wasser, außer wenn es mit irgendeinem alkoholischen Getränk gemischt ist.

- Neuralgie auf der linken Gesichtsseite, Trigeminusneuralgie et cetera, nach Grippe.

ACIDUM SULFURICUM

- Sehr zugluftempfindlich.

- Schmerzen kommen allmählich und verschwinden plötzlich.

- Alpträume vor der Menses.

- Menses zu früh und stark; da zeigt sich die Blutungstendenz wie bei der Purpura haemorrhagica.

- Hitzewallungen im Gesicht mit Schweiß.

- Saurer Geruch ist charakteristisch, intensiver saurer Geruch, wie *Rheum, Calcium carbonicum, Hepar sulfuris*.

- Gefühl, als sei das Gehirn lose und würde auf die Seite fallen, nach der der Kopf geneigt ist. Gefühl, als sei das Gehirn lose in der Kalotte. Bei diesem Symptom ist es die Nummer eins.

- ziehendes Gefühl im Gesicht, als ob Eiweiß eingetrocknet wäre.

- Gefühl als würde ein Leistenbruch herausdrängen, obwohl gar keine Hernie da ist.

- Normalerweise ist die linke Wange und die linke Parotis betroffen, die meisten der anderen Symptome sind typischerweise rechts lokalisiert; aber Kopf, Wange, Parotis, Neuralgien im Kopfbereich sind meist links; der Kopf ist mehr links betroffen, alles vom Kopf an nach unten mehr rechts. Im Boericke steht rechtsseitige Kopfneuralgie.

- Die Stimmung kann durch Schwitzen beeinflußt werden, Unzufriedenheit beim Schwitzen. (Stimmung beeinflußbar während des Schwitzens.)

Im Repertorium finden wir Eile in seinem Beruf, beim Laufen. Sehr ausgeprägt ist auch die Eile beim Schreiben.
Viele Mittel haben es eilig, aber Acidum sulfuricum ist eines der wichtigsten Mittel mit dem Gefühl: „Ich kann gar nicht schnell genug sein, schneller, schneller, schneller."
Andere Mittel, die sehr in Eile sind: *Medorrhinum, Natrium muriaticum, Mercurius, Sulfur, Lilium tigrinum, Tarantula*.

Bemerkung eines Kindes einer Acidum-sulfuricum-Mutter: „Mama macht mich ganz schwindelig. Immer rennt sie."

Leute, die nicht sehr gerne streiten. Sie sind nicht sehr an materiellen Dingen interessiert: Das Haus fällt ein, das Auto hat einen Totalschaden - das ist nicht so schlimm. Aber menschlicher Schmerz trifft sie sehr.

Repertorium: **Große Reizbarkeit vor der Regel, hungrig vor der Regel**.

Kopfschmerzen: Sie **müssen sich hinlegen**, weil sie nicht ruhig stehen und den Kopf halten können; und der **Kopf** ist wirklich sehr **schwer**. Sie müssen sich hinlegen, aber **Hinlegen verschlechtert**, sobald sie liegen, geht es ihnen schlechter.

Auf dem Lande, in der saubereren Luft geht es ihnen **besser**, da wird alles sofort leichter.

Pulsatilla hat Besserung durch frische Luft, *Medorrhinum* durch Seeluft; *Tuberculinum* geht es in der Bergluft besser.

Besser im Ausland ist in erster Linie *Ignatia*. Zum Beispiel Colitis besser im Ausland. Bei Ignatia bringt die räumliche Entfernung von ihren Problemen Erleichterung. Jedes Reisen bessert, besonders Reisen ins Ausland.

Acidum sulfuricum braucht saubere Luft. Für Acidum sulfuricum bedeutet die Reise aufs Land echte Erleichterung, das ist nicht nur die normale Besserung durch Urlaub.

Asthma schlechter durch Luftverschmutzung.

Acidum sulfuricum folgt oft *Pulsatilla* und umgekehrt. Manchmal hört man eine Geschichte wie: „Früher habe ich bei jeder Kleinigkeit geweint." Acidum sulfuricum kann nicht weinen, aber Pulsatilla weint.

AETHUSA

In der Kentschen Arzneimittellehre sind in erster Linie die akuten Symptome von Aethusa abgehandelt. Das chronische Bild wird nicht erkennbar. Deshalb soll hier vor allem der chronische Aethusa-Typ besprochen werden.

Ich habe herausgefunden, daß sich diese Menschen **auf gewisse Weise abseits fühlen**; sie stehen im Abseits, sind anders als die anderen. Ihre **Gefühle** sind **stark**, aber es fällt ihnen **schwer, sie zum Ausdruck zu bringen**. In ihrem Innern sind sie zu Tränen gerührt, aber sie weinen nicht.
Auch *Ignatia* ist zu Tränen gerührt und weint nicht. Ignatia ist wie zugeschnürt; die Gefühle steigen auf und können nicht heraus.
Aethusa hat sehr **intensive Gefühle**, sie werden **im Innern empfunden**, und der Aethusa-Mensch fühlt sich wohl dabei. Er lebt in seiner eigenen Gefühlswelt und ist ganz zufrieden und glücklich mit sich selbst; er genießt es, mit seinen Gedanken und Gefühlen allein zu sein. Nicht, daß er Gesellschaft meidet; er ist zufrieden mit sich selbst, mag aber auch Gesellschaft.
Nachdem seine Gefühle sind sehr intensiv sind, kann man kaum verstehen, daß er sie nicht irgendwie äußern muß. Er genügt sich selbst. In pathologischen Stadien neigt er jedoch zu Selbstgesprächen.

Die Intensität wird auch im Schlaf deutlich: Aethusa **schlafwandelt**, das heißt, das Unterbewußtsein ist auch im Schlaf aktiv. Im allgemeinen schläft Aethusa tief, entweder links oder rechts, weniger auf dem Rücken. Typisch ist auch **Speichelfluß im Schlaf. Furcht, die Augen zu schließen**; der Patient hat **Angst, nicht mehr aufzuwachen**. Die Patienten erzählen: „Ich habe so eine merkwürdige Angst, die mich nicht schlafen läßt!" oder: „Ich will meine Augen nicht zumachen und schlafen!" Wenn Sie so etwas hören, haben Sie sehr wahrscheinlich einen Aethusa-Fall vor sich. Diese Angst ist ein gutes Leitsymptom.

Aethusa **mag die Dunkelheit nicht**. Die Patienten haben keine Angst in der Dunkelheit, aber sie fühlen sich schlechter. Oft müssen sie nachts aufstehen, ans Fenster gehen und frische Luft schöpfen, weil sie **meinen zu ersticken**; es ist, **als würde sie die Dunkelheit ersticken**.
In dieser Hinsicht kann man Aethusa leicht mit *Lachesis* oder *Grindelia* verwechseln. Beide Mittel haben hohen Blutdruck und Kreislaufprobleme und die Angst, beim Einschlafen nicht mehr atmen zu können. Die Atmung ist tatsächlich unterbrochen! Anders Aethusa: Der Patient muß zwar aufstehen und ans Fenster gehen,

aber er hat das Gefühl der Schwere, als ob ihn die Dunkelheit nicht mehr atmen ließe. *Lachesis* und *Grindelia* können für kurze Zeit wirklich nicht mehr atmen.

Aethusa-Patienten sind verrückt mit Tieren, sie **lieben Tiere abgöttisch**. Sie sammeln Tiere; Hunde, Katzen, alles mögliche. Sie sorgen mit solcher Hingabe für ihre Tiere, daß es schon unnatürlich ist. (Bei Kent finden wir die Beziehung zu Tieren bei den Wahnideen: Aethusa sieht Tiere im Wahn.) Es kann vorkommen, daß sie sich nicht mit Menschen unterhalten, aber mit Tieren sprechen. Sie reden ihre Tiere an, als seien sie Menschen: „Wie geht es dir?", „Was machst du?" Das Sprechen mit den Tieren scheint ihnen in ihrem emotionalen Zustand eine gewisse Erleichterung zu verschaffen. Ihre Gefühle sind nicht verkrampft wie die von *Natrium muriaticum* oder *Ignatia*, sondern intensiv.

Ihre **Gefühle**, ihre Wünsche können sie **nicht äußern**. Deshalb kommt es zu **Reizbarkeit**; bei Frauen besonders, wenn es auf die Regel zugeht. Zwei Tage **vor und** zwei Tage **während der Regel** fühlen sich die Frauen scheußlich.
Aethusa hat oft Kopfschmerzen kurz vor und am ersten Tag der Menses. In dieser Zeit erreichen die Beschwerden ihren Gipfel. Wenn die Regel abklingt, entspannt sich das ganze System. Das **sexuelle Verlangen ist sofort nach der Menses am größten**, nimmt ab, wenn es auf die nächste Periode zugeht, und ist wenige Tage vorher auf dem Nullpunkt angelangt.

Der Gedanke, einen geliebten Menschen zu verlieren, ist ihnen unerträglich. Sie beschreiben es folgendermaßen: „Wenn ich jemanden verlieren würde, meine Mutter, meinen Vater, ich glaube, ich würde verrückt." Sie spüren, daß die Gefühle im Innern so stark sind, daß dieser Schock sie auf der geistigen Ebene umkippen lassen würde.

Ein typisches Symptom ist die plötzliche **Gesichtsröte mit wildem Blick**.
Ziehendes Gefühl im Gesicht vor oder während der Menopause. Dieses Syndrom tritt oft vor oder während der Menopause auf, ist aber nicht mit den typischen klimakterischen Hitzewallungen zu verwechseln.
Nach Kent sieht das Gesicht aus, als sei der Patient dem Tode nahe (Kent spricht von den Babys, die die Milch teils flüssig, teils bereits geronnen erbrechen, an Durchfall leiden und schnell völlig erschöpft darniederliegen (**Facies hippocratica**). Auch in chronischen Fällen kann man bei Aethusa „**alte" Gesichter** sehen, mit tiefen Furchen und hohlen Wangen, in denen sich bereits der Tod abzeichnet.

Ein weiteres charakteristisches Schlüsselsymptom ist ein **Hautausschlag auf der Nasenspitze**.

AETHUSA

Ich hatte in Indien einen bekannten Gelehrten zu behandeln. Einige Monate vorher hatte ich ihn bei seinen Vorlesungen gesehen, und mir war sein entsetzlich altes Aussehen aufgefallen. Jetzt war er total erschöpft, litt an einer chronischen Bronchitis und unwillkürlichem Urinabgang. Keine Symptome auf der emotionalen oder geistigen Ebene. Alles perfekt. Ich unterhielt mich einige Stunden mit dem Patienten. Keine Symptome, nur ein Ausschlag auf der Nasenspitze fiel mir auf. Der Mann sah dem Tode nahe aus, und ich erinnerte mich an die Aussage Kents, daß das Gesicht bei Aethusa vom Tode gezeichnet sei. Das alte Aussehen, das Gesicht dem Tode nahe, der Ausschlag auf der Nasenspitze - ich kam zu der Überzeugung, daß es sich in diesem Fall nur um Aethusa handeln könnte. Damals war ich noch kein erfahrener Homöopath, und es war das erste Mal, daß ich dieses Mittel verordnete, aber es war ein voller Erfolg. In den Büchern heißt es, der Ausschlag sitze auf der Nasenspitze, er kann aber auch innen an den Nasenflügeln oder am Septum sitzen.

Schlechter in der Hitze, speziell im Sommer.

Gelbliche Leukorrhoe, die die Wäsche färbt.

Blähung des Abdomens, besonders wenn die Patienten gereizt sind oder mehr als üblich gegessen haben; manchmal, wenn sie etwas zuviel gegessen haben, müssen sie Erbrechen auslösen, um ihren Zustand zu bessern.

Verlangen nach Käse, Salz, stärkehaltigen Speisen (letzteres zweiwertig). **Abneigung gegen Obst.**

Mehr kann ich im Augenblick nicht über dieses Mittel berichten.

AGARICUS

Es gibt eine Gruppe von Patienten, die den Arzt verrückt machen können. Sie haben **Angst um ihre Gesundheit**, **Angst vor allem vor Krebs**, und man kann ihnen mit den üblichen Angstmitteln nicht helfen.

Zuerst haben Sie *Acidum nitricum* gegeben, es hat vielleicht für kurze Zeit geholfen, dann *Arsen, Phosphor, Kalium arsenicosum*, die ganze Palette der Angstmedikamente. Glauben Sie mir, diese Patienten haben mich um den Verstand gebracht. Ich konnte ihnen immer nur für eine Weile ihre Angst nehmen, und dann kamen sie wieder mit ihrer Angst.

Es ist sehr schwierig, diesen Zustand zu beschreiben. Die anderen mehr körperlichen Symptome, die Sie aus dem Repertorium und der Materia medica kennen, müssen nicht vorhanden sein. Der Patient ist auf einer tieferen, emotional-geistigen Ebene erkrankt.

Diese Menschen finden etwas, woran sie leiden. Eine Frau bezieht zum Beispiel ihre Ängste auf die Brust. Die Frau sucht und sucht, und eines Tages findet sie auch wirklich eine kleine Veränderung. Eine kleine Veränderung nur, und eine ungeheure Angst erwächst in ihr. Sie beobachtet die Stelle täglich, das Etwas vergrößert sich schließlich ein bißchen: Sie verliert den Mut, wird pessimistisch, verliert die Lust am Leben. Irgendwann geht sie zum Arzt. Jeder Kommentar des Arztes wird aufgebauscht; schlägt der Arzt zum Beispiel eine Mammographie vor, hat die Patientin für den Rest ihres Lebens Angst vor Krebs. Alle Untersuchungen nützen nichts; Mammographie, Biopsie sind negativ, aber die Patientin behält ihre Angst. Die Angst verläßt sie nie mehr; egal, wie leicht oder schwerwiegend ihre Krankheit ist, immer steckt die Frage dahinter: „Ist es Krebs?" Die Phobie richtet sich in den meisten Fällen auf Krebs. Die Patienten haben Angst, weinen und bringen den Arzt durcheinander.

Ich entsinne mich eines Falles, den ich zwei Jahre lang behandelt habe. Die einzige Beschwerde war ein Schmerz an einer punktförmigen Stelle auf der Pobacke. Alle Mittel halfen nichts. Eines Tages kam die Patientin und brach in Tränen aus: „Das ist kein Leben mehr, es ist nicht mehr wert zu leben, jedem falle ich zur Last - ich will nicht mehr leben."
Man kann die Patienten schließlich beruhigen, ein Placebo hilft ein paar Tage. Aber dann kommen sie wieder in die Praxis oder rufen an.

Die Angst treibt die Patienten, sie machen ihrer Umgebung das Leben schwer und sind keinem Argument zugänglich. Sie drücken es nicht als Angst um die Gesundheit aus. Wenn Sie fragen: „Haben Sie Angst vor dem Tod?", antworten sie: „Ich, woher, ich wünsche ihn mir geradezu. Besser als in dieser Hölle zu leben. Ich würde mich sogar umbringen." Aber sie würden es niemals tun - jedenfalls nicht nach meiner Erfahrung.
Das Problem ist: Wie soll man auf Agaricus kommen? Der Patient liefert uns keine Information dafür, bis man diesen Zustand einmal gesehen hat.

Etwas Besonderes ist mir noch aufgefallen. Ich habe diese Leute jahrelang beobachtet - man kennt sie dann ganz genau. **In Phasen, wenn die Angst nachläßt, kommt eine ungeheure Euphorie auf**. Aber auch hier begreifen die Patienten, daß es ein krankhaftes Stadium ist. Nach einer kurzen euphorischen Phase fallen sie zurück in die Angst.

Dann habe ich festgestellt, daß diese Patienten auch oft außerkörperliche Erfahrungen machen (**out-of-body-experience**). Sie können ihren Körper verlassen, und das Besondere daran ist, daß sie sich **dabei wohlfühlen** und auch ihre Angst verlieren.
Ganz anders als *Cannabis-indica*-Patienten. Für sie ist es eine furchtbare Erfahrung, mit einer ungeheuren Angst verbunden.

Außerdem haben die Agaricus-Patienten etwas „**geisterhaft Morbides**" an sich („spookyness"). Es ist schwer zu beschreiben. Sie befassen sich mit Toten. Wenn jemand an Krebs stirbt, interessiert sie das, es geht ihnen im Kopf herum. Oder sie finden, daß etwas einem Sarg ähnlich sieht, zum Beispiel ein Auto.
Sie beschäftigen sich mit morbiden Geschichten.
Oder ein anderer Fall: Eine Frau ist mit ihrem Mann in einem Hotelzimmer, sie wollen miteinander schlafen. Aber sie bemerkt, daß die Matratze durchgelegen ist und in der Mitte eine Kuhle hat. Sofort schießt es ihr durch den Kopf: „Das ist ein Grab. Ich kann mit meinem Mann doch nicht in einem Grab schlafen!"

Wichtig ist dieses „morbide" Element. **Alles hat etwas mit dem Tod oder mit Krebs zu tun**. Sie treffen immer wieder durch Zufall mit dem Tod zusammen, sei es durch Bekannte, deren Angehörige gerade gestorben sind oder an Krebs leiden. Jeden Abend berichten sie von einem neuen Fall. Und interessanterweise haben sie **keine Angst, zu den Kranken hinzugehen und zu helfen**, sie scheinen davon angezogen zu sein. Sie helfen Sterbenden. Sie finden auch diejenigen heraus, die sie trösten können.

Sie haben in erster Linie Angst vor Krebs, sie haben weniger das Gefühl, daß sie sterben könnten.

Agaricus läßt sich leicht mit *Acidum nitricum* verwechseln. Am Anfang ist es schwer zu unterscheiden, man muß auf Feinheiten achten. **Agaricus hat Verlangen nach Eiern,** *Acidum nitricum* Abneigung gegen Eier. Wenn man das nicht weiß und gibt trotz des Verlangens Acidum nitricum, wirkt es nicht.

Die stärkste Essensmodalität bei **Agaricus** ist **Verlangen nach Salz,** weniger stark ist das Verlangen nach Süßem.

Der emotional-geistigen Krankheit bei Agaricus können Symptome auf der körperlichen Ebene vorausgehen: **Ischialgie, Lumbago, Zuckungen, Probleme des peripheren Nervensystems**.
Cimicifuga ist ähnlich. Bei *Cimicifuga* kann eine Ischialgie oder Lumbago einer Depression vorausgehen.

Agaricus-Patienten können auch eine Zeitlang in einer Art labilem Gleichgewicht leben, ohne Angst. Aber schon der leichteste Anstoß - sie hören von einem Bekannten, er sei krank - genügt, die Angst wieder aufflackern zu lassen.

Es ist extrem schwierig, ein Bild von Agaricus zu vermitteln, man kann die Idee nicht auf ein Wort reduzieren. Es ist nicht nur „geisterhaft, gespenstig". Das **Morbide** im Verhalten und Reden gehört mit dazu, überall spielt der Tod eine Rolle.

AGNUS CASTUS

Agnus castus ist ein Medikament, das nach meiner Ansicht in steigendem Maße in unserer modernen Gesellschaft gebraucht werden wird, besonders von der jüngeren Generation. Indiziert ist es **nach Mißbräuchen**, die unter jungen Menschen üblich sind: **sexuelle Exzesse, Gebrauch von psychoaktiven Drogen, Schlafmangel, unregelmäßige Ernährung und so weiter.**
Diese Leute sind leicht erregbar und haben sich sehr intensiv in viele dieser Aktivitäten für relativ kurze Zeit eingelassen. Danach werden sie anämisch, blaß, energielos, geistesabwesend und so weiter.

Schließlich begreifen sie, daß sie konstitutionell zusammenbrechen. Sie entwickeln die **Angst, innerhalb weniger Monate oder Jahre zu sterben**. Sie fühlen, daß sie sich **überanstrengt und ihre Lebensenergien so sehr vergeudet** haben, daß ihr ganzes System morsch geworden ist.

Sie erreichen ein Stadium, in dem sie sich **nicht mehr** auf ihr Studium **konzentrieren** können, auf ihre täglichen Aufgaben et cetera. **Sexuelle Impotenz** folgt, und dieses Problem nimmt sie voll in Anspruch. Wollüstige Phantasien ohne Erektionen, schließlich vollständiger Verlust des Sexualtriebes. Sie sind davon überzeugt, kurz vor einem Nervenzusammenbruch zu stehen, oder glauben, lebenswichtige Organe würden versagen.

Diese Sorge plagt den Agnus-castus-Patienten so sehr, daß er eine **Angst um die Gesundheit** entwickelt, die fast schon hypochondrisch zu nennen ist.

Der Agnus-castus-Patient kann auch auf andere Art und Weise zusammenbrechen: Manchmal fühlt er sich wertlos, absolut nutzlos in der Welt. Ein andermal wiederum fühlt er sich als sehr wichtiger Mensch, als etwas ganz Besonderes. Diese Stadien wechseln einander ab.

Frauen können ebenfalls Agnus castus benötigen. Wir sehen dann anfangs eine Frau voll geiler Begierden, fast hysterisch in ihrem Verlangen nach Sex. Später wird sie vollkommen frigide, verliert völlig das Interesse an der Sexualität.

Agnus-castus-Patienten sehen oft blaß und anämisch aus. Sie machen häufig einen müden, ängstlichen und mutlosen Eindruck. Ihre **Pupillen** sind **erweitert** und sehr **lichtempfindlich**.

Ihr Magen kommt leicht durcheinander. Sobald die Nahrung nur ein bißchen schwer verdaulich ist, macht sie Beschwerden.

Oft wird ein Gefühl von **innerem Zittern** angegeben - wie innerlicher Frost. Dies tritt auch dann auf, wenn sich der Körper selbst warm anfühlt.

Sie haben auch eine **Art Erschlaffung innerer Organe**, und man kann **Prolapsneigung und ein Gefühl der Schwäche im Abdomen** beobachten. Es ist nicht so sehr das Gefühl, daß etwas nach unten drängt, sondern vielmehr eine Schwäche.
Dieselbe Schwäche kann zu einer *Silicea*-ähnlichen **Obstipation** führen: Der Stuhl wird in Stücken abgesetzt, und manchmal schlüpft er auch wieder zurück.

Manchmal ist Agnus castus auch bei stillenden Müttern indiziert, deren **Milchproduktion zum Erliegen** kam.

ALUMINA

Alumina ist ein großartiges Medikament, das von Anfängern oft unterschätzt wird. Es ist charakterisiert durch **VERZÖGERTE FUNKTION,** sowohl auf der geistigen Ebene als auch auf der zentralen und peripheren Ebene des Nervensystems. Die Idee ist funktionelle **LANGSAMKEIT,** auf die unter Umständen **LÄHMUNG** folgt. Es beginnt sehr langsam. Oft bemerkt der Patient lange Zeit nicht, daß etwas mit ihm nicht stimmt; er fühlt vielleicht eine gewisse „Schwere" in den Beinen, über die er nicht weiter klagt, bis sich schließlich eine Ataxie daraus entwickelt hat.

Am meisten fällt auf der geistigen Ebene die große **Langsamkeit des Geistes** auf. Der Patient versteht langsam, kann sich nur langsam vorstellen, wie er seine Aufgaben anpacken soll, und führt sie langsam aus.
Die Langsamkeit des Geistes führt zu einer merkwürdigen Art der **Verwirrung**, die für Alumina typisch ist. Die Gedanken sind sehr vage und verschwommen, wie unbestimmte Schatten. Hat man zum Beispiel einen Patienten, dem das Schlucken schwerfällt, und bittet man ihn, seine Beschwerden zu beschreiben, kommt er ins Stocken und wird unentschlossen. Er denkt lange nach, versucht es erst mit diesem und mit jenem Wort und müht sich ab, das richtige Wort zu finden, das seine Gefühle beschreibt. Diese **Schwierigkeit, auszudrücken, was geschieht**, ist ein charakteristisches Schlüsselsymptom für Alumina. Die Beschreibungen des Patienten sind so **unklar,** daß man viele Mittel verschreiben kann, ehe man merkt, daß man eigentlich nie einen handfesten Fall hatte, der einem bestimmten Mittel zugeordnet werden konnte. Erkennt man einmal diese merkwürdige Art von Verschwommenheit und Verwirrung, kann dem Patienten mit homöopathischem Alumina geholfen werden.

Mit der Zeit entwickelt sich diese Verwirrung zu einem anderen merkwürdigen Geisteszustand: Wenn der Patient spricht, **meint er, jemand anderes würde sprechen**. Oder noch befremdlicher ist es, wenn der Patient angibt, **er könne nur durch die Ohren anderer hören**. Dies zu eruieren, kann schwierig sein, denn der Patient wird die Information nicht freiwillig herausrücken. Solche Symptome muß man durch direktes Befragen hervorlocken. Denkt man vielleicht aufgrund anderer Symptome an Alumina, so fragt man nach diesem Symptom, worauf der Patient sagt: „Oh ja, jetzt, wo Sie es erwähnen!"
In diesem Stadium der Krankheit kommt der Patient zu dem Schluß, er werde mit der Zeit verrückt. Dabei handelt es sich nicht um eine richtige Furcht vor Geisteskrankheit, sondern mehr um eine objektive Schlußfolgerung. Ein früherer Verdacht erhärtet sich. Alumina ist kein bekanntes Mittel bei Furcht vor Geisteskrank-

heit. In der Tat ist es so, daß man sich eher für ein anderes Mittel als für Alumina entscheidet, wenn die Furcht vor Geisteskrankheit sehr ausgeprägt ist.
Schließlich verzweifelt der Patient: „Niemand kann mir helfen." Und wieder ist dies nicht wirklich Verzweiflung, sondern eher Resignation.

Anders *Calcium carbonicum*. Ein starker, kräftiger, stoischer Mensch, der gereizt fragt: „Warum geht es mir nicht besser?" Der *Calcium-carbonicer* geht mit verhältnismäßig geringen Leiden von einem Arzt zum anderen und versucht, sein Problem zu lösen. Wenn er merkt, daß keiner ihm helfen kann, verzweifelt er an seiner Genesung.
Hingegen entspringt die Verzweiflung von *Arsen* einer entsetzlichen Furcht vor dem eigenen Tod.

Bei Alumina sitzt die Verzweiflung sehr tief und hat einen realen Hintergrund. Der Patient ist wirklich sehr krank: Die geistige Ebene ist verwirrt, der Patient verliert seine Identität. Dabei kann es sich um die ersten Anzeichen einer Schizophrenie handeln!

Man muß sich vergegenwärtigen, daß diese Entwicklung, von der Langsamkeit des Geistes ausgehend bis hin zur Verwirrung, zum Verlust der Identität und zur Verzweiflung um die Genesung, sehr langsam verläuft. Schließlich kommt es auch im Nervensystem selbst zu degenerativen Veränderungen. Diesen Prozeß sieht man bei Patienten, die in ihrer Konstitution sehr geschwächt sind - entweder durch Alter oder durch häufige Erkrankungen. Alumina ist häufig bei senilen Patienten angezeigt.

Als nächstes betrachten wir die emotionale Ebene. Alumina hat das **Gefühl, innerlich in großer Eile** zu sein. Kent betont dieses Symptom in seiner Materia medica sehr, dennoch steht es nur einwertig im Repertorium. Kent will zum Ausdruck bringen, daß der Patient das Gefühl hat, er könne die Dinge nicht schnell genug erledigen; er fühlt seine verzögerte Funktion so sehr, daß ihm alles in der Welt zu langsam vorkommt. Das steckt hinter dem Symptom: **„Die Zeit vergeht zu langsam."** Hat ein Außenstehender von einem Alumina-Patienten den Eindruck, dieser sei langsam, so hat der Patient selbst hingegen das innere Gefühl, die Zeit vergehe zu langsam; eine halbe Stunde erscheint ihm wie ein ganzer Tag.
Wenn die Krankheit auf der emotionalen Ebene weiterschreitet, führt es bei dem Patienten zu der **Befürchtung, er könne seine Aufgaben nicht rechtzeitig zu Ende bringen**. Er gibt sein Bestes, aber er ist langsam und wird nicht fertig, und das erfüllt ihn mit Angst. Wenn diese Situation sich zuspitzt, wird er von der **Angst** beherrscht, **etwas Schlimmes könne sich ereignen** - ein Unfall, ein Unglück.

Dieser Prozeß schreitet schließlich bis zur **Schwermut** fort, zur Depression mit Selbstmordimpulsen. Alumina verspürt den **Impuls, Selbstmord zu begehen**, wenn er Blut sieht oder ein Messer.

Platin, *Arsen* und *Mercur* haben ähnliche Symptome, aber sie verspüren meist den Impuls, andere zu töten, während Alumina mit dem Impuls kämpft, sich selbst umzubringen.

Die Alumina-Depression läßt sich am besten durch „**düstere Schwermut**" beschreiben. Es gibt kein Licht. Der Patient berichtet dem Arzt seine Beschwerden, aber nicht auf lästige oder aufdringliche Art. Er jammert und stöhnt nicht, er klammert sich nicht an den Arzt. Er berichtet tief bekümmert von seinen Symptomen, aber nicht in einem klagenden Ton. Er scheint sich mit seinem Zustand abgefunden zu haben, **resigniert** zu haben.

Diese Resignation, in Verbindung mit der Verschwommenheit und Langsamkeit des Geistes, vermittelt manchmal den Eindruck, als würde der Patient sich nur automatisch bewegen, ohne eigenen Antrieb. Wenn man ihn ein bißchen beobachtet, kommt man vielleicht zu dem Schluß, daß er nicht wirklich aus eigenem Antrieb zum Arzt gegangen ist. Er scheint das Gefühl zu haben: „Warum bin ich eigentlich hierher gekommen?" Aber dann öffnet er sich etwas und arbeitet mit.

Die **verzögerte Funktion** zieht sich durch die ganze körperliche Ebene. Zuerst Funktionsverlangsamung, dann Muskelschwäche, dann eine Art Lähmung.

Genauso wie der Patient hart kämpft, um sich auszudrücken, aber einfach das richtige Wort nicht finden kann, bemüht er sich auch, körperlich zu funktionieren; aber die Reaktion ist verzögert.

Die charakteristische **Obstipation** von Alumina ist das beste Beispiel. Kent beschreibt es folgendermaßen: „Die Anstrengung, den **weichen Stuhl** zu entleeren, ist so groß, daß die Patienten oft folgende Klagen vorbringen: Sie müssen lange auf dem Klosett sitzen, obgleich Völle empfunden wird und mehrere Tage kein Stuhl abgegangen ist. Sie haben das Bedürfnis, Stuhl zu entleeren, weil sie spüren, wie voll das Rectum ist, und doch sitzen sie lange vergeblich. Dann beginnen sie heftig mit den Bauchmuskeln zu pressen und strengen sich furchtbar dabei an, denn sie empfinden, daß das Rectum nur wenig arbeitet. Sie quälen sich wieder und wieder, sind von Kopf bis Fuß in Schweiß gebadet, auf das Klosett gebannt, als kämen sie nicht mehr fort, pressen und mühen sich wie bei einer Geburt und bringen endlich ganz weichen Stuhl heraus, mit dem Gefühl, daß immer noch etwas zurückgeblieben ist."

Genauso ist es mit der Blase. Es dauert lange, bis der Urin fließt.

Im Ösophagus hat der Patient das Gefühl, als sei die Nahrung steckengeblieben, als könne sie nicht hinuntertransportiert werden.

Die **Parese**, die so charakteristisch für Alumina ist, betrifft in erster Linie die **Beine**. Der Identitätsverlust spiegelt sich auch hier wieder. Die Beine scheinen ihren eigenen Weg zu gehen; sie können nicht mehr kontrolliert werden, so sehr sich der Patient auch anstrengt. Wir haben einen Fall von **Ataxie** - ein unbeholfenes, zielloses Herumwackeln mit den Beinen.
Das gleiche gilt für Blase und Rectum - **Kontrollverlust**.

Oft befällt ein **Taubheitsgefühl** die Körperteile, bevor die Schwäche einsetzt. Besonders Taubheit der **Fußsohlen**. Das ist typisch für die **verzögerte Nervenleitgeschwindigkeit** von der Peripherie zum Gehirn. Wie *Cocculus* zeigt Alumina **verzögerte Reflexe** bei Nadelstichen.

Alumina hat einen besonderen Schwindel, der oft bei neurologischen Fällen beobachtet werden kann - **Schwindel beim Schließen der Augen**. Ein stehender Patient neigt mit geschlossenen Augen zum Umfallen. Das ist wiederum zweifellos darauf zurückzuführen, daß sensorische Stimuli von der Peripherie zu lange brauchen, um eine verläßliche Information für die Haltung der Balance zu liefern.

Auf diese Weise kann man bei Alumina jedes Organsystem betrachten und tatsächlich voraussagen, welche Symptome sich bei Arzneimittelprüfungen ergeben haben. Wenn man einmal die wichtigen Punkte verstanden hat, paßt alles wie ein Puzzle zusammen.
Welche Symptome erwartet man zum Beispiel im Sexualbereich? Alumina hat **Schwäche und Kontrollverlust**, also zeigt sich im Sexualbereich vermindertes Verlangen und bei Männern mangelnde oder fehlende Erektion trotz sexuellen Verlangens. Die Genitalien sind schlaff.

Alumina ist als eines der Hauptmittel bei **rezidivierenden Erkältungskrankheiten** bekannt. Wie läßt sich das erklären? Zweifellos handelt es sich dabei um eine gewisse Lähmung der Nerven, die die Schleimhäute versorgen. Deshalb ist die Regulation der Durchblutung träge, die Schleimhäute werden nur schlecht durchblutet und sind trocken. Da der übliche Abwehrmechanismus geschwächt ist, wird der Patient anfällig für Erkältungskrankheiten. Im Grunde genommen bildet diese Abwehrschwäche auch bei anderen Mitteln, die anfällig für Erkältungskrankheiten sind, die pathologische Grundlage - *Tuberculinum, Sulfur, Graphit, Silicea, Mercur*.

Einige andere charakteristische körperliche Symptome: **Getrübte Sehkraft**, wahrscheinlich aufgrund einer Augenmuskelschwäche.

ALUMINA

Extreme **Trockenheit der Haut**. **Jucken ohne Hautausschlag** und das Verlangen, zu **kratzen, bis es blutet**, was letztendlich Erleichterung bringt.
Trockene Krusten auf den Hautausschlägen, **trockene, dicke Krusten** in der Nase und trockene Krusten im Hals.
Katarrhalische Absonderungen lassen sich leicht unterdrücken, neigen dann aber zu Chronizität.
Es kann zu **einseitiger Lähmung** kommen - normalerweise rechts.

Alumina hat seine **Verschlimmerungszeit deutlich am Morgen**. Im Laufe des Tages geht es dem Patienten dann besser, oder er bleibt den ganzen Tag in seinem Tief. **Am Abend** jedoch macht sich nach Sonnenuntergang eine **deutliche Besserung** bemerkbar (vgl. *Medorrhinum, Lycopodium*).

Ein anderes auffallendes Charakteristikum ist die **Unverträglichkeit von Kartoffeln**. Auch andere stärkehaltige Speisen sowie Wein, Pfeffer und Salz werden schlecht vertragen.

Die Idee von Alumina ist **LANGSAMKEIT**, die bis zur **LÄHMUNG fortschreitet**. Langsamkeit ist auch typisch für die zu erwartende Reaktion nach Einnahme von Alumina. Bei diesem Mittel muß man geduldig warten, um eine Reaktion zu sehen. Das gilt insbesondere, wenn organische Veränderungen vorhanden sind. Die Heilung der Krankheitsfolgen dauert lange, genauso wie sich auch die Entwicklung der Krankheit über lange Zeit hingezogen hat.

ARGENTUM NITRICUM

Die zentrale Idee im Argentum-nitricum-Bild ist die **SCWÄCHE AUF DER GEISTIGEN EBENE**, und diese Schwäche wird durch Belastung deutlich. Die geistige Schwäche wird von **Erregbarkeit, Nervosität und Impulsivität im emotionalen Bereich begleitet**. Die geistigen Fähigkeiten sind geschwächt, während die Gefühle überstark sind. Diese Kombination bringt einen Menschen hervor, der bereit ist, jede Idee, die durch sein Gehirn huscht, in die Tat umzusetzen, egal, wie lächerlich sie auch sein mag.

So kann es vorkommen, daß der Patient auf einem Balkon sitzt und ihm plötzlich die Idee in den Kopf kommt: „Wie wäre es, wenn ich da hinunterfiele?" Dieser Gedanke setzt sich in seinem Kopf fest, und in seiner Phantasie läuft die ganze Szene wie in einem Film ab: Er sieht sich stürzen und dann zerschmettert und blutüberströmt am Boden liegen und so weiter. Dieses Bild überwältigt ihn so sehr, daß er zum Schluß tatsächlich den Impuls verspürt zu springen, um zu sehen, wie das ist. Es mag sogar so weit kommen, daß er einen Schritt auf die Brüstung zugeht, aber in diesem Augenblick wird er wieder Herr seiner Sinne - voller Angst. Er geht nach drinnen und schließt die Tür.

Ein weiteres Beispiel für diese Schwäche und Erregbarkeit: Ein Mann, der die Straße pflastern soll, fühlt sich gezwungen, dies auf ganz bestimmte Art und Weise zu tun. Wenn diese Straße in Quadraten ausgelegt werden soll, muß er immer im übernächsten Quadrat arbeiten oder nur auf den Linien zwischen den Quadraten mit ganz kleinen Schritten laufen.

Ein anderes Beispiel: Ein Mann geht die Straße entlang und will um die nächste Ecke biegen. Plötzlich wird er von dem Gedanken besessen, daß gerade in dem Moment, wenn er abbiegt, ein schwerer Gegenstand auf ihn herunterfallen wird. Dieser Gedanke ist so mächtig, daß er an dieser Stelle weiter geradeaus geht und erst an der nächsten Ecke abbiegt.

Noch ein anderes Bild: Eine Frau will die Straße überqueren und sieht ein Auto in sicherem Abstand auf sich zukommen. Sie weiß, daß das Auto sie nicht verletzen kann, und es fährt auch tatsächlich ohne Zwischenfall an ihr vorbei. Dann, als sie die Straße überquert, blitzt eine Szenenfolge durch ihr Gehirn; sie stellt sich vor, was hätte passieren können, wenn sie nur einen Augenblick früher über die Straße gegangen wäre. Sie sieht, wie sie von dem Wagen erfaßt und schwer verletzt wird. Dieses lebhafte Bild rüttelt sie wieder wach.

ARGENTUM NITRICUM

Der Argentum-nitricum-Patient ist nur zeitweise von solch irrationalen Gedanken besessen, sie bleiben kurze Zeit und verschwinden dann wieder. Ein kleines Zucken des Körpers oder eine plötzliche Bewegung scheinen oft mit dem Moment zusammenzufallen, in dem die Idee wieder verschwindet.

Ein anderes Beispiel: Ein Mann schaut aus dem Fenster und beobachtet, wie ein Kind auf der Straße spielt. Er sieht ein Auto, das in sicherem Abstand an dem Kind vorbeifährt. Dann denkt er darüber nach, was hätte passieren können, wenn das Kind an einer anderen Stelle gespielt hätte, als der Wagen vorüberfuhr. Er erfindet in seiner Phantasie eine ganz furchtbare Szene und steigert sich so hinein, daß er die Treppe hinunter auf die Straße rennt. Unterwegs kommt ihm die Idee, er könne ausrutschen und hinfallen. Dieser Gedanke überwältigt ihn derart, daß er wirklich davon überzeugt ist. In diesem Moment macht er eine etwas ungewöhnliche Bewegung, zuckt vielleicht ein bißchen, und die Idee verschwindet. Er ist gesund genug zu begreifen, daß er fortwährend von diesen verrückten Ideen gequält wird, aber zu schwach, dem ein Ende zu setzen.

Bei Argentum nitricum finden wir auch **Furcht an hochgelegenen Orten oder Furcht vor hohen Gebäuden**. Der Hintergrund ist in beiden Fällen ähnlich: Entweder Furcht, aus der Höhe zu fallen, oder Furcht, ein Gebäude könne auf ihn stürzen, während er die Straße überquert.

Ein anderes Beispiel: Ein Student hat sich durch zu vieles Lernen überanstrengt. Er sitzt an seinem Schreibtisch, seine Gedanken schweifen ab. Sein Blick fällt auf eine Steckdose, und er denkt sich plötzlich: „Möchte gerne wissen, was passieren würde, wenn ich einen Draht in die Steckdose stecke?" Er steht auf, findet einen Draht und geht auf die Steckdose zu. Mit einem Ruck kommt er wieder zu sich, gerade als er den Draht hineinstecken will.

Ein anderer Patient kommt während einer Krankheit zu der Überzeugung, in drei Stunden, beim Glockenschlag, sterben zu müssen. Voller Qual verfolgt er die Zeiger der Uhr. Kent führt in seinem Repertorium unter „**Todesahnung, sagt die Zeit voraus**" *Aconit* und Argentum nitricum an.
Agnus castus sollte nachgetragen werden.
In jedem dieser Mittel steckt eine andere Idee.
Bei *Aconit* ist es die ungeheure, überwältigende Furcht vor dem Tode, die ihn glauben läßt, bald sterben zu müssen.
Bei Argentum nitricum handelt es sich um eine „fixe Idee", daß er zu einer bestimmten Stunde sterben werde.

Der Argentum-nitricum-Mensch begreift, daß er **geistig schwach** ist. Bei einem öffentlichen Auftritt könnte er sich leicht blamieren. Vor einem gesellschaftlichen Ereignis kann ihn entsetzliche Furcht oder Angst überkommen. Er fragt sich: „Wie kann ich damit nur fertig werden? Was soll ich tun? Ich werde mich fürchterlich blamieren." Die **Erwartungsangst** ist so überwältigend, daß er häufig urinieren muß oder sogar Durchfall bekommt. Dem Patienten mangelt es an Selbstvertrauen. Der Gedanke, an die Öffentlichkeit zu treten und eine Rede zu halten, scheint ihm unmöglich.

Typisch für die Ängste ist ihre „Fixiertheit" in Verbindung mit abergläubischer Paranoia.
In der Rubrik „**abergläubisch**" mit *Conium* und *Zincum* sollten Argentum nitricum, *Rhus toxicodendron* und *Stramonium* nachgetragen werden.

Die geistige Schwäche zeigt sich im ganzen Körper in Symptomen, die uns als einfaches Altern bekannt sind. Die geistige Schwäche ähnelt der in senilen Stadien. Das Gesicht ist faltig und verschrumpelt, der Patient **erscheint älter, als er ist**. *Calcium-carbonicum*-Patienten können auch alt aussehen; ihr Gesicht ist von vielen Falten durchzogen, die kleine Rechtecke bilden; *Lycopodium* Patienten scheinen in der oberen Körperhälfte zu altern. Argentum nitricum sieht eher verschrumpelt aus. (*Secale, Ambra grisea*)

Emotional sind Argentum nitricum Patienten schnell überstimuliert. Ihre Gefühle sind sehr stark, bis zur Impulsivität. Sie können sehr impulsiv sein, egal ob sie Liebe oder Zorn ausdrücken wollen. Argentum nitricum ist das führende Mittel in der Rubrik „**impulsiv**".

Interessanterweise kann, während durch das geschwächte Nervensystem die geistigen Funktionen gemindert werden, eine **Überaktivität im Kreislaufsystem** auftreten. Die Folge kann ungeheures **Herzklopfen** sein, das am ganzen Körper gefühlt wird und **besonders in Rechtsseitenlage** auftritt; ebenso **Hitzewallungen**. Der Argentum-nitricum-Typ wird durch **Hitze verschlimmert**. Er mag frische Luft und kaltes Baden.

Bezüglich der Essensmodalitäten hat er starkes Verlangen nach Zucker und Süßem, aber Süßigkeiten können Beschwerden verursachen, manchmal Durchfälle hervorrufen. Verlangen nach Salz, gesalzenem Essen und kräftig schmeckendem Käse.

Neigung zu **Blähungen**, mit häufigem **Aufstoßen** und Rülpsen, möglicherweise anhaltend und so laut wie Kanonenschläge.

Wenn wir einen Patienten mit folgenden Modalitäten vor uns haben: starkes Verlangen nach Süßem, schlechter durch Wärme und besser durch Kälte, dann müssen wir an Argentum nitricum denken. Wenn dann noch Verschlimmerung durch Süßes hinzukommt, ist es bestimmt Argentum nitricum.

Der charakteristische geistige Zustand von Argentum nitricum kann sich auch in der sexuellen Sphäre niederschlagen. Der Patient kann voller Gefühle sein, aber wenn er mit dem Sexualakt beginnen will, wird er von Angst überwältigt, und die **Erektion geht zurück**. Das passiert normalerweise, weil sich ihm irgendwelche dummen Ideen aufgedrängt haben und er davon nicht mehr loskommt. Oft ist es eine furchtbesetzte Idee, die ihn unfähig macht, den Liebesakt zu vollziehen.

Argentum nitricum hat **Ulcera**, meistens auf der Cornea und den Konjunktiven. Vor dem Ulcus kann eine Röte an umschriebener Stelle auffallen.

Stechende, wunde Schmerzen sind ebenfalls charakteristisch, nicht nur im Auge, sondern auch im Hals. Es ist ein „**Splitterschmerz**", ähnlich dem von *Acidum nitricum* und *Hepar sulfuris*.

ARSENICUM ALBUM

Arsenicum album ist ein klassisches Mittel und in seinen Grundzügen allen Homöopathen bekannt. Erstmalig durch Hahnemann selbst geprüft, ist es seitdem in jeder Materia medica in extenso beschrieben worden. Die klassische Beschreibung in Kents Materia medica enthält alle wichtigen Punkte, sowohl in den akuten als auch in den chronischen Stadien.

Ruhelosigkeit, schlechter durch Kälte, schlechter 13 - 14 Uhr und 1 - 2 Uhr, Durst auf kleine Schlucke, Periodizität, abwechselndes Auftreten von Symptomen, Ulzerationen, brennende Schmerzen.

Ein einfaches Aneinanderreihen von Symptomen kann jedoch zu falschen Verschreibungen führen. Wichtig ist, daß sich das Bild abrundet, indem man versucht, den tieferen, dynamischen Prozeß und die Entwicklungsstadien des Mittels zu verstehen, vor allem auch im Vergleich mit anderen Arzneimitteln.

Die grundlegende Idee, die sich durch die Arsenicum-Pathologie zieht, ist eine tiefsitzende **UNSICHERHEIT**. Aus dieser Unsicherheit entspringen die meisten der für Arsen typischen Symptome. Die Unsicherheit bezieht sich nicht allein auf den Umgang mit anderen. Sie ist vielmehr ein tiefsitzendes Gefühl der Verwundbarkeit und Schutzlosigkeit in einer scheinbar feindlichen Umgebung. Sie beherrscht Arsenicum von den frühesten Stadien an.

Aus dieser Unsicherheit heraus erwächst die Arsenicum-Abhängigkeit von anderen Menschen. Natürlich ist Arsenicum eines der wichtigsten Medikamente in der Rubrik „Verlangen nach Gesellschaft". In Wirklichkeit jedoch hat Arsen mehr als den bloßen Wunsch nach Gesellschaft, es ist ihm ein wahrhaftes **Bedürfnis, jemanden in seiner Nähe zu spüren**. Arsen umgibt sich mit Menschen, weil es sich unsicher fühlt bezüglich seiner Gesundheit und außerordentliche Furcht hat, allein zu sein. Das Bedürfnis nach Gesellschaft entspricht nicht unbedingt einem Bedürfnis, mit anderen Menschen zu kommunizieren, wie bei *Phosphor*. Arsenicum braucht Menschen in seiner Nähe mehr zur Sicherheit und Unterstützung als aus irgendeinem anderen Grunde.

Der Arsenicum-Mensch ist **besitzgierig** (possessive) - er möchte Objekte, Geld und besonders Menschen besitzen. Er geht nicht leicht eine Beziehung ein, in der Geben und Nehmen in einem gesunden Verhältnis stehen: Er ist zu **selbstsüchtig**, er ist einer, der nimmt. In einer Beziehung wird er zwar den anderen unterstützen, aber vornehmlich in der Erwartung, selbst unterstützt zu werden.

ARSENICUM ALBUM

In diesem Sinn ist Arsenicum ein **egoistisches, egozentrisches** Arzneimittel. Automatisch nimmt der Arsenicum-Mensch die Ereignisse in dieser Welt von einem rein persönlichen Standpunkt aus wahr. Wenn jemand anderem etwas passiert, denkt er zuerst daran, was es für ihn selbst bedeutet.
Wenn ein Autounfall passiert, fühlt das Herz eines *Phosphorus*-Patienten automatisch mit dem Opfer. Er versetzt sich selbst in die Lage des Opfers.
Der Arsenicum-Patient überlegt sofort: „Oh! Oh! Wenn dem das passieren kann, kann es mir genausogut zustoßen." Er denkt ganz und gar nicht an den anderen Menschen, sondern nur an die Folgen für sich selbst.

Der Besitzanspruch von Arsen erstreckt sich sowohl auf materielle Dinge als auch auf Menschen. Er ist knickig, **geizig**. Er häuft bewußt Geld und Sachen an und rechnet ständig, wie hoch der Gewinn für ihn sein wird. Es kann aber auch vorkommen, daß er freigebig mit Geld oder Besitz umgeht, aber immer in der Erwartung, einen Nutzen daraus zu ziehen. Wenn die erwartete Gegenleistung ausbleibt, ist er verärgert. Diese Besitzgier führt zu einer **zwanghaften Sammlernatur**. Wenn er etwas findet oder hat, von dem er glaubt, es sei von irgendwelchem Wert, und sei es auch nur von geringstem Nutzen, dann hebt er es sorgfältig auf, so daß er es später leicht wiederfinden kann.

Als nächstes kommen wir zu dem Arsenicum-Zug, den man am besten als **Übergenauigkeit (fastidiousness)** beschreibt.
An dieser Stelle ist es wichtig, noch einmal zu betonen, daß in der Homöopathie nicht aufgrund von positiven Charakterzügen, sondern nur aufgrund von pathologischen Symptomen und Eigenschaften verschrieben wird. Wenn jemand sauber und ordentlich ist - als Ausdruck einer geordneten Lebensauffassung -, würde man das nicht als Grundlage für die Wahl eines Mittels benutzen, ebensowenig einen gewissen Perfektionismus, der in ähnlicher Ausprägung bei einem Patienten auffällt.
Auf der anderen Seite sehen wir jedoch Menschen, die zwanghaft ordentlich sind, besessen von ihrem Bedürfnis nach Ordnung und Sauberkeit; sie wenden unverhältnismäßig viel Energie dafür auf, ständig alles zu säubern und in Ordnung zu bringen. Das ist die Arsenicum-Genauigkeit - der zwanghafte Versuch, die innere, ängstliche Unsicherheit durch Ordnung und Sauberkeit in der äußeren Welt zu kompensieren.
Die Übergenauigkeit und Ordnungsbesessenheit bei Arsen entsteht aus Angst und Unsicherheit, während sie bei *Nux vomica* eher aus einem exzessiven Arbeitszwang erwächst, aus überaus gewissenhafter Aufmerksamkeit für Details und aus einem übertriebenen Sinn für Effektivität.

Die Genauigkeit bei *Natrium muriaticum* ist ähnlich, bezieht sich jedoch eher auf die Zeiteinteilung.

Beim Studium eines Arzneimittels ist es besonders wichtig, die verschiedenen Stadien der Krankheitsentwicklung richtig einzuschätzen. Anderenfalls verfehlen wir das Medikament einfach deshalb, weil wir in dem momentanen Stadium des Patienten nach Symptomen suchen, die charakteristischerweise in einem anderen Stadium zu finden sind. Genauso erlaubt uns auch das Wissen um die verschiedenen Stadien eines Arzneimittels, schneller die Idee dieses Arzneimittels zu erkennen und es von anderen ähnlichen Mitteln zu unterscheiden.

In den frühen Stadien von Arsenicum herrschen körperliche Symptome vor, während die geistige Ebene weniger betroffen ist. Wir können uns an bestimmte **körperliche Beschwerden** halten, wie zum Beispiel **brennende Schmerzen, Frostigkeit, schlechter durch Kälte, häufige Erkältungen, Periodizität, Durst auf kleine Schlucke, Verschlimmerungszeiten zwischen 13 und 14 Uhr und 1 und 2 Uhr**.
Bei eingehendem Nachfragen kommen sicherlich auch schon die Übergenauigkeit, die Knickrigkeit und bis zu einem gewissen Grad die Unsicherheit zum Vorschein.
In diesem Stadium mag es schwierig sein, Arsenicum von *Nux vomica* zu unterscheiden, besonders wenn die Beschwerden mehr im funktionellen Bereich liegen und noch keine pathologisch-anatomische Veränderung hinzugetreten ist. In diesem Fall muß man sorgfältig die psychologischen Grundtendenzen erforschen; Arsen wird mehr zur Unsicherheit neigen und auf die Unterstützung der Mitmenschen angewiesen sein, während Nux vomica eher auf sich selbst gestellt ist und Impulsivität zeigt.

Wenn die Krankheit auf tiefere Ebenen vordringt, tritt beim Arsenicum-Patienten die **Angst** mehr in den Vordergrund; besonders die **Angst um die Gesundheit**, da er **fürchtet zu sterben**. Anfangs macht sich diese Angst hauptsächlich morgens bemerkbar, beim Aufwachen, aber nach und nach beschäftigt er sich dann Tag und Nacht damit. In diesem Stadium wird auch die **Furcht vor dem Alleinsein** zu einem hervorstechenden Faktor. Laufend braucht der Patient Gesellschaft, besonders in der Nacht. Die Ängste von Arsenicum steigern sich beim Alleinsein ins immense.

Die Arsenicum-Ängste sind für den Patienten äußerst quälend, und daraus erwächst die ungeheure **Ruhelosigkeit**, die für dieses Mittel so typisch ist. Es ist **keine im Körperlichen wurzelnde Ruhelosigkeit; es ist eine geistige Ruhe-**

losigkeit, der Versuch eines gequälten Menschen, seine tiefsitzende Angst zu beschwichtigen. Er geht von einem Platz zum anderen, von Stuhl zu Stuhl, von Bett zu Bett, von einem Menschen zum anderen, immer auf der Suche nach Sicherheit und Unterstützung.

Für den homöopathischen Arzt ist es interessant, wie unterschiedlich sich ein Arsenicum-Patient und ein *Phosphorus*-Patient ihm gegenüber verhalten. Während beide große Angst um ihre Gesundheit haben, bittet der *Phosphorus*-Typ den Arzt um Hilfe, der Arsenicum-Typ fordert sie hingegen von ihm. Der Homöopath spürt das Gewicht, mit dem der Patient förmlich an ihm klebt. Es gibt in unserer Materia medica keine Patienten, die derart **kleben und aus ihrer Angst heraus Hilfe fordern** wie Arsenicum und *Acidum nitricum* - wenn sie erst dieses Stadium erreicht haben.

Wichtig ist es, das besonders Charakteristische der Arsenicum-Angst um die Gesundheit zu erkennen, da es viele andere Arzneimittel gibt, die dieses Symptom auch besitzen. Das Repertorium listet die Mittel nacheinander auf, aber es kann nicht die speziellen, unterschiedlichen Eigenheiten beschreiben, die so wichtig zur Differenzierung der Arzneimittel untereinander sind. Wenn man nur weiß, daß ein Arzneimittel „Angst um die Gesundheit" hat, ohne aber zu wissen, wie es sich von anderen Arzneimitteln unterscheidet, wird man große Schwierigkeiten haben, das richtige Mittel zu finden. Die richtige Wahl gelingt nicht durch den einfachen Prozeß des Repertorisierens; sie erfordert eine genaue Kenntnis der Materia medica in all ihren Feinheiten und Schattierungen.

Die **Angst um die Gesundheit** bei Arsenicum album ist ganz tief im Innern **die Furcht zu sterben**. Der Gedanke an den eigenen Tod ist ungeheuer quälend für den Arsenicum-Patienten. Es ist nicht so sehr die Furcht vor den Folgen einer schwindenden Gesundheit, sondern die **Furcht vor dem endgültigen Zustand der Unsicherheit - nämlich dem Tod**. Aus diesem Grunde übertreibt der Arsenicum-Patient seine Symptome maßlos. Er kommt zu der Überzeugung, daß er Krebs hat, und läuft von Arzt zu Arzt, ständig auf der Suche nach jemandem, der seine Befürchtungen bestätigt. Selbst wenn alle Untersuchungen negativ sind, beruhigt er sich nicht. Seine quälende Angst und Ruhelosigkeit treiben ihn weiter, von Arzt zu Arzt.

Er **fürchtet, Krebs zu haben**, da das der Inbegriff der tödlichen Krankheit unserer Tage ist. Es ist jedoch nicht so sehr die Möglichkeit, Krebs zu haben, sondern die Vorstellung des dadurch zu erwartenden Todes, die ihm solche Qualen bereitet. Er fürchtet nicht, irgendwann einmal in ferner Zukunft an Krebs zu erkranken, er fürchtet, ihn jetzt zu haben.

Auch andere Arzneimittel haben starke Angst um die Gesundheit, aber auf andere Art und Weise.
Calcium carbonicum hat viel Angst um die Gesundheit, aber mehr die Angst vor einer Infektionskrankheit oder speziell davor, verrückt zu werden. *Calcium carbonicum* fürchtet den Wahnsinn oder die Infektionskrankheit an sich, nicht so sehr die Möglichkeit des Todes. *Calcium carbonicum* kann dem Tod unter Umständen mit ziemlichem Gleichmut entgegensehen, *Calcium carbonicum* wird eher von der Verzweiflung gepackt, unheilbar krank zu sein und nicht mehr gesund zu werden.

Kalium carbonicum hat Angst, in der Zukunft zu erkranken, während Arsenicum fürchtet, jetzt im Augenblick Krebs zu haben.

Kalium arsenicosum hat spezielle Angst vor Herzkrankheit, aber fürchtet den Tod nicht so sehr wie Arsenicum. Der *Kalium-arsenicosum*-Patient sagt: „Wenn ich sterben muß, gut, dann ist es eben so." Wenn man aber sein Herz erwähnt, kommt offensichtlich Angst in ihm auf.

Phosphorus empfindet Angst um seine Gesundheit, aber in erster Linie, wenn er daran erinnert wird. Viele *Phosphorus*-Ängste drehen sich um die Gesundheit, sei es um die eigene oder um die von Verwandten, aber die Ängste sind nicht so hartnäckig. Der *Phosphorus* Patient ist beeinflußbarer. Er hört von jemandem, der an einem blutenden Magenulcus gestorben ist, und schon bildet er sich ein, er habe ein blutendes Ulcus. Er behält seine Angst nicht für sich, im Gegenteil, er schnappt sich den Nächstbesten, um seiner Sorge lebhaft Ausdruck zu verleihen. Er rennt auch sofort zum Doktor, der ihm versichert, er habe kein Ulcus; die Angst verschwindet dann so schnell, wie sie gekommen ist - um jedoch bei dem geringsten Anlaß wieder aufzuflammen. Er verläßt die ärztliche Praxis sehr erleichtert und sagt sich: „Was war ich doch verrückt."
Im Gegensatz dazu sind Arsenicum, *Kalium arsenicosum* und *Acidum nitricum* nicht so leicht zu beruhigen. Ihre Ängste kann man ihnen nicht ausreden.

Acidum nitricum Der *Acidum-nitricum*-Patient - anders als *Phosphorus* - hat immer Angst um seine Gesundheit - Angst vor jeder möglichen Krankheit, nicht nur vor Krebs, Infektionskrankheiten, Geisteskrankheit oder Herzerkrankungen. Er liest vielleicht in einer Zeitung etwas über Multiple Sklerose, und schon sagt er sich: „Oh! Oh! Genau das ist es, das muß meine Krankheit sein." Anstatt dann aber seine Angst irgendwie nach außen deutlich zu machen, trägt er sie mit sich herum. Vielleicht konsultiert er heimlich einen Arzt, aber die Beteuerungen des Arztes stoßen auf taube Ohren. Er ist überzeugt von seiner Krankheit und kann in keiner Weise davon abgebracht werden. Später liest er vielleicht einen anderen Artikel, und das Ganze wiederholt sich. Die *Acidum-nitricum*-Angst um die Gesundheit ist nicht so sehr eine Angst vor dem Tode, wie wir sie von Arsenicum kennen, sie ist vielmehr eine Furcht vor dem Siechtum mit all seinen Konsequenzen: Kosten, Abhängigkeit von anderen, Unbeweglichkeit und so weiter.

Auch *Lycopodium* hat ausgeprägte Angst um die Gesundheit. Die *Lycopodium*-Angst kann sich auf jede Art von Krankheit beziehen, wie bei *Acidum nitricum*; aber sie entspringt einer zugrundeliegenden Feigheit. Der Patient empfindet nicht Furcht vor dem Tode, sondern vor den Schmerzen und Qualen einer Krankheit. Er hat Angst, mit einer ernsthaften Krankheit nicht fertig zu werden. Er fürchtet, sie nicht durchzustehen und sich dadurch bloßzustellen.

Es zeigt sich also, daß die unauffällige Rubrik: „Angst um die Gesundheit" in Wirklichkeit voller verschiedener Schattierungen und Differentialdiagnosen steckt, die für die Wahl des richtigen Mittels entscheidend sind. Das trifft für jede einzelne Rubrik im Repertorium zu.

Das gleiche sehen wir in einer anderen, für Arsenicum typischen Angst-Rubrik: „**Angst um andere.**" Wie sich schon aus dem bereits Erwähnten schließen läßt, ist Arsenicum dabei nicht eigentlich um die anderen besorgt, sondern wird von der Furcht beherrscht, einen ihm nahestehenden Menschen zu verlieren. Wiederum geht es ihm bei seiner Angst nur um sich selbst. Folglich wird er sich über einen Fremden wenig Sorgen machen. Seine Angst ist die, **jemanden zu verlieren, den er braucht**.

Phosphor ist im Gegensatz dazu so mitfühlend und beeinflußbar, daß er sich selbst in der Sorge um einen anderen - egal, ob Freund oder Fremder - vollkommen vergessen kann.
Wenn ein Arsenicum-Mensch einen neuen Mitarbeiter in der Firma begrüßen müßte, würde er sich zwar mit ihm unterhalten, aber nur über die Belange der Firma. Sollte der Neue erwähnen, daß er zum Beispiel noch kein Hotelzimmer gefunden habe, würde er höflich sein Bedauern darüber zum Ausdruck bringen und vielleicht ein paar Vorschläge machen, aber seine Grundhaltung wäre folgende: „Gut, Sie haben Ihre Probleme, aber was ist mit den Problemen, die ich habe?"
Demgegenüber würde sich ein *Phosphor*-Patient sofort aufregen und sagen: „Oh, Sie haben kein Hotel? Schlimm, da müssen wir aber sofort etwas unternehmen. Jetzt gehen wir gleich zur Direktion und werden ein paar Hotels anrufen."

Sulfur hat ebenfalls Angst um andere. Hier ist es die lebhafte Vorstellungskraft, die zur Angst führt. Ein *Sulfur*-Vater zum Beispiel kann nicht schlafen, weil er sich Sorgen um seine Tochter macht, die zwei Stunden zu spät von einer Verabredung kommt. Es ist nicht die Arsenicum-Angst, seine Tochter zu verlieren, oder die mitfühlende Angst von *Phosphor*. Der *Sulfur*-Typ liegt wach und denkt sich unendlich viele Möglichkeiten aus, was alles passiert sein könnte. In seiner Einbildung übertreibt er das ganze Vorkommnis maßlos, bis kein Bezug mehr zur Realität besteht.

Doch lassen Sie uns zu den verschiedenen Stadien bei Arsenicum zurückkehren.
Im ersten Stadium treten die körperlichen Symptome, die Übergenauigkeit und die Knausrigkeit auf.
Danach sehen wir ein zunehmendes Hervortreten der Unsicherheiten, der Abhängigkeit, der Angst um die Gesundheit, der Angst, andere zu verlieren, der Furcht, allein zu sein, und der Furcht vor dem Tode. Die Furcht vor dem Tode entwickelt sich allmählich zu einer qualvollen Furcht, der Patient ist wie besessen von ihr, und alles in seinem Leben dreht sich um diese Furcht.

Bei weiterem Fortschreiten der Krankheit treten **paranoide, illusionäre Stadien** auf. **Mißtrauen** bestimmt jetzt das Bild. Wenn einmal das paranoide Stadium erreicht ist, sehen wir oft, daß die Übergenauigkeit verschwindet. Schließlich machen Angst und Furcht einer tiefen **Depression** Platz. Verzweiflung um die Genesung, Verlust des Lebensinteresses, Selbstmordgedanken, Mißtrauen gegenüber anderen und die Furcht, Menschen, von denen er abhängig ist, zu töten, sind nun vorherrschend.
In diesem Stadium kann es sogar so weit kommen, daß der Patient das Gespräch mit anderen meidet. Er wird in sich gekehrt und starrsinnig.

In diesem Stadium der Geisteskrankheit wird man die meisten Schwierigkeiten haben, an Arsenicum zu denken, wenn man nicht die verschiedenen Stadien kennt. Viele der üblichen Arsenicum-Symptome können fehlen - Angst, Verlangen nach Gesellschaft, Furcht vor dem Tode, Ruhelosigkeit, Übergenauigkeit. In diesem Stadium kann es schwierig sein, Arsenicum von *Nux vomica* oder anderen Arzneimitteln zu differenzieren. Aber wenn die Anamnese sorgfältig erhoben worden ist, kommt der ganze dynamische Prozeß klar zum Vorschein.

Die hier beschriebenen Stadien illustrieren deutlich das stetige Voranschreiten der Krankheit in immer tiefere Schichten des Organismus. Sie nimmt auf der körperlichen Ebene ihren Anfang, geht über in das Stadium der Angst und Unsicherheit, dann zu Furcht vor dem Tode und schließlich zu Verzweiflung, schwindender Lebenslust, Neigung zu Selbstmord bis hin zum Wahnsinn, wobei schließlich die geistige Ebenen erreicht ist. Durch eine korrekte Verschreibung von Arsenicum können wir in einem solchen Fall folglich erwarten, daß die Symptome in der umgekehrten Reihenfolge wieder auftreten. Der Homöopath mit einem wahren Wissen um Gesundheit und Krankheit wird es als einen Fortschritt in Richtung Genesung erkennen, wenn sich Paranoia und Wahnideen verflüchtigen, dafür aber Furcht und Angst zurückkehren.

AURUM METALLICUM

Die Grundidee von Aurum ist **DEPRESSION** und **ABSCHEU VOR DEM LEBEN**. Letztendlich wollen diese Menschen nicht leben. Diese Einstellung findet sich praktisch in jedem Aurum-Fall, ob der Patient es nun offen zugibt oder nicht.

Aurum-Patienten sind **verschlossene Menschen**. Ihnen fällt es nicht leicht, ihre innersten Gefühle offen darzulegen. Am Ende sind sie vielleicht in der Lage, ihre Empfindungen als „Depression" zu bezeichnen, aber es ist ihnen unmöglich, ihren Zustand näher zu beschreiben. Es gibt viele Stadien im Verlauf einer Aurum-Pathologie, aber der Mensch bleibt in seiner Beziehung zur Umwelt stets verschlossen.

Aurum-Menschen fühlen sich ziemlich abseits von der Welt. Sie bleiben lieber allein; sie haben keine engen Freunde, an die sie sich wenden können, wenn sie deprimiert oder in Schwierigkeiten sind.
Normalerweise sind sie sehr **aufrecht und korrekt** im Umgang mit anderen - wie *Kalium carbonicum*. Sie sind gerecht, ehrlich, fair und verantwortungsbewußt. Niemals würden sie willentlich jemandem Unrecht zufügen. Sie **arbeiten hart, sind intelligent und erfolgreich**. Oft erreichen sie hohe, angesehene gesellschaftliche Stellungen.

Dennoch fühlen sich diese Menschen schon in frühen Stadien der Erkrankung niedergeschlagen, ganz allgemein unzufrieden mit dem Leben, unzufrieden besonders aber im Bezug auf soziale und zwischenmenschliche Beziehungen. Verschlossen wie sie sind, bringen sie ihre Gefühle nicht leicht zum Ausdruck. Sie scheinen emotional schwach zu sein. Ihre Gefühle sind wahrscheinlich nicht stark genug, um deutlich zum Vorschein zu kommen. Aurum-Menschen sind zwar in der Lage, Zuneigung von anderen anzunehmen, jedoch nicht, sie auch ihrerseits zu erwidern.

Aurum-Patienten sind charakteristischerweise **empfindlich gegenüber jeglicher Kritik**. Ernst im Charakter, nehmen sie sich jede Bemerkung, die über sie gemacht wird, zu Herzen - ähnlich wie *Natrium muriaticum*. Sie sind zu ernsthaft, um schroffe Bemerkungen eines anderen zu entschuldigen - sie berücksichtigen gar nicht die Möglichkeit, daß der andere in schlechter Stimmung sein könnte, unter zuviel Streß stehen oder sich nicht wohl fühlen könnte.
So wie sie die Welt sehen, gibt es nichts Oberflächliches. Durch ihren eigenen Gerechtigkeitssinn verstehen sie vielleicht den Standpunkt des anderen sehr gut, aber trotzdem „nehmen sie es sich zu Herzen" (eine beliebte Redensart von Aurum). Sie

akzeptieren des anderen Recht, einen abweichenden Standpunkt zu vertreten, aber danach beschließen sie, daß es keine Möglichkeit mehr gibt, die Beziehung aufrechtzuerhalten.

Durch diesen Prozeß kommen Aurum-Patienten schließlich so weit, daß sie keinerlei Vergnügen mehr an sozialen Kontakten und emotionalen Beziehungen empfinden. Sie werden freudlos, nichts kann sie mehr motivieren oder aufregen.

Für gewöhnlich meinen Aurum-Patienten, anderen eine ganze Menge von sich selbst gegeben zu haben. Das trifft aber nicht für den Gefühlsbereich zu. Oft sind sie recht wohlhabend - Finanzmakler, Bankleute et cetera - und haben ihren Reichtum generös an andere verteilt. Aber als Dank sind sie verletzt worden. Konsequenterweise staut sich in ihnen Verdruß an und baut sich als innerer Druck auf. Da sie aber logische Menschen mit gesundem Verstand sind, versuchen sie, ihre negativen Gefühle zu unterdrücken. Eine Zeitlang mögen sie mit dieser Unterdrückung Erfolg haben, aber dann breitet sich auf der emotionalen Ebene eine gewisse Instabilität aus, Stimmungsschwankungen, Unbeständigkeit und so weiter.

In diesem Stadium fühlen sich die Aurum-Patienten **abends besser**. Tagüber sind sie unzufrieden, unsicher, reizbar; es fehlt ihnen an Selbstachtung, sie glauben, ihre Aufgaben nicht gut zu erfüllen et cetera. Am Abend jedoch gewinnen sie ihr Selbstwertgefühl wieder zurück, der emotionale Druck weicht. Selbst der Verstand funktioniert wieder besser, wenn die Sonne erst einmal untergegangen ist. In dieser Beziehung ist Aurum mit *Sepia* und *Medorrhinum* zu vergleichen. Trotz dieses Charakteristikums können die Depressionen auch abends schlimmer werden.

Wenn ihre Versuche, die negativen Gefühle zu unterdrücken, fehlschlagen, brechen die Patienten in ungeheure **Wut und Reizbarkeit** aus. Sie können anderen vernichtende Dinge ins Gesicht sagen. In diesem Stadium wirken Aurum-Patienten grausam und vollkommen gefühllos, besonders in ihrer Art zu sprechen. Sie fluchen nicht, dazu sind sie zu korrekt, aber sie sagen ihren Mitmenschen sehr harte und heftige Dinge.

In dem Versuch, den vergiftenden Prozeß, der sich auf der emotionalen Ebene ausbreitet, unter Kontrolle zu bringen, wenden sich die Aurum-Patienten mehr und mehr geistigen Aktivitäten zu. Sie sind sehr fleißig und arbeiten so hart, daß es schon pathologisch ist. **Arbeit wird zum Ausweg**, um die Unannehmlichkeiten eines Gefühlslebens, das immer isolierter, unterernährter und ärmer geworden ist, zu umgehen.

Schließlich **glauben** sie sogar, **sie hätten in ihrem Leben vollkommen versagt** und den anderen nur vorgemacht, fähige und wertvolle Persönlichkeiten zu sein. Sie glauben, ihren Status, ihren Wohlstand und die Verantwortung nicht zu verdienen. In ihnen kommt das Gefühl auf, kein Anrecht auf das Leben zu haben und wahrhaft unfähig zu sein, ihre Aufgaben und Beziehungen fortzuführen. Sie geben sich für alles selbst die Schuld. In diesem Stadium entwickeln die Aurum-Patienten diese außerordentliche Empfindlichkeit gegenüber selbst zufälligen Bemerkungen anderer. Es kann passieren, daß sie sich **aus den trivialsten Gründen aus dem Fenster stürzen, und jeder ist überrascht**. Nach außen hin schien es gar keine großen Probleme zu geben, alles schien ziemlich reibungslos zu funktionieren. Aber niemand realisierte, wie tief das Leiden war, unter dem diese Menschen im Inneren litten.

Zum Schluß erweist sich auch noch die Arbeitsstrategie als Fehlschlag, und plötzlich werden sie überwältigt von **Depression**, Traurigkeit und Kummer. An diesem Punkt scheint **alles vollkommen hoffnungslos**. Alles wird dunkler und dunkler, bis auch nicht mehr ein einziger Lichtstrahl durchzudringen scheint. Diesen Patienten ist, als ob die Sonne vollkommen erloschen sei; es gibt keinen Grund, das Leben fortzuführen.

In diesem Stadium richtet sich die ganze Destruktivität, die vorher als Ärgerlichkeit, Reizbarkeit und Zorn nach außen gerichtet war, nach innen. Ihre Gedanken drehen sich permanent um **Selbstmord**. Sie fühlen nur Dunkelheit und Traurigkeit, das Leben hat in keiner Beziehung mehr Sinn. Sie erreichen die tiefsten Stadien der Depression, die ein menschliches Wesen überhaupt zu erreichen fähig ist.

In einer Zeitung war die Geschichte eines Mannes zu lesen, der seine Frau, seine beiden Kinder und sich selbst erschoß, weil er <u>dachte</u>, seine Arbeit zu verlieren. Das sieht sehr nach einem Aurum-Fall aus.

Es ist interessant, daß Aurum-Patienten dem Gold **(Geld) einen hohen Stellenwert beimessen**. Ihre materielle Position ist ihnen sehr wichtig. Das ist einer der Gründe, weshalb sie so fleißig sind. Sie machen Überstunden um Überstunden, zum einen, um ihre finanzielle Sicherheit zu gewährleisten, zum anderen aber auch, um das Gefühl zu vermindern, daß sie eigentlich ihre Position gar nicht verdienen.

Das klassische Bild des Aurum-Suicidgedankens war der **Impuls, von einem hohen Ort zu springen**. Wenn sie in ihrer ganzen Misere und Dunkelheit aus der Höhe hinuntersehen, überkommt sie der Gedanke: „Jetzt ein Sprung, und endlich die Erlösung." Sie sind wie von einer Wolke umhüllt, von einem süßen Gefühl, daß nach dem Sprung alles beendet sei.

Heutzutage ist wohl ein anderer Impuls an diese Stelle getreten. Besonders in einem Anfall von Wut und Hoffnungslosigkeit steigen sie ins **Auto** und treten das Gaspedal voll durch, in der Hoffnung, die Herrschaft über den Wagen zu verlieren. Oder aber der Impuls, das Auto gegen eine Mauer oder in den Straßengraben zu steuern.

Im diesem Aurum-Zustand sehen wir wirklich den lebenden Tod, eine völlige Zerstörung des Geistes und des Lebenswillens - Krankheit, die auf der emotionalen Ebene beginnt.

Es ist interessant, daß Aurum-Patienten - sehr korrekt und moralistisch in ihrem Charakter - auch eine andere Richtung in ihrer Krankheit einschlagen können: Sie entwickeln **übertriebene Frömmigkeit und Religiosität**. Sie werden nicht wirklich suicidal, sie beten ständig um ihr Seelenheil. Dieses **Beten** wird oft von Weinen begleitet, und das scheint sie zu erleichtern. Diese ungeheure Dunkelheit und Traurigkeit wird durch stundenlanges Beten und Weinen lichter.

Ich erinnere mich an einen Studienkollegen in Indien, der an einer schmerzhaften Hodenschwellung litt. Er war ein netter Mensch und schien auf der emotionalen Ebene nicht gestört zu sein. Verschiedene homöopathische Lehrer hatten ihn bereits mit Clematis, Rhododendron und anderen Medikamenten behandelt - ohne Erfolg. Die Schmerzen waren sehr stark, so daß er schließlich mich fragte. Am Ende der Anamnese sagte er: „Weißt du, ich bin Christ, und ich bin es gerne. Aber jede Nacht, bevor ich schlafen gehe, muß ich eine oder zwei Stunden beten. Ich kann einfach nicht anders." Nach gezieltem Nachfragen kam heraus, daß er eigentlich ziemlich deprimiert war, ohne jedoch an Selbstmord zu denken. Er bekam Aurum, für ein paar Stunden ging es ihm schlechter, und dann war er innerhalb von drei Tagen völlig in Ordnung.

Manchmal ist Aurum auch bei **Kindern** angezeigt, jedoch sind sie nicht depressiv. Sie sind eher überaus **verantwortungsbewußt und ernsthaft**. Ihre Stimmung ist wechselhaft, sie sind gereizt und haben Wutanfälle, sie beschweren sich und lamentieren.

Interessanterweise scheint eine Beziehung zwischen emotionaler Ebene und **Herzkrankheiten** zu bestehen. Wenn es einem Aurum-Patienten gelungen ist, seine emotionalen Probleme auf andere Art zu lösen - er wurde zum Beispiel ge-

schieden, aber er hat eine neue Liebe gefunden -, entwickelt er unter Umständen Herzprobleme.
Auch die Unterdrückung eines Rheumas kann zu Herzkrankheiten führen. Aurum ist ein wichtiges Medikament, wenn eine Krankheit leicht zu unterdrücken war und danach das Herz in Mitleidenschaft gezogen ist.

Aurum-Patienten entwickeln **Angst vor Herzkrankheiten**, sobald sie die geringste Herzbeschwerde bemerken. Jedwede Angst um die Gesundheit konzentriert sich bei Aurum auf das Herz. Das ist keine Angst vor dem Tod. Wenn man Aurum-Patienten fragt, ob sie den Tod fürchten, antworten sie normalerweise: „Ganz und gar nicht. Ich heiße den Tod willkommen. Das ist ja kein Leben, das sich zu leben lohnt." Und doch haben sie eine ausgeprägte Furcht vor Herzkrankheiten, was die emotionale Verwundbarkeit widerspiegelt.

Manchmal wird Aurum bei sehr schweren, **ekelhaft riechenden Rhinitiden** verschrieben. Der Geruch ist dermaßen abstoßend, daß ihn auch andere wahrnehmen können.

Das syphilitische Miasma ist bei Aurum offensichtlich. Aurum hat die **typischen, tiefen Knochenschmerzen** des syphilitischen Miasmas.

Aurum deckt auch alle **Schmerzen**, egal welchen Ursprungs, **die den Patienten zum Selbstmord treiben**. Die Schmerzen werden so heftig, daß der Tod die einzige Lösung zu sein scheint. Ich erinnere mich an einen Patienten mit einer furchtbaren Trigeminusneuralgie. Unglaubliche Schmerzen, die den Patienten zum Wahnsinn trieben; der Patient wollte sterben. Schnelle Erleichterung erfolgte durch Aurum XM.
Ich erinnere mich an einen anderen Fall einer schweren, schmerzhaften, schon über viele Jahre rezidivierenden Mastoiditis, die auch prompt durch Aurum geheilt wurde.

Aurum ist ein Arzneimittel, das bis in die tiefsten Regionen des menschlichen Organismus vordringt, und es ist manchmal erstaunlich, welche Veränderungen es vollbringt. Patienten mit tiefen Depressionen entwickeln wieder wahre Freude am Leben. Weil sie wissen, wie schrecklich die Dunkelheit um sie herum war, schätzen sie um so mehr das neu gefundene Licht, das nun in ihrem Inneren brennt.

BARIUM CARBONICUM

Barium carbonicum kann in allen Altersstufen verschrieben werden, aber am häufigsten ist es in der Kindheit indiziert. Die Hauptidee, wie Kent sie uns vermittelt hat, ist: **ZWERGENHAFTIGKEIT, WINZIGKEIT (DWARFISHNESS) und KINDLICHKEIT, KINDISCHES GEHABE (CHILDISHNESS)**. Die Zwergenhaftigkeit gilt nicht nur für den körperlichen, sondern auch für den emotionalen und geistigen Bereich.

In bezug auf die Zwergenhaftigkeit ist nicht gemeint, daß Barium carbonicum routinemäßig für kleine Menschen oder für wirkliche Zwerge verschrieben werden sollte. Bei Leuten mit schneller Auffassungsgabe und starker Vitalität ist es nicht angezeigt. Auf der körperlichen Ebene bezieht sich die Zwergenhaftigkeit speziell auf den Umstand, daß **bestimmte Organe nicht vollkommen entwickelt** sind, **insbesondere die Genitalien**. Hoden und Penis können sehr klein und schlaff sein, oder der Uterus hat bei der erwachsenen Frau immer noch seine kindliche Größe behalten. Verzögerte Entwicklung im allgemeinen ist sehr charakteristisch für Barium carbonicum.

Barium-carbonicum-Kinder sehen recht typisch aus. Sie sind nicht fett, aber ihr Bauch kann dick sein bei einem sonst eher marastischen Aussehen - wie *Calcium carbonicum*. Die Haut wirkt nicht so frisch wie bei den meisten anderen Kindern; sie erscheint älter, als würden sich erste Falten bilden. Die Drüsen sind oft geschwollen, und besonders die Tonsillen können sich zu einer solchen Größe entwickeln, daß sie den Appetit des Kindes beeinträchtigen. Wegen der adenoiden und tonsillaren Anschwellung atmen die Kinder oft durch den Mund, was ihren allgemein „dummen" Gesichtsausdruck verstärkt. Barium-carbonicum-Kinder haben einen sehr ernsten Gesichtsausdruck. Ihr Verstand hat etwas von einer unintelligenten Ernsthaftigkeit an sich. Es fehlt ihnen an geistiger Gewandtheit, so daß man den Eindruck hat, sie versuchen laufend zu verstehen, worum es eigentlich geht; als ob ihr Verstand völlig leer sei.

Diese Kinder sind sehr **scheu**. Während der Konsultation **versteckt sich** das Barium-carbonicum-Mädchen hinter dem Stuhl, klammert sich an seine Mutter und schaut den Arzt mit einem nicht allzu intelligenten, ernsten Blick an. Es läßt sich nicht überreden, doch näherzukommen. Wenn Sie auf das Kind zugehen und es bei der Hand nehmen, wehrt es sich nicht.

Andere Mittel, wie *Natrium muriaticum, Tarantula, Arnica* oder *Hepar sulfuris*, machen einen Aufstand, wenn Sie sich nähern. Sie wissen, wie sie sich fühlen, und wollen nicht zulassen, daß man sie anfaßt.
Das Barium-carbonicum-Kind läßt zu, daß man es sich holt.

Das Barium-carbonicum-Kind ist **fügsam**. Es starrt Sie vielleicht an und denkt: „Was will dieser Mann von mir?", aber es hat keinen eigenen Willen. Es versucht zu tun, was man von ihm will.
Die **Schüchternheit** entspringt einem Mangel an Verständnis und dem Instinkt, in vertrauter Umgebung zu bleiben, bei vertrauten Menschen, die es beschützen. Es sollte betont werden, daß diese Zaghaftigkeit bis zum achten oder zehnten Lebensjahr bestehen bleiben kann. Für Kinder von drei oder vier Jahren ist es normal, wenn sie schüchtern sind, aber bei Barium carbonicum hält dieser Zustand viel länger an, und das typisch kindliche Gehabe ändert sich lange Zeit nicht.
Deshalb steht Barium carbonicum im Repertorium in der Rubrik „**Furcht vor Fremden**" und „**Abneigung gegen Gesellschaft**".

Barium-carbonicum-Kinder **lernen langsam, lernen spät gehen und besonders sprechen**. Möglicherweise können sie vor dem dritten oder vierten Lebensjahr nicht sprechen. Man stellt sie auf ihre Füße und versucht, ihnen das Gehen beizubringen, aber sie scheinen nicht zu verstehen, daß sie einen Fuß vor den anderen setzen sollen. In einer normalen Schule bleiben die Kinder sehr schnell zurück, und häufig ist es so, daß sie alle drei Jahre eine Klasse wiederholen müssen, bis man ihnen Barium carbonicum gibt.

Im Griechischen gibt es das Wort „micronous", das heißt „klein-geistig" oder **„einfach strukturiert" (simple-minded)**. Dieser Ausdruck ist eine exakte Beschreibung des Barium-carbonicum-Intellektes. Komplexe Zusammenhänge begreift der Barium-Carbonicer einfach nicht - Probleme, die mehr als vier oder fünf Faktoren implizieren, übersteigen seinen Horizont. Barium-carbonicum-Patienten neigen zu einer eher mechanischen Denkweise. Vorgeformte Schemata und Routine sind für sie am besten.

Ein Vater bittet zum Beispiel seinen Barium-carbonicum-Sohn, einen Abschnitt aus dem Geschichtsbuch für den nächsten Schultag vorzubereiten. Der Sohn setzt sich auch bereitwillig hin und beschäftigt sich mit dem Text, bis er ihn am Ende auswendig kann. Die Bedeutung hat er jedoch nicht verstanden. Am nächsten Tag bittet ihn der Lehrer, den Abschnitt wiederzugeben, aber er kann einfach nicht antworten. Zum Teil überkommt ihn seine Schüchternheit, aber in erster Linie hat er das Gelernte vollkommen vergessen. Der Barium-carbonicum-Verstand ist leer; Barium carbonicum versteht schwer und behält schwer.

Die Kinder erkennen, daß sie tatsächlich nicht alles, was um sie herum passiert, verstehen. Deshalb **bleiben sie lieber für sich, in der vertrauten und sicheren Umgebung**. Sie spielen nicht mit anderen Kindern, sie wollen keine neuen Freunde. Deshalb haben sie auch **Angst um andere**; sie fürchten, ihre Beschützer, ihre Familienangehörigen zu verlieren.

Man denkt natürlich bei mongoloiden Kindern an Barium carbonicum. Man muß jedoch sorgfältig zwischen echten Defekten und pathologischen Erscheinungen unterscheiden. Bei mongoloiden Kindern besteht ein spezieller, angeborener Defekt; von Geburt an steht ihnen nur ein gewisser Grad an Intelligenz zur Verfügung. Die Intelligenz fehlt von Anfang an und kann nicht auf das normale Niveau gehoben werden.
Mongoloide Kinder haben jedoch oft mit anderen Problemen zu kämpfen - ihrer Erkältlichkeit und so weiter -, und in dieser Hinsicht kann ihnen durch verschiedene Mittel wie *Calcium carbonicum*, *Tuberculinum*, *Pulsatilla* und andere geholfen werden.

Diese Beschreibung von Barium carbonicum hat auch noch im Erwachsenenalter Gültigkeit, aber normalerweise haben diese Menschen dann gelernt, ihren Mangel an Intelligenz zu kompensieren. In Gesellschaft bleiben sie schweigsam und lassen die anderen reden. Im allgemeinen meiden sie die Gesellschaft und bleiben innerhalb ihrer Familie.

Im Erwachsenenalter wird das **kindische Benehmen** am stärksten deutlich. Sie sagen Dinge, die überhaupt nicht zum diskutierten Thema gehören - machen törichte, lächerliche Bemerkungen. Zum Beispiel unterhalten sich einige Leute über Musik, und jemand bemerkt, daß Elvis Presley ein großer Künstler sei. Dann sagt der Barium-carbonicum-Patient: „Ja, er ist gut, aber er ist doch nicht mit Maria Callas zu vergleichen." Das ist eine der typischen, törichten, aus dem Zusammenhang fallenden Bemerkungen eines Barium-carbonicum-Patienten. Barium-Carbonicer durchschauen offensichtlich vieles nicht, ihrem Verstand gelingen nur einfachste Verknüpfungen, die anderen kindisch und lächerlich vorkommen.

Ein anderes Beispiel: Barium-carbonicum-Patienten können ihre täglichen Routinearbeiten recht gut ausführen, aber sie werden mit außergewöhnlichen Schwierigkeiten nicht fertig. Angenommen, ein Mann teilt seiner Frau mit, er habe zehn Personen zum Essen eingeladen. Für sich und ihren Mann ist sie eine perfekte Köchin, aber für zehn Personen? Alles kommt ihr sehr kompliziert vor: Welches Geschirr soll sie benutzen? Wie soll sie die Zeit einteilen, damit alles gleichzeitig fertig ist? Sie weiß nicht, wo anfangen und wo aufhören. Aber anstatt diese Probleme geradeheraus anzusprechen, sagt sie ihrem Mann: „Ich habe nicht die richtigen Schuhe zum Anziehen."

Diese Unfähigkeit, mit schwierigeren Problemen umzugehen, führt zu der **Unentschlossenheit**, die so typisch für Barium carbonicum ist.
Angenommen, ein Ehepaar sucht nach einem neuen Haus und besichtigt ein Angebot. Das Haus hat gerade die richtige Größe, steht in einer schönen Umgebung, und der Preis beträgt nur ein Viertel des üblichen Marktpreises. Der Mann fragt: „Was meinst du?" Die Frau merkt, daß der Augenblick der Entscheidung gekommen ist. Sie haben ihr Geld dafür gespart, aber jetzt erschreckt sie das Ausmaß der Entscheidung. So sagt sie: „Ja, aber der Berg dort drüben ist so hoch. Er kann uns die Luft abschneiden. Und außerdem liegt Schmutz auf der Veranda." Sie kann den Dingen nicht ihren richtigen Stellenwert zuweisen und kommt deshalb auch zu keiner Entscheidung. Es ist, als wolle man von einem Kind die Entscheidung, ob das Haus zu kaufen sei oder nicht. Wann immer Unentschlossenheit als das stärkste Symptom auf der geistigen Ebene auffällt, sollte man an Barium carbonicum denken.

Weil der Verstand bei den Barium-carbonicum-Patienten so schwach ausgeprägt ist, tragen sie nicht an der Bürde einer übermäßigen Intellektualisierung. Oft besitzen sie auf intuitive Weise eine recht scharfe Auffassungsgabe. Wenn sie jemanden treffen, spüren sie sofort **intuitiv**, ob dieser Mensch gut oder schlecht ist, und sie behalten oft recht. Obwohl ihr Urteil ziemlich komplex sein kann, sind sie nicht wirklich fähig, feine Eindrücke scharfsinnig zu erfassen.

Barium carbonicum ist häufig bei **alten arteriosklerotischen Patienten** angezeigt, deren geistiger Zustand sich in spezifischer Weise verschlechtert hat. Diese alten Patienten spielen mit Puppen, binden sich Schleifchen ins Haar - zeigen **kindisches Benehmen**. In solchen Fällen kann Barium carbonicum ihnen für zwei oder drei Jahre zu ihrem normalen Zustand verhelfen, bis der unvermeidbare Niedergang sie einholt.

Barium carbonicum und *Barium muriaticum* sind oft bei der **Mononucleose** indiziert, wenn die **Drüsen geschwollen und sehr hart sind.**

Barium-carbonicum-Patienten sind generell sehr **kälteempfindlich**. Oft haben sie **Abneigung gegen Süßes**. Barium carbonicum gehört zu den drei Arzneimitteln, die **Abneigung gegen Obst** haben (*Ignatia, Phosphorus*); insbesondere besteht hier **Abneigung gegen Pflaumen**.

Ein besonderes Symptom, das stark auf Barium carbonicum hinweist, ist das **Gefühl, Rauch einzuatmen**, obwohl die Luft rein ist.

Weitere wichtige Punkte, einer späteren Cassette über Barium carbonicum entnommen:
- MANGEL AN SELBSTVERTRAUEN
- Vorzeitiges Altern, altes Aussehen
- Entwicklungsstop, Reifungsstörungen, Unreife
- Späte Pubertät
- Nägelbeißen (eines der Hauptmittel)
- Engstirnig (moralisch, Angst vor der Meinung der anderen)
- Angst, daß andere über sie lachen.
- Ein Kind ist eifersüchtig, wenn ein neues Geschwisterchen kommt. Das führt zum Beispiel zu Enuresis, Haarausfall, Nägelbeißen, Energieverlust.
- Barium carbonicum kann sich nicht wehren - nimmt alles auf seine Kappe, sucht Fehler bei sich selbst, entschuldigt sich laufend.
- Unreife erste Kontakte mit dem anderen Geschlecht; faßt schnell Zuneigung, läßt sich später schlecht behandeln und wehrt sich nicht; leicht unterdrückbar (vgl. *Staphisagria*).
- Unzufriedenheit mit ihrem Äußeren, sind sehr besorgt um ihr Äußeres.
- Angst um die Gesundheit, Furcht vor Krebs (besonders vor Drüsenkrebs)

Körperlich
- Haarausfall, besonders bei jungen Leuten (sehr wahrscheinlich Barium carbonicum)
- Photophobie
- Ekzem am Kopf, Ekzem hinter den Ohren
- Vorzeitiges Altern
- Entweder keine Falten (der wenig ausgeprägte Verstand läßt die Sorgen nicht so tief eindringen) oder sehr altes Aussehen möglich.
- Spinnwebgefühl im Gesicht
- Zahnausfall
- Speichelfluß im Schlaf
- Zustand nach Apoplex (Arteriosklerose, Aneurysma)
- Prostatavergrößerung
- Sexuelles Verlangen vermindert

- Späte Entwicklung (*Calcium carbonicum, Sepia, Natrium muriaticum*)
- Frühe Katarakt
- Früher Verlust des Gehörs

BISMUTHUM

Bismuthum ist ein ganz besonderes Medikament, das man in speziellen Situationen braucht und das dann durch kein anderes Mittel ersetzt werden kann. In seinen charakteristischen Symptomen ist es **ähnlich zu Phosphorus** und leicht damit zu **verwechseln**.
Bismuthum ist in bestimmten Fällen mit sehr **heftigen Magenschmerzen** indiziert. Der Patient klagt über **sehr schlimme krampfartige Schmerzen**, als ob etwas seinen Magen packen würde. Die Schmerzen sind so schwer, daß der Patient sich in anhaltendem Aufruhr befindet und sich windet. Arme, Beine, der ganze Körper - alles ist in Bewegung. Die Schmerzen sind so stark, daß der Patient große Furcht empfindet. Er fragt laufend: „Werde ich wieder gesund? Wird es mir wieder besser gehen? - Halten Sie mich fest! Lassen Sie mich nicht allein!"
Weil die Schmerzen so heftig sind, brauchen die Patienten immer jemanden, der bei ihnen ist - und sei es nur, um ihre Hand zu halten. Diese **Furcht vor dem Alleinsein während der Schmerzen** ist sehr typisch für Bismuthum.

Ein anderes *Phosphorus*-Schlüsselsymptom bei diesen Patienten ist der **große Durst, besonders auf kaltes Wasser und große Mengen**. Wenn sie das **Wasser** getrunken haben, stecken sie eventuell den Finger in den Hals, um es sofort wieder zu **erbrechen**. Führen sie das Erbrechen nicht künstlich herbei, **müssen sie sich übergeben, sobald das Wasser im Magen warm geworden ist**. Gerade dieses Symptom läßt Sie an *Phosphorus* denken, besonders wenn es von dieser ungeheuren **Angst um die Gesundheit** begleitet ist, von dem Bedürfnis nach Rückversicherung und der großen Furcht, während der Schmerzen allein gelassen zu werden.

Ein weiteres hervorstechendes Charakteristikum ist die **Besserung der Schmerzen durch Reiben und Massieren des Rückens**. Massage der Solarplexus-Region selbst wird nicht ertragen, aber Reiben der gegenüberliegenden Seite, dem Rücken, bessert. Dies kann nicht nur die Schmerzen lindern, sondern auch die ungeheure Angst und die Unruhe.

Der Schmerz selbst konzentriert sich im Solarplexus-Gebiet. Zuerst können die Beschwerden wie Sodbrennen beginnen, aber bald entwickeln sich **schwere, krampfartige Magenschmerzen**, als ob innen etwas zerbrechen würde. Die Schmerzen werden so unerträglich, daß man den Patienten am liebsten in die Klinik einweisen würde,

Die **Bismuthum-Schmerzen** quälen den Patienten **tagelang ohne Unterbrechung**, aber die **Schmerzanfälle an sich treten in etwa periodisch auf** - zum Beispiel alle vierzehn, dreißig oder fünfundvierzig Tage. Der Anfall ist unverwechselbar gekennzeichnet durch die Heftigkeit, die charakteristische Angst in Verbindung mit dem großen Durst auf kalte Getränke, die erbrochen werden.

Natürlich wird während der Schmerzattacke keinerlei Essen vertragen. Ungewöhnlich ist jedoch, daß die **Patienten, haben die Schmerzen erst einmal nachgelassen, wirklich alles essen und verdauen können** - und wären es Steine.

Während der Schmerzattacke können sich Körper und Kopf wie im Fieber anfühlen. Die **Extremitäten können kalt werden, aber Rumpf und Kopf fühlen sich weiterhin warm an**, selbst wenn der Patient kein Fieber hat.

Bismuthum ist ein wunderbares Medikament, an das man sich in dieser speziellen Situation erinnern muß: Sie werden zu dem Patienten nach Hause gerufen, alle sind in Panik, weil das Krankheitsbild so dramatisch verläuft. Die üblichen Spasmolytika haben keinen Einfluß auf diese Art Schmerzen, und ein allopathischer Arzt müßte entweder zu Opiaten greifen oder eine chirurgische Intervention veranlassen. Die Symptome selbst lassen Sie unweigerlich an *Phosphorus* denken - aber *Phosphorus* würde in einem solchen Fall nichts ausrichten. Die Krankheit ist zu heftig, zu gewaltsam, zu extrem.

Allgemein sollte man Bismuthum auch bei weniger heftigen Gastralgien erwägen, wenn es sich vom Typ her um einen *Phosphorus*-Patienten zu handeln scheint, aber *Phosphorus* keinerlei Besserung gebracht hat. Hat man *Phosphorus* gegeben und lange genug ohne Erfolg auf eine Reaktion gewartet, sollte Bismuthum als weitere Möglichkeit in Betracht gezogen werden, besonders wenn in der Anamnese eine gewisse Periodizität der Schmerzanfälle auffällig ist.

BRYONIA

Zwei Charakterzüge sind für Bryonia typisch: **WILL ALLEIN GELASSEN WERDEN** und **INNERE UNSICHERHEIT**.
Bryonia wird heutzutage häufig verschrieben; ich glaube, wegen der sozio-ökonomischen Situation, in der wir leben. Warum? Der Bryonia-Patient verbirgt eine Menge **Reizbarkeit** und Ärger in seinem Inneren. Dem liegt ein starkes Gefühl der **Unsicherheit** zugrunde. Dieser Mensch macht sich **große Sorgen um seine Zukunft und ganz besonders um seine finanzielle Situation**.

Bryonia-Patienten ziehen sich in sich selbst zurück, sie **isolieren sich** absichtlich aus ihrem sozialen Umfeld. Im Hintergrund steht immer ein **tiefes Gefühl der Unsicherheit, der Verletzbarkeit und der Schwäche**. Deshalb suchen sie die Isolation. Sie wollen nicht belästigt werden und sind zufrieden, allein zu leben.

Bryonia-Patienten reagieren empfindlich gegen jegliche Art von Einmischung. Sie sind schnell gereizt, zornig und ärgerlich. Innerlich fühlen sie sich unglücklich und verzagt. Besonders während akuter Krankheiten sind sie mutlos und fühlen sich als geistig stumpf, wollen es aber nach außen nicht zeigen. Sie **wollen nur allein gelassen werden**.

Das bekannteste Schlüsselsymptom ist natürlich **VERSCHLIMMERUNG DURCH JEGLICHE BEWEGUNG**. Das trifft für alle drei Ebenen zu.
Der Geist ist träge, er kann keine Anstrengung mehr unternehmen, nicht einmal die einfachste Unterhaltung. In akuten Zuständen ist diese Trägheit (dullness) des Geistes ein hervorstechendes, charakteristisches Symptom.
Auf der emotionalen Ebene wird jede Störung - selbst Trost oder ein wohlgemeinter Versuch zu helfen - sofort gereizt und verärgert erwidert.
Natürlich leidet der Körper unter jeder Bewegung. Der Bryonia-Patient will absolut ruhig in einem dunklen Raum liegen, man soll ihn vollkommen allein lassen. Selbst das Anschalten des Lichtes im Raum ruft schon eine Reaktion hervor, weil die leichte Bewegung der Iris verschlimmert; der Bryonia-Patient kann selbst das nicht aushalten.

Ein Bryonia-Patient mit Grippe zieht sich zurück, löscht das Licht und legt sich ins Bett, ohne sich auch nur ein bißchen zu bewegen. Wenn seine Frau vorsichtig ins Zimmer kommt und fragt, ob er nicht eine Tasse warmen Tee wünsche, reizt ihn das schon, so gut es gemeint ist. Automatisch und mit Nachdruck antwortet er: „Nein." Bringt sie ihm den Tee trotzdem, wird er wahrscheinlich trinken und sich danach besser fühlen, da Bryonia sehr durstig ist. Trotz des Durstes sagt er normalerweise zuerst einmal „nein", da er nicht belästigt werden will.

Die **Reizbarkeit** der Bryonia-Patienten stellt sich so dar, daß man glauben könnte, sie machten die anderen für ihr Leiden verantwortlich. Sie sind auf eine Art und Weise aggressiv, die die anderen veranlaßt, sich unwohl und beklemmt zu fühlen.

Trotz der nach außen gerichteten Aggressivität fühlen sich Bryonia-Patienten im Innern unsicher - besonders was ihr finanzielles Wohl angeht.
Wenn sie krank sind, **wollen** sie als erstes **nach Hause**. Dort fühlen sie sich sicher vor Streß und Anforderung.
Im Delirium reden sie meistens vom Geschäft, weil sie **Angst um ihre finanzielle Sicherheit** haben. Bryonia ist das hervorstechendste Mittel in der Rubrik „**Furcht vor Armut**".

Bryonia-Patienten sind ziemlich **materialistisch** eingestellt (jedoch nicht so stark wie *Arsenicum*). Sie rechnen genau aus, was von Vorteil für sie ist, und bekommen es dann auch. Selbst idealistische Bryonia-Menschen haben ein tiefgehendes Gefühl der Unsicherheit, was ihre finanzielle Perspektive angeht. In Wirklichkeit stehen sie finanziell vielleicht sogar sehr sicher da, aber sie leiden an einer irrationalen Furcht, auf einen Bankrott zuzusteuern. Dies entspricht einer pathologischen Furcht vor Armut, die nicht in der Realität begründet ist.

Es scheint mir, daß die **Unsicherheit** der Bryonia-Patienten aus einer gewissen sozialen Kontaktlosigkeit erwächst. Sie gestehen sich nicht die Sicherheit zu, die ihnen eine Familie, Freunde oder eine Gemeinschaft geben kann. Bryonia-Patienten sind verantwortungsbewußt; normalerweise nehmen sie größte Verantwortung auf sich, zum Beispiel für die Familie. Aber dann fragen sie sich, wer für sie geradesteht, wenn es zum finanziellen Ruin kommt. Sie fühlen sich zu wenig unterstützt und unsicher.

Das Leiden der Bryonia-Patienten ist sehr groß - sei es bei akuten Krankheiten, Kopfschmerzen, Migräne oder chronischen arthritischen Schmerzen. Jede Bewegung verschlimmert über die Maßen. Dieses Leiden kann in ihnen sogar die Furcht aufkommen lassen, sterben zu müssen, aber normalerweise fallen sie in einen Zustand der Hoffnungslosigkeit. Sie scheinen aufzugeben und das anscheinend Unabwendbare, nämlich sterben zu müssen, zu akzeptieren. Das ist **Verzweiflung an der Genesung**, aber es ist nicht die Todesangst, die Qual (agony), die wir von *Calcium carbonicum* oder *Arsenicum* kennen. Sie resignieren in einer Sache, die ihnen unabwendbar scheint.

BRYONIA

Im körperlichen Bereich gibt es natürlich viele berühmte Bryonia-Symptome. **Verschlimmerung durch Bewegung** ist das wichtigste. Man muß sich jedoch vor Augen halten, daß Bryonia-Patienten sehr **ruhelos** werden können, **wenn sie von den Schmerzen zu sehr geplagt werden**. Sie leiden so stark, daß sie einfach etwas tun müssen; sie wandern umher. In diesem Stadium kann man Bryonia mit *Rhus toxicodendron* oder *Arsenicum* verwechseln. Die Bryonia-Schmerzen werden jedoch **trotz der Ruhelosigkeit durch die Bewegung nicht gebessert**.

Ein anderes Schlüsselsymptom von Bryonia ist „**Besserung durch Druck**". Die Patienten wollen den schmerzenden Körperteil festhalten, ihren Kopf fest einbinden oder auf der schmerzenden Seite liegen.
Besserung durch Druck zusammen mit Verschlimmerung durch Bewegung; wir verstehen nun, warum Bryonia ein nahezu spezifisches Arzneimittel für die **Appendizitis** ist. Jeder Arzt kennt das klassische Zeichen für die Appendizitis-Diagnose: Loslaßschmerz. Langsamer und leichter Druck wird auf die Bauchdecke ausgeübt, ohne daß der Patient einen Schmerz verspürt, bis der Untersucher plötzlich losläßt - Besserung durch Druck, aber Verschlimmerung durch Bewegung. Natürlich gibt es auch Appendiziden mit anderen Symptomen, aber meistens treffen diese beiden Schlüsselsymptome von Bryonia zu. Ich erinnere mich an einen Fall, der von einem unserer Ärzte untersucht wurde. Die Appendizitis war so akut, daß er ins Krankenhaus einwies. Vorher wurde noch eine Dosis Bryonia verabreicht. Als der Patient im Krankenhaus untersucht wurde, konnte der dortige Arzt schon keine Appendizitis mehr diagnostizieren.

Im allgemeinen ist Bryonia ein **linksseitiges Mittel, besonders bei Migräne und Kopfschmerz**. Migräne tritt gewöhnlich zuerst einseitig auf. Bryonia hilft meistens bei der linksseitigen Migräne, bei der Druck und kalte, feuchte Umschläge bessern. Es sind kongestive Kopfschmerzen, die sich schließlich auf den ganzen Kopf ausdehnen können; manchmal ist das Gesicht rot.

Ein weiteres charakteristisches Symptom ist die ungeheure **Trockenheit** aller Schleimhäute. Diese Trockenheit ist ein allgemeines Symptom; sie erstreckt sich selbst auf die emotionale Ebene. Bryonia-Patienten sind gefühlsmäßig „trocken"; in ihrer emotionalen Sphäre passiert nicht viel. Durch die Trockenheit ihrer Schleimhäute haben die Patienten natürlich **großen Durst** - sie trinken häufig und in großen Schlucken. Dabei spielt es für Bryonia keine Rolle, ob das Wasser kalt oder warm ist. Das Verlangen nach kaltem Wasser ist niemals so stark wie bei *Phosphorus*. Hier sehen wir wieder, wie wichtig es ist, Symptome in ihrer Wertigkeit zu unterstreichen. Bei **Magenbeschwerden** (Gastritis, Duodenalulcera und so weiter) **wünscht Bryonia warme Getränke, die dann auch bessern**. Bryonia **trinkt gerne Leitungswasser**, das weder warm noch richtig kalt ist.

Wir müssen auch immer daran denken, daß Bryonia eines der wichtigsten Mittel bei **Trockenheit mit gleichzeitiger Durstlosigkeit** ist, genauso wie *Belladonna, Nux moschata, Natrium muriaticum*.

Bryonia hat seine **Verschlimmerungszeit oft nachmittags, gegen 15 oder 16 Uhr, oder auch 19 Uhr**. Charakteristischer ist allerdings eine **Verschlimmerung um 21 Uhr**, die dann bis zum Schlaf anhält. Diese Verschlimmerungsmodalität ist ein gutes, bestätigendes Symptom, wenn Bryonia schon in Frage kommt.
Allerdings muß bei 21 Uhr auch *Chamomilla* bedacht werden.

Die Essensmodalitäten sind bei Bryonia nicht sehr ausgeprägt. Für gewöhnlich sind es große Fleischesser, oft findet man auch ein Verlangen nach Austern. Warme Getränke bessern die Magenbeschwerden.

Bryonia-Patienten leiden unter **Schwindel**, besonders beim Drehen des Kopfes nach hinten. Umdrehen im Bett ruft ebenfalls Schwindel hervor. Normalerweise wollen die Bryonia-Patienten lieber auf der linken Seite liegen; ihre Beschwerden verschlimmern sich, wenn sie auf der rechten Seite liegen. Schwindel, als würden sie durch das Bett sinken.

Die Bryonia-Pathologie entwickelt sich langsam, und folglich tritt die Wirkung einer Bryonia-Gabe auch langsam ein. Bei chronischen Bryonia-Fällen kann man langandauernde, allmähliche Krankheitsentwicklung beobachten - ohne weiteres über einen Zeitraum von fünf Jahren.
Bei einer **rheumatischen Arthritis** ist zuerst ein Gelenk relativ gering befallen, dann ein anderes und so weiter.
Im Gegensatz dazu brechen die Arthritisschmerzen bei *Formica rufa* dramatisch in verschiedenen Gelenken zur gleichen Zeit aus.
Über die Jahre nimmt die Zahl der entzündeten Gelenke bei Bryonia zu, und auch die Intensität der Entzündungen wird stärker, bis der Patient nur noch ein Wrack ist - Angst und Ruhelosigkeit erfassen ihn wegen der intensiven Schmerzen. An diesem Punkt kann Bryonia mit *Rhus toxicodendron* verwechselt werden, da **Wärme diese rheumatischen Schmerzen lindert. (Kongestive Schmerzen werden bei Bryonia durch Kälte gebessert.)**

Akute Bryonia-Fälle entwickeln sich innerhalb einiger Tage. Typisch ist etwa folgender Verlauf: Der Patient erkältet sich, aber nur wenige Symptome treten bereits

BRYONIA

in den ersten Tagen auf. Zu Fieber kommt es vielleicht am dritten Tag, und das volle Krankheitsbild wird am vierten Tag deutlich. Denselben Verlauf sehen wir auch bei *Gelsemium*. Im Gegensatz dazu bricht die Symptomatologie bei *Belladonna* und *Aconit* wie ein Vulkan aus.

Wenn Sie einmal einen akuten Bryonia-Fall gesehen haben, vergessen Sie das Bild so schnell nicht wieder. Ich entsinne mich noch des ersten akuten Falles, den ich zu behandeln hatte - ein Patient mit Bronchitis. Ich besuchte ihn zu Hause, wo er mit einem anderen Junggesellen zusammenlebte. Ich kam in das Zimmer - er saß auf dem Bett mit dem Gesicht zur Wand, drehte mir den Rücken zu. Ich fragte ihn: „Wie geht es Ihnen? Wie fühlen Sie sich?" Er wollte mir weder antworten, noch mich anschauen. Während des ganzen Krankenbesuchs konnte ich ihn nicht dazu bewegen, sich umzudrehen. Er hatte hohes Fieber, sein **Husten war so schmerzhaft, daß er sich mit den Händen die Brust festhalten mußte** und immer nur kleine kurze Hustenstöße auslassen konnte. Ich fragte ihn, was er esse, und sein Freund antwortete, daß er nur Wasser trinke. Ganz offensichtlich war das ein klarer Bryonia-Fall; er genas innerhalb weniger Tage.

CALCIUM CARBONICUM

Calcium carbonicum ist ein sehr breit gefächertes Medikament mit vielen Facetten. Am besten kann man es vielleicht beschreiben, wenn man jede der drei Ebenen für sich betrachtet.

Die Störung des Calciumstoffwechsels, die dem Mittel zugrunde liegt, scheint sich in zwei verschiedenen Körpertypen niederzuschlagen.
Natürlich stellen den größten Teil der Calcium-carbonicum-Fälle die blonden, **fetten, schlaffen Typen**, die so gut in der Literatur beschrieben sind. Die Leute werden schnell dick und haben Schwierigkeiten, wieder abzunehmen, selbst wenn sie nur wenige Kalorien zu sich nehmen. Das ist so charakteristisch für Calcium carbonicum, daß es fast immer zu finden ist.
Gelegentlich begegnet man einem anderen Calcium-Typ: **dünne Person mit magerem Gesicht, das von feinen Fältchen bedeckt ist**. Die feinen Falten verlaufen horizontal und vertikal, so daß kleine Rechtecke entstehen. Insgesamt drängt sich der Eindruck eines Menschen auf, der viel gelitten hat. Dieser schmale Typ des Calcium-carbonicum-Patienten durchläuft alle typischen Stadien der Calcium-carbonicum-Pathologie, obgleich seine Erscheinung nicht dem klassischen Bild von Calcium carbonicum entspricht.

Interessant ist, daß ein großer Prozentsatz der Säuglinge und der Kleinkinder Calcium carbonicum braucht. Es ist das wahrscheinlich am häufigsten verwendete Mittel für diese Altersgruppe. Dennoch sollte es niemals routinemäßig verschrieben werden. Für mich ist das ein Hinweis, daß eine der grundlegendsten Störungen des menschlichen Organismus mit dem Calciumstoffwechsel zu tun hat.

Aus diesem Grund kann man sicher sein, daß ein Patient, der mit sechzig oder siebzig Jahren immer noch ein klares Calcium-carbonicum-Bild aufweist, eine relativ starke Konstitution besitzt. Bei diesen älteren Patienten ist typisch, daß sie ein sehr aktives Leben mit wenig gesundheitlichen Problemen geführt haben. Schließlich, vielleicht durch Überanstrengung oder besonderen Streß, entwickeln sie Krankheiten. In solchen Fällen ist die Prognose ziemlich gut. Jeder, der bis ins hohe Alter das gleiche Mittelbild hat, das schon in der Kindheit charakteristisch für ihn war, besitzt im Grunde eine kräftige Konstitution.

Calcium-carbonicum-Kinder zeigen ein ziemlich typisches Bild. Im allgemeinen sind sie etwas plump, weich und schlaff. Ihre Haut ist eher blaß. Sie ermüden leicht und vermeiden daher lieber körperliche Anstrengungen. Von Natur aus sind sie eher zurückhaltend und selbstgenügsam. Sie sitzen lieber da und schauen dem Spiel anderer Kinder zu, als daß sie sich aktiv beteiligen.

Calcium-carbonicum-Kinder neigen zu **übermäßigen, profusen Schweißen**, zum Beispiel **nach geringer Anstrengung**, aber besonders typisch in ungefähr den ersten zehn Minuten des Schlafs. Sie schwitzen in erster Linie am **Nacken**, dann folgen **Kopf** und **Gesicht** und schließlich der **obere Torso**. Bei Kindern ist der untere Torso fast nie betroffen, wogegen erwachsene Calcium-carbonicum-Patienten dort ebenfalls schwitzen.
Erwachsene haben **oft klamme Hände und Füße**. Ebenso tendieren die Erwachsenen dazu, in kühler Umgebung zu schwitzen; durch eine ungewöhnliche Reaktion des Körpers kommt es zu **Schweiß trotz kühler Umgebung**.

Calcium-carbonicum-**Kinder** neigen zu **häufigen Erkältungen** im Winter und zu **Drüsenschwellungen**.

Calcium-carbonicum-Kinder sind in der Regel **verstopft**, aber sie merken es selbst nicht und leiden auch nicht darunter. Die Mutter stellt fest, daß das Kind seit drei oder vier Tagen keinen Stuhlgang hatte, und macht sich Gedanken. Das ist charakteristisch für Calcium-carbonicum-Kinder, und im allgemeinen **fühlen sie sich besser, wenn sie verstopft sind**. Wenn sie Durchfall haben, werden sie unzufrieden und fangen an zu jammern.

Bei **Erwachsenen** ist die Situation umgekehrt. Der Darm steht sehr häufig im Mittelpunkt der Aufmerksamkeit. **Durchfall erleichtert, und Verstopfung verschlimmert** den Zustand des Patienten. Es ist interessant, wie häufig solche Umkehrungen in den verschiedenen Stadien bei vielen homöopathischen Medikamenten auftreten.

Die typische **Verschlimmerung durch feuchtkaltes Wetter**, die wir bei Erwachsenen sehen, ist bei Kindern nicht ausgeprägt. Man kann sich leicht täuschen und die **Kinder für wirklich warmblütig halten, weil sie so leicht schwitzen**. Sie **schwitzen durch die leiseste Anstrengung**. Das Schwitzen während der ersten Schlafphase kann dazu führen, daß sich die Kinder aufdecken, vor allem den Oberkörper.

Calcium-carbonicum-Kinder haben ein ausgeprägtes **Verlangen nach weichen Eiern und nach Zucker**.

Wenn die Calcium-carbonicum-Pathologie schon **während der Kindheit die emotionale Ebene erreicht**, findet man **Nörgeln, Weinen und Unzufriedenheit**. Wenn man das Kind fragt, was es will, kann es das nicht sagen. Es ist unzufrieden und beklagt sich.

Calcium-carbonicum-Kinder sind im allgemeinen gute Schüler. Sie sind **intelligent, aber sie begreifen nicht ganz so schnell**. Sie brauchen ein bißchen länger, um den angebotenen Lehrstoff zu verstehen, und deshalb fühlen sie sich oft gedrängt. Sie können jedoch **hart arbeiten** und bringen es fertig, stundenlang an ihren Hausaufgaben zu sitzen.

Im Alter zwischen sechs und zwölf Jahren entwickeln Calcium-carbonicum-Kinder oft eine große **Neugierde im Bezug auf übernatürliche Dinge, das Unbekannte, das Jenseits**. Sie fragen ernsthaft: „Wer ist Gott? Was hat Gott mit uns vor? Wer sind die Engel? Wie benehmen sich die Engel? Warum sterben die Menschen? Was kommt nach dem Tod?" Derartige Fragen hängen natürlich auch mit dem familiären Hintergrund des Kindes zusammen und sind bis zu einem gewissen Grade normal. Bei Calcium-carbonicum-Kindern kann die Neugierde auf solche Dinge jedoch extreme Formen annehmen. So ein Kind sagt dann vielleicht, daß es tatsächlich darauf wartet, daß ein Engel kommt und es mit ins Paradies nimmt, et cetera.

Ich kann diese Tendenz in Calcium-carbonicum-Kindern nicht erklären. Sie scheint aus der Beobachtung ihrer Umwelt herzurühren. Sie sehen Leiden und Ungerechtigkeit, vielleicht Konflikte zwischen ihren Eltern. Dann erwähnt jemand Gott, und diese Idee dringt offensichtlich geradewegs in ihre geistige Sphäre vor. Gott, Engel, übernatürliche Dinge scheinen ihnen die Welt zu erklären. Sie lassen nicht davon ab, darüber nachzudenken, Fragen zu stellen und sich allerlei vorzustellen.

Bei Erwachsenen kommt dieser Hang als **Furcht vor Geisteskrankheit** zum Ausdruck. Bei Calcium carbonicum ist die Furcht vor dem Verrücktwerden eine Furcht, die Kontrolle zu verlieren, eine Furcht vor dem Unbekannten. Diese Leute haben gelernt, sich auf ihren Geist zu verlassen, um Schwierigkeiten zu bewältigen. Konsequenterweise ist dann ihre größte Furcht, wenn sie schließlich unter zuviel Streß und Überanstrengung zusammenbrechen, den Verstand zu verlieren, ihr wichtigstes Kontrollinstrument.

Bei Calcium carbonicum entsteht Krankheit durch Streß und den langdauernden Versuch, damit fertig zu werden. Es sind fähige Menschen und normalerweise ziemlich gesund. Fortdauernder Streß und Überanstrengung jedoch führen schließlich zum Zusammenbruch, zuerst auf der körperlichen, später auf der emotionalen und geistigen Ebene. **Überanstrengung** - ob körperlich oder geistig - ist der größte Feind von Calcium carbonicum.

Auf der körperlichen Ebene manifestiert sich die Krankheit des erwachsenen Calcium-carbonicum-Patienten zuerst im musculo-skelettalen System. **Rheumatismus und Arthritis** sind die Hauptbeschwerden auf der körperlichen Ebene. Beim Erwachsenen finden wir eine deutliche **Verschlimmerung durch feuchtes, kaltes Wetter** und eine **Besserung durch Wärme**.
Zuerst ist bei Calcium-carbonicum-Patienten der Lumbalbereich in Mitleidenschaft gezogen. Die Beschwerden fangen dort an und dehnen sich dann in die Cervicalregion und die Extremitäten aus. Wann immer Sie einen Patienten sehen, der etwas übergewichtig ist, durch kaltes, feuchtes Wetter beeinträchtigt wird und dessen Hauptbeschwerden im rheumatisch-arthritischen Bereich liegen, besteht eine große Wahrscheinlichkeit, daß er Calcium carbonicum braucht.

Calcium-carbonicum-Patienten haben **kalte Extremitäten**, sie tragen **nachts Socken im Bett**. Schließlich **ziehen** sie die Strümpfe **später** in der Nacht **wieder aus**, da die Füße zu brennen anfangen. Es scheint, als ob der Schlaf Hitze produzieren würde.
Beim Erwachsenen ist das Schwitzen nicht mehr so stark ausgeprägt. Falls jedoch Schwitzen vorhanden ist, dann ist es ein beständiges Symptom.

Wenn sich die Symptomatik hauptsächlich auf den physischen Bereich beschränkt, finden wir meist **starkes Verlangen nach Süßem, vor allem nach Zucker**. Calcium-carbonicum-Patienten können Zucker mit dem Löffel essen, oder sie nehmen dreimal soviel Zucker in ihre Getränke wie andere Menschen.
Das **Verlangen nach Eiern** ist auch sehr stark, sie mögen Eier in jeder Form, gebraten, Rührei oder gekocht, aber weichgekocht am liebsten. Wenn ein Calcium-carbonicum-Patient die Wahl hat zwischen gebratenen und weichgekochten Eiern, wird er in neunzig Prozent der Fälle weichgekochte Eier vorziehen.
Das **Verlangen nach Salz** ist für gewöhnlich genauso stark wie das Verlangen nach Süßigkeiten.
Interessanterweise entwickelt ein Patient, der einmal Austern versucht hat, leicht ein **Verlangen nach Austern**.
Wir dürfen nicht vergessen, daß Calcium carbonicum **auch Abneigung gegen Eier, Süßigkeiten, Salz oder Austern** haben kann, dies kommt selten vor. Auch eine Abneigung gegen Eier sollte uns nicht abhalten, das Mittel zu geben, wenn

sonst alles auf Calcium carbonicum hinweist. Solche Polaritäten treten häufig bei verschiedenen Mitteln auf, und wir müssen die Polarität selbst als wichtig ansehen.

Calcium-carbonicum-Patienten können normalerweise eine ganze Menge Streß verkraften, bevor sie zusammenbrechen. Sie mühen sich zum Beispiel jahraus, jahrein mit ihrem Geschäft und überwinden ein Hindernis nach dem anderen durch ausdauernde Anstrengung. Schließlich klappen sie zusammen, manchmal von einem Tag auf den anderen. Dann werden sie völlig faul und gleichgültig, und die kleinsten Anforderungen erscheinen ihnen unüberwindbar. Sie haben das Gefühl, mit nichts mehr fertig werden zu können.

Der Calcium-carbonicum-Patient mag vor einem Zusammenbruch stehen, aber er arbeitet trotzdem weiter. Die Überanstrengung erzeugt verstärkt körperliche Symptome, zum Beispiel Kopfschmerzen, Gelenkschmerzen und so weiter. Auch die Ängstlichkeit um die Zukunft bemächtigt sich des Patienten. Der Geschäftsmann macht sich Sorgen um seine finanzielle Zukunft, der Bildhauer fragt sich, ob er sein Projekt jemals beenden wird, die Mutter macht sich Sorgen, ob aus ihren Kindern etwas werden wird, und hat Angst um sie. **Calcium-carbonicum-Patienten projizieren alles in die Zukunft.** Vergangene Ereignisse, Enttäuschungen oder vergangener Kummer scheinen ihnen nicht so viel auszumachen. Sie können sich nicht wirklich an der Gegenwart freuen, weil sie auf das, was kommt, ausgerichtet sind.

Bei Calcium-carbonicum-Patienten entwickelt sich **Höhenschwindel und Furcht und Angst an hochgelegenen Plätzen**. Herabsehen ist schlimm. Das kann so weit gehen, daß sie sogar Angst bekommen, wenn sie sehen, wie sich jemand über ein Geländer beugt. Sie beschreiben dies als ein Leeregefühl im Magen oder ein Gefühl, als wenn die Seele den Körper verließe; auch wenn sie nur jemanden sehen, der sich über einen Abgrund beugt. Oft haben sie sogar Träume, daß sie sich an einem Abgrund befänden.

Calcium carbonicum hat eine **Reihe von Schwindelgefühlen**. Außer dem Höhenschwindel finden wir am häufigsten den sogenannten **Cervicalschwindel**. Dabei verhindern Osteophyten in der Halswirbelsäule das normale Gleichgewicht zwischen den Nerven und Muskeln des Nackens in bezug auf die Position der Augen. Bei diesem Schwindel wird der Patient plötzlich schwindelig, wenn er schnell seinen Kopf nach rechts oder links dreht.

Diese Symptome entstehen, wenn die Krankheit des Patienten an dem Punkt angekommen ist, wo sie von der körperlichen zur emotional-geistigen Ebene übergeht. Wenn jetzt noch weiterer Streß hinzukommt, zum Beispiel ein Todesfall in der Familie oder ein geschäftlicher Verlust, dann bricht der Patient völlig zusammen. Dann treten die typischen Ängste von Calcium carbonicum auf.

Am offensichtlichsten ist natürlich die **Angst vor dem Verrücktwerden** als Ausdruck der Angst vor Kontrollverlust. Der Patient fühlt sich müde und übernommen von all den Anforderungen und sagt sich: „Ich bin sicher, ich werde verrückt." Diese Angst überwältigt und lähmt ihn.

Gleichzeitig mit der emotionalen Ebene bricht auch die geistige Ebene zusammen. Die Patienten fangen an, sich auf kleine Dinge zu konzentrieren, unwichtige Details nehmen sie gefangen. Sie machen törichte Scherze, oder sie sprechen fortwährend über Dinge, die für jeden anderen unwichtig sind.

Zu diesem Zeitpunkt macht die frühere Angst um die Zukunft einer **Angst um die Gesundheit** Platz. Furcht vor ansteckenden Krankheiten, vor Tuberkulose, vor Herzkrankheit, vor Krebs et cetera. Heutzutage sind Calcium-carbonicum-Patienten besonders ängstlich in bezug auf Krebs und Herzkrankheiten. Natürlich haben sie auch sehr große **Angst vor dem Tod**.

Schließlich geht dieser furchtgetriebene Zustand in ein **hysterisches Stadium** über. Der Patient verliert sein Begriffsvermögen und seine Konzentration. Er weiß nicht, was er will, und wird immer erregter. Er läuft auf und ab, wird impulsiv, will Dinge zerreißen, aus dem Fenster springen, schreien und weinen. All dies ohne Provokation oder durch nur sehr kleine Provokationen. Er befindet sich in Aufruhr und will nur herausschreien oder eine Verzweiflungstat begehen.

In diesem Moment sind die Patienten wirklich am Rande des Wahnsinns. Wenn sie tatsächlich in eine echte Schizophrenie oder eine andere Psychose hineingeraten, ist wahrscheinlich ein anderes Medikament nötig. Nach meiner Erfahrung ist Calcium carbonicum nicht bei einem wirklich psychotischen Patienten indiziert.

Wenn die geistige Ebene zusammenbricht, tritt ein charakteristisches Symptom bei Calcium carbonicum hervor: die **Furcht, daß andere ihre Verwirrung bemerken könnten**. Sie sind sich ihrer geistigen Schwerfälligkeit bewußt, der Unfähigkeit, sich zu konzentrieren, und der daraus resultierenden Verwirrung. Sie leben in der Furcht, daß diese Verwirrung von anderen bemerkt werden könnte. Das jedoch ist ein Symptom, das Calcium-carbonicum-Patienten niemals freiwillig offenbaren würden. Der Arzt muß direkt danach fragen, um das Symptom bestätigt zu bekommen. Dann werden die Patienten oft mit einem sehr erleichterten „Ja!" zustimmen. Sie sind dankbar, daß sie jemand versteht.

Während sich die emotionale und geistige Pathologie entwickelt, verschwinden oft viele körperliche Symptome. Zuerst verschwindet natürlich das Schwitzen. Diese auf tieferen Ebenen leidenden Patienten werden nicht mehr so stark durch kaltes und feuchtes Wetter beeinträchtigt. Sie spüren die Kälte noch, aber nicht mehr in dem Maße wie früher. Das Verlangen nach Eiern und Süßigkeiten kann ebenfalls verschwinden.

In diesem Stadium kann Calcium carbonicum leicht mit *Phosphorus* verwechselt werden. Wenn der Patient den Durst auf kalte Getränke, das Verlangen nach Eiscreme und Salz beibehält, ist die Entscheidung oft ziemlich schwer. Die Angst um die Gesundheit, die Furcht vor dem Tode, die suggerierbaren Ängste vor Krebs und Herzkrankheit können für *Phosphorus* und auch für Calcium carbonicum sprechen. Calcium carbonicum kann ebenfalls Angst vor Gewitter und Dunkelheit haben und hat oft Herzklopfen, das dem von *Phosphorus* ähnelt.

In einigen Punkten ist jedoch Calcium carbonicum von *Phosphorus* unterscheidbar. Calcium carbonicum ist viel weniger auf Gesellschaft angewiesen als *Phosphorus*. Calcium schläft lieber auf der linken Seite, während *Phosphorus* die rechte bevorzugt. Calcium carbonicum zieht warmes Essen vor, *Phosphorus* kaltes. Beide können großen Durst auf kaltes Wasser haben, aber bei *Phosphorus* ist das noch stärker ausgeprägt. Bei Calcium carbonicum wäre ein solcher Durst einmal unterstrichen oder höchstens zweimal, bei *Phosphor* aber zwei- oder dreimal. Schließlich ist die körperliche Erscheinungsform ziemlich verschieden. *Phosphorus* ist groß, schlank und feingliedrig. Calcium carbonicum ist für gewöhnlich dick und schlaff; selbst der schlanke Calcium-Carbonicer hat viele Falten und ist nicht so zart in seiner Erscheinungsform.

CALCIUM PHOSPHORICUM

Calcium phosphoricum ist ein Medikament, das wahrscheinlich nicht hinreichend gewürdigt wird. Es ist ein sehr tiefgreifendes Mittel mit einem weitreichenden Symptomenspektrum, aber es ist leicht mit anderen Medikamenten zu verwechseln, die klassischerweise als „Polychreste" bekannt sind. Ich weiß von meiner Tätigkeit, daß ich oft *Calcium carbonicum*, *Phosphorus*, *Acidum phosphoricum* oder selbst *Chamomilla* verordnet habe, wenn ich Calcium phosphoricum hätte geben sollen. Nach und nach habe ich jedoch gelernt, ein paar Punkte klar zu erkennen, die es von anderen Medikamenten unterscheidet. In diesem Kapitel werde ich versuchen, jene Charakteristika herauszuarbeiten, zusammen mit dem Auffälligsten der allgemeinen Symptomatologie.

UNZUFRIEDENHEIT ist das Hauptthema, um das herum sich das Calcium-phosphoricum-Bild entwickelt. Calcium-phosphoricum-Patienten wissen nicht, was sie wollen. Sie wissen, daß irgendetwas mit ihnen nicht stimmt, aber sie wissen nicht genau was oder was sie tun können. Eine Trägheit hat sich des ganzen Organismuses bemächtigt und bringt ein tiefes Unbefriedigtsein hervor.

Normalerweise gibt es bei Calcium phosphoricum einen bestimmten Zeitpunkt, von dem an die Energie des Patienten plötzlich nachläßt. Vielleicht durch eine akute Krankheit, einen Schock irgendwelcher Art, Antibiotikagaben und so weiter. Was immer auch der Grund war, es folgt ein ziemlich rasches Absinken der Energie - vielleicht nicht über Nacht, aber dennoch in einem verhältnismäßig kurzen Zeitraum. Von diesem Augenblick an bemerkt der Patient eine geistige Trägheit, eine emotionale Gleichgültigkeit und ein Nachlassen der körperlichen Ausdauer. Dieses Stadium der **herabgesetzten Vitalität** betrifft normalerweise alle drei Ebenen - **körperliche, seelische und geistige** - gleichzeitig und führt zu dieser beherrschenden Unzufriedenheit.

Bei Calcium phosphoricum kann man diese grundlegende **Schwäche** am dramatischsten auf der **geistigen Ebene** beobachten. Es scheint, als ob der Geist schlaff geworden sei, genauso wie Muskeln schlaff werden können. Der Verstand arbeitet vielleicht nur noch mit einem Drittel der früher üblichen Geschwindigkeit. Hier kommt das *Calcium-carbonicum*-Element deutlich zum Vorschein. Geistig handelt es sich nicht um eine Veränderung der Funktionsabläufe oder um Verwirrung; die geistigen Prozesse funktionieren richtig, nur wesentlich langsamer, und bedürfen größerer Anstrengung als zuvor.

Zum Beispiel kann ein Calcium-phosphoricum-Patient rechnen, aber für eine Aufgabe, die er vor Krankheitsbeginn in einer halben Stunde gelöst hätte, braucht er nun eineinhalb Stunden.
Dann macht er, bedingt durch die größere Anstrengung, mehr und mehr **Fehler**, schreibt verkehrt oder setzt Wörter an die verkehrte Stelle. Ihm fällt es schwer, sich zu konzentrieren. Er wird **vergeßlich**, geht ins Nachbarzimmer, um etwas zu holen, und vergißt, weshalb er eigentlich dorthin gegangen war.

Ein normaler gesunder Mensch ist in der Lage, Gedanken, eine Folge von Ideen zu produzieren, geistige Arbeit zu leisten. Der Calcium-phosphoricum-Patient verliert diese Fähigkeit. Wenn er genug Zeit hat und nicht abgelenkt wird, kann er die Aufgabe erledigen - aber nur langsam und mit Anstrengung. Jedoch ist interessant, daß Calcium-phosphoricum-Patienten **stimuliert werden können**, entsprechend ihren früheren Fähigkeiten zu arbeiten; der Stoff muß nur interessant genug sein. Sie haben Abneigung gegen eine Arbeit, die nur Routine ist, aber sie können sich voll in eine Arbeit stürzen, die keine 08/15-Anforderungen stellt. Mit anderen Worten: Der Geist hat seine Vitalität verloren, kann jedoch zur Aktivität stimuliert werden, wenn die Person nur genügend motiviert ist.

So sind im allgemeinen die täglichen geistigen Anforderungen zuviel für den Calcium-phosphoricum-Menschen. Anders als *Calcium-carbonicum*-Patienten, die klaglos versuchen, die an sie gestellten geistigen Anforderungen zu bewältigen, versucht Calcium phosphoricum, diese zu umgehen. **Geistige Arbeit verursacht Kopfschmerzen**. Es ist eines der wichtigsten Mittel, wenn **Schulkinder durch geistige Anstrengung Kopfschmerzen** bekommen.
Im Gegensatz dazu ist *Calcium carbonicum* mehr indiziert bei Schulkindern, die Kopfschmerzen durch körperliche Anstrengung bekommen.

Calcium phosphoricum bekommt **Beschwerden durch Kummer oder schlechte Nachrichten**. Nehmen wir einmal an, jemand erhält einen Telefonanruf und erfährt, sein Sohn sei bei einem Autounfall ums Leben gekommen. Die meisten Menschen würden in tiefsten Kummer fallen, schreien, weinen, und nach und nach würden sie sich wieder erholen. Der Calcium-phosphoricum-Patient jedoch ist vollkommen überwältigt von der Situation, bricht zusammen und ist nicht in der Lage, damit fertig zu werden. Es ist nicht so sehr der Kummer als solcher, der ihn zusammenbrechen läßt, es ist der schiere Streß des ganzen Ereignisses.

Auf der **emotionalen Ebene** können wir von Trägheit sprechen, die sich als **Gleichgültigkeit** oder **Apathie** äußert. Jede Motivation scheint verloren zu sein. Jedoch ist dies nicht so tiefgreifend wie bei *Acidum phosphoricum*. Bei Calcium

CALCIUM PHOSPHORICUM

phosphoricum ist die innere Unbewegtheit nicht so absolut; die Person ist immer noch von einer enormen Unzufriedenheit erfüllt.

Auf der **körperlichen Ebene** schließlich bemerkt der Calcium-phosphoricum-Patient ein **Nachlassen der Kraft, Energie, Ausdauer**. Nach einem Schock oder irgendeinem anderen stressigen Ereignis bemerkt er, daß er zum Beispiel das übliche Tennismatch nicht mehr spielen kann, ohne außer Atem zu geraten oder vollkommen erschöpft zu sein. Genauso wie er auf der geistigen Ebene kraftlos geworden ist, sind auch seine Muskeln erschlafft.

Wesentlich ist, im Gedächtnis zu behalten, daß dieser Vitalitätsverlust auf der geistigen, emotionalen und körperlichen Ebene bei Calcium phosphoricum eine tiefe **Unzufriedenheit** hervorruft. Es ist dem Patienten klar, daß irgendetwas fehlgelaufen ist, aber er weiß nicht, was er will. Durch nichts ist er zufriedenzustellen. Dieser Zustand kann dem von *Tuberculinum* ähnlich sein, aber er hat einen ganz anderen Ursprung und nicht die Bösartigkeit von *Tuberculinum*. Er ähnelt mehr *Chamomilla*, doch ohne die Aggressivität und Gewalttätigkeit von *Chamomilla*.

Das Calcium-phosphoricum-Bild in der **Kindheit** ist hilfreich, um die Situation im Erwachsenenalter zu verstehen. Ich erinnere mich an das Kind eines Kollegen, das eine Kopfverletzung erlitten hatte. Es wurde sehr launisch und reizbar. Wir fragten es: „Was ist los? Hast du Schmerzen? Was willst du?" Bei jeder Frage schrie es nur noch lauter. Es wachte nachts schreiend auf, wußte aber nicht, warum es schrie. Die Eltern gingen sogar nachts um drei Uhr mit ihm draußen spazieren, um es zu beruhigen. Bald darauf begann es wieder mit seinem Gejammere. Natürlich probierte ich in diesem Fall *Chamomilla*, aber es half nichts. Schließlich klärte Calcium phosphoricum das Problem.

Diese **Unzufriedenheit** charakterisiert ebenfalls den Zustand der Erwachsenen. Sie **stöhnen, jammern und beschweren sich, nichts kann sie zufriedenstellen**. Sie spüren, daß irgendetwas in ihrem Organismus tiefgreifend gestört ist, aber sie finden keinen Weg, es wieder in Ordnung zu bringen. Diese Unzufriedenheit dringt sogar bis in den Schlaf vor, sie stöhnen während des Schlafes.

Wie viele andere Medikamente, die aus Salzen hergestellt werden, verbindet auch Calcium phosphoricum Symptome beider Komponenten in sich: Es hat die *Calcium-carbonicum*-Verschlimmerung durch Anstrengung (wenn auch nicht seine Ausdauer bei geistiger Arbeit), aber es kann wie *Phosphorus* zu einer Arbeit angeregt werden. Es hat auch das späte Sprechen- und Gehenlernen wie *Calcium car-*

bonicum. Einzigartig für Calcium phosphoricum sind jedoch der **langsame Fontanellenschluß** und die **„Wachstumsschmerzen" bei Kindern**, verursacht durch den langsamen Epiphysenschluß.

Der *Phosphorus*-Einfluß zeigt sich deutlich in einem Symptom, das nach meiner Beobachtung bei Calcium-phosphoricum-Patienten geheilt worden ist: **Furcht vor Gewitter**. Dieses Symptom ist nicht im Kentschen Repertorium aufgeführt, aber es scheint mir nach meiner Erfahrung derart hervorstechend, daß ich es in den zweiten Grad erhoben habe.
Nach meiner Erfahrung würde ich Calcium phosphoricum ebenfalls in den Rubriken **„mitfühlend"** und **„Angst um andere"** nachtragen. Calcium-phosphoricum-Patienten leiden mit anderen, aber sie sind etwas distanzierter als *Phosphorus*. Bei Calcium phosphoricum scheint es eher ein inneres Mitgefühl zu sein, das sich weniger nach außen zeigt als bei *Phosphorus*. Calcium-phosphoricum-Patienten haben nicht die Energie oder Motivation, anderen so viel von sich zu geben wie *Phosphorus*-Patienten.

Jetzt kommen wir zu einigen körperlichen Schlüsselsymptomen, die Calcium phosphoricum auszeichnen. Der erste Angriffspunkt ist natürlich die **Cervicalregion und der obere Thorax**, die Schulterblätter eingeschlossen. Es können **elektrische Schläge** auftreten, die nach allen Seiten hin zu explodieren scheinen. Diese Schmerzen werden besonders **durch Zugluft und kaltes, feuchtes Wetter verschlimmert** - wie bei *Rhus toxicodendron* und *Cimicifuga*.

Generell ist die Cervicalregion ein interessanter Bereich, um Arzneimittel und verschiedene Ursachen zu studieren. Speziell auf der geistig-emotionalen Ebene symbolisieren Schmerzen in diesem Bereich Konflikte zwischen wahrgenommenen Anforderungen und dem Zweifel, diese auch erfüllen zu können. Die moderne Städtegesellschaft ruft diesen Konflikt besonders stark hervor. Viele Streßfaktoren kommen auf uns zu, auf die unser Organismus nicht eingestellt ist. Wenn die Vitalität eines Patienten nicht in der Lage ist, den Streß zu bewältigen, baut der Abwehrmechanismus eine Blockade in der Cervicalregion auf, der „Leitungsbahn" zwischen den geistigen, emotionalen „Organen" und dem Körper. Dieser Prozeß kann auch bei anderen Arzneimitteln auftreten, aber er ist besonders hervorstechend in der Pathologie von Calcium phosphoricum. Es fühlt sich an, als ob eine Hand die Blutgefäße des Nackens umklammere und die Blutzufuhr abschneide.

Im allgemeinen ist Calcium phosphoricum dafür bekannt, **feucht-kaltes Wetter nicht zu vertragen**. Das trifft ganz besonders dann zu, **wenn der Schnee schmilzt**. Die Beschwerden sind nicht besonders schlimm, wenn der Schnee ge-

CALCIUM PHOSPHORICUM

rade fällt, aber dann, wenn der Schnee schmilzt und die Luftfeuchtigkeit ansteigt, werden die Patienten überall steif.

Im allgemeinen können Calcium-phosphoricum-Patienten **Kälte nicht gut vertragen**, aber das phosphorische Element zeigt sich in **Ausnahmefällen**, in denen die Patienten **warmblütig** sein können. Doch selbst bei diesen Ausnahmen werden die **lokalen Schmerzen immer noch durch Kälte verschlimmert**. Ebenso sind **kalte Füße** typisch für Calcium phosphoricum.

Die **Steifheit** von Calcium phosphoricum kann der von *Rhus toxicodendron* insofern ähneln, als sie am Morgen schlimmer ist und durch die Bewegung während des Tages gebessert wird. Sehnen und Bänder scheinen bei Calcium phosphoricum ihre Vitalität und Elastizität zu verlieren. Besonders die Wirbelsäule kann dadurch ihre physiologische Form verlieren. Folglich ist Calcium phosphoricum eines der wichtigsten Medikamente bei **Skoliose**.

Manchmal gibt es Calcium-phosphoricum-Patienten, die so **seufzen** wie *Ignatia* - was nicht unbedingt nach einem Kummer auftreten muß. Es scheint, als ob nicht genug Sauerstoff vorhanden sei; der Patient ist gezwungen, tief durchzuatmen, was aber anscheinend nicht ausreicht. Manchmal kommt auch ein krampfartiges Gefühl in der Solarplexus-Gegend hinzu, was nicht von *Ignatia* zu unterscheiden ist. Zusätzlich kann dann auch noch **Schweiß im Gesicht** auftreten, was ein Schlüsselsymptom von *Ignatia* ist.

Calcium phosphoricum hat **Verlangen nach Süßigkeiten**, obwohl es nicht im Repertorium aufgeführt ist. Ebenso **Verlangen nach Geräuchertem**, wie zum Beispiel Salami.

Ich machte, die interessante Beobachtung, daß Calcium phosphoricum verlängerte Erstverschlimmerungen hervorrufen kann - selbst zehn bis zwanzig Tage. Es scheint, daß es sehr tief in den ganzen Organismus eindringt und auf dem Weg zur Heilung viele tiefsitzende Probleme aufrührt. Calcium phosphoricum ist ein sehr nützliches Medikament - unersetzlich, wenn es indiziert ist.

CANNABIS INDICA

Cannabis indica wird sicherlich in zunehmendem Maße in unseren modernen Gesellschaften mit ihrem steigenden Drogenkonsum benötigt werden. Natürlich ist Cannabis in Fällen indiziert, in denen sich die Symptomatologie zu einem großen Teil auf die geistige und emotionale Ebene konzentriert. Interessant ist, daß es zwei ganz verschiedene Grundtypen zu geben scheint, die Cannabis indica homöopathisch benötigen.

Der **eine Typ** ist von Natur aus in erster Linie ein **emotionaler, ätherischer Mensch**, jemand, der sich mehr emotional als geistig mit einem Problem auseinandersetzt.

Der **andere** ist in erster Linie **ein intellektueller Typ**. Er ist geistig übererregt und von der **Furcht** beherrscht, die **Kontrolle zu verlieren**. Die Symptomatologie beider Typen werde ich getrennt darstellen.

Dem **emotionalen Typ** ist an geistiger Arbeit nicht viel gelegen. Für mathematische und analytische Aufgaben ist er schlecht zu gebrauchen. Wenn die Cannabis-Pathologie in den Vordergrund tritt, fühlt er sich **leicht, ätherisch**, ekstatisch. Er scheint sich oft eines seligen, schwebenden Zustandes zu erfreuen. Er fühlt sich leicht, ganz und gar nicht mit der Welt verhaftet - „abgehoben" (spaced out)!

Diese Leute scheinen eine sehr zarte Verbindung zwischen dem ätherischen Leib und dem physischen Körper zu besitzen. Sie können ihren Körper offensichtlich sehr leicht verlassen. Ihnen fällt es leicht, sich in Trance und ähnliche Zustände zu versetzen, egal ob sie mit spirituellen Methoden in dieser Richtung vertraut sind oder nicht. Psychisch alterierte Zustände können bereits jetzt auftreten. Speziell beim Einschlafen haben die Patienten das **Gefühl, ihren Körper zu verlassen** und in andere Dimensionen zu reisen. Manchmal wachen sie nachts auf und haben das Gefühl, nicht in ihrem Körper zu sein. In diesem Stadium wollen sie zum Beispiel ihre Beine bewegen und stellen fest, daß es nicht geht; sie wollen sie unbedingt bewegen, aber nichts passiert. Ein katalepsieähnlicher Zustand, der sehr beängstigend sein kann.

Meistens befinden sich diese Leute in einem ekstatischen, exaltierten Zustand, doch **wenn sie sich am weitesten von ihrem Körper entfernt fühlen, ergreift sie schreckliche Furcht**. Sie sind überzeugt, in einem solchen Zustand sterben zu können, trotz aller gegenteiligen Erfahrungen. Deshalb plagt sie **Furcht**

vor dem Tode und Furcht vor Geisteskrankheit. Allerdings gehen diese furchterfüllten Zustände schnell wieder vorbei.

Die **Sinneswahrnehmungen verzerren sich** bei diesen ätherischen Menschen. Cannabis indica schärft die Sinne. **Alle Eindrücke werden viel schneller und lebhafter wahrgenommen.** Innerlich fühlen sie sich sehr stimuliert, auf diese Weise scheinen sich für sie die Dinge in der äußeren Welt viel langsamer als üblich abzuspielen.
Wegen dieser gesteigerten Intensität scheint auch das **Zeitfühl verzerrt** zu sein. Das ist der Grund für das Symptom „**Die Zeit vergeht zu langsam**".
Die **räumliche Wahrnehmung** ist ebenfalls **verzerrt**. Die Patienten fühlen sich weit entfernt von Gegenständen, glauben, sich von ihnen weg zu bewegen. Ihre Gliedmaßen scheinen zu schrumpfen. Und wieder sind diese Empfindungen Zeichen der leichten ätherischen Loslösung.

Trotz ihrer Ekstase begreifen diese Leute, daß sie krank sind. Der **Verstand ist verworren, unscharf und zerstreut.** Ihre berufliche Leistungsfähigkeit läßt nach, sie werden ineffektiv, sie können sich nicht mehr auf die Realität konzentrieren. In ihrer Unzufriedenheit wechseln sie häufig ihre Jobs. Sie geben den einen Job auf, einfach weil sie das Interesse daran verloren haben und etwas anderes tun möchten. Sie empfinden auch keine Bitterkeit darüber. Im Grunde sind es freundliche, liebe Leute, die sich das Leben leicht von der Hand gehen lassen.

Dieser Typ des Cannabis-indica-Patienten **lacht** schnell und übertrieben bei jedem Anlaß. Seine Gefühle werden leicht durch äußere Reize stimuliert.

Jetzt zum **zweiten Typ, dem geistig orientierten (mentalised)** Cannabis-Patienten, fast dem genauen Gegenteil.
Diese Leute sind ganz und gar nicht glücklich, und es ist nicht leicht, mit ihnen auszukommen. Sie kennen **auch das Gefühl, ihren Körper zu verlassen** - aber nur bestimmte Körperteile. **Einzelne Körperteile** - besonders die Extremitäten - scheinen leicht zu werden und hinwegzugleiten. Der Arm zum Beispiel fühlt sich an, als habe er keine Knochen mehr, sei deshalb ganz leicht und könne davonschweben.

Für die geistig orientierten Cannabis-Patienten sind **diese Gefühle furchterregend.** Sie verlieren die Kontrolle über ihren Arm; er geht seinen eigenen Weg. Jeder **Kontrollverlust** ruft **riesige Furcht und Angst** hervor. Sie leiden dauernd an der **Furcht, verrückt zu werden**, was als Variante ihrer Furcht vor Kontrollverlust gesehen werden kann. In ähnlicher Weise ist auch ihre **Furcht vor dem Tod** zu sehen.

Diese **Angstzustände halten an** und verändern das Verhalten des Patienten derart, daß man an Medikamente wie *Phosphorus*, *Arsenicum album* oder *Acidum nitricum* denkt. Die Angst wird im allgemeinen in Magen und Brust verspürt.

Besonders bei diesen geistig orientierten Patienten scheint Cannabis indica in direkter Weise das Gehirn zu stimulieren. Diese Leute **theoretisieren** laufend über alles. Sie können sehr interessante Gesprächspartner sein, sie haben ihre eigenen Ideen über das, was in der Welt geschieht, über ihre Gesundheit, über verschiedene Projekte, in die sie verstrickt sind, und so weiter. Gerade in unserer Zeit, in der viel mit verschiedenen Religionen und spirituellen Zugängen experimentiert wird, stecken Cannabis-Patienten voller Ideen über jede Praktik.

Sie sind schnell, intelligent und können alles von verschiedenen Blickwinkeln aus gleichzeitig betrachten.

Diese Patienten scheinen hochgebildet und belesen, und in der Tat ist dem auch so, aber sie sind **nicht zu effektiver geistiger Arbeit fähig**. Ihr Geist ist sehr zerstreut. Ihre Theorien haben keinen Anfang und kein Ende; sie sind nicht verifizierbar, da sie nicht in der Realität gründen.

Die Patienten **springen von einer Idee zur anderen** - wie *Lachesis*. Bei längerem Zuhören begreift man jedoch, wie wenig realitätsbezogen ihre Ideen sind. *Lachesis*-Patienten springen ebenfalls von einem Thema zum anderen, aber ihre Ideen entsprechen mehr den Fakten und sind konkreter.

Bei der Anamnese können solche Patienten große Schwierigkeiten bereiten. **Sie sind schwer festzulegen**. Man sagt zu dem Patienten: „Sie scheinen ja großen Durst zu haben, darauf kann ich mich bei meiner Verschreibung verlassen." Sofort antwortet er: „Oh, warten Sie einen Moment. Eigentlich meinte ich gar nicht Durst. Ich bin sicher, daß mein Durst eigentlich ein Verlangen nach Salz ist, da er nach den Sardinen auftrat, die ich kurz vorher gegessen hatte. Sie müssen mein ganzes System durcheinandergebracht haben."

Diese Prozedur wiederholt sich bei jedem Symptom, bis man meint, nichts mehr zu haben, worauf man sich stützen könnte. Sie sehen alles von so vielen Blickwinkeln und in so relativen Begriffen, daß man sie nicht auf etwas Definitives festlegen kann.

Möglicherweise erfaßt man das Ausmaß ihres Theoretisierens während der Anamnese gar nicht. Die Patienten sehen es nicht als ein Problem und sind sich dessen vielleicht nicht einmal bewußt. Im Verlauf der Fallaufnahme sprechen sie nur über Sodbrennen, Obstipation und so weiter; vielleicht gibt der Patient zu, ein bißchen Angst vor dem Tod und ausgesprochenen Durst zu haben, und Sie entscheiden sich für *Arsenicum* oder *Phosphorus*. Dann, bei einem beiläufigen Gespräch nach der Anamnese, bringen Sie das Gespräch auf ein paar allgemeine Themen, und plötzlich stellen Sie fest, daß der Patient voller phantastischer Theorien steckt; dann denken Sie an Cannabis indica.

Darüber hinaus sind diese **geistig orientierten Cannabis-Patienten** sehr **kritisch**. Bei jeder Verschreibung und bei jedem Vorschlag wollen sie genau wissen, wieso man zu dieser Verschreibung gelangt ist. Sie **müssen immer alles unter Kontrolle halten** - getrieben durch ihre unterschwellige Furcht vor dem Wahnsinn. Aus diesem Grunde haben sie jederzeit Einwände und stellen laufend Fragen. Sie sind sehr **schwierig** - ganz im Gegensatz zu dem unkomplizierten und glücklichen ersten Cannabis-indica-Typ.

Ein Charakteristikum von Cannabis ist der **extreme Durst**, besonders in akuten Situationen.
Der Durst in Verbindung mit der Furcht vor dem Tode kann zur Verwechslung mit *Arsenicum album* führen. Folgendes ist differentialdiagnostisch wichtig: Cannabis-Patienten **wollen** immer **ruhen** und fühlen sich **durch Liegen besser**.
Nach meiner Beobachtung ist das eigentlich ein über den Kopf gesteuertes Symptom. Sie kommen über ihren Verstand zu dem Schluß, daß für sie Liegen besser sei, und das tun sie dann auch. Zwingt man sie, sich zu bewegen, besonders in frischer Luft, fühlen sie sich besser. Man muß aber aufpassen, sie nicht zu überanstrengen; **Überanstrengung** verschlechtert alle Cannabis-Symptome.

Die geistig orientierten Cannabis-Patienten haben ein **starkes sexuelles Verlangen**. Sie halten alles unter Kontrolle, und dadurch scheinen sich ihre Energien auf die Sexualsphäre zu konzentrieren. Ihr sexuelles Verlangen ist so stark, daß sie masturbieren, wenn nicht gerade ein Partner greifbar ist. Sie sind nicht sehr wählerisch in bezug auf ihre Partner - sie wollen mal eben schnelle Befriedigung. Infolgedessen sind sie anfällig für Gonorrhoe. Cannabis ist eines der Mittel, das bei **akuter Gonorrhoe** angezeigt sein kann. Dabei ist das Symptom „gelber, dicker Ausfluß" ohne Wert, weil es bei Gonorrhoe üblich ist. Das charakteristische geistige Bild muß vorhanden sein.

Cannabis indica hat eine Vielzahl von Symptomen im Bereich des **Urogenitaltraktes**. Es ist indiziert bei Blasen- Harnröhren- oder Niereninfektionen.
Ebenso ist es in frühen Stadien bestimmter **neurologischer Erkrankungen** indiziert, wenn **Taubheit und Schwäche** das Krankheitsbild bestimmen - also noch

bevor es zu Lähmungserscheinungen gekommen ist und vielleicht auch noch bevor eine klinische Diagnose möglich ist.

Cannabis indica ist wahrscheinlich bei Patienten von Nutzen, die einen sogenannten „schlechten Trip" hinter sich haben, mit langdauernder Nachwirkung auf der geistigen Ebene. Dabei spielt es keine Rolle, ob die schlechte Erfahrung durch Haschisch selbst, LSD, Mescalin, Heroin oder andere Drogen gemacht wurde.
Es kann auch Leuten helfen, deren Konstitution durch den langjährigen **Gebrauch** solcher **Drogen** zusammengebrochen ist und die sich in einem stumpfsinnigen, benebelten, zerstreuten geistigen Zustand befinden. Sind die geistigen Fähigkeiten sehr stark reduziert, käme als erstes Mittel *Acidum phosphoricum* in Betracht, aber an Cannabis indica und *Agnus castus* sollte man auch denken.

CAPSICUM

Bei Capsicum sind mir zwei Stadien aufgefallen; beide haben einige gemeinsame und auch einige gegensätzliche Charakteristika .

Der Capsicum-Typ ist in den **meisten Fällen dick und schlaff. Sein Gesicht, besonders die Nase, ist rot**, ähnlich, wie man es bei Alkoholikern sieht. Die feinen, kleinen Kapillaren kommen deutlich zum Vorschein. Bei Menschen, die viel Wein trinken, verändert sich die Haut in dieser Weise. Bei Capsicum sehen wir es, ohne daß der Patient trinkt.

Wir wollen uns zuerst der **Schlaffheit** zuwenden. Sie ist wirklich einzigartig bei Capsicum. Der Patient fühlt seinen Magen regelrecht als einen Sack, ohne jegliche straffende Fasern und ohne Halt. Durch die geringste Nahrungsaufnahme bläht sich der Magen auf. Wenn die Patienten in ein pathologisches Capsicum-Stadium kommen, können sie in einer Woche ohne weiteres zehn Kilogramm zunehmen. Der ganze Stoffwechselprozeß ist reduziert und somit verantwortlich für die **geringe Vitalität, die Müdigkeit, die Kälteempfindlichkeit, die Schlaffheit und das Übergewicht**.

Und dann verschreiben Sie - *Calcium carbonicum*. Diesem Patienten-Typ geben Sie normalerweise *Calcium carbonicum*. Sie erreichen jedoch nur, daß der Patient noch etwas dicker wird.

Manchmal verwechseln Sie das Bild auch mit *Ferrum metallicum*. Es hat ähnliche Symptome. Übergewicht, rote Wangen, Schlaffheit, Müdigkeit schon nach der geringsten Anstrengung, und Sie freuen sich, einen *Ferrum*-Fall gefunden zu haben. Aber das *Ferrum*-Gesicht sieht vollkommen anders aus. Es ist weiß mit einer umschriebenen Röte auf den Wangen.

Auf der emotionalen Ebene sind Capsicum-Menschen **sehr empfindlich**. Sie sind schnell beleidigt. Sie beziehen alles sofort auf sich, auch wenn es gar nicht so gemeint war. Dieses Verhalten erwächst aus einer Art innerer Unsicherheit in ihren Beziehungen. *Natrium muriaticum* würde sich zurückziehen, aber Capsicum sucht verstärkt den sozialen Kontakt, um seine Unsicherheit zu überdecken. Er versucht sie zu überspielen, indem er jedem gut Freund sein will.
Bei dieser Unsicherheit spielt vielleicht auch ein gewisses **Schuldgefühl** mit herein. Oft haben diese Menschen Angst vor der Polizei, obwohl sie nichts angestellt

haben. Vollkommen unbegründet; wenn sie die Polizei sehen, fühlen sie sich schuldig; ähnlich wie *Mercurius* oder *Natrium carbonicum*.

Nun gibt es einen Zug bei Capsicum, der sonderbar, charakteristisch und einzigartig im Sinne § 153 des Organons ist. Die Gefühle bei Capsicum sind stark, und sie beschäftigen sich mit der Vergangenheit. Die **Nostalgie** ist so groß, daß sie den Patienten vollkommen gefangennimmt, ihn fesselt und total überwältigt. In den Büchern heißt es „Heimweh". Aber es ist nicht das Heimweh nach einer Stadt, es ist das **Heimweh nach der Kindheit**. Es ist das nostalgische Schwelgen in den Gefühlen der Kindheit. Die Patienten **leben in der Vergangenheit**. Jeder Mensch hat Erinnerungen, denen er gerne nachhängt. Aber bei Capsicum geht das ins Pathologische. Alle Gefühle drehen sich darum, sie übermannen ihn.
Wenn er von zu Hause weg ist, muß er heim.

Wie entwickelt sich dieses Stadium bei dem konstitutionellen Capsicum-Patienten weiter? Er erreicht einen Zustand, in dem alle diese Gefühle nicht mehr ertragen werden können - und was passiert dann? Der Patient schaltet einfach ab - alles ist **vergessen**. Er erreicht ein Stadium, in dem er sich gar nicht mehr daran erinnert: „Heimweh? Hab' ich nie gehabt! Vergangenheit? Ich erinnere mich gar nicht daran." Unterbewußt ist dieser Teil seiner Gefühlswelt ausgeschaltet worden.
In der ersten Phase waren alle Sinne wach, geschärft. Sehen, Hören und Fühlen waren übersteigert. Jetzt sind diese Gefühle und Sinne unterdrückt. Die Gefühle sind nahezu ausgelöscht. Aber es ist nicht die Indifferenz von *Acidum phosphoricum* und auch nicht der Gefühlstod von *Carbo vegetabilis*.

Angst schleicht sich ein, wenn auch oft versteckt. Ungeheure Angst. Der Patient hat das Gefühl, das und das und das noch zu Ende bringen zu müssen, und er merkt, wie seine Fähigkeiten ständig nachlassen. Seine Verstandesfunktionen sind geschwächt und verlangsamt.
Die ungeheure Angst drückt sich auch im Schlaf aus. Er legt sich hin und kann sofort einschlafen, weil er so müde ist. Aber nach drei, spätestens nach vier Stunden wacht er auf, voller Angst und Unsicherheit, und die Probleme überkommen ihn wieder. Er bleibt vielleicht zwei Stunden lang wach und schläft dann wieder bis in den Vormittag.

Voller Angst **fühlt er sich unsicher und den Beleidigungen durch andere ausgeliefert**. Er spürt, daß er leicht zu verletzen ist, wenn es jemand darauf anlegt. Er bezieht jegliche negative Bemerkung sofort auf sich.
Große Furcht vor Kritik.

CAPSICUM

Die Patienten kommen zu Ihnen wegen ihrer Zwölffingerdarmgeschwüre, wegen der Hämorrhoiden, wegen der Herzattacken, wegen ihrer Depressionen und Angstzustände. In der Literatur wird von überwältigenden Suicidgedanken gesprochen. Das habe ich nicht bestätigt gefunden. Es ist sonderbar, die Patienten haben keine Angst zu sterben, Angst um die Gesundheit oder ähnliches. Wenn man ihnen sagt, daß sie in drei Monaten sterben müssen, sehen sie dem Problem kühl ins Auge. Die Gefühle sind unterdrückt. Sie haben keine Angst um sich selbst. Ich habe bei diesen Patienten Angst gesehen, die unbeschreibbar ist und meistens etwas mit Sicherheit zu tun hat.

Das **zweite Stadium** ist gekennzeichnet durch die **verdrängten Gefühle** (subdued emotions) und die **herabgesetzten geistigen Fähigkeiten**. Dadurch wird auch das Reflexionsvermögen bei Capsicum vermindert.
Das kann man sich etwa folgendermaßen vorstellen: Ich denke etwas, und ich denke darüber nach. Ich sehe etwas, und ich mache mir Gedanken darüber. Ich habe Gefühle, Gedanken, die die von außen kommenden Eindrücke widerspiegeln. Aber bei Capsicum herrscht Stillstand. Es kann nicht reflektieren, nachdenken. Ich weiß nicht, ob Sie verstehen können, was ich meine. Das ist wichtig und charakteristisch für Capsicum. Es heißt nicht, daß die Capsicum-Patienten nicht denken könnten. Beim Übergang vom ersten Stadium in das zweite fällt auf, daß sie dieses **Reflexionsvermögen verlieren**. Normalerweise sind wir wie ein Spiegel, jeder Eindruck von außen spiegelt sich in unserem Inneren wider. Diese Fähigkeit hat Capsicum verloren.
Im ersten Stadium war der Capsicum-Patient ja sehr leicht beeindruckbar. Bemerkungen verstand er falsch, war leicht verletzt. Jetzt, im zweiten Stadium, kommt **auf äußere Reize keine Reaktion mehr von innen.**

Helleborus befindet sich in einem noch schlimmeren Zustand. Bei *Helleborus* ist der Geist abgestumpft, keine Reflexions- und Reaktionskraft mehr vorhanden. Es kommt zum totalen geistigen Zusammenbruch. So schlimm wird es bei Capsicum nicht. Capsicum findet sich noch im Alltagsleben zurecht, ohne jedoch seine Mitmenschen richtig zu verstehen. Aber *Helleborus* versteht nichts mehr. „Was haben Sie gesagt? Was... was... was ..?" Bei *Helleborus* sind die geistigen Fähigkeiten auf den Nullpunkt gesunken. *Helleborus* macht einen ganz anderen Eindruck auf Sie. Beide haben Angst. Capsicum hält sie im Innern, es fällt schwer, sie zu erkennen, aber bei *Helleborus* bricht sie hervor. Sie sehen die wahnsinnige Angst, die Geistesverwirrung, die Unfähigkeit zu verstehen und zu sprechen. Natürlich drücken wir es geschrieben mit den gleichen Worten aus: Reflexionsverlust und Angst bei beiden Mitteln, aber gemeint ist doch etwas vollkommen Verschiedenes.

Man kann „Angst" nicht isoliert betrachten. Wenn man sagt „ungeheure Angst", dann kommt *Psorinum* in Frage. Wenn sich ungeheuer auf die Nostalgie bezieht, denken Sie an Capsicum. Ist es ungeheure Depression, nichts bewegt sich mehr in dem Menschen, dann ist es *Aurum*. Bei allem ist Angst und Depression vorhanden, aber es kommt auf die dahinterstehende Idee an.

Im zweiten Stadium hat der Patient **starkes Verlangen nach Stimulantien**, nach **Kaffee, Bier, Whisky, Pfeffer, Salz**. Salz braucht er nicht so nötig wie *Natrium muriaticum*, *Veratrum* und *Lac caninum*; er mag es, weil es den Geschmack verstärkt. Verlangen nach Pfeffer können Sie im Repertorium nachtragen. Capsicum-Patienten brauchen diese Stimulantien, um ihre Arbeit noch verrichten zu können. Sie trinken Bier und werden dicker, natürlich auch träger. Sie befinden sich in einem Circulus vitiosus.

Manchmal entwickelt sich auch eine **Reizbarkeit**, und eine Neigung zu Zornausbrüchen. Aber durch ihre innere Unsicherheit erlauben sie es sich nicht, mit anderen zusammenzustoßen. Sie wollen soziale Sicherheit, also stellen sie sich mit den anderen gut.

Der Organismus ist **schlaff** und versucht, mit dem geringsten Aufwand das Beste zu erreichen.

Diese Patienten vermitteln auch den Eindruck, als würden sie in ihrer Trägheit nicht auf die Arzneimittel reagieren. Aber das liegt an der falschen Mittelwahl. Sie geben *Nux vomica*, *Calcium carbonicum*, *Ferrum metallicum*, ohne nennenswerte Reaktion. Erst Capsicum bringt die Wende.

In der zweiten Phase werden die Patienten auch **linkisch, unbeholfen**. Als ob die Trägheit (lazyness) sich auf die Bewegungsabläufe übertragen würde. Die Patienten zerbrechen etwas, lassen ein Glas fallen. Stärker sehen wir das noch bei *Apis* und *Bovista*. Apis läßt einfach ein Glas fallen, während Sie mit ihm reden.

Oft kommen die Patienten wegen **Hämorrhoidalbeschwerden**. Das Capsicum-Gesicht sieht dem von *Aesculus hippocastaneum* ähnlich. Und *Aesculus* ist das erste Mittel bei Hämorrhoiden. Es ist schwierig, die beiden zu unterscheiden, es sei denn, Sie finden ein paar typische Symptome.
Empfindlichkeit, Kälteempfindlichkeit spricht für Capsicum. Aesculus wird durch die Kälte nicht so sehr beeinflußt. Capsicum ist leicht verletzlich, leicht beleidigt, lebt in der Nostalgie und leidet an Heimweh, sobald er von zu Hause fort ist.

CAPSICUM

Im Repertorium finden wir **Heimweh mit roten Wangen**; es ist wirklich das einzige Mittel mit dieser Kombination.

Capsicum-Kinder führen sich manchmal so **eigensinnig und launenhaft auf wie** *Chamomilla* und *Cina*.

Jetzt noch einige Schlüsselsymptome:

Überempfindlichkeit gegen Geräusche im Froststadium.

Schmerzen brennen wie Pfeffer. Ich gebe Ihnen noch einen Tip: Wenn Sie einmal eine wirkliche schwere **Mastoiditis** haben **mit vorwiegend brennenden Schmerzen**, dann ist Capsicum das einzige Mittel. Auch die Augen oder andere Körperteile können entzündet sein, aber besonders beim Übergreifen einer Infektion auf den Processus mastoideus müssen wir an Capsicum denken. Kent sagt in seiner Arzneimittellehre: „Bei Konstitutionen mit rosigem Gesicht." Das ist nicht die genaue Beschreibung, das Gesicht sieht rot aus. Kälte verschlimmert, Wärme bessert.

Ein weiteres Schlüsselsymptom: **Widerlicher Mundgeruch während des Hustens**. Ein furchtbar widerlicher Geruch kommt mit der Atemluft bei den Hustenstößen heraus; dem Patienten ist es unangenehm, da er den Geruch selbst wahrnimmt.

Im **Hals** herrscht die Röte vor. **Brennende Röte**. Sie müssen sich nur Pfeffer ins Gedächtnis rufen. Bei brennend roter Mundhöhle oder brennend rotem Rachen denken sie dann sofort an Capsicum.

Verlangen nach alkoholischen Getränken ist dreiwertig. Verlangen nach Kaffee, aber er erzeugt Übelkeit.
Durst vor dem Froststadium.
Großer Durst nach dem Stuhlgang ist ein weiteres Schlüsselsymptom.
Gefühl, als würde ein kalter Luftzug durchs Rectum ziehen.
Blasenschmerzen beim Husten.
Gonorrhoe mit cremiger Absonderung.
Gefühl, der Kopf sei vergrößert.
Kopfschmerz beim Husten.
Ulcera im Mund, brennend, entzündetes Zahnfleisch.
Hals innen rot. Heiser durch Überbeanspruchung der Stimme.
Kälte der Genitalien morgens beim Erwachen.

Allgemein besser durch Wärme.
Besser durch Zuwendung.
Schlechter durch Kälte und Stimulantien.

Capsicum-Menschen treiben sich selbst zur Arbeit. Zuerst schieben sie die Arbeit vor sich her, aber dann naht der Termin der Fertigstellung und sie müssen sich beeilen. In ihrer Trägheit können sie nicht mehr genug leisten, also müssen sie zu Stimulantien greifen. Diese verschlimmern ihren Zustand nur. Kaffee nützt ihnen überhaupt nichts, sie fühlen sich kaputt danach. Das ist der Unterschied zu *Nux vomica*, das durch Stimulantien stimuliert wird.

Schlaflosigkeit durch Heimweh.

Capsicum muß man gegenüber *Kalium bichromicum* differenzieren. Capsicum schläft nachts sofort ein, wacht aber drei oder dreieinhalb Stunden später wieder auf, egal, welche Uhrzeit es ist. Der Patient ist natürlich müde, liegt eineinhalb bis zwei Stunden wach und schläft dann gegen Morgen noch einmal für zwei oder drei Stunden ein. Das kann man mit *Kalium bichromicum* verwechseln, aber *Kalium bichromicum* wacht zu einer bestimmten Zeit auf.
Wenn der Capsicum-Patient um 23.30 Uhr ins Bett geht, wacht er um 2.30 Uhr wieder auf, bleibt wach bis 5.30 Uhr oder 6.00 Uhr und schläft dann bis zum Morgen. Das kann man mit dem Schlafmuster von *Kalium bichromicum* verwechseln. Der Unterschied besteht darin: Geht Capsicum um 22.00 Uhr ins Bett, wacht er um 1.30 Uhr auf, geht er um 2.00 Uhr zu Bett, wacht er um 5.00 Uhr auf.
Kalium bichromicum hat das gleiche schlaffe Gefühl im Magen. *Kalium bichromicum* setzt auch in der Magengegend am ehesten Fett an, besonders bei Männern.

Capsicum scheint für Männer öfter angezeigt zu sein als für Frauen.
Capsicum liegt zum **Einschlafen** gerne in ungewöhnlicher Stellung im Bett: **Auf dem Rücken, ein Bein angezogen.**

CARBO VEGETABILIS

Carbo vegetabilis ist in unseren Büchern schon bestens beschrieben worden. Besonders im akuten Zustand wird man leicht die richtige Diagnose stellen. Die Idee von Carbo vegetabilis drückt sich vor allem durch drei Charakteristika aus: In einer allgemeinen **TRÄGHEIT des Organismus**, besonders des Kreislaufs, aber auch auf der geistigen und emotionalen Ebene. Dazu kommt die **KÄLTE**, die sich durch den ganzen Körper zieht - Kälte des Atems, der Nase, des Gesichts, der Extremitäten. Der Patient hat jedoch trotz der Kälte das starke **VERLANGEN, ANGEFÄCHELT ZU WERDEN**.

Bei Carbo vegetabilis ist die Gesundheit häufig durch den **Schock einer akuten Krankheit** (oft eine Pneumonie) **oder eines Unfalls** angegriffen. Die alles regulierende Lebenskraft ist seit einem Unfall empfindlich geschwächt; infolgedessen ist *Arnica* in solchen Fällen nicht immer das richtige Mittel. Wenn man einen solchen Fall durchgeht, findet man einfach zu wenige Symptome, um ein anderes Medikament zu verschreiben, aber man findet **Kälte, Schwäche und emotionale Gleichgültigkeit**. Das genügt, um Carbo vegetabilis zu verschreiben. In vielen Büchern steht, daß Carbo vegetabilis nach Krankheit oder Unfall angezeigt sei, aber das sollte man nicht zur Routine werden lassen. Wenn der Patient warm und vital ist und an Beschwerden nach einem Schockerlebnis leidet, gibt man ihm besser nicht Carbo vegetabilis.

Die Trägheit, die die körperliche Ebene ergreift, charakterisiert auch die emotionale Ebene. **Gleichgültigkeit** herrscht vor; dem Patienten ist es egal, ob er lebt oder stirbt. Diese Apathie ähnelt der von *Acidum phosphoricum*. Gute Nachrichten können den Patienten nicht fröhlich stimmen; selbst nach schlechten Nachrichten sagt er: „Es ist egal."

Trägheit auf der geistigen Ebene zeigt sich als **geistige Schwerfälligkeit**. Zusammenhänge werden nur langsam verstanden. Der Patient kann sich nicht konzentrieren, kann seine gewohnte Arbeit nicht mehr verrichten. Sein Verstand funktioniert nicht mehr richtig, und Unentschlossenheit ist die Folge. Dieser geistige Zustand scheint von einer ungenügenden Sauerstoffversorgung des Gehirns herzurühren, da die Blutzirkulation zu träge ist.

Bei Carbo vegetabilis begegnen wir interessanterweise **temporären Gedächtnisverlusten**: Der Patient verliert plötzlich sein Gedächtnis für eine gewisse Zeit, später kehrt es dann genauso plötzlich wieder. Es ist, als ob die Blutzirkulation zeitweise behindert gewesen wäre.

Carbo vegetabilis kann **fixe Ideen** - „arterio-sklerotische Ideen" - entwickeln. Eine Frau liest zum Beispiel in der Zeitung, Butter sei schlecht für die Gesundheit, und sie beharrt auf dieser Idee in inflexibler Art und Weise. Sie gestattet keine Ausnahme von der Regel und ändert ihre Meinung nicht. Es ist, als besäße das Gehirn nicht genügend Vitalität, um einen anderen Standpunkt zu verstehen.

Bei Carbo vegetabilis sind häufig nicht alle drei Ebenen eines Individuums betroffen. In erster Linie ist es als Medikament auf der körperlichen Ebene angezeigt, mit relativ geringen Störungen auf den tieferen Ebenen. In meiner Praxis habe ich selten einen Carbo-vegetabilis-Patienten gesehen, der geistig krank war.

Auf der physischen Ebene kann Carbo vegetabilis für jedes Organsystem in Frage kommen, **vor allem** aber wirkt es auf **den venösen Kreislaufschenkel, den Verdauungstrakt und die Atmungsorgane**.
Der Respirationstrakt ist hauptsächlich im unteren Teil betroffen. Carbo vegetabilis ist indiziert, wenn die Lungenprobleme ein ziemlich weit fortgeschrittenes Stadium erreichen; wenn zum Beispiel ein plötzlicher Kräfteverfall während einer Pneumonie eintritt oder sich ein ganz spezielles Asthma entwickelt: schlimmer durch Hinlegen und besser durch heftiges Luftzufächeln.

Die Modalität „**schlimmer durch Hinlegen**" ist bei Carbo vegetabilis leicht verständlich, wenn man sich die Trägheit vor Augen hält. Die Blutzirkulation scheint zu stagnieren, sobald der Patient sich hinlegt. Die Kopfschmerzen werden unerträglich. Ein **Gefühl, als ob die Atmung aussetzen würde** - besonders beim Einschlafen oder während des Schlafes. Der Patient schnellt plötzlich im Bett hoch, wie *Lachesis*. Es ist, als ob der Venentonus nicht ausreichen würde, um die Zirkulation aufrechtzuerhalten. Die automatischen Mechanismen, die die Zirkulation den Lagewechseln anpassen sollen, sind zu träge.

Das akute Stadium von Carbo vegetabilis ist unverwechselbar. Der Arzt behandelt eine Pneumonie, aber es geht nur langsam aufwärts. Plötzlich fällt der Patient in einen kollapsigen Zustand, mit Dyspnoe, kalten Extremitäten, kaltem Atem, kalter Zunge, kalter Nase. Die Körpertemperatur sinkt. Er wird totenbleich, bläulich um den Mund und an den Fingerspitzen. Der Patient sieht schon wie eine Leiche aus und spürt, daß das Leben ihn verlassen wird. Er fürchtet den Tod nicht, vielleicht wünscht er ihn sich sogar. Er fühlt eine derartige Gleichgültigkeit, daß es ihm nicht wert erscheint, das Leben fortzuführen. Wenn Sie jemals diesen **todesähnlichen Zustand** plötzlich auftreten sehen, können Sie Carbo vegetabilis nicht verfehlen.

Stellen Sie sich einen anderen Patienten vor, der an schwerem Erbrechen leidet. Sie haben *Chelidonium, Veratrum album* und *Arsenicum* gegeben, aber der Patient wird plötzlich bleich, blau an den Stellen mit der geringsten Zirkulation, kalter Schweiß bedeckt den Körper, die Körpertemperatur fällt und der Atem wird kalt. Der Patient verliert das Bewußtsein. Das ist ein Carbo-vegetabilis-Bild, und Sie sehen eine dramatische Besserung nach der Verabreichung.

In akuten Situationen wird Carbo vegetabilis öfter angewendet als bei tiefen konstitutionellen Behandlungen. Trotzdem gibt es einige konstitutionelle Indikationen. Relativ häufig ist es bei **Verdauungsstörungen** angezeigt, wie extremen Blähungen, peptischen Ulcera, Gastritiden, Colitiden. Die **Blähungen können sehr extrem** und langanhaltend sein, der Patient muß oft **aufstoßen, was ihn erleichtert**. Dieser Zustand wird durch **Überessen im allgemeinen verschlimmert**, speziell durch **Fett** oder Butter. Durch den Blähbauch engt das Diaphragma das Herz ein, es kommt zu rezidivierenden Kollapsen. Solch ein Patient nimmt ein reichhaltiges Mahl zu sich, trinkt noch etwas Wein dazu, und dann **drückt das Diaphragma derart stark auf das Herz**, daß er noch am Tisch in Ohnmacht fällt.

Obwohl die Blähungen oft durch Überessen hervorgerufen werden, sollte man nicht den Eindruck haben, Carbo-vegetabilis-Patienten seien dick. Dies kann zutreffen; für gewöhnlich sind die Patienten jedoch eher dünn.

Carbo vegetabilis kann auch bei sehr alten Leuten indiziert sein, die an schmerzlosen **Ulcera** leiden. Die Ulcera heilen nicht und degenerieren gangränös. In Frage kommen noch Medikamente wie: *Lachesis, Hepar sulfuris, Calcium carbonicum, Carbo animalis*. Carbo vegetabilis trifft besonders für die Älteren zu - sagen wir einmal über 80 Jahre -, die kalt und gebläht sind und kein Fett vertragen.

Neben der **Unverträglichkeit von Fett** kann Carbo vegetabilis auch keinen **Alkohol** vertragen. Es muß nicht unbedingt zu einer starken Reaktion kommen, aber sie reicht aus, um vom Patienten bemerkt zu werden: Selbst nach einem kleinen Schluck Alkohol schießt die Röte ins Gesicht, oder das Gesicht bleibt fahl und der Patient fühlt sich innerlich schwach.

Das **Verlangen gefächelt zu werden** ist ein besonders typisches Schlüsselsymptom für Carbo vegetabillis. Ganz deutlich tritt es in akuten Stadien hervor: im

Kollaps oder während einer Pneumonie. Carbo vegetabilis will nicht nur frische Luft sondern einen kräftigen Wind im Gesicht spüren. Der Patient erzählt vielleicht, daß er, wenn er beim Autofahren kurzatmig wird, den Kopf aus dem Fenster strecken muß. Der Carbo-vegetabilis-Patient möchte die Luft schnell und kräftig zugefächelt haben, so als wolle er Sauerstoff in sein System injizieren lassen.

Die Differentialdiagnose der Arzneimittel mit **Verlangen nach frischer Luft oder mit Verlangen, angefächelt zu werden**, zeigt den hohen Grad der Individualisierung, der in der Homöopathie notwendig ist. Wenn wir Fälle aufnehmen und einfach die Gesamtheit der Symptome repertorisieren, tappen wir leicht in die Falle und vermischen und vermengen einfach nur alle Daten. Aber selbst innerhalb jeder einzelnen Rubrik muß man genau wissen, wie sich ein Medikament vom anderen unterscheidet.

Arsenicum zum Beispiel ist ein kaltes Mittel, das nach frischer Luft verlangt. Dabei soll keineswegs der Körper der Luft ausgesetzt werden, sondern nur der Kopf, dem frische Luft gut tut. Doch *Arsenicum* würde sich wie Carbo vegetabilis niemals einen starken Wind wünschen, der aufs Gesicht bläst.

Natürlich fühlen sich warmblütige Arzneimittel wie *Pulsatilla* in warmen, stickigen Räumen schlechter und verlangen nach frischer Luft. Aber bei *Pulsatilla* ist es nur das Bedürfnis nach Abkühlung.

Apis ist ein warmblütiges Mittel, das angefächelt werden möchte, aber es gibt sich mit sanftem Fächeln zufrieden.

Das warmblütigste aller Mittel, *Secale*, muß sehr heftig angefächelt werden, nicht so sehr wegen des Sauerstoffbedarfs, sondern um die innere Hitze zu erleichtern.

Die gegenteilige Situation, nämlich Verschlimmerung durch Wind, zeigt genauso deutlich, wie sehr wir individualisieren müssen. Viele Arzneimittel mögen den Wind nicht, aber aus welchem Grund?

Lycopodium fühlt sich natürlich draußen an der frischen Luft wohl, aber schlecht, sobald er dem Wind direkt ausgesetzt ist.

Nux vomica kann sich sogar schlechter fühlen, wenn er sich im Haus aufhält und draußen der Wind bläst; es handelt sich dabei speziell um eine Verschlimmerung des geistigen Zustandes.

Rhododendron wird ebenso durch den Wind, der draußen weht, verschlimmert; aber hier ist die Ursache der gleichzeitig auftretende elektromagnetische Spannungswechsel. Alle körperlichen Beschwerden von *Rhododendron* werden dadurch aufgewühlt: Der Patient fühlt sich krank, am Ende, seine Muskeln werden steif, er kann reizbar werden wie *Nux vomica*, aber wegen der Schmerzen.

CARBO VEGETABILIS

Wie schon erwähnt, verträgt Carbo vegetabilis weder Fett noch Butter, hat aber **ein charakteristisch starkes Verlangen nach Salz, ein geringeres Verlangen nach Süßem und Kaffee**.

Am stärksten beeinträchtigt Carbo vegetabilis die körperliche Ebene, doch kann es bis zu einem gewissen Grad auch auf die emotionale Ebene vordringen. Einige **Ängste** sind relativ stark ausgeprägt. Carbo vegetabilis hat **keine Furcht vor dem Tod**, was die Unterscheidung von *Arsenicum* und *Phosphorus* erleichtert. Der Patient kann **Angst um die Gesundheit** haben, besonders nachts im Bett, bei geschlossenen Augen, aber nicht annähernd so stark wie einige andere Mittel. Interessanterweise fürchtet sich Carbo vegetabilis nicht in der Dunkelheit, aber es **geht ihm im Dunkeln schlechter**.
Carbo vegetabilis kann **Furcht vor Geistern** haben, wie *Lycopodium*.
Entsprechend dem Fakt, daß die Carbo-vegetabilis-Symptomatik durch den Schock eines Unfalls ausgelöst werden kann, hat das Mittel auch eine charakteristische **Furcht vor Unfällen**.

Carbo vegetabilis ist **komplementär zu *Arsenicum album* und *Phosphorus***. Bei Patienten, die gut auf diese Medikamente reagieren und ihre Ängste verloren haben, schlägt die Krankheit manchmal auf den Intestinaltrakt und verursacht ernsthafte Blähungen. Die Patienten vergessen ihre alten Ängste und richten ihre ganze Aufmerksamkeit auf die Blähungen. In dieser Situation ist Carbo vegetabilis ein gutes Folgemittel.

Lycopodium kann leicht mit Carbo vegetabilis verwechselt werden. Beide haben diese immensen Blähungen und das Aufstoßen, aber Carbo vegetabilis wird durch Aufstoßen eher erleichtert als *Lycopodium*. *Lycopodium* ist nicht so kalt wie Carbo vegetabilis. Carbo vegetabilis hat starkes Verlangen nach Salz und weniger nach Süßigkeiten; bei *Lycopodium* ist es umgekehrt. Die Schlafposition kann zur Unterscheidung hilfreich sein: Carbo vegetabilis muß mit erhöhtem Oberkörper schlafen, während *Lycopodium* es vorzieht, auf der rechten Seite zu liegen. Wie schon erwähnt, tut *Lycopodium* frische Luft gut, aber direkter Wind verschlechtert. Schließlich hat Carbo vegetabilis nicht die starke Verschlimmerung am Morgen, die wir von *Lycopodium* kennen.

CAUSTICUM

Die Hauptidee bei Causticum ist die **ALLMÄHLICH FORTSCHREITENDE PARALYSE, die einer Anfangsphase exzessiver Hypersensibilität und Hyperreaktivität folgt**. Dieser rote Faden zieht sich durch alle Ebenen im Causticum-Bild - durch die geistige, emotionale und körperliche Ebene. Der **Hauptangriffspunkt** der Causticum-Pathologie liegt im allgemeinen **im zentralen und peripheren Nervensystem**.

Geht man von dieser Idee aus, kann man sich leicht den Menschentyp vorstellen, der dazu neigt, schließlich eine Causticum-Symptomatologie zu entwickeln. Es sind empfindsame Menschen, leicht erregbar, schnell reagierend. Sie nehmen alle Eindrücke aus der Umgebung auf und antworten mit Überaktivität und überschießenden Reaktionen, besonders in Funktionsabläufen, die durch das Nervensystem kontrolliert werden.

Causticum-Menschen haben einen **ausgesprochenen Sinn für soziale Gerechtigkeit**, der sich ganz besonders in **Intoleranz gegenüber jeglicher Autorität** äußert.
Stellen wir *Staphisagria* und Causticum hinsichtlich dieses Aspekts einander gegenüber, zeigen sich interessante Seiten dieser beiden komplementären Mittel.
Staphisagria akzeptiert die Autorität bis zu einem extremen Grad und ist nicht in der Lage, sich jemandem entgegenzustellen. Nicht einmal für die eigenen Rechte kann *Staphisagria* eintreten.
Causticum reagiert genau umgekehrt; er würde nichts dulden, was ihn selbst oder andere unterdrückt. Selbst in frühen Stadien, schon vor der Entwicklung einer regelrechten Causticum-Pathologie, kann man diese Tendenz bei Causticum spüren. Eine **übermäßige Empfindlichkeit gegenüber unterdrückenden Einflüssen, kombiniert mit der übermäßigen Erregbarkeit des zentralen Nervensystems**. Sinkt die Gesundheit des Menschen auf ein kränkeres Niveau, verstärkt sich diese Tendenz so weit, bis man den Patienten vielleicht am besten als **Anarchisten** beschreiben könnte. Solche Menschen werden **sehr leicht und tief verletzt**, denn Ungerechtigkeiten und Unterdrückung finden sich in fast jedem Lebensbereich. Es sind Anarchisten vom idealistischen Typ, sehr ernsthaft und darum so verwundbar.

Nach vielen **Enttäuschungen, Kummererlebnissen und Ärgernissen** richtet sich die anfängliche Überaktivität nach innen. War der Patient vorher ein extrovertierter, revolutionärer Aktivist, wendet sich diese Energie jetzt nach innen. Es ist, als ob diese Energie ihn sich innerlich verkrampfen lasse würde. Sie zwingt ihn, sich zurückzuziehen. Die daraus folgende Störung schwächt allmählich die geistige, emotionale und körperliche Ebene. Zuerst will er die Welt draußen zerstören, weil sie nicht so ist, wie sie sein sollte. Mit der Zeit beschränken ihn jedoch seine verminderte Funktionsfähigkeit des Nervensystems, seine verminderten Reflexe, seine verhärteten und verkürzten Sehnen, sein allgemeiner Zustand der Inflexibilität.

ALLMÄHLICHES FORTSCHREITEN ist hierbei das Charakteristische des Causticum-Prozesses. Von der anfänglichen Überaktivität bis zur funktionellen, krampfhaften Lähmung vergeht eine lange Zeit.

Normalerweise manifestieren sich die Symptome zuerst im **Nervensystem, an den Muskeln und im Bindegewebe**. Causticum ist ein wichtiges Medikament, an das man immer denken muß, wenn Patienten an **Ataxie, Myopathie, Multipler Sklerose oder Myasthenie** leiden und die Krankheit langsam begonnen hat.

Ein sehr charakteristischer Zug von Causticum ist die **Lähmung einzelner Organe**. Dabei kann es sich um die verschiedensten Beschwerden handeln, wie Facialislähmungen, Lähmung oder Dysfunktion des Ösophagus, Ptosis der Augenoberlider, Stottern durch Dysfunktion der Zunge, In-die-Wangen-Beißen während des Kauens oder Sprechens, Dysfunktion des Blasenschließmuskels oder Lähmung der Extremitäten.

Die Vulnerabilität des Nervensystems zeigt sich auch auf andere Weise. Unterdrückt ein Causticum-Patient seinen Hautausschlag mit einer starken Salbe, etwa mit Zink oder Cortison, wirkt sich das sofort auf das Nervensystem aus, oft auf noch tiefere geistige oder emotionale Ebenen.

Nach und nach dringt der Umschwung von Hyperaktivität in Hypoaktivität auch in die geistig-emotionale Ebene vor. Während der Patient zuvor Probleme aktiv anging, befürchtet er nun, es könne eine Katastrophe über ihn hereinbrechen. Er wird immer mehr von **Vorahnungen geplagt, daß irgendetwas Schlimmes** ihm oder seiner Familie zustoßen könnte. Langsam entwickelt er auch **andere Ängste**: Furcht vor Dunkelheit, Furcht vor dem Alleinsein, besonders nachts, und Furcht vor Hunden.

Als er gesund war, verfügte der Causticum-Patient über hochentwickelte geistige Fähigkeiten. Ehemals sehr intellektuell, war er in der Lage, Probleme philosophisch zu betrachten und in ihrer Tiefe zu analysieren. Im fortgeschrittenen Stadium **verliert** er **seine geistige Kraft** und spürt, wie er langsam in Schwachsinn hineingleitet. Natürlich ist es keine agitierte Geisteskrankheit, sondern ein passives Stadium. Die geistigen Fähigkeiten sind im Endstadium völlig gelähmt.

Ich möchte nochmals betonen, daß es sich um einen allmählichen Verfall handelt. Zu Anfang bemerkt der Patient ein Nachlassen der geistigen Kräfte, dann kommt das Gefühl, ihm oder jemand anderem könnte etwas Schlimmes passieren. Im folgenden setzen sich weitere Befürchtungen und Ängste fest, bis schließlich der Geist zu passivem Stumpfsinn degeneriert.

Causticum ist ein sehr mitfühlendes Arzneimittel. Dabei ist das **Mitgefühl** in den frühen Stadien nicht so augenfällig, aber der Arzt kann es als unterschwellige Tendenz spüren. Die Ungerechtigkeiten dieser Welt werden übermäßig stark empfunden, Autoritäten werden nicht anerkannt; hierin offenbart sich frühzeitig, was sich später als extremes Mitgefühl für die Schmerzen anderer manifestiert. Ich entsinne mich zum Beispiel einer Frau im Kreißsaal, die das Weinen und Schreien der anderen Frauen nicht ertragen konnte. Trotz großer Hitze mußten Fenster und Türen geschlossen werden, um die anderen Frauen nicht leiden zu hören.

Auf der körperlichen Ebene gibt uns Causticum eine Reihe von ziemlich charakteristischen Symptomen, die uns leiten oder die Verschreibung bestätigen.
Die charakteristischste Modalität ist: **Verschlimmerung durch trockenes, kaltes Wetter**. Durch trocken-kalte Luft kann sofort das Nervensystem - und besonders das periphere Nervensystem - angegriffen werden. Nach Kälteexposition treten Lähmungen auf: Facialisparesen, Stimmbandparesen (Aphonie, besonders morgens). Ptosen.
Merkwürdigerweise **bessern sich rheumatische Schmerzen in feuchtem, selbst feucht-kaltem Wetter**. Andererseits **verschlimmern sich rheumatische Schmerzen durch kalte Bäder,** während **gastritische Schmerzen und besonders der Husten durch Trinken kalten Wassers gelindert werden**. (Allerdings bessern kalte Getränke den Causticum-Husten nicht so dramatisch wie den *Spongia*-Husten.)

Causticum-Schmerzen sind ziemlich charakteristisch. Bei Lähmungen schießen **Schmerzen wie Stromstöße** durch das betroffene Gebiet. *Argentum nitricum* und *Alumina* sind bei diesem Schmerzcharakter häufiger indiziert, aber Causticum sollte nicht vergessen werden.
Natürlich wird Causticum von allen möglichen krampfartigen Schmerzen und Muskelzuckungen geplagt. Bekannt sind Konvulsionen, Chorea, Torticollis und eine eigenartige nervöse Ruhelosigkeit in den Beinen, besonders beim Liegen im Bett.

Eine weitere **typische Empfindung ist das Gefühl der Roheit**, wie eine offene Wunde - höchst charakteristisch während einer Bronchitis. Der Patient leidet unter einem fürchterlichen Husten mit einem rohen Gefühl in der Brust. Er **muß sich die Brust festhalten beim Husten**.

Causticum hat **Abneigung gegen süß** und **Verlangen nach Salz** - eines der wenigen Arzneimittel mit dieser Kombination. Es hat auch **Verlangen nach geräuchertem Fleisch**, wie *Tuberculinum*, *Calcium phosphoricum* und *Kreosotum*.

Das typischste Hautsymptom sind **Warzen**, besonders im Gesicht und an den Fingern in Nagelnähe. Neben *Thuja* und *Lac caninum* sollte man bei dieser Art Warzen immer an Causticum denken. Fissuren in den intertriginösen Partien und am Anus sind ebenfalls bekannt.

Typische **Hautausschläge** treten **um die Nase** herum auf; innen und außen an den Nasenflügeln und auf der Nasenspitze (bei Ausschlägen auf der Nasenspitze muß man auch an *Aethusa* denken).

Causticum ist ein wichtiges Medikament bei **Heuschnupfen** mit Jucken der Nasenflügel innen und außen, Niesen morgens beim Aufwachen und zähem Rachenschleim. Eines der charakteristischen Symptome für Causticum bei Heuschnupfen ist die verstopfte Nase im Liegen, besonders nachts.

Da der **Schleim** sehr zäh ist, haben die Patienten das **Gefühl**, er **stecke tief in der Trachea**. Selbst durch fortlaufendes Husten kann er nicht herausgebracht werden. Hierin ähnelt es *Medorrhinum*, bei dem jedoch der Schleim etwas höher in der Trachea festzustecken scheint.

Ein gewaltiger, tiefer, hohler Husten ist typisch für Causticum. Somit überrascht es auch nicht, wenn dabei gleichzeitig **Urin abgeht**. Bei Causticum finden wir das bei jedem Druck auf die Harnblase, egal ob durch Niesen, Lachen oder Husten.

Wenn die **Blaseninnervation gelähmt** ist, resultiert entweder eine **Urinverhaltung oder unwillkürlicher Urinabgang**.
Es kann zu Urinverhaltung mit ausgesprochener Anspannung der Blasenmuskulatur kommen. Kent beschreibt das so: „Eine Frau geniert sich ganz furchtbar, durch das ganze Eisenbahnabteil zur Toilette zu gehen, da die Menschenmenge sie beobachtet. Am Ende der Reise stellt sie fest, daß sie keinen Urin mehr lassen kann." Urinverhaltung durch Überanstrengung der Blasenmuskulatur.

Hat sich der Patient gleichzeitig verkühlt, kann das Mittel auch *Rhus toxicodendron* sein. **Rhus toxicodendron** und **Causticum** sind die **beiden großen Mittel für lähmige Muskelschwäche durch Überanstrengung und Kaltwerden**.

Andererseits kann die **Urethra** so **empfindungslos** werden, daß der Patient unwillkürlich Urin verliert, ohne es zu merken. Deshalb ist Causticum eines der führenden Arzneimittel bei **Enuresis** der Kinder.

So wie der ganze Organismus allmählich in einen lähmungsartigen Zustand übergeht, kann auch das **sexuelle Verlangen und Vergnügen abnehmen**. Causticum ist eines der wichtigsten Mittel bei weiblicher Frigidität - neben anderen wie *Sepia, Graphit, Natrium muriaticum* und so weiter.

Zusammenfassend wird Causticum folgendermaßen charakterisiert: Allmähliche Veränderungen, die mit einer anfänglichen Hyperreaktivität, Empfindlichkeit gegenüber Ungerechtigkeit und Autorität, bis hin zu einem gewissen Anarchismus beginnen.
In der Folge entwickeln sich Lähmungen im neuromuskulären System, Ängste und Vorahnungen. Endstadium ist der passive Schwachsinn.
Bevorzugter Angriffspunkt der Pathologie ist das Nervensystem. Lähmungen - anfänglich begleitet von Krämpfen, Zuckungen - und Schmerzen wie von elektrischen Schlägen in den betroffenen Partien.
Charakteristische bestätigende Symptome sind Verschlimmerung durch trockenkaltes Wetter, Verlangen nach Salz und geräuchertem Fleisch, Abneigung gegen Süßigkeiten, Warzen an Gesicht und Fingern, Urinverhaltung oder unwillkürlicher Urinabgang, tiefer, hohler Husten mit zähem Schleim im unteren Teil der Trachea.

CHELIDONIUM

Nach meiner Erfahrung ist Chelidonium in seinem konstitutionellen Bild Lycopodium sehr ähnlich. Oft sind sie schwer voneinander zu unterscheiden, besonders wenn man die ganze Person in Betracht zieht.

Wie ich beobachten konnte, sind Chelidonium-Patienten ziemlich kraftvolle Menschen. Sie scheinen das Bedürfnis zu haben, andere zu **dominieren**. Sie sind sehr rechthaberisch und wollen anderen ihre Meinung aufzwängen, und sei es mit den besten Absichten. Sie wissen genau, was richtig oder falsch ist, selbst außerhalb ihres Kompetenzbereichs. Sie sind mit guten Ratschlägen schnell bei der Hand und fühlen sich beleidigt, wenn ihre Meinung nicht befolgt wird. In dieser Hinsicht gleicht Chelidonium *Dulcamara*.

Dieser diktatorische Aspekt erinnert natürlich an *Lycopodium*, aber es gibt einen grundlegenden Unterschied: *Lycopodium* ist im Grunde ein Feigling und beherrscht daher nur Menschen, mit denen er fertig werden kann - Untergebene, Kinder und so weiter.
Chelidonium ist nicht feige und ändert sein Benehmen nicht, egal, wem er gegenübersteht. Er will seinen Willen genausogut Übergeordneten wie Untergeordneten aufzwingen. Chelidonium ist nicht so friedliebend wie die meisten Lebermittel. Solch ein Patient zögert nicht, für seine Rechte oder Meinungen zu kämpfen.

In gewisser Weise sorgen sich Chelidonium-Patienten auch um andere Menschen: Aber die Angst um andere entsteht nicht aus einer menschlichen Empfindsamkeit, sondern eher aus einem Schuldgefühl. Sie sind bereit, große Opfer für jemanden auf sich zu nehmen, aber zur gleichen Zeit halten sie auch nicht mit offener Kritik in Gegenwart dieser Person zurück. Folgt der andere nicht ihrem Rat, sind sie zuerst beleidigt und verlieren dann schnell das Interesse an ihm. Ihre Einstellung geht mehr in Richtung „Hauptsache, die Arbeit ist getan", als daß sie wahres Verständnis für die Bedürfnisse eines anderen aufbringen und versuchen, diesen Bedürfnissen dienlich zu sein.

Es scheint, als ob eine tiefe Unsicherheit die Chelidonium-Patienten dazu veranlasse, anderen helfen und auch über sie bestimmen zu wollen. Sie sind willensstarke Menschen, die eine Art von Sicherheit und Befriedigung zu verspüren scheinen, wenn andere sich nach ihren Geboten richten.

Im einzelnen entwickeln Chelidonium-Patienten eine starke Bindung an eine spezielle Person, an Ehemann oder Ehefrau zum Beispiel. Dann plagt sie beträchtliche Angst um das Wohlergehen dieses Menschen. In dieser Bedeutung sollte Chelidonium in der Rubrik „**Angst um andere**" nachgetragen werden. Trotzdem hindert das eine Chelidonium-Frau nicht, ihren Ehemann zu dominieren, obwohl sie sich sehr mit ihm verbunden fühlt. Ihre Persönlichkeit kann so stark ausgebildet sein, daß ihr Ehemann einfach den Mund hält und ihr das Sprechen überläßt.

Chelidonium-Patienten sind **Realisten**, sehr praktisch, nüchtern und eigensinnig. Sie sind definitiv keine Intellektuellen, man kann sie in der Tat als anti-intellektuell bezeichnen. Wo immer möglich, weichen sie intellektuellen Arbeiten aus. Mathematische Probleme, Abstraktionen und so weiter versuchen sie zu umgehen. Sie würden niemals Zeit darauf „verschwenden", ihre Gefühle zu analysieren, Situationen zu erklären oder Verhalten zu interpretieren. Man könnte Chelidonium-Patienten sogar als geistig indolent beschreiben - apathisch und faul.

So ist klar, daß Chelidonium-Patienten keine guten Wissenschaftler abgeben. Statt dessen sind sie erfolgreiche Geschäftsleute, am Immobilienmarkt, in der Wirtschaft und so weiter - Bereiche, in denen ihre Anstrengungen von greifbaren Ergebnissen gekrönt werden. Haben sie Probleme mit einem Auto- oder Hauskauf? - Ein Chelidonium Patient wird Ihnen viele brauchbare, praktische Vorschläge machen.

Chelidonium-Patienten lassen sich nicht leicht von ihren Gefühlen überwältigen, sie sind ganz und gar nicht sentimental; ihre Gefühle auszudrücken, fällt ihnen schwer. Dennoch erwarten sie von anderen, daß sie ihnen Herzlichkeit und Zärtlichkeit entgegenbringen.

Auf der emotionalen Ebene können Chelidonium-Patienten **Ängste** entwickeln - Ängste um jemanden, an dem sie hängen, und auch Angst um ihre eigene Gesundheit. Diese Angst ist nicht so stark ausgeprägt wie bei anderen Arzneimitteln, aber sie ist vorhanden. Diese Patienten lassen sich von den qualifiziertesten Ärzten durchchecken; wenn das kleinste Problem auftaucht, werden sie ängstlich und wollen, daß sofort etwas Effektives unternommen wird. Darüber hinaus mißtrauen sie den ärztlichen Maßnahmen und wollen genau wissen, was vorgeht. Stellt der Arzt die Diagnose Colitis, gibt sich ein Chelidonium-Patient damit nicht zufrieden. Er fragt: „Sind Sie sicher? Könnte es nicht auch die Leber oder die Milz sein? Haben Sie alles in Betracht gezogen?" In seiner Angst will er kein Risiko eingehen.

Chelidonium-Patienten neigen zu tiefen Depressionen, normalerweise nur kurzfristig und aus geringfügigen Gründen. Eine Chelidonium-Frau kann sehr fordernd gegenüber ihrem Mann auftreten, und wenn er sich einmal nicht genauso verhält, wie sie es erwartet, ist sie niedergeschlagen und fällt in tiefe Depression. Am nächsten Tag ist sie schon wieder darüber hinweg und bleibt heiter bis zur nächsten kleinen Enttäuschung.

Natürlich ist Chelidonium in erster Linie ein **Leber-Mittel**. Patienten, die über längere Zeit unter einer Chelidonium-Symptomatologie zu leiden hatten, entwickeln eine dreckig-gelbe Hautfarbe, die sogar ins Kupferfarbene gehen kann.

Wie bei anderen Leber-Mitteln sind auch die Chelidonium-Symptome **morgens schlimmer**. Der **Schlaf** ist **unerquicklich**. Die **Verschlimmerungszeit** ist um **4 Uhr morgens**, besonders für Neuralgien und Kopfschmerzen.
Eine interessante Auffälligkeit besteht gegenüber *Lycopodium* mit der 16-Uhr-Verschlimmerung. Chelidonium fühlt sich nicht speziell am Nachmittag schlechter, aber beide - *Lycopodium* **und Chelidonium fühlen sich abends besser** - etwa ab 20 Uhr.

Normalerweise werden Chelidonium-Patienten durch **Kälte verschlimmert, außer Kopfschmerzen, Neuralgien und Sinusitiden**, die durch Kälte gebessert werden. Charakteristisch für Chelidonium ist eine **Verschlimmerung durch Wetterwechsel**, selbst von kalt nach warm. Bekannt ist, daß Chelidonium allgemein durch feuchtes Wetter verschlimmert werden soll, aber ich glaube nicht, daß dies ein starkes Symptom ist. Ich habe verschiedene Chelidonium-Patienten gesehen, die ganz gut am Meer leben konnten.

Chelidonium ist ein **ausgesprochen rechtsseitiges Mittel**. Besonders bei Hepatitis strahlen die charakteristischen **Schmerzen vom rechten Hypochondrium zum unteren Winkel der Scapula** aus. Wenn dieses Symptom in akuten Fällen vorhanden ist, muß man einfach Chelidonium verordnen. Chelidonium wird nicht durch Liegen auf der schmerzhaften Seite gebessert.

In zweiter Linie ist Chelidonium ein Mittel bei **arthritischen Beschwerden**. In typischen Fällen sind die rechte Schulter und beide Knie betroffen, wobei das rechte Knie unter Umständen mehr betroffen ist. Die Knieschmerzen werden deutlich durch Gehen verschlimmert. Chelidonium ist eines der Hauptmittel bei **Knieschmerzen**, die durch **Gehen verschlimmert** werden.

Chelidonium hat ein starkes Charakteristikum, das in den Büchern nicht entsprechend hervorgehoben wird: **Starkes Verlangen nach Milch und Milchproduk-**

ten, besonders nach Käse; entweder Abneigung oder Verlangen nach Käse, aber selten eine Indifferenz.
Außerdem hat Chelidonium **Verlangen nach warmen Getränken und warmen Speisen - die gleichzeitig bessern.**

Die Krankheit entwickelt sich bei Chelidonium langsam, und auch das Mittel selbst wirkt in chronischen Fällen eher langsam.
Lassen Sie sich nicht drängen, ein Arzneimittel zu wechseln, wenn in einem chronischen Fall die Reaktion nach einem Monat noch nicht beeindruckend war.
Zu der langsamen Wirkung des Arzneimittels kommt noch, daß Chelidonium-Patienten nur ungern irgendeine Besserung zugeben. Sie sind erst zufrieden, wenn sie faßbare, objektive und unwiderlegbare Resultate feststellen können. Selbst wenn ein Arzneimittel wirklich wunderbar gewirkt haben sollte, würde ein solcher Patient es nicht zugeben, solange die Besserung nicht mindestens ein Jahr angehalten hätte. Selbst dann ist er vielleicht noch mißtrauisch und zweifelt: „Sie sagen, es geht mir besser, aber all die anderen Ärzte sagten, meine Leber käme niemals mehr in Ordnung. Wie kann das, was Sie sagen, stimmen?" Vielleicht besteht er sogar auf weiteren Leberfunktionsprüfungen, in der Hoffnung, Ihnen zu beweisen, daß die Leber doch noch einen Schaden hat - und das alles, obwohl er sich deutlich besser fühlt.

Natürlich kann die Differentialdiagnose zwischen Chelidonium und *Lycopodium* in speziellen Fällen schwierig sein.
Chelidonium will dominieren und äußert seine Meinung viel deutlicher und kraftvoller und ohne Rücksicht auf Verluste. *Lycopodium* ist vorsichtiger und feiger, beschränkt seinen Machtanspruch auf Untergeordnete.
Beide haben Angst um die Gesundheit, Chelidonium weniger intensiv, realistischer und mehr faktenorientiert.
Beides sind rechtsseitige Arzneimittel, aber Chelidonium Schmerzen strahlen zum unteren Schulterblattwinkel aus.
Lycopodium neigt dazu, auf der rechten Seite zu liegen, während bei Chelidonium diese Position nicht bessert; Chelidonium liegt lieber links.
Beide haben Blähungen, aber Chelidonium bei weitem nicht so ausgeprägt wie *Lycopodium*.
Lycopodium hat ein viel stärkeres Verlangen nach süß als Chelidonium. Normalerweise zeigt *Lycopodium* eine Indifferenz gegenüber Käse, mag ihn oder auch nicht, während Chelidonium entweder starke Abneigung oder starkes Verlangen nach Käse hat. Beide wollen gerne warmes Essen und warme Getränke und werden dadurch gebessert.

Beide fühlen sich beim Aufwachen nicht wohl, aber Chelidonium hat eine spezifische Verschlimmerungszeit um 4 Uhr morgens. Die 16-Uhr-Verschlimmerung hat *Lycopodium*- Chelidonium dagegen nicht, aber beide fühlen sich abends besser.

Die Unterscheidung zwischen Chelidonium und *Lycopodium* ist ein perfektes Beispiel dafür, wie wichtig es ist, in einer Anamnese zu unterstreichen. Die Differenzierung basiert meistens nur auf Intensitätsgraden und weniger auf Schwarzweißunterschieden. In einem schriftlich festgehaltenen Fall ohne Unterstreichungen würde man sich unter Umständen sehr schwer tun, das richtige Mittel zu erkennen, da man die Intensität der Symptome, wie sie der Patient geschildert hat, nicht mehr beurteilen kann. Homöopathie ist eine Wissenschaft, die auf feinabgestuften Schattierungen zwischen den einzelnen Arzneimitteln beruht. Vielleicht wird diese Tatsache nirgendwo so deutlich wie bei dem Vergleich zwischen Chelidonium und *Lycopodium*.

DULCAMARA

Dieses Kapitel konzentriert sich hauptsächlich auf die geistige und emotionale Ebene von Dulcamara, da das Arzneimittelbild in bezug auf die körperlichen Symptome bereits in anderen Arzneimittellehren hinreichend beschrieben ist. Diese Ausführungen sollten als Arbeitshypothese betrachtet werden, da sie auf meinen eigenen Beobachtungen und Schlüssen basieren. Ich konnte anhand von zwei Fällen tiefgreifende Erfahrungen gewinnen, die die Idee von Dulcamara widerspiegeln. Beide Male handelte es sich um Frauen, was nicht heißen soll, daß Dulcamara ein weibliches Arzneimittel ist. (Im folgenden bezieht sich George Vithoulkas aber auf diese beiden weiblichen Patienten.) Zuerst verschrieb ich, in Anlehnung an die Arzneimittelprüfungen, Mittel wie *Rhus toxicodendron*, *Calcium carbonicum* und *Kalium carbonicum*, bis ich schließlich auf Dulcamara kam. Nur durch sorgfältige Untersuchungen solcher Beispiele aus unserer praktischen Tätigkeit können wir die Idee eines Arzneimittelbildes konkretisieren.

Beide Frauen hatten eine kräftige, willensstarke Persönlichkeit. Sie waren **dominierend** und **besitzergreifend** in ihren Beziehungen zu anderen Menschen, besonders mit ihren nächsten Angehörigen. Dulcamara-Patienten sind sehr **eigensinnig**, bestehen auf ihrem Standpunkt und fühlen sich nicht genug gewürdigt, wenn ihre Umgebung ihnen nicht die Dankbarkeit zollt, die sie erwarten.

Die typische Dulcamara-Patientin steckt sich ein Territorium ab, einen Einflußbereich, der sich normalerweise auf die Familie erstreckt, aber auch Nachbarn und Freunde mit einbeziehen kann. Innerhalb dieses Einflußbereiches versucht sie, die anderen durch ihren starken Willen und ihre energischen Ansichten zu beherrschen. Sie lebt teilweise durch andere, indem sie versucht, sie zu regieren und ihr Leben zu kontrollieren.

Außerhalb ihres eigenen Einflußbereiches ist sie anderen gegenüber **mißtrauisch**. Sie ist auf der Hut. Sie ist auf sich selbst fixiert, da sie bei anderen immer Fehler findet. Sie **erwartet, daß sie nicht verstanden wird**, daß man ihre Gefühle und ihr Benehmen mißversteht und falsch interpretiert.

Während der Erstanamnese ist sie sehr verschlossen und nur gewillt, über ihre konkreten Symptome zu sprechen - ihre häufigen Erkältungen, ihren Heuschnupfen, ihre Gelenkschmerzen. Es widerstrebt ihr, sich preiszugeben, bis sie sicher ist, daß der Therapeut sie so versteht und sie so hoch schätzt, wie sie sich das vorstellt. Eine Patientin wechselte den Arzt, weil sie überzeugt war, daß er sie nicht richtig verstanden hatte. Er hatte sie nicht etwa beleidigt, aber sie sagte, sie würde niemals mehr zu ihm gehen. Sie drückte das folgendermaßen aus: „Er ist ein netter Mensch, aber er versteht mich nicht." Er hatte sie einfach nur nicht kräftig genug in ihren eigenen Ansichten unterstützt.

Dieser Patiententyp besteht unumstößlich auf seinem eigenen Standpunkt. Er hat immer recht, er erwartet, daß andere das akzeptieren. Normalerweise hört man bei der Anamnese dem Patienten ruhig und anteilnehmend zu; man reagiert nicht, sondern schreibt lediglich die Symptome detailliert auf, wie der Patient sie beschreibt. Der Dulcamara-Patientin reicht das nicht. Sie will, daß man ihr absolut Glauben schenkt, sonst fühlt sie sich nicht entsprechend gewürdigt. Sobald man das begriffen hat, versichert man ihr, daß man wirklich glaubt, was sie sagt, aber sie erwidert: „Ich kann an Ihrer Stimme hören, daß Sie mir nicht glauben!" Sie ist äußerst mißtrauisch. Es bedarf einer Menge ernsthafter Versicherungen des Arztes, um so viel Vertrauen zu wecken, daß die Patientin sich öffnen und ihren wahren Zustand beschreiben kann.

Aus dem **Besitzanspruch** der Dulcamara-Patientin entwickelt sich große **Angst um andere**. Der Ehemann hat zum Beispiel eine wichtige geschäftliche Besprechung vor sich, und sie fühlt sich berufen, ihm genaue Instruktionen zu geben, wie er sich zu verhalten, was er zu sagen habe. Dies ist nicht bloß ein hilfreicher Rat, wie ihn *Phosphor* geben würde. Nein, Dulcamara besteht darauf, daß ihre Ansichten befolgt werden, und wenn nicht, so stört sie das sehr. Sie besteht darauf, daß ihr Sohn nicht heiratet, und falls doch, dann nur eine Frau ihrer Wahl. Sie erstickt andere mit ihrem Besitzanspruch und ihrer Dominanz.

Dulcamara ist äußerst egozentrisch. Es kommt ihr so gut wie niemals in den Sinn, daß andere ebenfalls Rechte und Entscheidungsfreiheiten haben könnten. Sie hängt ungeheuer an den Menschen um sich. Sie verlangt, daß sie exakt das machen, was sie will.

Bei Dulcamara äußert sich die Angst um andere besonders als **Angst um die Gesundheit der Angehörigen**. Das kann sehr extrem werden, Kleinigkeiten werden maßlos übertrieben. Kleine Probleme türmen sich so drohend auf, daß sie eine Art Verrücktheit in der Patientin hervorzurufen scheinen. Dieser Zustand gleicht dem von *Calcium carbonicum*, aber wenn man nach dem Grund der Übertreibungen forscht, entdeckt man, daß sie im Grunde dem Besitzanspruch entspringen.

Nehmen wir ein konkretes Beispiel: Während der Anamnese berichtet die Patientin mit großer Vehemenz und Angst, daß ihr Mann einen Schnupfen hat. Sie scheint davon so besessen, daß sie ihre eigenen Probleme offensichtlich ganz vergißt. Man kann einfach nicht begreifen, daß ein so triviales Problem ihr solche Sorgen macht; aber so ist es - kleine Dinge werden für sie zur Qual, rufen tiefe Verzweiflung hervor.

Der Ehemann einer Dulcamara-Patientin hat viele Dinge im Kopf und geht morgens zur Arbeit, ohne „Auf Wiedersehen" zu sagen. Dann grübelt sie darüber nach: „Ich habe ihm mein ganzes Leben gewidmet, habe für ihn gekocht, gewaschen, gebügelt. Jetzt nimmt er nicht einmal Notiz von mir."
Ein anderes Beispiel: Trotz aller Ermahnungen verläßt der Sohn nun doch das Haus, um eine Frau zu heiraten, die nicht von ihr ausgesucht wurde. Sie fühlt sich nicht entsprechend gewürdigt und fällt in tiefe Verzweiflung. Vielleicht hat sie am Ende sogar noch Suicidgedanken. Sie sagt sich: „Ich will nicht mehr leben."

In Anbetracht dieser Beschwernisse versteht man ihre Verstimmung nicht und fragt: „Wo liegt genau das Problem? Sie haben eine nette Familie, Ihr Mann bietet Ihnen ein schönes Heim, Ihr Sohn ist mit einer Frau verheiratet, die er liebt. Wo ist das Problem?"
Es ist das Gefühl, daß alle ihr gegenüber undankbar sind. Sie versucht, die anderen zu besitzen, und die gehen ihre eigenen Wege. Dadurch fühlt sie sich innerlich **angespannt** und verkrampft. Sie wirkt auch so auf andere. Diese innere Anspannung ist sehr charakteristisch für Dulcamara und kann im Laufe der Zeit sogar zur idiopathischen **Hypertonie** führen. Bei solchen Patienten ist Dulcamara ein ausgezeichnetes Hypertoniemittel.

Hat jemand ihren Einflußbereich verlassen, versucht die Dulcamara-Patientin oft dennoch zu beweisen, daß sie recht hatte. In gehässiger Art und Weise beschreibt sie, wie fürchterlich ihr Sohn von seiner Frau behandelt wird: „Seine Frau kocht nicht für ihn, hält das Haus nicht sauber. Er lebt unter schrecklichen Umständen." Ohne besseres Wissen könnte man meinen, er lebe wirklich in einer Bruchbude. Besucht man ihn aber einmal zufällig, wird sofort klar, wie sehr die Patientin übertrieben hat. Man sieht ein ordentliches, glückliches Zuhause. Die Patientin hat sich einige Kleinigkeiten herausgepickt und maßlos übertrieben - einzig allein nur, um recht zu behalten.

Die körperlichen Beschwerden sind natürlich gut in allen Büchern beschrieben. **Wetterwechsel von heiß nach kalt** verursacht Diarrhoe, Gelenkschmerzen und Schnupfen. Manchmal ist es ein wertvolles Arzneimittel bei Heuschnupfen. Ein hervorstechendes Charakteristikum sind die ungeheuren **Kopfschmerzen**, die **nach Unterdrückung eines Katarrhs** auftreten. Ebenso sind **Hautausschläge im Gesicht** bekannt; und falls sie unterdrückt werden, können **Gesichtsneuralgien** auftreten.

Wenn man zum erstenmal einen Dulcamara-Fall durchstudiert, denkt man sofort an *Calcium carbonicum*. Und tatsächlich ist Dulcamara in vieler Hinsicht ziemlich ähnlich. Dulcamara-Patienten neigen zu Adipositas. Sie sind kälteempfindlich und besonders verschlimmert durch den Wechsel von warm nach kalt. Sie können Verlangen nach Süßigkeiten zeigen. Wie man erwartet, haben sie Angst um die Zukunft. Alles deutet auf *Calcium carbonicum* hin. Aber dann denkt man über diese extreme Angst um andere nach, die bei *Calcium carbonicum* nicht bekannt ist. Jahrelang habe ich versucht, dieses Rätsel zu lösen, besonders wenn *Calcium carbonicum* nicht viel geholfen hatte. Ich kann es immer noch nicht genau nachvollziehen, wie mir Dulcamara in den Sinn kam, aber wahrscheinlich durch einige unwichtige körperliche Symptome.

Nur nachdem ich gesehen hatte, wie Dulcamara in dramatischer Weise einige Fälle von Grund auf geändert hatte, konnte ich mir von der Idee des Mittels ein erstes Bild machen. Nach Dulcamara werden diese Patienten wesentlich ruhiger, ihr Blutdruck normalisiert sich langsam, und sie verlieren die extreme Sorge um ihre Angehörigen.

Kalium carbonicum kommt einem bei solchen Fällen ebenfalls in den Sinn; es ist innerlich angespannt, verträgt keine Kälte und verlangt nach Süßigkeiten. *Kalium carbonicum* ist jedoch unabhängiger als Dulcamara - längst nicht so besorgt um andere wie Dulcamara.

Natürlich muß man auch *Arsenicum* mit Dulcamara vergleichen. Es hat ebenfalls große Angst um andere und ist kälteempfindlich. *Arsenicum* hat jedoch Angst, seine Angehörigen zu verlieren, weil er von ihnen abhängig ist. Der *Arsenicum*-Patient braucht andere, um sich einigermaßen sicher zu fühlen. Die Angst Dulcamaras ist das genaue Gegenteil. Die Angst entsteht aus einem Besitzanspruch heraus, aus einem Bedürfnis zu dominieren. Darüberhinaus ist Dulcamara viel willensstärker und kräftiger als *Arsenicum*.

GRAPHIT

Die Grundidee bei Graphit ist **„BLANDNESS"** - **Stumpfheit, Fadheit, Schwere** auf allen drei Ebenen. Es ist, als ob diese Patienten „dickhäutig" oder „verhornt" seien. Eine Barriere scheint sich um sie gebildet zu haben, die sie vor äußeren Reizen abschirmt. Eindrücke von außen scheinen nicht eindringen zu können, und daraus resultiert eine Unempfindlichkeit des ganzen Systems.
(„Blandness" ist schwer zu übersetzen, im Amerikanischen existiert das Wort „bland" im Sinne von „Essen, das nicht gewürzt ist, fad, lasch, einförmig".)

In ihrer äußeren Erscheinung sind Graphit-Patienten **im allgemeinen übergewichtig und schlaff**. Oft haben sie dunkles Haar, und ihre Hautfarbe neigt zu einem erdigen Teint. Vom klinischen Bild her fällt eine große Ähnlichkeit mit dem Morbus Cushing auf. Graphit ist nicht so schlaff wie *Calcium carbonicum*; Graphit-Patienten können ohne weiteres einem Beruf nachgehen, der harte Arbeit erfordert. Die Haut von Graphit ist nicht so weiß wie die von *Calcium carbonicum*, sie strahlt größere Vitalität aus. Als eine allgemeine Regel kann man sagen, daß sich eine Graphit-Pathologie am ehesten in einer dörflichen Bevölkerung, bei Arbeitern, Bauern, Lastwagenfahrern und in ähnlichen Berufen auszubilden scheint.

Graphit zeigt einen **Mangel an Sensitivität gegenüber jeglichen Stimuli** - physisch, emotional und intellektuell. Jede Art von intellektueller, analytischer oder wissenschaftlicher Arbeit fällt Graphit-Patienten schwer. Der Geist ist träge, lethargisch und nimmt nur langsam Informationen auf. Zur „blandness" des Intellekts kommt es, weil nur wenige Eindrücke ins Bewußtsein des Patienten vordringen. Während der Anamnese wird dies durch das Verhalten des Patienten deutlich. Er liefert nur wenige Symptome von sich aus, und Fragen beantwortet er nur oberflächlich. Für den Arzt scheint es schwierig, richtigen Kontakt zu dem Patienten herzustellen. Sein Geist (mind) ist wie von einer harten Schicht umhüllt, die Einflüsse von außen nicht durchläßt.

Wie man bei diesem Mangel an Sensibilität erwarten kann, besitzen Graphit-Patienten ein **schlechtes Gedächtnis**. In erster Linie liegt die Schwäche im Kurzzeitgedächtnis - „jüngere Ereignisse" werden leicht vergessen; so steht es in den Büchern. Die Ereignisse des täglichen Lebens graben sich nicht tief genug ein, um klar abrufbar zu sein. Das betrifft jedoch nicht das Langzeitgedächtnis und somit nicht Ereignisse, die vor dem Einsetzen der Graphit-Pathologie lagen.

GRAPHIT

Schließlich kommt es zur **geistigen Leere**. Nicht die klassische geistige Leere, die wir bei *Phosphor* sehen und die mehr aus einer körperlichen Schwäche erwächst; bei Graphit ist es eine Leere des Denkens selbst, eine Abwesenheit von Gedanken. Sie spüren, daß nichts im Innern passiert. Manchmal wird auch eine **Völle im Kopf** beschrieben, die die Gedanken behindert. Wie bei den meisten Polaritäten in der Homöopathie kann entweder das eine oder das andere vorkommen.

Die Trägheit des Geistes führt zur **Unentschlossenheit**. Graphit-Patienten können nicht einmal die einfachsten Entscheidungen treffen. Sie gehen in ein Geschäft und verbringen eine Menge Zeit damit, sich zu überlegen, ob der Preis nun gut oder schlecht sei. Schließlich verlassen sie das Geschäft mit leeren Händen, weil sie sich nicht entschließen konnten.

Mit der Zeit werden sich Graphit-Patienten bewußt, daß ihr Geist nicht mehr richtig arbeitet. Daraus entwickeln sich dann verschiedene Ängste, insbesondere die **Furcht, daß sich irgendetwas Schlimmes ereignen wird**. Sie sind sich darüber im klaren, daß sie längst nicht alles verstehen, was passiert, und haben das Gefühl, daß ein Unglück geschehen wird. Sie plagt weniger die Furcht vor Geisteskrankheit, die so charakteristisch für *Calcium carbonicum* ist, als die Furcht vor einem Unglück, das wie ein Damoklesschwert über ihnen hängt und von der Außenwelt droht.

Alle diese geistigen und emotionalen Symptome sind **morgens schlimmer** - besonders beim Erwachen. Das trifft sowohl für die Trägheit (blandness) des Intellekts, die Angst, die Furcht und die Unentschlossenheit als auch für die körperlichen Symptome zu. Sie wollen ihrer Arbeit nicht nachgehen, besonders dann nicht, wenn sie intellektuelle Anstrengung erfordert. Abends, wenn der Druck des Tages nachläßt, fühlen sie sich erleichtert. Sie können aus sich herausgehen und sich sogar gefühlsmäßig engagieren. Am nächsten Morgen ist der pathologische Zustand jedoch wieder da.

Immer, wenn Graphit-Patienten unglücklich sind, fühlen sie sich **durch Musik noch schlechter**.
Nicht wie *Natrium-muriaticum*-Patienten, deren Sensibilität viel größer ist - romantisch und sentimental - und die sich in ihre Depression durch das Hören von Musik erst richtig hineinfallen lassen.
Bei Graphit wird eine wirkliche Verschlimmerung erzeugt. Durch Musik fühlen sie sich elend und weinen vor Selbstmitleid.

Auf der **körperlichen Ebene** konzentriert sich die Krankheit hauptsächlich auf die **Haut**. Genauso wie wir Verdickungen und Sklerose auf tieferen Ebenen des Organismus finden, treffen wir sie auch auf der Haut an. Graphit neigt zu **Hautkeloiden** nach Verletzungen oder Operationen. Ich entsinne mich zweier Fälle, bei denen Graphit Großartiges geleistet hat. Ein Patient hatte sehr stark wuchernde Narbenkeloide nach drei Operationen, ein anderer hatte ausgedehnte, entstellende Keloide im Gesicht nach einem Verkehrsunfall.

Die **Absonderungen** bei Graphit sind **dick und klebrig**. Genauso wie der Geist (mind) dick, verhärtet und schwierig zu durchdringen ist, sind es auch Haut und Absonderungen.

Natürlich ist Graphit ein bekanntes Mittel für alle Arten von **Hautausschlägen**, besonders für ganz schlimme. Der ganze Körper kann mit Ekzemen überzogen sein, mit herpetiformen oder schuppenden Ausschlägen oder sonstigen schlimmen Variationen. Am häufigsten sind Ellenbeugen, Kniekehlen, Haargrenze und Hautpartien um die Ohren herum befallen. Die Haut wird in den betroffenen Gebieten gerne **rissig** (bei Kindern besonders hinter den Ohren am Ohransatz). Die **gelben, dicken, wie Serum klebrig flüssigen Absonderungen stinken**. Diese spezifischen Besonderheiten bei Hautausschlägen sind höchst charakteristisch für Graphit.

Ein Schlüsselsymptom von Graphit auf der körperlichen Ebene sind **brüchige und deformierte Nägel**.

Graphit ist ein Arzneimittel, das **stark unter der Unterdrückung sämtlicher Hautausschläge leidet**. Wenn mit Cortison oder einem anderen Arzneimittel ein Ausschlag unterdrückt worden ist, können sich ohne weiteres Asthma, Kopfschmerzen oder Duodenalulcera entwickeln.

Oft ist der **Magen** das betroffene Organ. Krämpfe und brennende **Schmerzen**, die sich sofort und dramatisch **durch Essen bessern.** Dieses Symptom wird natürlich oft bei Ulcus-Patienten gefunden und kann deshalb nicht als Leitsymptom herangezogen werden. Aber man wird es zusammen mit der übrigen Graphit-Symptomatologie sehen. Der Patient hat Magenkrämpfe, will sich nur noch hinlegen, ruhig verhalten und etwas essen.

Graphit-Patienten fallen noch durch ein weiteres eigenartiges Symptom auf. Obwohl sie im allgemeinen eine erdige Hautfarbe haben, wird das **Gesicht rot,** und zwar **kurz bevor ein körperliches Symptom auftritt**. Wenn die Röte aus dem Gesicht verschwindet, treten die Kopfschmerzen oder die Magenkrämpfe auf.

Photophobie ist ein starkes Charakteristikum von Graphit, genau wie bei den *Natrium-Salzen*. *Natrium sulfuricum* führt die Reihe der lichtempfindlichen Mittel an, aber Graphit ist vergleichbar.

Ein anderes auffallendes Symptom ist die **Taubheit der Extremitäten**. Graphit ist das führende Arzneimittel für dieses Symptom. Hierbei können die Arme, Hände, Füße oder Zehen betroffen sein, aber meistens sind es doch die Unterarme. Normalerweise tritt diese Taubheit in Verbindung mit Krämpfen auf.
Wenn jedoch die Fingerspitzen taub sind, denken Sie zuerst an *Phosphor*.

Graphit ist im allgemeinen ein **linksseitiges Mittel und empfindlich gegen Kälte**. In Übereinstimmung mit der sonstigen Unempfindlichkeit scheint die Kälteempfindlichkeit weniger eine Unverträglichkeit von feuchtem Wetter oder Wetterwechsel zu sein, sondern eher ein innerer Mangel an Lebenswärme.

Die Essensmodalitäten sind bei Graphit kennzeichnend. Es hat **Abneigung gegen Salz, Süßigkeiten und Fisch** und ist damit das einzige Arzneimittel mit dieser Kombination.
Im Bezug auf Salz und Süßigkeiten ist es interessant, einen Vergleich mit dem genau gegensätzlichen *Argentum nitricum* anzustellen. *Argentum nitricum* verlangt nach Salz und Zucker, ist energiegeladen, erregbar und warm.
Graphit auf der anderen Seite ist ein kaltes und träges Arzneimittel mit einer Abneigung gegen diese Speisen.
Zusätzlich hat **Graphit** noch **starkes Verlangen nach Hähnchen**.

Wie immer darf niemals aufgrund dieser Schlüsselsymptome allein verschrieben werden. Immer müssen diese sich in das allgemeine Bild einfügen - den Mangel an Kontakt, die Trägheit (blandness), die allgemeinen Erscheinung.

Wenn man die Müdigkeit, die Fettsucht, die Kälte, die Drüsenschwellungen und das rote Gesicht in Betracht zieht, könnte man Graphit leicht mit *Ferrum* verwechseln. Bei Graphit tauchen die Ängste jedoch meistens morgens auf. Die Unzufriedenheit, die Unentschlossenheit und die Furcht, daß irgendein Unglück passieren könnte, helfen Graphit zu unterscheiden.

Pulsatilla kann manchmal mit Graphit verwechselt werden, da die Unentschlossenheit als eine Art Wechselhaftigkeit erscheinen kann.

Natürlich ist *Pulsatilla* ein warmes Arzneimittel und hat seine Verschlimmerungszeit abends nach der Dämmerung. In vielen Fällen stehen wir vor der Wahl zwischen Graphit, *Ferrum* und *Pulsatilla*. Hier können wir durch folgende Fragen differenzieren: Wie verträgt der Patient die frische Luft, wie schnell will er gehen, und wie verhält es sich mit seinen Essensgewohnheiten?

Ein anderes mit Graphit zu verwechselndes Medikament ist natürlich *Calcium carbonicum*. Es ist frostig, schlaff, fett und durch geistige Arbeit leicht zu erschöpfen. Graphit hat eine eindeutige Abneigung gegen geistiges Arbeiten - es ist fast als antiintellektuell zu bezeichnen. *Calcium carbonicum* dagegen leidet unter der geistigen Arbeit, macht aber unter Anstrengung weiter, um die Aufgabe zu erfüllen. Graphit ist auch physisch robuster als *Calcium carbonicum*. Graphit-Patienten sind eher rauh und ungeschliffen - wie die Dorfbevölkerung zum Beispiel -, aber sie können körperlich sehr viel leisten.

Die Trägheit (blandness) des Intellekts scheint bei Graphit auch der Grund dafür zu sein, daß die Krankheit nicht bis zu einer tieferen, geistigen Ebene fortschreitet. Graphit-Patienten können ein hohes Alter erreichen, ohne geistig besonders gestört zu sein, außer dieser „BLANDNESS". Sie scheinen nicht unter tiefen Störungen zu leiden, die die moderne, intellektbetonte Städtegesellschaft hervorbringt.

GRATIOLA

Gratiola hat eine besondere Beziehung zum **Intestinaltrakt**; Blähungen an umschriebener Stelle oder im ganzen Abdomen, Gastritiden, Duodenalulcera und so weiter.

Auch das **Nervensystem** ist betroffen; der Patient ist nervlich schwach. Mit der **Schwäche**, der Müdigkeit kommt innerliche Aggressivität auf; **Aggressivität, Unzufriedenheit und Reizbarkeit**.

Die Patienten sind schwach, gebläht, leiden an Colitis, Diarrhoe oder Diarrhoen im Wechsel mit Obstipation.

Eine **gichtische Diathese** ist typisch; Harnsäureablagerungen im Gewebe, Nierensteine.

Gratiola ist sehr **gereizt**, man kann den Fall mit *Chamomilla* oder *Nux vomica* verwechseln.
Die Patienten sind **deprimiert,** und ihr Nervensystem ist in schlechter Verfassung.

Trotzdem ist ihr **sexuelles Verlangen außergewöhnlich stark**. Sie wollen Sex und sind nicht zu befriedigen. Ein Orgasmus nach dem anderen; aber sie wollen immer mehr. Schließlich entwickeln sie nymphomane Züge. Die große sexuelle Aktivität macht sie noch müder.

Gratiola ist vor allem ein **Frauenmittel**.

Gratiola ist ein **linksseitiges Mittel**. Neuralgien, Adnexitiden, Nierenkoliken, linksseitige Auftreibung des Abdomens.

Gratiola-Fälle sind **mit *Platin* verwechselbar**. Auch Gratiola kann sich hochmütig verhalten. Dieser **Hochmut** erwächst eher aus einem **Gefühl der Unzulänglichkeit,** und die Patientin versucht damit, ihre Minderwertigkeit zu überspielen. So kommt es zu Unzufriedenheit, nervlicher Schwäche und Müdigkeit, doch gleichzeitig ist die Patientin gierig auf Sex - und der macht sie noch müder.
Gratiola hat das **Gefühl, als sei der Kopf kleiner**. *Platin* empfindet den eigenen Kopf als vergrößert und sieht die anderen Menschen kleiner.

Die Gratiola-Patientin kann recht impulsiv sein.

Gratiola ist oft bei **Colitis** indiziert. Hat man einen Colitis-Fall mit Auftreibung des Abdomens, Rumpeln in den Gedärmen, Linksseitigkeit, und sind die typischen *Lycopodium*-Züge wie Verlangen und Abneigungen nicht vorhanden, sollte man an Gratiola denken.

Lycopodium ist Gratiola in vieler Hinsicht ähnlich; die Auftreibung des Abdomens, das Rumpeln im Bauch, das Streben nach kurzlebigen Beziehungen zur Befriedigung sexueller Gelüste, besonders bei Männern.

Gratiola hat ein noch stärkeres sexuelles Verlangen; die Gratiola-Patientin will dreimal am Tag mit einem Mann schlafen und hat noch nicht genug. Gratiola ist übererregbar, es ist schon fast eine lokale Übererregbarkeit der Genitalien. Der Wunsch nach Vereinigung entspricht nicht der Sehnsucht nach Liebe und Kommunikation, sondern ist ein körperlicher Vorgang.

Ein weiteres merkwürdiges Symptom ist ein **Kältegefühl in Abdomen und Magen**, das sehr ausgeprägt sein kann.

Anmerkung: Es gibt auch Gratiola-Fälle mit normalem sexuellen Verlangen.

GUAJACUM

Wir wollen bevorzugt über das emotionale, mentale Bild von Guajacum sprechen. Guajacum scheint zwei Stadien zu besitzen. Im ersten Stadium ist das Nervensystem irritiert und erregt, und der Patient produziert einen Zustand der **Gereiztheit, er ist verächtlich, hochmütig, trotzig (defiant)**. Hochmütig wie *Platinum*, nicht genauso natürlich, aber in ähnlicher Weise. In diesem Zustand ist der Patient sehr **kritisch**, kritisiert andere viel, zieht sich zurück, wird zum **Eigenbrötler**. Er mag keine Kommunikation, er spricht nicht gerne, und schließlich kann er von diesem Zustand in das andere Stadium überwechseln, in dem er **stundenlang dasitzt, vor sich hinstarrt** und keinen Ton sagt, wie *Pulsatilla*.

Guajacum-Patienten sind empfindlich. Kennen Sie Leute, die so aussehen, als könnten sie an Tuberkulose erkranken? Bei manchen sagt man sich: „Der könnte Tuberkulose bekommen", weil die Haut so blaß ist, weil er so empfindlich, zerbrechlich wirkt. Guajacum-Patienten sind nicht sehr kräftig, eher dünn. Irgendwann wird ihr System erregt, sie werden reizbar, kritisch, all diese etwas bösartigen Zustände treten auf. **Nach diesem Stadium der Erregtheit, der Gereiztheit kommt schließlich die Katastrophe.** Der Geist bricht vollkommen zusammen. Die Patienten können sich **nicht mehr konzentrieren**, sind sehr leicht ablenkbar, geistesabwesend. Sie können in ihrem Kopf **nicht klar denken**, sich Dinge nicht klarmachen, und sie können auch nichts klar darstellen, wenn sie mit Ihnen sprechen. Sie sind verwirrt, und diese **Verwirrtheit** ist ein Zustand wie im Traum. Die Realität betrifft sie nicht sehr, ruft keine Gefühle hervor; **Gleichgültigkeit und Apathie** machen sich breit.

Diesen Leuten fällt es **sehr schwer, sich auszudrücken,** es kostet sie richtige Anstrengung. Und während der jeweilige Patient vorher ganz gut mit der Welt zurechtkam, wird nun der Geist immer langsamer. Er will ein Gespräch führen, am Telefon reden, aber das ist eine enorme Anstrengung für ihn: „Ei ... ei ... eine Id ... ee h ... herauszubring en." So geht das ungefähr. „Ja, ... ich ... ich ... ges ... gestern ges ... ging ... ich, ... gestern, ..." Sie sprechen sehr langsam, und man merkt, welche Mühe es sie kostet, sich zu konzentrieren und einen Gedanken herauszubringen. Man erkennt, daß das Gehirn blockiert ist, verwirrt, daß die Dinge nicht klar überlegt werden können. Guajacum-Patienten vermögen sich nicht ausdrücken. Interessant ist, daß sie selbst es gar nicht zu bemerken scheinen. Sie sagen nicht: „Das Denken fällt mir schwer." Sie Fragen Sie einen solchen Patienten: „Mögen Sie Milch?", dann druckst er herum: „Mmh, a ..., mmh, a ... ja." Ich meine, er muß sicher nicht so lange nachdenken, ob er Milch mag oder nicht; er ist schlicht und einfach verwirrt.

Seine Augen schauen sehr **erschreckt**, in diesen Patienten ist Furcht und ihr **Blick** wird **starr**.

Sie sprechen mit einem solchen Patienten und fragen ihn: „Verstehen Sie mich?" „Ja, ja, ja, ich verstehe, ja, mmmh, mmmh." Und Sie spüren die Anstrengung. Guajacum ist dreiwertig in der Rubrik **„Trägheit des Geistes". Langsamkeit, Trägheit, Vergeßlichkeit**, vergeßlich für alles. Gedanken fließen nur schwer, kommen ihm nur schwer in den Sinn.

Das Gesicht **sieht viel älter aus**, als der Patient ist. Sie werden zum Beispiel zu einem Kind gerufen, das erbricht und würgt, und dieses Kind sieht aus wie ein Greis, mit vielen kleinen Fältchen im Gesicht; das sind keine richtigen Falten, das ist eher eine Trockenheit der Haut, die das Gesicht viel älter aussehen läßt.

Bei Guajacum haben wir eine **Verschlimmerung am Morgen**; was immer passiert, es passiert am Morgen. Die Diarrhoe ist viel schlimmer am Morgen, die Schmerzen sind schlimmer am Morgen, die Kopfschmerzen sind schlimmer am Morgen, die Geistesabwesenheit und die Verwirrtheit sind schlimmer am Morgen.

Guajacum hat **Abneigung gegen geistige und auch gegen körperliche Arbeit**. Obwohl der Patient gedankenlos ist, obwohl die Gedanken nicht fließen, sieht er sehr gedankenvoll aus, als würde er sehr tiefschürfende Gedanken hegen. Aber sein Gehirn ist leer, sein Gedächtnis ist schwach, er starrt vor sich hin, als ob ihm etwas große Angst machen würde.

Vor allem wird dieses Mittel bei **rheumatischen Erkrankungen** gebraucht, bei **Arthritiden**, bei **Gicht**, bei Patienten mit Harnsäureablagerungen.
Am meisten sind die **Beine** betroffen, **besonders im unteren Teil**, speziell die Knöchel. Auch die Handgelenke, aber am häufigsten doch die Beine in den eher unteren Abschnitten.

Typisch ist ein **Gefühl der Spannung, der Kontraktion,** Kontraktion der Muskeln, typisch ist auch **Schwellung**. Die Gelenke sind enorm geschwollen und werden dadurch unbeweglich.
Auch eine Arthritis psoriatica kann ein Guajacum-Fall sein.
Im Rahmen der Schwellungsneigung der Gelenke bilden sich auch leicht **Abszesse** aus, wobei wir es meist mit **brennenden Schmerzen** zu tun haben.

GUAJACUM

Die Modalitäten sind **schlechter durch Anstrengung**, wie *Calcium carbonicum*, und **schlechter durch Bewegung**, wie *Bryonia*.

Schlechter durch Anstrengung und schlechter durch Bewegung; Guajacum hat bezüglich seiner Schmerzen noch ein ganz besonderes Schlüsselsymptom, nämlich besser durch kaltes Wasser, besser durch kalte Anwendungen. Wenn man die Gelenke mit Wärmeanwendungen behandelt, werden die Schmerzen schlimmer. **Besser durch kaltes Wasser, besser durch kalte Anwendungen, schlechter durch lokale Wärme.**

Man findet **Ödeme**, sehr viel ausgeprägter, als man erwarten würde, man findet **Röte**, und man findet **brennende Schmerzen**. Diese drei Dinge lassen zunächst an *Apis* und *Arsenicum album* denken. Wenn Sie diese Dreierkombination sehen, Ödem, Röte, brennende Schmerzen, wo immer es auch sein mag, im Gesicht, im Tonsillarbereich, stark geschwollene rote Tonsillen mit brennenden Schmerzen, sollten Sie auch an Guajacum denken. Besonders mit den Modalitäten schlimmer Anstrengung, schlimmer Bewegung und besser durch kalte Anwendungen.

Guajacum gehört zu den Mitteln, die leicht erschöpft sind. Müdigkeit, körperliche und geistige Müdigkeit, fortschreitende Erschöpfung. **Progressive Erschöpfung, körperlich und geistig, und Abmagerung**. Die Patienten werden sehr dünn, obwohl sie gut essen. Sie essen besonders deshalb viel, weil sich ihr Magen so leer anfühlt, wie bei *Sulfur*. **Leeregefühl im Magen**, besonders am Nachmittag. Sie müssen sehr **viel essen**.

Absonderungen sind sehr **übelriechend**.

In der Literatur wird eine bestimmte **Verschlimmerungszeit** beschrieben: **zwischen 18 Uhr und 4 Uhr morgens**. Aber ganz genauso findet man das nicht, man findet Verschlimmerungen so ungefähr in diesem Zeitraum, vielleicht von neunzehn, zwanzig Uhr bis ein Uhr. Insbesondere trifft das auf die Neuralgie bei Guajacum zu; und die **Neuralgie** bevorzugt wiederum die **linke Seite**. 18 Uhr bis 4 Uhr, das gilt besonders für die Neuralgie.

Gesichtsneuralgie, bevorzugt links, besser durch Druck und besser durch Gehen, was im Gegensatz zu den sonstigen Allgemeinsymptomen steht. Gehen verschlechtert im allgemeinen die Schmerzen bei Guajacum, mit Ausnahme der Neuralgie.

Rheumatisch-arthritische Schmerzen, Hautausschläge, übelriechende Diarrhoe. Träger Geist, unfähig, sich zu konzentrieren, vergeßlich, starrer Blick; das **Starren** ist sehr wichtig bei Guajacum. Das wäre ein typischer Guajacum-Zustand.

Es ist schwierig, sich am Telefon mit einem Guajacum-Patienten zu unterhalten. Er stottert nicht, sondern er muß sich furchtbar anstrengen.

Frage aus dem Publikum: Kann man diesen Zustand mit Alumina vergleichen?
Ja, dieser Zustand ist *Alumina* sehr ähnlich. Sie müssen den Patienten anschauen: Bei Guajacum ist das Starren, die Furcht wichtig. *Alumina* muß sich auch sehr anstrengen, um etwas herauszubringen, aber bei Guajacum ist dieser Zustand, diese Langsamkeit noch schlimmer. Guajacum muß sich sehr anstrengen, um einen Gedanken zu äußern, aber Guajacum antwortet immer, strengt sich an und gibt eine durchaus richtige Antwort, wohingegen *Alumina* manchmal gar nicht in der Lage ist zu antworten.

Der Guajacum Patient **bemerkt seinen Zustand selbst gar nicht**. Fragt man ihn: „Fühlen Sie sich geistig langsam?", sagt er: „Nein." Er nimmt es einfach nicht wahr. Jeder in seiner Umgebung bemerkt, wie sehr er sich verändert hat, nur er nicht. Vielleicht wollen es diese Patienten nicht wahrhaben, ich weiß es nicht. Auf alle Fälle bemerken sie es nicht.
Frage: Ist das Tagträumen?
Nein, das ist nicht Tagträumen, das ist ein Zustand wie im Traum. Aber ein Außenstehender sieht es eher als der Betroffene selbst.

Obwohl man den Eindruck hat, daß die Patienten ziemlich unter ihren Beschwerden leiden, beklagen sie sich nicht sonderlich; sie zeigen ihr Leiden nicht.

Man sieht die fortschreitende Erschöpfung, die Abmagerung, man mag den Patienten nicht besonders, weil er auch recht böse sein kann.

Mit welcher Art Arthritis hat man es bei Guajacum häufig zu tun? Mit **Gicht oder arthritischen Beschwerden des Knöchels**. Das erinnert an *Medorrhinum*. Medorrhinum hat Besserung direkt am Meer und durch Meerwasser.
Guajacum geht es im Wasser besser, wobei es keine Rolle spielt, ob das nun Fluß- oder Meerwasser ist. Wenn Guajacum im Fluß schwimmt, geht es ihm besser; wenn er im Meer schwimmt, geht es ihm auch besser.
Wie *Pulsatilla*. *Pulsatilla* geht es beim Schwimmen in kühlem Wasser besser, ob das nun das Meer ist oder nicht, *Pulsatilla* wird durch die Kälte gebessert.

Auch ein anderes Mittel hat „besser durch Kälte": *Ledum*. Ledum geht es durch kalte Anwendungen sehr viel besser, aber es müssen sehr kalte Applikationen sein. Ledum braucht eiskalte Anwendungen, Guajacum nicht.

Sie denken, wenn ein Patient sein entzündetes Knie, seinen entzündeten Knöchel - Knie und Knöchel sind bei Guajacum am häufigsten betroffen - in kaltes Wasser hängt, müsse ihn das umbringen. Aber bei Guajacum ist das nicht so, ihm geht es besser. Er **kann sein schmerzhaftes Gelenk eine Stunde lang im kalten Wasser lassen**, und solange es darinsteckt, tut es nicht weh.

In manchen Fällen ist der Verstand überhaupt nicht betroffen. Das kann bei allen Mitteln so sein, ob bei *Calcium carbonicum*, ob bei *Stramonium* oder bei *Veratrum album*. Sie brauchen vielleicht *Veratrum* bei einer Enterocolitis, bei einer Colitis ulcerosa, und der Verstand ist überhaupt nicht betroffen. Vom Verstand und von den Emotionen her kann der Patient völlig gesund sein, und Sie können nicht erwarten, entsprechende Symptome auf diesen Ebenen zu finden.

Ich denke da an einen der großen Homöopathielehrer, der 1969 auf dem Internationalen Kongreß sagte: „Wenn Sie einen Patienten ohne Ängste vor sich haben, verschreiben Sie nie *Calcium carbonicum*. *Calcarea carbonica* hat immer alle möglichen Ängste." Das ist falsch. Wenn die geistig-emotionale Ebene nicht betroffen ist, findet man *Calcarea* auch ohne Ängste. Aber es stimmt, daß die meisten *Calcarea*-Patienten Ängste haben. Falsch ist auch, wenn jemand sagt, es gebe keine Angst, die *Calcarea* nicht habe. *Calcarea* hat vor allem Höhenangst, oft findet man Angst, verrückt zu werden, Angst im Dunkeln, vor Geistern, vor Gewitter, vor der Zukunft und andere Ängste.

Zu den Modalitäten von Guajacum:
Schlechter durch kaltes, feuchtes Wetter, wie im Boericke beschrieben, ist ein Allgemeinsymptom. Lokal bessert die Kälte.
Schlechter durch Hitze gilt nicht generell, Hitze verschlechtert lokal. **Schlechter durch lokale Wärme, besser durch lokale Kälte**.
Schlechter durch Druck, aber besser durch Druck von außen. **Besser durch Druck von außen, das gilt nur für die Neuralgie. Die Gelenke vertragen keinen Druck**.

Rheumatische Beschwerden in den Schultern, Armen, Händen, wie es im Boericke beschrieben steht, ist nicht richtig. Das liefert Ihnen eine falsche Vorstellung. In erster Linie sind die Handgelenke betroffen, die **Handgelenke, die Knie und die Knöchel**.
Wir müssen alle diese Dinge klarlegen.

Wenn ein Patient seit Jahren leidet, wenn seine Knie geschwollen sind, wenn seine Knöchel geschwollen sind, Knie, Knöchel, Knie, Knöchel, immer wieder, dann müssen wir an Guajacum denken. Das sind so die Informationen, die die Unterschiede zu anderen Mitteln ausmachen. Wenn ich einen solchen Patienten sehe und sage: „Ja das ist doch Guajacum!", obwohl vorher keiner an dieses Mittel gedacht hatte, dann sind es diese Feinheiten, die es mir erlauben, das Mittel zu erkennen.

Ledum braucht sehr kaltes Wasser, um eine Besserung zu spüren, eiskaltes Wasser. Ledum hat ein sehr interessantes Geistsymptom, das ich bis jetzt noch nirgendwo erwähnt gefunden habe, aber ich spreche jetzt lieber nicht darüber. (Man drängt ihn, und er läßt nur die Bemerkung „Angst um die Gesundheit" fallen.)

Verlangen nach Äpfeln, Abneigung gegen Milch.

Frage: Differentialdiagnose zu *Sepia*?
Wenn man einen Guajacum-Patienten sieht, kann man ihn wirklich leicht mit *Sepia* verwechseln, weil er vom Verstand her so verwirrt, so verlangsamt ist, weil er so vergeßlich ist und so gar nicht kraftvoll. Aber Guajacum ist ein Mittel in erster Linie für Sehnen, Muskeln, Gelenke und vor allem für das Periost. In zweiter Linie ist die Wirbelsäule betroffen und in dritter Linie die Haut. Es ist ein Mittel für rheumatisch-arthritische Zustände, rheumatoide Arthritis, harnsaure Diathese, Gicht. Gelenke besser durch kaltes Wasser. Entzündung, massive Schwellung, Röte, brennende Schmerzen.

Frage: 1984 hatten Sie in London einen Guajacum-Fall, bei dem Sie sagten, er hätte durch einen Schock begonnen. Können Sie das noch einmal erläutern?
Als ich diesen Fall aufnahm, hatte ich das Gefühl, der Patient sei überraschend, plötzlich mit einem Sterbenden konfrontiert worden. Ich fragte: „Haben Sie jemanden sterben sehen? Ist jemand vor Ihren Augen ermordet worden?" Der Patient vermittelte mir einfach diesen Eindruck. Und er bestätigte es. Er war von Beruf Taucher bei einer Rettungseinheit. Ein Junge war vermißt, und sie tauchten nach ihm. Er sah den Jungen plötzlich tot im Wasser liegen, und eine solche Furcht packte ihn, daß sie sich noch immer in seinen Augen spiegelte. Er sagte: „Es war ein solcher Schock, ich hatte solche Angst, ich war gelähmt, ich konnte den Jungen nicht herausziehen." Das war sein Beruf, er war dafür ausgebildet, aber als er den toten Jungen so plötzlich vor sich sah, löste das eine solche Furcht aus, daß er andere zu Hilfe holen mußte, die den Jungen dann herauszogen. Dieses Erlebnis hatte sich in seinen Augen niedergeschlagen, das konnte ich spüren. Ich

hatte ihn gefragt: „Hatten Sie einen Schreck?", und er hatte „Nein" gesagt. Trotzdem hatte ich weitergebohrt, mit der Frage: „Ist jemand vor Ihren Augen ermordet worden?" Ich konnte ja nicht wissen, was wirklich geschehen war, aber ich war nahe daran. Er sagte: „Ohh..., wenn ich daran denke, wird mir immer noch ganz anders."

Guajacum-Patienten haben eine ausgeprochene **Neigung, sich** derart **schocken und in Furcht versetzen zu lassen**. Sie **wirken furchtsam, erschreckt, sie starren vor sich hin**; zu Guajacum gehört das Element der Furcht und des Schreckens. Wir finden „erschreckt leicht" im Repertorium, „Neigung zu Furcht und Schreck" irgendwo in der Materia medica. Diese Menschen erschrecken leicht, fahren leicht zusammen, besonders im Schlaf. Wenn man sie im Schlaf berührt, wenn sie etwas hören, dann springen sie auf, fahren zusammen. Sie fürchten sich leicht.

HELLEBORUS

In England wurde mir ein Fall vorgestellt:
(Bericht des behandelnden Arztes)
Ein junger Mann leidet seit drei Jahren unter Kopfschmerzen. Die Schmerzen sind ziemlich stark, dauern jeweils zwei bis drei Wochen an, dann kommt eine Pause von drei bis vier Tagen ohne Kopfschmerzen, danach beginnen sie wieder. Der Schmerz selbst wechselt: Schmerzen in den Schläfen, zwischen den Augen, mitten auf der Stirn, am Hinterkopf. Auch der Schmerzcharakter kann wechseln, der Schmerz kann brennend sein oder wie elektrische Schläge. Er ist schlimmer nachts (3), tritt aber auch tagsüber auf, schlimmer beim Hinlegen (3). Der Schmerz kommt schnell und verschwindet auch schnell wieder. Schwindel bei den Kopfschmerzen, wenn der Patient steht oder geht (3), besser beim Schließen der Augen (3). Kopfschmerz schlechter durch geistige Anstrengung, der Patient kann nicht gut denken und sich schlecht konzentrieren, wenn er diese Kopfschmerzen hat. Müdigkeit durch Schlafmangel.
Stellt man dem Patienten eine Frage, so beginnt er, nervös irgendetwas mit den Händen zu tun; wenn man ihn drängt, wird er sehr langsam.
Sein ganzer Körper fühlt sich schwach, sein Kopf ist schwer (3), er zittert nicht, aber er kann den Kopf nur mit Mühe halten. Er hat die Abschlußprüfung an seiner Schule schon dreimal nicht bestanden, er kann einfach nicht lernen, er ist faul, er sagt, er wolle lieber den Teufel sehen als ein Buch. Was ihn interessiert, das ist Fernsehen und Kino. Die Kopfschmerzen begannen nach einem seiner Examensfehlschläge.
Er glaubt nicht, daß er die spezielle Ausbildung, die er genießt, erfolgreich abschließen kann. Er möchte sich am liebsten umbringen, wenn er es wieder nicht schafft. Er hat keine eigentlichen suicidalen Impulse, aber er fühlt sich schuldig und unglücklich, weil seine Familie ihn so sehr unterstützt und er keinerlei Erfolg vorweisen kann.
Er war sehr traurig, als er seine Familie verlassen mußte, und hat oft Heimweh (3).
Er sagt, er sei nie schüchtern, selten zornig, aber wenn ihn der Zorn packe, dann tüchtig.
Die Anamnese ging nur sehr langsam voran, weil man ihm jede Information quasi mit der Hand aus dem Gehirn ziehen mußte.
Er wiederholt, daß er sich am liebsten umbringen möchte. Er erzählt von einem Ereignis, als er zehn Jahre alt war: Sein Lehrer hatte den Eltern berichtet, daß er die Hausaufgaben nicht gemacht hatte. Aus Ärger schloß er sich in sein Zimmer ein und trank Mercurochrom. Er war zornig und wollte ein Exempel statuieren.

Nach seinen Wutanfällen tut ihm das Ganze sehr leid, aber er entschuldigt sich nie. Er sagt, er habe viele Freunde; er sagt auch, er sei verschlossen und spreche nie über seine Probleme (3).

Noch vor zwei Jahren habe er sehr unter Prüfungsangst gelitten, was mittlerweile besser geworden sei (3).

Er hat Angst was die Zukunft angeht, Angst bezüglich der Schule, des Berufs, bezüglich der Familie.

Traurigkeit schlimmer nachts, wenn er alleine ist, aber auch nicht besser, wenn er in Gesellschaft ist.

George Vithoulkas berichtet weiter:
Die Diskussion um den Selbstmord kommt wegen seiner Familie auf. Er will der Familie gefallen, sie hat ihn all die Jahre unterstützt, aber er versagt nur, versagt, versagt. Er sagt sich: „Ich bringe mich um, aber wenn ich mich umbringe, tue ich meiner Familie noch mehr Kummer an." Er befindet sich in einem Teufelskreis, er weiß nicht, was er tun soll, sich umbringen oder besser doch nicht, er kann sich nicht entscheiden.

Er hat die Kopfschmerzen, die Schwere, die geistige Dumpfheit.

Sexuelles Verlangen ist stark, er hat aber zur Zeit keine Freundin; angeblich keine Probleme in sexueller Hinsicht.

Keine weiteren Ängste, besser in frischer Luft, Abneigung gegen stickige Zimmer, Photophobie bei Sonnenlicht, schläft nie rechts oder auf dem Bauch, schwitzt bei heißem Wetter sehr viel, Verlangen nach kaltem Wasser, Verlangen nach Fleisch, Süßem, Schokolade, Salzigem, Hähnchen, Fett, Milch. Abneigung gegen scharfe Speisen, gebratene Eier, Butter.

Wie gehen wir einen solchen Kopfschmerzfall an? Wie sorgfältig wir auch repertorisieren, alleine dadurch werden wir das Mittel nie finden. Was fällt besonders auf? Für mich war der Fall sehr klar. Ich will versuchen, das Ganze zusammenzufassen.

Wir haben einen jungen Mann mit nicht genau definierbaren Kopfschmerzen; von seinen Kopfschmerzen her können wir kein Mittel klar erkennen. Der junge Mann versteht sehr langsam, er ist ein netter Mensch, der studieren möchte und es nicht kann. Er sitzt über einem Buch und ... er sagt, er sieht lieber den Teufel als ein Buch. Er sitzt da und kann nicht begreifen, nicht erfassen, was in dem Buch vor ihm steht. Wahrscheinlich hat er ein sehr schwaches Gedächtnis, weil er es einfach nicht fertigbringt, sich etwas zu merken und seine Prüfung zu bestehen. Sein Auffassungsvermögen ist so vermindert, sein Gedächtnis so schwach, und jetzt hat er auch noch die Kopfschmerzen obendrauf. Und einige seiner Gedanken gehen sicher in die Richtung: „Ich möchte etwas Großes im Leben erreichen. Ich möchte meinen Eltern einen Gefallen tun, weil sich mich so unterstützen, aber ich bin absolut blöd." Die Idee des Falles ist für mich: Die Langsamkeit, dieses schwache Gedächtnis, und obendrauf gibt es noch Kopfschmerzen. Aber so steht das nicht im Repertorium. Ich möchte wissen, welches Mittel hat diese Benommenheit (stupefaction), diese Langsamkeit.

Man fragt ihn etwas, und er sagt: „Jja, .. eh, .. eh, .. Jja, .. eh, .. ahh." Antwortet langsam. Man muß warten, bis man von ihm endlich eine Antwort bekommt. Wir müssen ein Mittel finden, das dieses schwache Gedächtnis hat, die Schwäche beim Verstehen, die Schwäche beim Antworten. Ich möchte Ihnen beibringen, Informationen auszuwerten. Ich will mich an der ganzen lebendigen Person orientieren, nicht an kleinen Symptomen. Der Patient sitzt da und tut nichts, deswegen ist das noch lange nicht *Pulsatilla* oder sonst etwas. Er ist auch nicht *Natrium sulfuricum*, nur weil er das Sonnenlicht schlecht verträgt, oder *Graphit*, weil er so langsam ist. Ich will nicht einzelne Symptome, ich will die ganze Persönlichkeit mit dem Mittel zur Deckung bringen. Manchmal müssen wir nach der Essenz verschreiben. Was ist die Essenz in diesem Fall? Die Langsamkeit, das erschwerte Wahrnehmungs- und Auffassungsvermögen dieses Patienten. Er ist dreimal durch die gleiche Prüfung gefallen, und er ist jetzt im Ausland, in der Hoffnung, es dann besser zu schaffen. Er will, aber er kann nicht. Sie sagen vielleicht: „Er ist faul. Vergiß ihn." Aber vielleicht ist er ja nicht faul, er denkt an Selbstmord. Das heißt, er will etwas tun, um jemandem einen Gefallen zu tun. Wenn man in ihn dringt, wird man vielleicht erfahren, daß er gerne ein Held wäre, der große Taten vollbringt, um damit die Eltern zu erfreuen.

Jetzt müssen wir nur noch im Repertorium in die richtige Rubrik gehen, und dann ist das Mittel klar. Am besten schauen Sie bei Gedächtnis, bei Konzentration schwierig, Benommenheit, antwortet langsam. Und dann sagen Sie es mir, falls Sie das Mittel nicht finden.

Helleborus. - Ja, es ist Helleborus.

Aber ohne die Gedanken, die wir uns dazu gemacht haben, war das von der Repertorisation her nicht von Anfang an klar.

Einen Monat später kam der Patient wieder, und der behandelnde Arzt berichtete mir: Der Patient sagt, seine Kopfschmerzen seien überhaupt nicht besser. Er hat konstant Kopfschmerzen, die Intensität variiert, die akuten Anfälle sind genauso stark wie zuvor, nicht einmal ein kleines bißchen besser. Er kann die Kopfschmerzen nicht beschreiben, der Schmerzcharakter wechselt und auch die Lokalisation der Schmerzen. Die Schwere des Kopfes und die Schwierigkeiten, den Kopf zu halten, sind immer noch deutlich. Der Schmerz nimmt nie den ganzen Kopf ein.

HELLEBORUS

Der Patient ist langsam und lahm, gibt kurze Antworten, sitzt nur da, es geht ihm schlechter, wenn er denken und seine Symptome beschreiben soll. Er schließt die Augen und sieht müde aus, zieht oft die Stirn in Falten.

Ich habe vieles durch die Fälle gelernt. Wenn Sie diesen Fall in sich aufnehmen, erkennen Sie einen ähnlichen auch wieder. Das ist ein Helleborus-Fall, und ich möchte Ihnen mehr über Helleborus und seine verschiedenen Stadien erzählen. Dieser Fall ist in einem Stadium, in dem viele Hinweise auf Helleborus vorhanden sind. Sie sehen, der behandelnde Arzt hat den Fall noch einmal sehr genau aufgenommen, weil er nämlich dachte, Helleborus sei falsch und wir müßten uns um ein neues Mittel bemühen.

Der Patient denkt an seine Familie, an seine Freunde, an seine Zukunft. Wenn er so nachdenkt, werden seine Kopfschmerzen schlimmer, bei geistiger Anstrengung hat er zu den Kopfschmerzen auch noch Schwindel.
Sie sehen, er kann sich nicht anstrengen, er kann einfach nicht. Auch nur die geringste geistige Anstrengung macht Probleme. Er vermißt seine Familie sehr (3). Helleborus steht in der Rubrik „Heimweh". Das Hauptmittel in dieser Rubrik ist *Capsicum*. Aber er hat nicht ganz so viel Heimweh wie vorher. Er macht sich Sorgen, daß er wieder durchfallen wird (3). Er kann wegen der Kopfschmerzen nicht lernen (3). Er schließt seine Augenlider teilweise, und sie flattern, wenn er zu denken versucht. Flatternde Augenlider beim Versuch zu denken ist ein anderes Helleborus-Symptom. Er hält seinen Kopf, die Kopfschmerzen sind besser durch leichte Tätigkeiten, schlechter durch größere körperliche Anstrengung. So leichte Tätigkeiten wie Wäsche waschen verrichtet er gerne.
Welches Mittel ist schlechter beim Wäschewaschen? *Sepia*. Die gleichen Bewegungen bessern bei Helleborus und verschlechtern bei Sepia.
Er ist müde beim Aufwachen und so weiter. Die Symptome lassen sich noch seitenweise fortsetzen. Keine Angst um die Gesundheit, er hat mehr Angst wegen der Zukunft, weil er nicht studieren kann. Er hat große Angst um die Zukunft.
Es gibt eine Rubrik „Taten, hat das Gefühl, er könne große Taten vollbringen." Helleborus hat in seiner Benommenheit das Gefühl oder die Vorstellung, er könne große Taten vollbringen, und das führt zu einem inneren Konflikt.
Nur ein einziger Punkt fiel auf: Der Patient sagte, er hätte keine Selbstmordtendenzen mehr. Das war an sich nie ein wirklich suicidaler Fall, aber Helleborus hat schon eine Neigung zu Selbstmord. Das einzige, was der Patient in diesem Moment zugab, war, daß die Neigung zum Selbstmord in diesem Augenblick nicht mehr da war. Der behandelnde Arzt las mir den Fall vor, und es war genau der gleiche Fall. Nichts hatte sich geändert, der einzige Unterschied war, daß die Selbstmordgedanken verflogen waren. Nicht unterstrichen, gar nichts, es war nur

eine Feststellung, aber eine Feststellung, die vom Patienten selbst stammte. Und diese Feststellung wurde wichtig. Es war kein richtiger Selbstmordfall. Dieser Patient hatte einige Gefühle, die verschwanden. Aber diese Gefühle müssen zu Beginn ziemlich stark gewesen sein. Jetzt stellt er auf alle Fälle fest, daß sie nicht mehr da sind, und er sagt es auch. Er leugnet jede Besserung, aber er bemerkt, daß die Selbstmordideen verschwunden sind. In diesem Fall wird dieses spezielle Symptom sehr wichtig. Zu wissen, daß dieses tiefe emotional-geistige Symptom innerhalb eines Monats besser wurde, gab mir die Sicherheit zu sagen: Sac.lac. Ich war mir sicher, daß das Mittel richtig war; dieser Patient war typisch Helleborus.

Der Patient kam nicht wieder. Ich bat den betreuenden Arzt anzurufen. Er geriet an den Direktor der Schule, an der der junge Mann studierte. Der sagte: „Mein Freund, welcher Unterschied, er ist ein anderer Mensch geworden!" Dann hatte er einen Kameraden des jungen Mannes am Telefon, der sagte: „Er hat sich völlig verändert."
Es war so, daß der Patient mittlerweile gut mit seinen Prüfungen zurechtkam, daß er im Unterricht gut mitkam. Als er schließlich selbst am Telefon war, berichtete er: „Es geht mir gut, ich habe keine Kopfschmerzen, ich komme gut im Unterricht mit."
Das war zwei Monate nach Helleborus LM (50000).

Wenn Sie nach einem Monat das Mittel gewechselt hätten und ein guter Verschreiber sind, hätten Sie den Fall vielleicht verdorben. Die Kopfschmerzen wären vielleicht mehr geworden, und dann ein anderes Mittel und dann wieder ein anderes. Dann wäre die Wirkung von Helleborus vielleicht nicht so deutlich geworden, und Sie hätten gedacht, daß eines der falschen Mittel, die Sie später gegeben haben, die Besserung herbeigeführt hat, und dabei war es Helleborus, das die ganze Zeit gewirkt hat. So vorsichtig müssen wir sein.
Und wir müssen die Materia medica kennen. Für mich war dieser Fall typisch, für Sie nicht. Vielleicht kennen Sie ein anderes Mittel sehr viel besser als ich, aber dieses Mittel kannten Sie nicht so gut.

Sie sehen, wie wichtig es ist, die Essenz eines Mittels zu kennen, manchmal, nicht immer. Man kann nicht immer erwarten, die Essenz eines Mittels zu erkennen, weil in manchen Fällen keine Abnormalitäten auf der emotionalen oder geistigen Ebene zu sehen sind. Ein Patient kommt mit Colitis, mit Arthritis, mit neurologischen Störungen, aber man findet kaum irgendwelche emotional-geistigen Symptome. Und wenn nur die körperliche Ebene betroffen ist, fällt es schwer, eine Essenz zu erkennen.
Aber dieser junge Mann hatte sicherlich die Essenz von Helleborus.

Als Schlagwort könnte man sagen: Typisch für Helleborus ist die **Benommenheit, die Verdummung, die Stumpfheit (stupyfying) der Wahrnehmung, des Gedächtnisses, der Sinne**.
Hahnemann hat Helleborus sehr gründlich studiert, und ich will Ihnen eine Passage vorlesen. Er sagt von Helleborus, daß es einen Zustand produziert, in dem man **nichts mehr genau sieht, obwohl das Sehvermögen selbst nicht gestört ist**. Das Sehorgan scheint intakt, der Patient kann eigentlich alles sehen, er kann lesen, er kann kleine Dinge erkennen, und doch sieht er alles nicht genau. Sie müssen diese Benommenheit berücksichtigen, wenn Sie das Symptom interpretieren wollen. Das Problem liegt darin, von außen kommende Reize richtig zu interpretieren. Das Gehirn kann die Information, die ihm der Sehnerv liefert, nicht interpretieren. „Was ist das denn?" Das ist ein Anfangsstadium von Helleborus.
Hahnemann sagt: **Antwortet langsam, überlegt lange**. Das heißt, der Patient hat die Frage gehört: „Wie heißen Sie bitte?" Es folgt eine lange Pause ... .
Das Problem liegt in der Interpretation der Frage: Jemand hört genau, was gesagt wird, aber er versteht nicht, was gesagt wird. Hahnemann sagt: Der Patient reagiert nicht. **Obwohl sein Hörvermögen völlig in Ordnung ist, versteht er nichts genau. Obwohl seine Geschmacksorgane bestens ausgebildet sind, scheint alles den Geschmack verloren zu haben**.

Das ganze zentrale Nervensystem scheint benommen, es kann nicht interpretieren, nicht wahrnehmen, und das Gedächtnis ist betroffen. Bei Helleborus ist die mentale Ebene sehr betroffen: benommen, dumm (stupefaction). Die **Kommunikation** mit der Außenwelt ist **verlangsamt**, die Patienten kommunizieren nicht, ihnen fehlt die direkte Kommunikation, die wir haben. Sie sind sehr **geistesabwesend**; oft **sitzen** sie **da** und machen den Eindruck, als ob sie viel denken würden, aber sie sind nur durch einige Gedanken, die in ihrem Kopf herumgehen, wie gelähmt und können dem nicht entkommen.

Der Helleborus-Patient kommt nicht und sagt schnell und fließend: „Ich vergesse sofort, was ich gerade getan habe, was ich gelesen oder gehört habe." Das geht eher so: „Iich, ... ich ... vergesse ... sofort, was ... ich ... gelesen, nicht ge ... lesen, iich vergesse ... ähh, ähh."

Auf der geistigen Ebene herrscht Benommenheit, Langsamkeit. Auf der **emotionalen Ebene** ist das eine andere Geschichte.
Eine **Angst** kommt auf, **die sich zur Qual ausweiten kann**. Die Psyche hat sich aufgeschaukelt und aufgeschaukelt; es ist ein Gefühl, als sei man bei rauher See auf einem Boot, und man meint, erbrechen zu müssen, aber man kann nicht. Wenn Sie jemals dieses Gefühl hatten, wissen Sie, wie das ist. Bei Helleborus ist

das ein psychischer Zustand. Der Patient hat das Gefühl, seine Seele müsse herauskommen, aber sie kann nicht. Etwas hält sie zurück, und er hat das Gefühl von Übelkeit, von Übelkeit auf der psychischen Ebene. Ich habe Dutzende Male versucht, den Helleborus-Zustand zu beschreiben, es geht einfach nicht. Dieser Angstzustand ist so übermächtig, es ist eine solche innere Qual. Die Patienten **stöhnen furchtbar**. So ungefähr (stöhnt entsetzlich). Sie leiden wirklich schlimm. Diesen Angstzustand habe ich in sehr ernsten Situationen gesehen, bei Colitis ulcerosa mit starken Blutverlusten, in Leukämie-Endstadien, wenn die Patienten überall bluten und völlig erschöpft sind; wenn die Patienten von dieser ungeheuren Angst völlig eingenommen sind.

Sie **haben keine Ruhe mehr**, nicht für einen Moment. Sie legen sich hin und stehen gleich wieder auf, und so fühlen sie sich auch nicht gut, müssen sich gleich wieder hinlegen, und sie stehen trotzdem gleich wieder auf. Egal, an wieviel Schläuchen der Patient hängt, er steht auf. (Stöhnt furchtbar) „Ohh, mein Gott." Die Angst überwältigt ihn, er kann diese furchtbare Angst nicht ertragen. Diesen Zustand kann man wirklich nicht ertragen. Die Patienten geraten in eine fürchterliche Verfassung, in der sie nur noch sagen: **„Rette mich, rette mich."** Nicht immer mit Worten, aber man sieht es in ihren Augen. „Hhh, hhh" (stöhnt furchtbar). Man fragt: „Was ist los? Was haben Sie?" „Hhh, hhh" (stöhnt), „ich weiß nicht." „Was ist denn jetzt? So sagen Sie doch was!" „ Hhh, hhh, ich ... weiß nicht. Ich denke, ... ich werde verrückt."

Oder sie sagen Dinge wie: „Es ist, als würde ich nicht existieren. Als ob ich schon tot wäre." Oder sie klagen über eine Schwere in der Brust. Das Problem ist, diesen Zustand in Worten auszudrücken. Es ist ein großer Unterschied, ob Sie Worte lesen oder den zugehörigen Zustand sehen.

Diese Patienten kommen herein und, das ist sehr wichtig, Sie **tun, als seien Sie ihr Retter**. Sie sind jetzt bei jemandem angekommen, der sie retten wird. Diesen Blick haben sie nicht, weil sie speziell bei mir gelandet sind, so schauen sie jeden an, von dem sie meinen, er könne dieses Leiden erleichtern.

Denken Sie an die Abkürzung von Helleborus im Kentschen Repertorium, das ist Hell., und die Patienten **sind wirklich in der Hölle**. In der Hölle zu sein heißt, es gibt nicht einen Augenblick, in dem man nicht gequält wird, und die Patienten können diese Qual nicht sehr lange ertragen, sie bringen sich um. Helleborus ist ein Mittel mit **suicidalen Tendenzen**.

Der Patient stöhnt furchtbar. Man fragt ihn, was denn los sei: „ Hhh, hhh, ich weiß es nicht. ... Als ob ... ich ... nicht existieren würde." (sehr ängstlich) Er spricht sehr langsam und voller Angst. „Als ob ich tot sei." Sein Gefühl ist: Bin ich tot oder bin ich nicht tot? Was passiert denn überhaupt mit mir? Er ist **völlig verwirrt**, Schwere in der Brust, er stöhnt furchtbar, er seufzt furchtbar, man kann „**Seufzen**" dreimal unterstreichen. Der Patient ist in diesem Zustand natürlich unfähig, irgendetwas zu arbeiten, zu denken. Man fragt ihn: „Es geht Ihnen nicht gut?" Er stöhnt fürchterlich: „Yyes, yyes." Was er sagen möchte, ist: „Schnell, schnell, helfen Sie mir, Sie müssen schnell etwas tun."

Solche Fälle findet man bei Patienten, die nach einer Krankheit oder im Verlauf einer Krankheit in einen solchen Zustand geraten, oder bei alten Leuten oder in der Psychiatrie.
Wenn die **Ruhelosigkeit** noch dazukommt, legen sich die Patienten hin, aber die Angst treibt sie wieder hoch, sie gehen auf und ab und **produzieren angstvolle laute Geräusche**. So äußert sich die Angst, und nicht nur darin, daß jemand ruhig sagt: Ich habe Angst. Sie sehen die große Furcht, und der Patient produziert laute Geräusche. „Was haben Sie denn? Was fühlen Sie?", und der Patient stöhnt ganz laut: „Ooohh, ooohh." Er kann es nicht in Worten ausdrücken. Das ist ein Endstadium. Was unser Patient gezeigt hat, war ein Anfangsstadium.
In England zeige ich nur schwere Fälle, Krankenhauspatienten. Denn generell herrscht doch die Idee: Oh, Homöopathie ist gut bei Erkältungen und ein bißchen für dieses und ein bißchen für jenes. Ich möchte, daß man diese schweren Fälle sehen kann. Das möchte ich erleben, wie es irgendjemandem ohne Homöopathie gelingen sollte, so manch einen schlimmen Fall in 24 Stunden wenigstens einigermaßen wiederherzustellen.
In Amerika sah ich eine Asthma-Patientin, die vorher mit verschiedenen homöopathischen und allopathischen Mitteln behandelt worden war. Das Asthma war verschwunden, aber sie befand sich in einem entsetzlichen Zustand. Sie ging auf und ab und stöhnte: „Rettet mich, rettet mich!" - „Ja, aber was ist denn los? Können Sie uns Informationen geben?" Sie konnte nichts sagen, außer: „Rettet mich, rettet mich." Sie war wie gelähmt vor Angst, sie konnte kein Symptom nennen. Was heißt kein Symptom, man sah die Essenz von Helleborus. Ich beobachtete sie zehn Minuten lang, ich stellte keine Frage, ich beobachtete nur und gab ihr Helleborus LM. Innerhalb weniger Tage besserte sich ihr Zustand, und natürlich tauchte das Asthma wieder auf. Ich mußte wieder abreisen. Ihr Asthma wurde behandelt und wieder „geheilt". Und zwei oder drei Monate später brachte sie sich um. Helleborus verübt Selbstmord, es ist ein suicidales Mittel, auch wenn es in der Rubrik nicht aufgeführt ist.

Helleborus wirkt bei leichtem **Muskelzucken,** und es wirkt auch bei **Konvulsionen**. Was ist charakteristisch für die **Krämpfe** bei Helleborus? Helleborus-Patienten krampfen, und **zwischen den Krampfanfällen geraten sie in einen stuporähnlichen Zustand**. Wir haben die Krämpfe, dann diese Benommenheit, dann wieder die Krämpfe.

Helleborus-Patienten haben das Gefühl, sich mit dem behandelnden Arzt gut stellen zu müssen. Wenn sie ihre Gefühle nicht ausdrücken können, sagen sie eben: „Sie sind mein Retter." Das sagen sie, bevor sie Helleborus bekommen haben; hinterher sagen sie es nicht mehr, das kann man vergessen.
Aber vor der Behandlung hat man das Gefühl, sie wollten **loben**, hervorheben. Sie halten einem die Hand und sagen: **„Sie sind mein Freund, Sie werden mich retten."**
In Athen hatten wir einmal eine Patientin mit fürchterlichen Ängsten. Ich verschrieb Helleborus LM und verließ das Behandlungszimmer. Später diskutierten wir den Fall, und ich sagte: „Habt Ihr in ihren Augen gesehen, wie sie mir **danken** wollte?" Und der Kollege sagte: „Ja, es ist tatsächlich so. Als du draußen warst, sagte sie ständig: `Wie kann ich dem Doktor nur danken? Wie kann ich ihm danken, wie kann ich ihm danken?´" Ich hatte es nicht hören müssen, es war allein durch ihre Haltung klar gewesen. Die Patienten schauen dann auf eine bestimmte Art ... Man blickt so ähnlich, wenn man etwas testen will, wenn man hinter etwas kommen will, man beobachtet und beobachtet. Und diese Patienten schauen einem ins Gesicht und beobachten und beobachten, die ganze Zeit. Man hat das Gefühl, sie wollen einem danken dafür, daß man sie festhält oder sie heilt oder was auch immer sie von einem erwarten.

Wir fragten einen Patienten: „Seit wann sind Sie krank?" Ganz schüchtern und mit schwacher Stimme kam die Antwort: „Weiß ich nicht." - „Einige Tage? Zwei Wochen, drei Wochen, fünf Wochen?" - Stöhnen - „Fünf Wochen?" - „Weiß ich nicht."
Man liest: Die **Vergangenheit ist vergessen**, der Patient kann sich nicht mehr erinnern. In der Materia medica ist die Information über Helleborus verfügbar, ich hatte sie, jeder hat sie. Aber vielleicht lese ich solche Informationen mit mehr Leidenschaft. „Ohhh, die Vergangenheit ist vergessen!!! Mein Gott, was muß das für ein Zustand sein, wenn man wirklich seine Vergangenheit vergessen hat, das muß ja furchtbar sein!!"
So konnte ich meine ersten Helleborus-Fälle als solche erkennen. Das ist so eine Sache mit den niedergeschriebenen Worten. Ich werde oft gefragt, wann ich denn nun endlich meine Materia medica veröffentliche. Aber Fälle wie Helleborus sprechen nicht, da kommen keine Worte, die Patienten können ihren Zustand überhaupt nicht beschreiben.

Helleborus steht dreiwertig in der Rubrik „**Verzweiflung**" und zweiwertig in der Rubrik „**Verzweiflung um die Genesung**". Aber können Sie verstehen, was Verzweiflung ist? Bei Helleborus ist das nicht Verzweiflung, das ist die Hölle. Sie können nicht erwarten, daß ein Patient kommt und sagt: „Ich habe Verzweiflung um die Genesung."

In diesem Stadium der Benommenheit, lange bevor die Ängste auftreten, gibt es einen Zustand, in dem die Sinne so benebelt sind, daß jegliche **Kommunikation abgeschnitten** ist.

Wissen Sie, wie eine Gehirnwäsche vor sich geht? Man steckt einen Menschen einen Monat lang in einen Raum ohne jeglichen Reiz von außen.

So ähnlich geht es Helleborus. Kommunikation stimuliert ihn nicht mehr. Er sieht Bäume, aber er versteht nicht, daß er Bäume sieht. Am Morgen, wenn die Sonne aufgeht, freut sich ein normaler Mensch in irgendeiner Weise. Ein normaler Mensch lebt mit den Emotionen und mit der Stimulation aus seiner Umwelt. Helleborus ist völlig abgeschnitten, die Kommunikation mit der Umwelt klappt nicht, das heißt, es gibt keine Stimulierung durch die Außenwelt.

Schließlich kommen die Patienten in das Stadium der **Gleichgültigkeit**, in der Literatur heißt es einfach Gleichgültigkeit, aber das sieht so aus: Die Patienten sitzen da, nichts freut sie, es ist ihnen egal, ob das Haus abbrennt oder nicht und ob die Ehefrau umgebracht wird oder nicht. Nichts interessiert sie. Das ist eine **Gleichgültigkeit, der ein Stadium ohne Kommunikation vorausging**.

Keine Kommunikation in jeglicher Hinsicht. Die Patienten stecken etwas in den Mund, und es schmeckt nach nichts. Die Interpretation des Geschmackes scheint so lange zu dauern, daß der Bissen schon gegessen ist, bevor er aufgrund des Geschmackes identifiziert ist.

Und dann sind diese Patienten in den frühen Stadien natürlich sehr **unentschlossen**. Sie können sich nicht entschließen; sie wissen nicht, was sie nehmen sollen, wohin sie gehen sollen. Welche Mittel sind sonst noch besonders für ihre Unentschlossenheit bekannt? *Barium carbonicum, Onosmodium, Graphit, Lac caninum*.

Das Stadium der Angst ist, denke ich, der Endzustand. Ich habe keinen Fall sich noch weiter verschlechtern sehen. Das wäre zuviel für einen Menschen. Was darüber hinaus geht, ist **Selbstmord**. Die Patienten können diesen Angstzustand nicht sehr lange ertragen. Helleborus ist das erste Mittel bei solch quälenden Ängsten.

Auch die Kommunikation zwischen dem Gehirn und den einzelnen Körperteilen scheint abgeschnitten. Sowohl die **Kommunikation nach innen als auch nach außen ist gestört**. Auch **neurologische Fälle** können Helleborus sein. Wenn ich mich konzentriere, laufe ich besser; wenn ich nicht aufpasse, kann ich nicht so gut laufen, bin ich wie gelähmt. Es bedarf der Kommunikation zwischen Gehirn und den anderen Körperteilen, um die Beine zum Laufen zu bringen; wenn die Kommunikation fehlt, ist das schlecht.

Man kann sich auch vorstellen, daß bei dieser Benommenheit **Reize von außen**, soweit sie durchdringen, durchaus **bessern können**. Wenn man die Patienten zum Beispiel anschreit, geht es ihnen für eine Weile besser; sie können die eine oder andere Sache tun.

Der Organismus neigt allgemein zu **Schwere, Benommenheit, Langsamkeit, besonders auf der geistigen Ebene.**
Der emotionale Ausbruch, den man als **Angst, als peinigende Furcht** oder wie immer bezeichnen kann, ist die Hölle.

Bei einer **Meningitis oder Meningoencephalitis** sehen wir das typische **Kopfrollen**. Das muß bei einem Helleborus-Fall zusammen mit dieser **Angst in den Augen** des Patienten auftreten. Die Patienten rollen den Kopf, weil sie sich insgesamt nicht bewegen können und weil die Angst es ihnen nicht erlaubt, auch nur für einen Moment Ruhe zu halten. Wir können ein ständiges Rollen des Kopfes beobachten.

Bei den Kopfschmerzen sind **Schmerzen im Hinterkopf, besser beim Schließen der Augen**, ein Schlüsselsymptom.

Wenn die Patienten **lesen** wollen, empfinden sie eine **Völle im Kopf**, ein Völlegefühl, das sie am Lesen hindert.

Ich möchte keine Details aufzählen. Sie können jedes Organsystem in der Materia medica nachlesen. Ich picke nur ein paar einzelne Punkte heraus, damit Sie einen Begriff von diesem Mittel bekommen.

Ein interessantes Symptom können Sie **im Fieber** entdecken. Die Patienten **rollen die Augäpfel nach oben**. Die Augäpfel sind sehr stark nach oben gedreht, das kann man **auch bei Krämpfen** sehen.

Ein anderes Symptom im Fieber: Bei **großem Durst und großem Appetit im Fieber** können Sie an Helleborus denken.

Wichtig ist auch, was ich vorhin schon angedeutet hatte: Helleborus-Patienten denken, sie könnten im Leben große Dinge erreichen. Trotz ihrer Benommenheit,

Dumpfheit haben sie den **Antrieb, große Taten zu vollbringen**, vergessen Sie das nicht. Aber legen Sie den Patienten solche Aussagen nicht in den Mund.

Unbeholfenheit, Unfähigkeit zu koordinieren.

Wir haben die Möglichkeiten, die in unseren Mitteln stecken, noch nicht ausgelotet. Meine Idee wäre es, eine Materia medica in Form von Video-Fällen zu erstellen. Ich könnte Ihnen ein paar typische Fälle zeigen, und Sie würden es nie vergessen. Und auch bezüglich der verschiedenen Pathologien haben wir sehr viel Arbeit vor uns, um das System wirklich wissenschaftlich und wertvoll zu machen.

HEPAR SULFURIS

Mit zwei Worten könnte man Hepar so charakterisieren: **ÜBEREMPFINDLICH (OVERSENSITIVE)** und **SCHIMPFEND (ABUSIVE)**. Hepar-Patienten erwecken den Eindruck, als seien sie am Ende ihrer Nerven, als lägen die Nervenenden bloß. In diesem Zustand fühlen sie sich, als müßte es sie zerreißen. Sie können nicht den leichtesten Druck ertragen - weder körperlich noch psychisch. Sie werden ärgerlich, garstig, bösartig und beschimpfen ihre Mitmenschen.

Im ersten Stadium der Pathologie finden wir eine generelle Schwäche und Überempfindlichkeit. **Kleinigkeiten reizen** sie, aber sie halten sich immer noch unter Kontrolle.

Als nächstes folgt ein Stadium der nervösen Erregung. Alles wird in **Eile** getan. Der Patient spricht schnell, ißt schnell, trinkt schnell und so weiter. Das Nervensystem schaukelt sich in einen übererregten Zustand hoch, der am ehesten in seiner Hastigkeit und Intensität mit *Acidum sulfuricum* verglichen werden kann.

Schreitet die Störung im Nervensystem noch weiter fort, wird die **ÜBEREMPFINDLICHKEIT** am augenfälligsten. Zuerst zeigt sie sich in der typischen Hepar-Empfindlichkeit **gegenüber Kälte**. Hepar wird **verschlimmert durch trockene, kalte Luft**, besonders durch trockenen, kalten Wind. Feuchtes, kaltes Wetter beeinträchtigt Hepar im Gegensatz zu den meisten anderen Menschen weniger.

Bemerkenswert ist die **Empfindlichkeit gegenüber kalten Oberflächen**, kaltem Metall, kaltem Marmor und ähnlichem. Wird eine solche Oberfläche auch nur mit den Fingerspitzen berührt, kann eine allgemeine Verschlimmerung auftreten.
An diesem Symptom sehen wir wieder die Idee der offenliegenden, übersensiblen Nervenenden. Der Patient **reagiert sofort** mit Husten oder Schüttelfrost - ohne Verzögerung. Selbst wenn **eine Hand oder ein Fuß aus der Bettdecke hervorgestreckt wird**, treten diese Symptome schon auf.

Hepar sulfuris wird **verschlimmert durch frische Luft, jede Art von Luftzug und kaltem Wind**. Hepar-Patienten reagieren darauf mit einer allgemeinen Verschlimmerung.
Deshalb gehört Hepar sulfuris auch zu den besten Mitteln bei **fortgeschrittenen Erkältungen**. Es wäre unklug, ein so tiefgreifendes Mittel schon bei einer gewöhnlichen Erkältung einzusetzen. Wenn sich aber trotz *Aconit, Bryonia, Gelsemium* und so weiter die Erkältung als Sinusitis oder Bronchitis festsetzt, sollte man

HEPAR SULFURIS

an Hepar sulfuris denken - besonders wenn der Husten im Vordergrund steht. Man sollte es als Medikament der dritten Wahl bei Erkältung und Grippe heranziehen.

Im allgemeinen können Hepar-Patienten **Leiden nicht ertragen**. Jede körperliche Beschwerde schlägt sich auf der geistigen Ebene als Intoleranz gegenüber Leiden und äußerem Druck nieder. Das ganze Nervensystem ist in Aufruhr. Sie werden ärgerlich, bösartig und schimpfen.
Dabei können sie oft nicht einmal einen realen Grund für ihre Wut finden.
Eine Frau beschimpft ihren Ehemann wegen geringster Kleinigkeiten; sie weiß, daß es Nichtigkeiten sind, aber sie kann sich nicht zurückhalten.
Ein Ehemann flucht auf Frau und Kinder und gibt ihnen die Schuld an seiner Situation. Da Hepar-Patienten Druck, Streß oder Leiden nicht ertragen können, **beschimpfen sie ihre Mitmenschen** und machen sie für ihre eigenen Probleme verantwortlich.

Im Streß brechen diese Patienten zusammen. Nehmen wir eine Hepar-Frau, deren Mann kein Geld nach Hause bringt. Sie lebt in dauernder Besorgnis. Sie kann nicht schlafen, ist ängstlich wegen jeder Kleinigkeit. Es ist schwierig, ihr Mittel zu finden, weil sie bei der Fallaufnahme so schnell und aufgeregt spricht. Sie liefert Ihnen hundert kleine Symptome, aber kein klares Bild. Dauernd fleht sie um Hilfe: „Ich leide soviel, Sie müssen mir helfen! Ich habe so viele Schmerzen, ich kann sie nicht länger ertragen." Sie versuchen Modalitäten und charakteristische Symptome herauszufinden, aber alles, was zurückkommt, ist Flehen und Jammern. Schließlich frappiert Sie folgendes: So viel Leiden wegen verhältnismäßig geringer Ursachen. Sie denken an Hepar.

Schimpfen ist das charakteristischste Symptom für Hepar. Aber auch eine nachgiebige Frau, die vollkommen von ihrem Mann beherrscht wird, braucht vielleicht Hepar. Sie kann ihren Gefühlen keine Luft verschaffen. Sie kommt mit Drüsenschwellungen, Sinusitiden, allen möglichen Hautausschlägen und Eiterungen. Ihre körperlichen Leiden steigern sich in dem Maße, wie sie sich verbal unter Kontrolle halten muß.

Eine andere Folge unterdrückten Zorns kann der **Impuls zu töten** sein. Eine Mutter hat das starke Verlangen, ihr Kind zu töten (wie *Sepia* oder *Nux vomica*), besonders wenn sie ein scharfes **Messer** in Händen hält. Der Impuls kann sehr stark sein, aber ich habe noch keine Patienten gesehen, die ihn in die Tat umgesetzt hätten. Ein kleines Kind könnte in einem ähnlichen Zustand jedoch ohne weiteres zustechen.

Ein anderer Impuls, den ich persönlich bei Hepar-Patienten beobachtet habe, ist das **Verlangen, Feuer zu legen**.

Bei weiterem Fortschreiten des pathologischen Prozesses kommt es schließlich zur **Depression**. Sie denken über ihr Schimpfen, Fluchen und die zerstörerischen Impulse nach und gelangen zu dem Schluß, daß sie innerlich vollkommen schwach sind. Von diesem Moment an beschäftigen sie sich mit Selbstmordideen. Bei Hepar sulfuris besteht jedoch kein richtiger Todeswunsch wie bei *Aurum*. Eher ein Spiel mit Selbstmordgedanken, wie bei *Acidum nitricum*. Dabei plagt Hepar-Patienten nicht die Angst um die Gesundheit oder die Furcht vor dem Tod, wie dies bei *Acidum nitricum* der Fall ist. Sie hängen dieser Selbstmordidee bloß nach.

Auf der **körperlichen Ebene** finden wir ein paar eigenartige Symptome. Wie schon erwähnt, ist es die allgemeine **Verschlimmerung, wenn sie eine kalte Oberfläche berühren oder ein Körperteil unter der Bettdecke hervorstrecken.** Selbst der **Luftzug** einer Klimaanlage kann schon eine allgemeine Verschlimmerung auslösen.
Manchmal **weinen** Hepar-Patienten vor dem Husten; nicht etwa aus Angst, daß es schmerzen würde, sondern einfach aus einer Neigung zu weinen.
Natürlich müssen wir den **Splitterschmerz** - besonders im Hals - erwähnen, für den Hepar berühmt ist; ein wirklich sehr hervorstechendes Symptom bei Hepar.
Hepar hat **Verlangen nach Saurem, speziell Essig** (nicht Zitrone).

Hepar ist bekannt für **Eiterungen** und **langanhaltende Absonderungen**.

Darin ist es *Calcium sulfuricum* sehr ähnlich, was die Verwandtschaft zwischen beiden Mitteln unterstreicht. *Calcium sulfuricum* ist das Sulfat von Calcium, Hepar das Sulfid. Wie unterscheidet man die beiden?
Calcium sulfuricum und Hepar vertragen schlecht Kälte, aber *Calcium sulfuricum* ist nicht so furchtbar frostig wie Hepar. *Calcium sulfuricum* wird eher durch feuchte Kälte verschlechtert, während Hepar vor allem die trockene Kälte nicht verträgt. *Calcium sulfuricum* ist nicht so erregbar wie Hepar. Selbst mit diesen Hinweisen kann die Differentialdiagnose oft sehr schwierig sein.

Nux vomica kann mit Hepar verglichen werden. Beide sind sehr reizbar, heftig und schimpfen. *Nux vomica* hat sich jedoch mehr unter Kontrolle und beklagt sich nicht so lautstark über seine Leiden.

Sepia kann manchmal Hepar ähneln, besonders in dem Verlangen, die eigenen Kinder zu töten. *Sepia* ist weniger nervös, aber geistig schwerfälliger. Man könnte die *Sepia*-Situation als Patt beschreiben - Stase, ein Ausgleich gegensätzlicher Kräfte. Hepar verkörpert die Unausgeglichenheit - es gerät sofort außer sich.

HYOSCYAMUS

Man denkt man oft an akute Stadien - wie bei *Belladonna* und *Aconit* -, aber es ist auch bei chronischen Zuständen von weitreichender Bedeutung.

Die Manie ähnelt bei Hyoscyamus vergleichbaren Arzneimitteln (zum Beispiel anderen Solanaceen wie *Belladonna* und *Stramonium*. Anm. des Übersetzers), sie ist nur von passiverem Charakter. Der Patient wirkt nicht so aktiv, energiegeladen und gewalttätig. Er ist mehr nach innen gekehrt, sitzt herum und murmelt vor sich hin oder spricht mit Abwesenden oder mit Toten. Diese Art **Geisteskrankheit** erleben wir **bei älteren, senilen Patienten** - sie sitzen allein herum, murmeln Unsinn in ihren Bart, **zupfen an ihren Kleidern**; sie sind sich ihrer Umwelt nicht bewußt. Natürlich kann auch Hyoscyamus genau wie die ihm ähnlichen Arzneimittel mit einem Gewaltausbruch reagieren, wenn er in eine entsprechende Situation gerät. Darum finden wir Hyoscyamus dreiwertig im Repertorium unter „**gewalttätig**".

Allen Stadien bei Hyoscyamus liegen die **EIFERSUCHT** und das **MISSTRAUEN** zugrunde. Eifersucht motiviert die Patienten zu vielen ihrer Verhaltensweisen, einschließlich der gelegentlichen Gewaltausbrüche. Anfangs beschränkt sich die Eifersucht auf die Ehefrau, das Mißtrauen auf die Arbeitskollegen, die hinter seinem Rücken über ihn munkeln könnten. Im weiteren Verlauf weitet sich der Kreis der Verdächtigten mehr und mehr aus; von den Nächsten und Kollegen auf immer weitläufigere Bekannte, bis schließlich völlig Fremde einbezogen werden. Daraus kann sich ein paranoider Zug in diesem Menschen entwickeln, wobei der Kontakt mit der Realität weiterhin bestehen bleibt, oder aber auch eine floride, paranoide Schizophrenie. Fälle von Delirium tremens sind ebenfalls bekannt: Der Patient mißtraut allem, sieht Insekten, die überall auf ihm herumkrabbeln, erspäht Menschen vor dem Fenster, die ihn töten wollen. Diese paranoid Kranken finden wir heutzutage häufig in psychiatrischen Anstalten; sie fürchten sich vor jedem, sind überzeugt, daß man sie vergiften will und verweigern Essen und Medikamente, weil sie angeblich Gift enthalten.

Die Krankheit auf der geistigen Ebene ist auch durch eine gewisse **Zwanghaftigkeit** charakterisiert. Der Abwehrmechanismus wird mit der wachsenden Geisteskrankheit konfrontiert. Er scheint das Schlimmste verhüten zu wollen, indem er den Verstand (mind) bei gewissen Ideen verharren läßt. Der Patient **beschäftigt sich zwanghaft mit ziemlich einfachen und relativ harmlosen Dingen**, sie werden zu seiner Hauptaufgabe, die ihn voll und ganz in Besitz nimmt. Kent hat uns die beste Beschreibung geliefert: „Hyoscyamus hat noch andere verrückte Einfälle in diesem eigenartigen geistigen Zustand. Ein besonderes Tapetenmuster erregt seine Aufmerksamkeit. Der Patient liegt da und starrt auf die Wand, versucht die Figuren in bestimmten Reihen zu ordnen. Tag und Nacht beschäftigt er sich damit, selbst in seinen Träumen. Und morgens nach dem Aufwachen macht er sich wieder daran - immer die gleiche Idee. Zuweilen hält er die Gebilde für Würmer, Ungeziefer, Ratten, Katzen oder Mäuse, die er hinter sich herzieht, wie Kinder ihre Spielzeugautos - ganz wie ein Kind. In dieser Weise arbeitet der Verstand - aber nicht bei jedem gleich. Vielleicht sehen Sie auch niemals genau das oben Beschriebene; aber der Geist schwelgt in fremd anmutenden, lächerlichen Dingen. Ein Patient führte eine ganze Schlange von Bettwanzen auf der Wand spazieren, alle an einer Leine. Aber es brachte ihn vollkommen aus der Fassung, daß die letzte nicht recht mitkam." Diese zwanghaften, pingeligen Ideen sind sowohl für das Delirium tremens als auch bei senilen Patienten typisch.

Bei weiterem Fortschreiten der Geisteskrankheit bricht sie plötzlich in die Sexualsphäre ein und verursacht die für Hyoscyamus so typische **erotische Manie**. Der Mensch wird **schamlos, zeigt jedem seine Genitalien und spielt unablässig daran herum**. Ein manisch gesteigerter Sexualtrieb bestimmt sein Verhalten. Sprechen, Singen und Fluchen, alles dreht sich um die Sexualität. Andere Arzneimittel singen, sprechen und benehmen sich ebenfalls obszön, aber nicht so ausgeprägt wie Hyoscyamus.

Hier scheint das Unterbewußtsein, das vorher durch paranoide und zwanghafte Ideen unter Kontrolle gehalten wurde, im Bereich des Instinktiven herauszubrechen, ohne jedoch die Gewalttätigkeit von *Stramonium* zu erreichen. Hyoscyamus spricht wohl auch am wirksamsten bei den Patienten an, die sich in ihrem Alltagsleben eher von Instinkten leiten lassen und von ihren spontanen Bedürfnissen, Launen oder Impulsen bestimmt werden. Von Nutzen kann es auch für Menschen mehr spiritueller Natur sein, die sich in dem Dilemma zwischen ihrem Anspruch und ihrer Sexualität und ihren Instinkten verstricken oder selbst im Wege stehen.

Der Ausbruch des Unterbewußten beeinflußt mehr die unteren Körperregionen und somit auch **Stuhlgang** und **Urinieren**. Der Patient **näßt** und/oder **kotet ein**, sowohl tags als auch nachts. In der senilen Demenz kann der Patient stundenlang mit seinem Kot spielen, sitzt oder liegt darin herum, ohne sich dessen bewußt zu werden.
Ein solches Symptom kann sich auch bei einem Kind zeigen; die restliche Hyoscyamus-Symptomatologie muß jedoch nicht vorhanden sein. Ohne Grund näßt das Kind auf einmal ein. Nach vielen Untersuchungen kommen die Ärzte zu

dem Schluß, daß es sich wohl um eine psychische Störung handeln müsse, da organisch alles in Ordnung sei. Denken Sie in so einem Fall an Hyoscyamus!

Zusammen mit *Veratrum* und *Agaricus* ist Hyoscyamus ein wichtiges Mittel bei **Muskelzuckungen**. Auch im Bereich der **konvulsiven Erkrankungen** besitzt es ein weites Wirkungsspektrum. **Unwillkürliche Gesten** treten häufig auf; die Patienten zupfen an ihrer Bettdecke, greifen nach Gegenständen in der Luft und so weiter.

Das **akute** Hyoscyamus-**Delirium** ist durch starkes **Muskelzucken** und **passive Manie** gekennzeichnet. Hyoscyamus ist weniger gewalttätig und fiebert nicht so hoch wie *Belladonna* oder *Stramonium*. Das Delirium kann in ein stuporöses oder komatöses Stadium übergehen. Der Patient kann erweckbar sein, beantwortet eine Frage vernünftig und fällt wieder in seinen Stupor zurück.
Im akuten Stadium können **hydrophobe Symptome** auftreten: Scheu vor Wasser, Furcht, wenn er Wasser laufen hört, Krämpfe durch das Geräusch fließenden Wassers; unwillkürlicher Stuhl- oder Urinabgang durch das Geräusch fließenden Wassers.

Im Vergleich ist Hyoscyamus passiver, weniger gewalttätig als ähnliche Arzneimittel, außer in extremen Anfällen oder Stadien. Dafür konzentriert sich sein Aktionsbereich auf die Sexualsphäre, die Harn- und Stuhlfunktionen. Eifersucht und Mißtrauen treten stärker hervor, gepaart mit zwanghaftem Verhalten bezüglich irgendwelcher Kleinigkeiten.. Die Muskelzuckungen sind mit *Veratrum album* und *Agaricus* zu vergleichen, die Krämpfe mit *Belladonna* und *Stramonium*.

IGNATIA - 1. Version

Heutzutage ist Ignatia wegen der Frauenbewegung häufig angezeigt. Es wird ungefähr zehn- bis fünfzehnmal häufiger für Frauen als für Männer verschrieben.
Die Frau will sich befreien, sich selbst behaupten. Empfindsamkeit, gepaart mit einem romantischen Wesen. Es sind fähige, schnelle, kluge, künstlerische Frauen von heute. Von rascher Auffassungsgabe und tief im Inneren von einer gewissen Romantik. Dieser romantische Geist gerät schließlich in Konflikt mit der Realität. Die Frau versucht, sich zu behaupten, um dem Mann gleichgestellt zu sein. Die Empfindsamkeit, das Romantische, die Fähigkeit und die Frustrationen sind kennzeichnend für die Ignatia-Frau. Sie hält sich an selbstauferlegte, logische Richtlinien; sie sagt zu sich: „Ich muß dies und das so tun", und sie ist auch dazu in der Lage. Sie ist fähig; sie nimmt viel mehr auf sich, als sie leisten kann, und überarbeitet sich. Natürlich ist sie stolz auf sich, wie sie mit den Schwierigkeiten fertig wird.

Bei Fortschreiten der Pathologie wird sie **reizbar, launisch, schroff**, sie ist schnell, aber immer noch mit dem empfindsamen und romantischen Grundwesen. Es fehlt nicht mehr viel: Ein weiterer Streß, ein Kummer, eine Beleidigung, eine Frustration in der Arbeit, und sie bricht zusammen.

Der Zusammenbruch ist gekennzeichnet durch **Krämpfe** und **Hysterie**. Sie kann weder denken noch reden. Blaß und tief atmend fällt sie in eine Art hysterischen Kollaps, wie eine Ohnmacht. Sie ist nicht in der Lage, jemandem zu antworten, der sie anspricht.
Im **Augenblick des Schocks kann sie nicht einmal weinen**. Später geht sie in ihr Zimmer, schließt sich ein und weint. Das Weinen steigt mit tiefem **Schluchzen** aus ihrem Inneren auf und geht fast in Krämpfe über. Sie leidet an dem Konflikt zwischen den romantischen Ideen und der Realität.
Sie steht immer im Zwiespalt zwischen ihren inneren Ideen und dem, was die Frauenbewegung von ihr fordert. Nach dem Schock sagt sie sich: „Wie dumm habe ich mich doch benommen", und grübelt weiter darüber nach. Sie behält ihr Problem für sich und redet mit niemandem darüber (*Natrium muriaticum, Acidum phosphoricum*). Das ist im Repertorium mit „**stillem Kummer**" gemeint.
Im akuten Kummer ist sie für logische Argumente nicht zugänglich. Sie redet wirr, unlogisch, Hunderte von Gedanken schießen ihr durch den Kopf, sie versucht zu verstehen, was mit ihr passiert.

Ist der Schock einigermaßen überwunden, hat sich die **Störung** in den meisten Fällen auf die **körperliche Ebene** gelegt. Die Patientin klagt über **Krämpfe** oder

IGNATIA

Neuralgien, für die sich keine organische Ursache finden läßt; man weiß nur, daß es nach dem Kummer und Streß anfing.
Die körperlichen Probleme tauchen auf, nachdem sie sich auf der emotionalen Ebene wieder besser fühlt.

Nach dem Schock entwickelt sich etwas Hartes an ihr. Vom Äußeren her verliert sie an Weiblichkeit; sie legt keinen Wert mehr darauf, für die Männer attraktiv zu sein. Vielleicht wächst auch ein leichter Flaum in ihrem Gesicht - kurz, etwas Kaltes und Hartes umgibt sie.

Mit einer Ignatia-Patientin müssen Sie behutsam umgehen, sonst gerät sie leicht aus der Fassung und beschimpft Sie auch noch. Wenn Sie emotionale Probleme ansprechen, weint sie vielleicht, versucht sich jedoch sofort wieder zu fassen. Sie zieht sich sofort zurück, verhält sich reserviert. Kann sie das Weinen nicht zurückhalten, bricht es als **hysterisches Weinen** hervor. Wenn sich die Patientin wieder unter Kontrolle hat, erweckt sie den Eindruck, als sei nichts geschehen. Weinen ist nach ihrer Ansicht etwas Verabscheuungswürdiges. Also zieht sie sich irgenwohin zurück und weint alleine. Ihr Heulen kann in hysterisches Schluchzen ausarten.
Ignatia ähnelt in seiner **Reserviertheit** und **Introvertiertheit** *Natrium muriaticum*, das jedoch einen Schock schneller überwindet. Ignatia wehrt sich stärker gegen Kontakt mit anderen.

Ein **plötzlicher Schock** - wie etwa der **Tod eines Familienangehörigen** oder der **Bruch einer Beziehung** - läßt sie verstummen; sie kann sich **nicht aussprechen, nicht weinen**.

Ignatia ist kein emotional stabiler Mensch. Die **Stimmung wechselt häufig**.
Auf der einen Seite opfert sie sich für ihre Eltern auf, auf der anderen Seite macht sie deren gegenteilige Meinung sehr wütend. Wenn die Eltern sterben, ist sie sprachlos, weil sie sich schuldig fühlt.

In Beziehungen ist sie **äußerst verletzlich**. In ihrer **Wechselhaftigkeit** reagiert sie einmal böse, dann freundlich, dann wieder garstig - bis ihr Mann es leid ist. Dann gehen die Gefühle mit ihr durch. Mit ihrer Wechselhaftigkeit hat sie ein unberechenbares Element in sich. In ihrem **Kummer** beschuldigt sie ihren Mann ungerechterweise, sagt ihm ungerechte Dinge, weil sie im Streß ist.

Im **Körperlichen** konzentrieren sich die Beschwerden auf den **Bereich zwischen Hals und Magen**. Hier einige Beispiele: Leeregefühl im Magen, das durch Essen nicht gebessert wird. Es scheint sich mehr um einen Krampf des Solarplexus

IGNATIA

als des Magens zu handeln. Sie hat das Verlangen, tief zu atmen oder zu seufzen. Entweder verkrampft sich die Magengegend, oder sie seufzt tief. Sie hat Hunger, aber die Schmerzen werden durch das Essen nicht gelindert. **Leichtverdauliches liegt schwer im Magen, Schwerverdauliches wird gut vertragen. Schlechter durch Obst**; verursacht ein Schweregefühl.
(Abneigung gegen Obst und Abneigung gegen Eier: *Phosphor*)

Krämpfe können vom peripheren Nervensystem auf tiefere Schichten übergreifen. Nervenleitungsstörungen.
Kinder entwickeln choreaähnliche Zustände, weil ihr Lehrer sie getadelt hat. (Das reicht schon aus, um bei einem Ignatia-Patienten eine Chorea auszulösen.)

Bei Ignatia handelt es sich **nicht um echte Hysterie**. (Unter Hysterie versteht man eigentlich das Bestreben, sich selbst oder andere zu bestrafen, wenn die Wünsche und Möglichkeiten, ein Ziel zu erreichen, verhindert werden - *Moschus, Valeriana, Lilium tigrinum*.) Bei Ignatia liegt die Störung nicht so tief.
Krämpfe; Schmerzen oder Taubheit von einem Punkt abwärts.
Im Husten finden wir auch ein hysterisches Element.
Husten scheint immer mehr Husten hervorzurufen. So stark, daß keine Zeit mehr zum Luftholen bleibt. Keine Zeit zum Trinken.
Plötzliche, **vorübergehende Lähmung** von Körperteilen.
Paradoxe Reaktionen: Entzündungen mit Rötung, Schwellung; unempfindlich gegen Druck. Das Schlucken von festen Speisen geht leichter als das Schlucken von Flüssigkeiten oder Leerschlucken.

Die Symptome beginnen nach einem Todesfall oder nach dem Bruch einer Liebesbeziehung. Die Patientin ist leicht verletzbar, sie zieht sich zurück, ist in schlechter Stimmung. Zu diesem Zeitpunkt verträgt sie keinen Widerspruch, nicht einmal von ihren Nächsten.
In einer Beziehung unterdrückt sie, was sie stört, bis zu dem Tag, an dem alles in einer hysterischen Reaktion herausbricht. Sie beschuldigt ihren Mann, gefühllos zu sein und ihr nicht genug Aufmerksamkeit entgegenzubringen.
Betroffen ist die empfindsame Frau in unserer Gesellschaft, die sich stark zeigen muß. Sie leidet unter der Frauenbewegung. Um sich zu schützen, zieht sie sich schließlich zurück, verhärmt und entwickelt Kritik- und Tadelsucht. Ist sie dann allein, überwältigt sie die Einsamkeit und der Kummer. Hat sie sich einmal getrennt, will sie wieder zurück in die Beziehung. Große innere Empfindsamkeit, wirklich ein Perfektionist. Sie akzeptiert die Realität nicht: „Wie konnte er mich nur verlassen?" Ständig ist sie unzufrieden mit ihrem Gefühlsleben, und aus dem Kummer heraus entwickelt sich die Haltung, das Leben sei nicht mehr lebenswert.

Sie denkt daran, sich das Leben zu nehmen, aber sie tut es nicht, sie ist zu rational - aber sie denkt viel darüber nach.

Wenn die geistige Ebene bei einem Schock betroffen ist, kann sich eine Art Delirium entwickeln.

Auf der körperlichen Ebene verursacht der Schock **Torticollis, Krämpfe, Chorea, unerwartete Reaktionen auf äußere und innere Reize**.
Auf unerwartete Reaktionen muß man bei Ignatia immer gefaßt sein. Unerwartet in ihren Gefühlsäußerungen. Man ist nett zu ihr, und plötzlich reagiert sie garstig. Durch diese Art, mit den Problemen umzugehen, können die Patientinnen eine gewisse Härte, Kritiksucht, Gleichgültigkeit gegenüber Sex - keine Abneigung oder Homosexualität - entwickeln. *Sepia, Pulsatilla, Platinum, Medorrhinum* können homosexuell werden, aber bei Ignatia habe ich das bis jetzt noch nicht beobachtet. Echte Homosexualität sitzt sehr tief und ist schwer zu behandeln. Ich meine nicht dieses oberflächliche Spielen und Ausprobieren.

IGNATIA

IGNATIA - 2. Version

Dieses Medikament wird in unserer technisierten Zivilisation häufig gebraucht. Das Verhältnis von Ignatia-Frauen zu -Männern beträgt ungefähr fünfzehn zu eins. *Sulfur* folgt oft auf Ignatia als die darunterliegende Schicht. *Apis*, *Natrium muriaticum* und *Sepia* sind komplementär zu Ignatia. Ein *Natrium-muriaticum*-Patient braucht nach einem Schock oder Kummer, wenn Sie ihn gleich danach behandeln, wahrscheinlich Ignatia, wogegen Sie ihm vor dem Schock *Natrium muriaticum* gegeben hätten. Geben Sie das Arzneimittel, das an der obersten, aktuellen Schicht sichtbar ist.

Ignatia-Menschen sind sehr empfindsam. Zum Beispiel jemand, der eine gute Erziehung genossen hat, sich mit Kunst, Musik, Theater beschäftigt. Diese Eigenschaften verbinden sich mit der Fähigkeit, schnell zu begreifen und schnell zu handeln. Kurz: Es sind begabte Menschen. Werden sie mit unserer Gesellschaft konfrontiert, können ihre feinen Gefühle leicht verletzt oder gestört werden. Sie engagieren sich in der Frauenbewegung, aber es entspricht nicht ihrem Naturell, hart und streng zu sein. Das Zusammenspiel dieser Faktoren bringt schließlich die Ignatia-Patientin hervor. Sie ist fähig und fordert nichts von anderen.

Nehmen wir an, zwischen dem achtzehnten und neunzehnten Lebensjahr erlebt eine Frau ihre erste große Liebe; genau zu diesem Zeitpunkt muß sie zuviel im Beruf leisten, überarbeitet sich. Sie glaubt absolut an diesen Mann. Wenn er sich ihr gegenüber irgendwann ein bißchen gleichgültig verhält, ihr nicht die volle Aufmerksamkeit zukommen läßt, wird sie vielleicht schon schweigsamer und denkt darüber nach. Die **Introversion** beginnt. Die große **Empfindsamkeit** ist schuld an den späteren Schwierigkeiten. Sie **behält alles für sich und redet nicht darüber**. An einem bestimmten Punkt bricht Ignatia zusammen und liefert eine **hysterische Szene**, gerät völlig außer Kontrolle. Von da an beginnt die Krankheit.

Sie will es herausschreien, aber sie kann nur leise in ihrem Zimmer schluchzen. Unablässig schießen ihr Gedanken durch den Kopf. Sie hat das Gefühl, in der Beziehung betrogen worden zu sein, und beschließt, den Mann niemals mehr zu sehen. Keine Unterwürfigkeit bei Ignatia. Wenn sie sich dennoch für ihren Ausbruch entschuldigt, ist sie damit auch nicht zufrieden. Riesige, unbeschreibliche Angst kommt auf, **Seufzen**; sie kann viele Male während der Fallaufnahme seufzen. Wenn sie sich entschuldigt, geschieht es vernunftmäßig, nicht gefühlsmäßig. Auf der geistigen Ebene leidet sie nicht viel; bei Ignatia spielt sich alles in erster Linie auf der emotionalen Ebene ab.

Der **Schock** scheint einen **Krampf im ganzen System** auszulösen, im Bereich der Emotionen und im Nervensystem. Der Vagusnerv wird in Mitleidenschaft gezogen, so daß sie manchmal nicht richtig atmen kann und dann tief Luft holen muß. Ignatia weint nicht leicht. Sie beschwert sich darüber, daß sie nicht weinen kann (das entspricht einem Krampf auf der emotionalen Ebene). Die Gefühle sind stark, sie kann sie aber nicht zeigen, sondern verschließt sie im Innern.
Das ist anders als bei *Acidum phosphoricum*, wo die Gefühle wie gelähmt sind und dann vollkommene Gleichgültigkeit entsteht.

Wenn sie weint, dann schluchzt sie so tief, daß ihr ganzer Körper in Krämpfe übergeht. Sie ist aus dem Gleichgewicht geraten, und ihre **Reaktionen sind unvorhersehbar**. Sie sagt unlogische, verrückte Dinge. Man kann sie auch nicht beruhigen, indem man vernünftig mit ihr spricht.
Dieselbe Unvorhersehbarkeit zieht sich auch durch die körperlichen Symptome. Zum Beispiel: Leichtes Essen liegt schwer im Magen, während schwere Speisen keine Probleme bereiten.

Der Schock kann so tief in das System eindringen, daß er die **Hormonregulation stört**. Geht er tief genug, bilden sich eventuell sogar masculine Züge aus, zum Beispiel typisch männlicher Haarwuchs.

Oder die Patientin **zieht sich zurück, geht auf Distanz**. Bei der Anamnese lehnt sie sich zurück und rückt ihren Stuhl so weit wie möglich vom Schreibtisch weg. Wenn sie etwas nicht logisch erklären kann, wird sie mißtrauisch.
Wird so ein Zustand über Jahre nicht behandelt, zieht sie sich mehr und mehr in sich selbst zurück.

Auch die geistige Ebene kann jetzt betroffen sein. Der **Verstand ist nicht mehr so klar**, Entscheidungen fallen schwerer - sie klagt über eine zunehmende, allgemeine **Unentschlossenheit**.
In diesem Stadium können sich auch **Ängste** entwickeln.- Furcht, verrückt zu werden, Angst um die Gesundheit, Angst, an einer Herzkrankheit oder an Krebs zu sterben. Die Angst ist **schlimmer bei Sonnenuntergang**, zusammen mit einem **Engegefühl im Hals**. Zum Beispiel ein Kloßgefühl bei einer Hyperthyreose; das Gefühl, der Hals würde zusammengeschnürt. Während dieser Krankheitsphase bleibt sie mehrere Tage im Bett, weil sie spürt, daß irgendetwas Ernsthaftes im Anzug ist. Wenn sie verheiratet ist, sorgt sie sich, was mit ihren Kindern passieren würde, falls sie sterben sollte.

Im fortgeschrittenen Stadium sieht man vielleicht die klassische **Hysterie**. Hysterieähnliche Reaktionen erzeugen bei Ignatia **Krämpfe**. **Hustenanfälle**, die ihr kaum Zeit zum Atmen lassen. Der Husten ist trocken, ohne hohes Fieber. Diese Zustände können in ein **choreaähnliches Bild** übergehen, ganz besonders bei Kindern.

Nach einem Schock brütet sie weiter, kann keinen Tadel vertragen. Möglicherweise müssen bei einer **Chorea** nach Ignatia noch weitere Schichten abgetragen werden. Wenn choreatische Bewegungsabläufe unterdrückt werden, staut sich Energie auf, die früher oder später wieder abfließen muß (wie auch bei anderen **krampfartigen Erkrankungen**). Es kommt auch zu **vorübergehenden Lähmungen und Taubheitsgefühlen**.

Was andere Menschen beruhigt, hilft Ignatia nicht unbedingt. **Nette, beruhigende Worte** während einer Krise machen alles nur **schlimmer**, wie bei *Natrium muriaticum*.

Sie ist **wechselhaft** in ihrem Charakter und ihren Stimmungen.

Eifersüchtig. (*Hyoscyamus* und *Lachesis*).
Lachesis malt sich eine Menge Geschichten aus, stellt sich vor, wie ihr Mann gerade mit einer anderen Frau zusammen ist und was er alles treibt.
Bei Ignatia ist es genau umgekehrt. Sie behält alles für sich. Sie **sagt absolut nichts**, es ist unter ihrer Würde, eine Szene heraufzubeschwören.
Bei *Hyoscyamus* überwältigt die Eifersucht den ganzen Menschen und lähmt ihn, als ob ihn jemand gefangenhalten würde; er verspürt eine unbeschreibliche Eifersucht, Lähmung, Engegefühl im Hals und im Nacken.
Nux vomica bekommt einen Wutanfall und streitet.

Ignatia kann in ein Stadium übergehen, in dem alles unterdrückt ist. Sie redet nicht und hängt vielleicht Selbstmordgedanken nach. Daran zu denken, kann schon ausreichen, um einen Schiefhals auszulösen.

Schlüsselsymptome: **Abneigung gegen** alle Arten von **Obst** - in circa vierzig Prozent der Ignatia-Fälle (Athen). Abneigung gegen Obst finden wir nur bei wenigen Arzneimitteln (*Phosphorus*, *Barium carbonicum*).

Das Ignatia-Bild kann sich **nach einem Todesfall, nach dem Bruch einer Beziehung, nach einer Scheidung oder nach emotionalem Streß** entwickeln.

KALIUM BICHROMICUM

Wie alle Kalis ist Kalium bichromicum auf der geistig-emotionalen Ebene schwer zu beschreiben. Alle Kalis - außer *Kalium arsenicosum*, das *Arsen* sehr ähnelt - haben eine ähnliche Persönlichkeitsstruktur: **Verschlossen, zurückhaltend, tüchtig, rigide und überaus korrekt**. Kalium bichromicum entspricht diesem Typus. **ENGSTIRNIGKEIT** (NARROWNESS) auf allen drei Ebenen ist vielleicht die beste Beschreibung für Kalium bichromicum.

Kalium-bichromicum-Menschen sind von Natur aus verschlossen. Sie sind sehr gewissenhaft, fähig und normalerweise ziemlich konservativ. Sie neigen dazu, sich ihre eigene kleine Welt zu schaffen, die im Normalfall durch rigide Routine gekennzeichnet ist. In diesem engen, selbst abgesteckten Bereich leben sie ganz zufrieden. Sie laufen in ihren Bahnen und denken auch nicht viel darüber nach. Lassen Sie mich ein Beispiel bringen: In jungen Jahren tritt ein Kalium-bichromicum-Mann in eine politische Partei ein und vertritt von da an sein ganzes Leben lang dogmatisch denselben Standpunkt. Er verfügt nur über einen begrenzten Horizont, und in seiner Engstirnigkeit kann er andere Gesichtspunkte nur schwer verstehen. In dieser Beziehung könnte man sagen, daß Kalium-bichromicum-Patienten „von gestern", „Spießer", „Quadratschädel" sind (tend to be „squares").

Wie die meisten Kalis sind Kalium-bichromicum-Patienten ziemlich **materialistisch** ausgerichtet. Sie sind stolz auf ihr Haus, ihre Familie, ihr Auto et cetera. Sie essen gut und gerne. Sie haben Spaß an Sex, und sie bestehen darauf, daß er nach einem regelmäßigen Zeitplan abläuft. Trotzdem halten sie sich an traditionelle Werte; ein Kalium-bichromicum-Patient würde sich zum Beispiel schwer dazu entschließen können, sich in einen Ehebruch einzulassen. Sie akzeptieren ihren materiellen Standpunkt und bestehen darauf. Kalium-bichromicum-Patienten wären die letzten, die sich auf spirituelle oder mystische Praktiken einließen. Wenn sie sich dennoch damit beschäftigen, hat es meist einen praktischen, wissenschaftlichen Hintergrund.

Kalium-bichromicum-Patienten **schließen sich in ihrer eigenen Welt ab**. Sie brauchen keine Gesellschaft, sie suchen keine. Natürlich haben sie Gefühle, aber sie zeigen sie nicht. Ein Kalium-bichromicum-Mann ist vollkommen zufrieden, wenn er alleine oder mit seiner Frau zu Hause bleiben kann. Man könnte ihn sich als gebildeten Menschen vorstellen, der sich auf sein eigenes, besonderes Gebiet konzentriert und damit zufrieden ist. Störungen sind ihm unangenehm; wenn jemand an der Tür klingelt, öffnet er vielleicht nicht einmal.

KALIUM BICHROMICUM

Der Kalium-bichromicum-Patient will seine Zeit nur mit der Familie verbringen. Außerhalb der Familie schließt er kaum Freundschaften, und wenn er Freunde hat, freut er sich nur selten über ihre Besuche. Im Extremfall wird er menschenfeindlich und antisozial und schließt sich in seiner engen Welt ein.

Bei der Anamnese kann dieser Patient Schwierigkeiten bereiten. Er klagt über einen speziellen, konkreten Schmerz und weigert sich, weitere Einblicke in sein Inneres zu gewähren. Wenn Sie weiter nach geistigen oder emotionalen Symptomen forschen, streitet er einfach ab, Probleme zu haben. Er vermittelte den Eindruck, daß man über diese Themen nicht zu sprechen hat. Allerhöchstens gibt er zu, <u>etwas</u> gereizt zu sein, wenn ihn jemand in seinem normalen Alltagsleben stört.

Eine allgemeine Schwäche zieht sich durch alle drei Ebenen der Person.
Auf der körperlichen Ebene manifestiert sich diese Schwäche in einer allgemeinen Schwäche und in charakteristischen Symptomen.
Auf der emotionalen Ebene sind diese Patienten leicht mutlos und sehen alles aus einem düsteren, schwermütigen Blickwinkel (gloomyness). Sie fühlen sich isoliert und außerhalb jeglicher sozialer Kontakte. Wenn die Kalium-bichromicum-Pathologie die Oberhand gewinnt, nehmen sie ihre Gefühle nicht mehr wahr. In der Folge werden sie schwermütig (gloomy), übellaunig, leicht beleidigt und zornig.

Diese Düsterkeit, die sie umgibt, entwickelt sich schließlich zu einer Art **verdrießlicher Gleichgültigkeit**. Es ist keine echte Apathie, wie wir sie bei *Acidum phosphoricum* sehen, eher ein übellauniges Sich-Zurückziehen - eben eine verdrießliche Gleichgültigkeit und Entmutigung.

Im allgemeinen ist die geistige Ebene nicht so eindeutig betroffen wie bei anderen Arzneimitteln. Obwohl diese Patienten sich gefühlsmäßig abschließen und keine sozialen Kontakte mehr pflegen, können sie ihren Aufgaben noch recht gut nachkommen. Wenn in manchen Fällen auch die geistige Ebene in Mitleidenschaft gezogen ist, zeigt sich als erstes vielleicht ein schlechtes Gedächtnis. Dann folgt die Konzentrationsschwäche, der Verstand wird unscharf (bland) oder schwerfällig, was das benebelte Gefühl im Kopf bei einer Sinusitis noch verstärkt.
Darüber hinaus habe ich bisher keine tieferen Störungen auf der geistigen Ebene beobachten können. Aber man könnte sich die weitere Entwicklung leicht vorstellen. Der Patient würde sich wahrscheinlich in psychotischer Haltung völlig zurückziehen und in einen extrem menschenfeindlichen Zustand verfallen.

Es gibt noch ein sonderbares, charakteristisches Geistessymptom, das ich bei Kalium-bichromicum-Patienten beobachtet habe: Durch ihre Engstirnigkeit und soziale Kontaktarmut müssen sie - wenn sie anderen etwas **erklären** - alles **peinlich genau** darstellen. Zum Beispiel: Ein Kalium-bichromicum-Jurist erklärt Ihnen, daß man dieses und jenes Schriftstück braucht, um einen speziellen Vertrag zu unterzeichnen. Das erscheint jedem einfach und selbstverständlich, aber er besteht darauf, in aller Ausführlichkeit zu erklären und aufzulisten, welches Schriftstück benötigt wird. Bei Kalium bichromicum ist das keine Frage von Ordnungsliebe oder Übergenauigkeit. Er will in extremer Weise zeigen, wie gut er seine Arbeit macht. Er steckt so tief in seiner routinierten „Eins-nach-dem-andern-Art" zu denken, daß er bei anderen die gleiche Denkweise voraussetzt. Darum gibt er sich diese unsägliche Mühe, alles bis in Detail zu erklären, während man sich ungeduldig wundert: „Warum um alles in der Welt macht er das nur?" Diese engstirnige, arteriosklerotische Mentalität habe ich schon bei einem nur dreißig Jahre alten Mann gesehen.

Die hervorstechendsten Symptome produziert Kalium bichromicum auf der körperlichen Ebene. Ich konnte solche Fälle über Jahre verfolgen und habe herausgefunden, daß die **Symptome zwischen Schleimhäuten und Gelenken vikariieren**. Heute klagt der Patient über Katarrh, drei, vier oder sechs Monate später über Gelenkbeschwerden.

Die **Gelenkbeschwerden wandern** typischerweise von einem Gelenk zum anderen. Eine Woche ist dieses Gelenk befallen, eine Woche später oder einen Monat später ein anderes. Eigentlich spielt sich die Gelenksentzündung ja auch an einer Schleimhaut ab, nämlich an der Synovia.

Wärme bessert bei Kalium-bichromicum-Patienten. Im allgemeinen sind sie frostig, und ihre lokalen Schmerzen bessern sich durch Wärme. Interessanterweise beginnen ihre **Beschwerden** aber oft **im Sommer**. Nicht Wärme an sich verschlimmert, sondern die heiße Jahreszeit ruft die Beschwerden hervor.
Pulsatilla hat dagegen wandernde Schmerzen, die durch Wärme selbst verschlimmert werden; durch Sommerhitze, Ofenhitze, Zimmerwärme und so weiter.

Ein weiteres bekanntes Schlüsselsymptom von Kalium bichromicum ist: **Schmerzen an umschriebenen kleinen Stellen** - an kleinen Flecken, die mit einem Finger bedeckt werden können. Am typischsten ist bei Kalium bichromicum nach meiner Erfahrung eine kleine schmerzhafte Stelle am **oberen, lateralen Scapulawinkel**. Während *Rhus toxicodendron* mehr den inneren Winkel betrifft, konzentriert sich die Wirkung von Kalium bichromicum auf den äußeren.
Am bekanntesten ist die Verwendung von Kalium bichromicum natürlich bei den **katarrhalischen Zuständen der Schleimhäute**. Hat sich die Störung erst

KALIUM BICHROMICUM

einmal festgesetzt, scheint sie bei Kalium bichromicum immer weiter fortzuschreiten.

Diese Patienten bekommen erstens öfter als andere eine Erkältung, und zweitens weitet sie sich in achtzig Prozent der Fälle zu einer **Sinusitis** aus. Dabei bildet sich postnasal eine Menge Schleim, die Eustachischen Tuben können anschwellen und Obstruktionsbeschwerden bereiten. Steigt die Erkältung ab, entwickelt sich eine Bronchitis oder sogar Asthma.

Das typische Bild zeigt der Patient mit einer Sinusitis. Er berichtet über viele Erkältungen seit Jahren, und jede geht in eine Sinusitis über. Schon kurz nach Erkältungsbeginn schwillt das Epithel der Nasennebenhöhlen an, plötzlich bildet sich eine ungeheure Menge Schleim. Dabei benimmt sich der Patient noch übellauniger und unsozialer als üblich, ist niedergeschlagen und geistig schwerfällig. Die Schmerzen lokalisieren sich vor allem in der Jochbeinregion. Die Stirnhöhlen scheinen bei Kalium bichromicum weniger betroffen zu sein.

Typisch für Kalium bichromicum sind ungeheure **Schleimmengen**, die oft charakteristischerweise **klebrig, elastisch und zäh** sind. Die typische Kalium-bichromicum-Absonderung - egal, ob aus Nase, Magen oder einem sonstigen Organ - ist so zäh, daß sie sich bis zum Boden hinunter zieht. Ich habe einmal einen Patienten gesehen, der sich beim Naseputzen in seinen Schleim vollkommen verstrickt hatte. Natürlich ist Schleim immer ein bißchen zäh und klebrig; um als Symptom für die Verschreibung berücksichtigt zu werden, muß er schon erhebliche Ausmaße annehmen. Fällt dieses Symptom in dramatischer Weise auf, spricht es sehr stark für Kalium bichromicum, sein Fehlen aber nicht unbedingt dagegen.

Selbst bei den ganz trägen Ulcera von Kalium bichromicum finden wir dieses Symptom. Stellen Sie sich einen ziemlich verschlossenen, engstirnig dreinblickenden Patienten vor, der bei fortgeschrittener Arteriosklerose vaskuläre Ulcera entwickelt, die nicht heilen wollen. Wenn man die Ulcera säubern will und die Kruste ablöst, kann man beobachten, wie mehrere lange, elastische Fäden aus Serum an den Krusten hängenbleiben und sich in die Länge ziehen. Diese Beobachtung und das allgemeine Erscheinungsbild des Patienten sollten an Kalium bichromicum denken lassen.

Man kann sich gut vorstellen, daß die Arteriosklerose eine wichtige Rolle bei Kalium bichromicum spielt, selbst schon in jungen Jahren. Diese Menschen scheinen ihr Leben einzuengen - ihre Erfahrungen, ihre Gefühle, ihre Meinungen sind wie „verkalkt". Folglich sklerosieren auch ihre Arterien.

Es gibt ein paar charakteristische Besonderheiten bei Kalium bichromicum. Eine der berühmtesten ist natürlich das Gefühl „**wie ein Haar auf der Zunge**" (vor allem auf dem hinteren Teil). Die Zunge imponiert glänzend, nicht so rauh wie gewöhnlich.
Im weiteren ist die **Verschlimmerungszeit** von Kalium bichromicum typisch und ähnelt der von *Kalium carbonicum*. *Kalium carbonicum* fühlt sich schlechter zwischen 2 und 4 Uhr morgens; bei Kalium bichromicum wird die Zeitspanne auf **2 bis 3 Uhr morgens** eingeengt.

Die Schmerzen können genauso plötzlich kommen und gehen wie bei *Belladonna*; in allen übrigen Beziehungen gleichen sich die Arzneimittelbilder jedoch nicht. Kalium bichromicum hat eine schwächere Konstitution, ist frostig und sieht anämisch aus. Die Krankheit verläuft bei weitem nicht so dramatisch wie bei *Belladonna*.

Die Essensmodalitäten sind nicht besonders ausgeprägt, obwohl die Patienten gerne essen. Höchstens ein **Verlangen nach Bier**, wobei Kalium bichromicum im allgemeinen durch Bier stark **verschlimmert** wird. Damit ist nicht das allgemeine Unwohlsein mit Blähbauch und so weiter nach Biergenuß gemeint, sondern der ganze Mensch fühlt sich schlechter. Sinusitis oder Gelenkschmerzen können aufflackern, es kann zu Durchfällen kommen und so weiter.

Wenn der Kalium-bichromicum-Patient **Furcht oder Angst** beschreibt, gibt er sie **in der Brust** an. Bei *Kalium carbonicum* steigen solche Gefühle hingegen aus dem Solarplexus auf; bei Kalium bichromicum liegt der Ausgangspunkt höher.
Das **Kältegefühl in der Brust** ist noch erwähnenswert - besonders ein Kältegefühl der Herzregion.

KALIUM CARBONICUM

Wie Kent meint, ist Kalium carbonicum ein Mittel, das in seinem Wesen schwer zu erfassen ist - sowohl im Patienten als auch in der Materia medica. Das unmittelbare Bild des Patienten wird aus den Prüfungen nicht sehr klar, und daher kennen es meist nur erfahrene Homöopathen aus sorgfältiger, systematischer Beobachtung. Es ist jedoch sehr wichtig, Kalium carbonicum zu verstehen, weil es ein unergründlich tief- und langwirkendes Mittel ist. Wenn es früh genug verschrieben wird, kann es ein Fortschreiten in ein unheilbares Stadium der Krankheit verhindern.

Der Kalium-carbonicum-Patient hat eine charakteristische Persönlichkeit: Er ist **dogmatisch** bis zur Unbeugsamkeit und Starrheit an ein starkes **Pflichtbewußtsein** gebunden. Er lebt in einem angespannten Zustand, in dem der **Verstand eiserne Kontrolle** über Erleben, Verhalten und Gefühle behält. So eine Person ist genötigt, die Welt in Begriffen von schwarz und weiß, richtig und falsch und ordnungsgemäß und ordnungswidrig zu sehen. In seiner Erscheinung und in seinem Benehmen ist er **korrekt, aufrecht, ordentlich**. Er (oder sie) ist konservativ, stoisch, klaglos, dogmatisch, hält sich an die Vorschriften. Im Bereich der Psychologie wäre die Kalium-carbonicum-Persönlichkeit der Inbegriff des anal-retentiven Charaktertyps. So einer Person scheint im Leben alles handfest, klar, unwandelbar, zweckbetont. Solche Leute werden oft Polizeibeamte, Staatsanwälte, Übersetzer, Buchhalter-Berufe, in denen Routine, Ordnung und Pflichtbewußtsein geschätzt sind.

In diesem Sinne ist der Kalium-carbonicum-Patient über alle Maßen **verstandesbetont**. Es ist keine Verstandesbetonung im Sinne von Philosophieren oder geistig schöpferischer Tätigkeit oder Analyse, sondern ein starker Gebrauch des Verstandes als Kontrollmechanismus über Gefühlsausdruck und körperliche Funktionen. Der Kalium-carbonicum-Verstand ist systematisch, ordentlich und gewohnheitsorientiert. Er gedeiht in klar umrissenen, dogmatischen, in schwarz und weiß festgelegten Situationen und Funktionen.

So ein Patient **mag anderen gefühlsarm erscheinen**, weil Gefühle in verstandesmäßiger Weise ausgedrückt werden, aber dies ist weit gefehlt. Im Inneren kann Kalium carbonicum sehr empfindsam sein, wird es aber niemals zeigen. Wenn Sie Kalium carbonicum von Ihrem Kummer erzählen, werden Sie aus seiner Antwort schließen, daß nichts ihm gleichgültiger sein könnte, aber Sie mögen überrascht ein paar Tage später feststellen, daß er in aller Stille über Ihre Situation nachgedacht hat, um jetzt eine Lösung anzubieten.

So ein Patient wird vielleicht, obwohl er innerlich und still leidet, von anderen wegen seiner Würde und Integrität angesichts von Schwierigkeiten bewundert. Die Kalium-carbonicum-Ehefrau erträgt zum Beispiel still und in Würde das ehebrecherische Verhalten ihres Mannes.

Auf der anderen Seite aber kann es frustrierend sein, mit einem Kalium-carbonicum-Mann verheiratet zu sein, es sei denn, die Ehefrau ist verständig genug, die indirekte Art, in der eine solche Person Gefühle zeigt, richtig einzuschätzen. Er kann gefühllos erscheinen wegen seiner kontrollierten Weise, Gefühle auszudrücken, aber er mag die Dinge sehr stark empfinden (anders *Acidum phosphoricum* oder *Aurum metallicum*, die innerlich wirklich tot und „still" in der Gefühlssphäre sind).

Aus diesen Gründen ist der Kalium-carbonicum-Patient für den Homöopathen schwierig zu behandeln. Er wird unerschütterlich **dazu neigen, Probleme zu ignorieren**, bis sie ein ernstzunehmendes Stadium erreicht haben. Wenn er tatsächlich zum Homöopathen kommt, beantwortet er die Fragen mit einem nüchternen Achselzucken. Das ist der Patient, der Ihnen überhaupt keine Symptome liefert. Sie mögen fragen, ob er Angst im Dunklen hat, und der Patient zuckt mit den Achseln, um das Symptom abzuschwächen; in Wirklichkeit fürchtet er sich extrem vor der Dunkelheit.

Gerade die Symptome, die dem Homöopathen am meisten bedeuten, die Gefühls- und Gemütssymptome, sind diejenigen, die der Kalium-carbonicum-Patient am meisten herunterspielt. In dieser Situation kann die Fähigkeit des Homöopathen, reale Lebenssituationen und konkrete Beispiele geschickt zu erkennen, entscheidend sein, mehr als bloßes Sammeln von Daten. Denn der Kalium-carbonicum-Patient wird, wenn er sich selbst überlassen bleibt, seinem Organismus erlauben, ein unheilbares Stadium zu erreichen, bevor er seine emotionale Anspannung erkennen läßt. Der Tribut, den solche Verstandeskontrolle auf körperlicher Ebene fordern kann, soll durch ein Beispiel veranschaulicht werden:

Eine Kalium-carbonicum-Ehefrau wurde von allen Freunden bewundert, weil sie niemals Selbstmitleid oder Frustration zeigte, während ihr Ehemann schon seit vielen Jahren an schlimmer Senilität gelitten hatte, bevor er schließlich starb. Später, als sie noch einen finanziellen Verlust erlitt, entwickelte sie eine Nierenkolik, die mit einer Injektion allopathisch behandelt wurde, und dann brach sie schnell mit kongestivem Herzversagen zusammen und starb.

KALIUM CARBONICUM

So eine eingepanzerte verstandesmäßige Kontrolle hindert die Lebenskraft daran, ihre wichtigsten Ausdruckskanäle für Symptome auf der Gemüts- und Gefühlsebene zu benutzen. Deshalb werden die Symptome mit vernichtender Kraft auf die körperliche Ebene gelenkt und beeinträchtigen insbesondere die inneren lebenswichtigen Organe und die unteren Körperregionen. Die vom Bewußtsein ausgehende Unterdrückung ist tatsächlich so extrem, daß sie einen deformierenden Einfluß auf die Strukturen des Körpers zu haben scheint; es hat beinahe den Anschein, als ob die extreme mentale Kontrolle sogar die Strukturen der Zellen selbst verforme. Deformitäten der Knochen, der Wirbelsäule und der Gelenke kommen vor. Man könnte Kalium carbonicum fast als ein Spezifikum für Arthrosis deformans bezeichnen.

Die übertriebene verstandesmäßige Kontrolle treibt die Symptomatologie charakteristischerweise in den **Plexus solaris**. Wenn der Patient überhaupt Gefühle zugibt, beschreibt er sie als im Magen gelegen - Angst, Furcht, selbst Erschütterungen werden im Magen empfunden. Kent hat eine bildliche Beschreibung für diesen Zustand: „Ein besonderer Punkt bei Kalium carbonicum ist ein Zustand der **Angst, die im Magen empfunden wird**, als wenn es eine Furcht sei." Eine der ersten Patientinnen, die ich je hatte, drückte es auf bessere Weise aus, als es in den Büchern steht; sie sagte: „Doktor, irgendwie empfinde ich eine andere Furcht als andere Leute. Ich fühle sie gerade hier (epigastrische Region)." Nun, das ist auffallend, das ist außergewöhnlich.

Wenig zuvor hatte ich Gelegenheit, ein weiteres Charakteristikum von Kalium carbonicum herausarbeiten. Durch eine kleine Ungeschicklichkeit meinerseits stieß mein Knie an den Fuß eines Patienten, der etwas über die Bettkante ragte, und der Patient sagte: „Oh." Der Kalium-carbonicum-Patient ist **empfindlich gegenüber Berührung**. Er ist ängstlich, und alles schlägt ihm auf dem Magen. Wenn seine Haut berührt wird, empfindet er Angst oder Furcht in der Magengegend.

Ein Patient beschrieb das Gefühl, in den Plexus solaris gestoßen zu werden, sobald er sich hinlege um zu schlafen; es war so heftig, daß er gezwungen war aufzustehen und umherzugehen, um die Empfindung zu lindern.
Ein anderes Mittel, das eine auffallend ähnliche Empfindung hat, ist *Mezereum*; es fühlt ebenfalls eine mächtige Angst im Magen, aber bei Mezereum geht die Angst vom Magen aus und überwältigt dann den ganzen Organismus, wobei der Patient sich fühlt, als sterbe er.

So sehen wir, daß der Kalium-carbonicum-Patient sehr empfindlich gegenüber Gefühlen und Veränderungen der Umgebung ist, daß er aber auch eine strenge Kontrolle darüber wahrt, wieviel er von dieser Empfindsamkeit preisgeben darf. Deshalb sehen wir auch die extreme **Schlaflosigkeit** bei Kalium carbonicum. Der Schlaf ist eine Zeit, in der die verstandesmäßigen Kontrollen naturgemäß erschlafft sind, was für den Kalium-carbonicum-Patienten schwer zu ertragen ist. Der Patient schläft vielleicht wochenlang nicht; Man kann keinen besonderen Grund für die Schlaflosigkeit finden. Der Patient verneint Angst, geistige Überaktivität oder Empfindlichkeit gegenüber Geräuschen. Er will sich nur nicht fallenlassen. Der Patient erweckt vielleicht sogar den Eindruck, als könne er bei seinem geregelten, ordentlichen, streßfreien Leben seine Energie so gut konservieren, daß er wirklich keinen Schlaf mehr braucht. Jedoch leidet der Patient in Wirklichkeit unter dem Schlafmangel. Weil er nicht genügend Schlaf bekommt, ist Kalium carbonicum eines der Mittel, bei denen das Symptom „unerquicklicher Schlaf" am stärksten ausgeprägt ist, gemeinsam mit, - aber jeweils aus unterschiedlichen Gründen -, *Nux vomica, Lycopodium, Sulfur, Phosphorus, Acidum nitricum,* den *Magnesiumsalzen* und *Lachesis).*

Charakteristischerweise **verschlimmern** sich die Symptome von Kalium carbonicum **zwischen 2 und 4 oder 5 Uhr morgens**. Die Schlaflosigkeit, der Husten, das Asthma, die kardiale Dyspnoe, alle Beschwerden sind um diese morgendliche Zeit schlechter. Zu dieser Zeit haben die Kontrollmechanismen des Verstandes ihre geringste Kraft. Wenn die Kontrolle nachläßt, verstärkt sich der Ausdruck der Symptome - der Patient erwacht mit der charakteristischen Verschlimmerung zwischen 2 und 5 Uhr morgens.

Wenn der Krankheitsprozeß auf der geistigen und der emotionalen Ebene fortschreitet, wird der Patient sehr **reizbar**. Die Reizbarkeit entsteht aus dem Gefühl für Korrektheit, dem Pflichtgefühl, dem Dogmatismus. Der Kalium-carbonicum-Patient hat eine entschiedene Vorstellung von dem, was „richtig" oder was „die richtige Art", etwas zu tun, ist, und er duldet keine Abweichung. Er ist inflexibel.
So weigert er sich zum Beispiel, eine Krankheit zu akzeptieren; die Symptome scheinen ihn zu belästigen, machen ihn übellaunig und äußerst reizbar.
Die Ehefrau, die sich innerlich wegen des ehebrecherischen Verhaltens ihres Ehemannes quält, greift ihn deswegen nicht an, sondern schimpft ihn statt dessen wegen unbedeutender Dinge - hält ihm zum Beispiel vor, im Beruf oder im Haushalt etwas falsch zu machen.

Wenn ein Kalium-carbonicum-Staatsanwalt bei sich entschieden hat, daß der Angeklagte unschuldig sei, so wird er auf dieser Einschätzung beharren und keine Gründe wie - sagen wir einmal - politische Erwägungen oder die Notwendigkeit, ein juristisches Exempel zu statuieren, dulden; der Kalium-carbonicum-Patient riskiert eher seine Karriere, als sein **Plichtgefühl** zu verletzen, auch wenn seine unbeugsame Haltung schließlich bis ins Irrationale geht. Er würde eher kämpfen als nachgeben.

Wenn der Krankheitsprozeß noch weiter fortschreitet, treten viele **Befürchtungen und Ängste**, die vorher eine geringe oder unerkannte Rolle im Leben des Patienten gespielt haben, deutlich hervor. Die Natur dieser Ängste ist repräsentativ für die Unfähigkeit von Kalium carbonicum, Unsicherheit oder potentiellen Kontrollverlust zu meistern. Zum Beispiel tritt Furcht vor Kontrollverlust in bestimmten gesellschaftlichen Situationen auf, die ihm noch nicht ganz vertraut sind. Starke Furcht im Dunklen und Furcht vor der Zukunft oder Furcht vor drohender Krankheit plagen den Patienten - Ängste also, wie sie uns von *Phosphorus* geläufig sind. Die Angst um die Gesundheit ist weniger hypochondrisch, sondern beinhaltet mehr die Furcht vor den Unsicherheiten, die mit einer Krankheit verbunden sind; Krankheit ist etwas, was der Patient nicht selbst kontrollieren kann. Auch Angst vor Geistern ist typisch, denn Geister gehören in einen nicht-materiellen Bereich, dessen Existenz er zuvor strikt geleugnet hat.

Anders als bei vielen anderen Mitteln schreiten die Stadien der geistigen Affektion bei Kalium carbonicum nur selten bis zur Geisteskrankheit fort. Die verstandesmäßige Kontrolle geht bei Kalium carbonicum nicht in einem solchen Ausmaß verloren. Statt dessen läuft der Patient Gefahr, einer tiefsitzenden Krankheit eines lebenswichtigen Organs zu erliegen. Der Verstand scheint den Krankheitsprozeß mit solcher Intensität in den Körper gedrängt zu haben, daß die **lebenswichtigen Organe** unterliegen, bevor der Verstand bis zum Wahnsinn degeneriert ist.

Interessanterweise handelt es sich bei zweien der Hauptzielorgane der Kaliumcarbonicum-Pathologie um Ausscheidungsorgane - **Nieren** und **Lungen**. Toxine werden hier eliminiert. Es scheint, als ob Rigidität, Inflexibilität und der unbeugsame Ordnungssinn die bronchialen und glomerulären Membranen verformt hätten – alles in dem Versuch, die Toxine, deren Existenz ein Kalium-Carbonicer nicht akzeptieren kann, abzulagern.

Die Hemmung der Nierenfunktion resultiert natürlich in den bekannten Ödemen von Kalium carbonicum. **Schwellungen um die Augen** herum, Schwellungen sowohl des Ober- als auch des Unterlides. Am typischsten sind Schwellungen, die wie kleine Säckchen am medialen Teil der oberen Augenlider erscheinen.

In den Lungen sehen wir ein weites Feld von Krankheitsprozessen, von der Bronchitis bis zur Lungenentzündung und selbst zur Tuberkulose. Der Husten ist sehr heftig und martert den ganzen Körper unaufhörlich mit Würgen und Erbrechen, schlimmer zwischen 2 und 5 Uhr morgens und schlimmer durch Zugluft.

Kalium carbonicum kann auch die **Leber** und das **Herz** bis zum vollständigen Versagen in Mitleidenschaft ziehen, häufig wiederum, weil der Krankheitsprozeß zu weit fortschreiten konnte, bevor er erkannt wurde.

Dieses nicht erkannte Fortschreiten der Krankheit innerhalb lebenswichtiger Organe ist von Kent gut beschrieben worden: „Ich kann auf eine ganze Reihe Fälle von fettiger Degeneration des Herzens zurückblicken, in denen ich den ganzen Schaden mit Kalium carbonicum hätte verhüten können, wenn ich den Fall zu Beginn besser erkannt hätte. Diese Fälle schreiten allmählich voran, und die Indikationen, die nach Kalium carbonicum verlangen, müssen früh gesehen werden, oder der Patient wird in einen unheilbaren Zustand gelangen. Es kommt zum Zusammenbruch und zu organischen Veränderungen, und Sie blicken auf diese Fälle zurück und sagen: „Wenn ich nur zu Anfang dieses Falles gesehen hätte, was ich jetzt sehe, dann hätte, so scheint es, der Patient geheilt werden können." Wir müssen lernen, die ersten Stadien eines Arzneimittels zu erkennen, so wie wir auch den Beginn einer Erkrankung erkennen müssen. Es lohnt sich für einen homöopathischen Arzt, auf einen Fall zurückzublicken, bei dem er oder jemand anders versagt hat, um die Anfänge zu studieren und sich zu vergegenwärtigen, wie die Anfänge aussahen. Diese Art des Studiums ist für den homöopathischen Arzt ebenso inspirierend, wie es die Obduktionen für die alte Schule sind."

Im **Gastrointestinaltrakt** kommen sehr ernste und verschiedene Symptome vor. Viel Flatulenz, abwechselnd Verstopfung und Durchfall. Aber am beeindruckendsten sind die äußerst schmerzhaften **Hämorrhoiden**, die bei festem Stuhl zu Blutungen neigen.

Der Kalium-carbonicum-Patient ist ungemein **empfindlich gegen den leisesten Luftzug**. Selbst die normale Luftbewegung im Haus stört ihn. Er geht von Raum zu Raum, um die Quelle eines kaum wahrnehmbaren Luftzuges zu suchen, der andere gar nicht stört.

Wenn wir einen Patienten von so ausgesprochener Korrektheit und verstandesmäßiger Kontrolle vor uns haben, der uns kaum an die Symptome herankommen läßt, dann kann uns gerade das Verständnis dieser Idee von Kalium carbonicum zu dem Mittel führen. Zur sicheren Verschreibung bedarf es dann nur des einen oder anderen Schlüsselsymptoms von Kalium carbonicum, wie zum Beispiel der Verschlimmerung von 2 bis 5 Uhr morgens, der extremen Empfindlichkeit gegen Zugluft, der Schwellung der inneren oberen Augenlider, der im Magen empfundenen

KALIUM CARBONICUM

Angst, der Erkrankung lebenswichtiger Organe oder dem starken **Verlangen nach Süßigkeiten**.

Die wesentlichen Eigenschaften von Kalium carbonicum können an andere, verwandte Mittel erinnern. Natürlich kann man nicht Kalium carbonicum studieren, ohne sich *Nux vomica* ins Gedächtnis zu rufen. Kalium carbonicum jedoch ist in seinem Wesen anders als *Nux vomica*. *Nux* ist äußerst ehrgeizig und impulsiv, wogegen Kalium carbonicum in seiner Routine ganz zufrieden ist und aufgrund seiner Korrektheit reizbar wird, nicht weil er wie *Nux vomica* in seinen Ambitionen frustriert wurde. Trotzdem kommt ein Patient, nachdem er gut auf Kalium carbonicum angesprochen hat, häufig in ein *Nux-vomica*-Stadium.
Ein weiteres Mittel, das Kalium carbonicum gerne folgt, ist *Phosphorus*; besonders wenn sich die Festigkeit von Kalium carbonicum genügend gelockert hat und den ätherischen *Phosphorus*-Empfindlichkeiten und -Ängsten ermöglicht, sich zu manifestieren.

LACHESIS

Wer dieses Arzneimittel sorgfältig studiert und häufig verordnet hat, wird ein besonderes Charakteristikum verstehen, das sich wie ein roter Faden durch die Symptome zieht: Es handelt sich um eine enorme **ÜBERREIZUNG, DIE EIN VENTIL BRAUCHT**, oder der Organismus bricht zusammen. Wie ein Topf, der kocht und dampft und unter Druck steht.

Eine überaus starke Reaktion, ein ungeheurer Aufruhr findet im Organismus ja auch statt, wenn durch den Biß einer Schlange tödliches Gift in die Blutbahn gelangt. Über den Blutkreislauf erfaßt ein solcher Aufruhr den gesamten Organismus. **Hauptangriffspunkt** ist bei Lachesis das **Kreislaufsystem**. Wenn man die Materia medica studiert, muß man sich vergegenwärtigen, in welchen Organsystemen die Schwerpunkte der jeweiligen Mittel liegen. Bei Lachesis ist das in erster Linie das Kreislaufsystem. Das ist ein wichtiger, gut einprägsamer Anhaltspunkt. Wie nämlich für *Calcium carbonicum* das Knochen- und Lymphsystem oder für *Spigelia* das periphere Nervensystem, so stellt für Lachesis der Blutkreislauf den entscheidenden Anhaltspunkt dar. Alle Schlangengifte betreffen in erster Linie das Herz und das Kreislaufsystem.

Davon abgesehen, werden sich die Zeichen und Symptome eines Patienten, die anzeigen, daß er Lachesis benötigt, in den drei Seinsbereichen - körperliche, emotionale und geistige Ebene - verschieden stark äußern; das muß man beim Erfassen eines jeden homöopathischen Mittels beachten. Bei einem einzelnen Lachesis-Fall liegt der Hauptakzent nur auf einer der drei Ebenen, während das Leiden auf den beiden anderen schwächer zum Vorschein kommt. Und so verschieden dabei die Symptomatologie des einzelnen Lachesis-Patienten ausgeprägt sein mag, ist allen doch jener generelle Zug eigen: die nach einem Ausweg suchende Überreizung.

Wenn wir daran gehen, Lachesis im einzelnen zu beschreiben, sind wir uns darüber klar, daß die Darstellung des genialen James T. Kent nach wie vor unübertroffen bleibt. Hier wollen wir die Fülle der Informationen zusammenfassen, die das grundlegende Wesen, die Essenz von Lachesis verdeutlichen.

Zunächst die **physische Ebene**. Hier fällt bei Lachesis eine **Labilität des Kreislaufsystems** auf, die durch Überreizung verursacht, durch Unterdrückung von Abreaktionen oder von Ausflüsssen verschlimmert und durch starkes Sich-Luft-Schaffen gebessert wird. Es zeigen sich Bluthochdruck, idiopathischer Hochdruck,

Hitzewallungen in verschiedenen Altersgruppen, Kopfschmerzen, Blutungen (insbesondere von dunkler Farbe), Blutstauungen, insbesondere Varizen und Hämorrhoiden, Ulcera und die verschiedensten Herzbeschwerden. Die Labilität scheint dabei vor allem den venösen Teil des Kreislaufs zu betreffen; dies erklärt die **bläulich-cyanotische Färbung** der Haut und der Schleimhäute (auch zum Beispiel pinkfarbene, rote, cyanotische Ulcera und Ausschläge).
Schlechter durch Hitze, schlechter bei plötzlicher Hitzeeinwirkung, bei plötzlicher Erhitzung, weil das die Kreislaufsituation verändert. Schlechter durch warmes Duschen oder schlechter beim Betreten eines sehr warmen Raumes.
Schlechter vor der Regel, sobald die Regel fließt, spürt der Patient eine allgemeine Erleichterung.
Schlechter durch die Unterdrückung irgendwelcher Absonderungen.

Der Energiefluß, die Ventilwirkung kann auch durch Kleidung behindert werden, speziell um den Hals, die Brust und die Taille.
Der Lachesis-Typ **verträgt keinerlei Druck oder Einengung**. Er kann das Gefühl der Bedrängtheit nicht ertragen, auch Hindernisse bei der Kommunikation und beim Verbundensein mit anderen Menschen sind ihm zuwider. Besonders **unerträglich** findet er **Einengung in der Halsgegend**, zum Beispiel Krawatten, gespannte Kragen oder enge Blusen. Mitunter hat er das Gefühl, einen **Kloß im Hals** zu haben; beim Schlucken läßt es nach, kehrt dann aber sogleich wieder.

Seelischer Druck und psychische Einengung beeinträchtigen den Lachesis-Patienten nicht minder. Jedesmal, wenn etwa die Frau ihrem Mann einen Wunsch vorträgt oder gar einen Auftrag erteilt, sperrt er sich automatisch. Bei der Arbeit leistet er dem Druck seines Chefs Widerstand. Dabei ist er in der Regel ziemlich intelligent und fähig; indes neigt er jedoch nicht zum Rebellen oder Revolutionär wie *Causticum*. Lachesis sträubt sich einfach gegen jeden Druck, ohne besondere ideologische Gründe zu haben. Ein Lachesis Patient mag seinen Arbeitsplatz aufgeben, um unabhängig zu sein, aber er schlägt dabei keinen Lärm. Im Gegensatz zum *Causticum*-Typ liefert er keinen Eklat, keine persönlichen „Szenen".

Der Lachesis-Patient wird in seinem Kreislauf zu sehr angeregt; er hält sich jedoch unter Kontrolle, und das führt zu **übersteigertem Druck** mit allen typischen Konsequenzen. Der Kopfschmerz wird als hämmernder Druck, als brodelnder Blutandrang empfunden; er kommt und vergeht in Wellen. Die Augen fühlen sich an, als würden sie von innen nach außen gedrückt.

Beim Einschlafen schreckt der Patient mitunter angstvoll auf; er hat das Gefühl, nicht mehr atmen zu können, er glaubt zu ersticken. Der Grund ist höchstwahrscheinlich ein plötzlicher Rhythmuswechsel in der Zirkulation. Dieses Symptom ist wohl begleitet von einer momentanen Scheinlähmung des Vagusnerven, die von dessen schlechter Blutversorgung verursacht wird. Lachesis ist das Hauptmittel in der Rubrik „**erwacht in Panik**".

Wir können auch folgern, daß eine solche Empfindlichkeit des Kreislaufs zunächst als idiopathischer Bluthochdruck, dann als Vergrößerung des Herzens, aber auch als Herzklappenfehler und Aneurysma der großen Blutgefäße sowie schließlich als Arteriosklerose erscheint.

Durch die Anregung des Blutkreislaufs entsteht verständlicherweise auch **gesteigertes geschlechtliches Verlangen**. Exszesse, Obszönität. Lachesis ist eines der Hauptmittel bei Masturbation, wie *Staphisagria, Platin, Origanum* (Masturbation bei jungen Mädchen). Lachesis ist ein gutes Mittel, wenn durch Selbstbefriedigung oder ihre Auswirkungen der Organismus eines jungen Menschen müde und abgeschlafft wirkt (*Agnus castus, Staphisagria*), wenn der Betroffene apathisch und gleichgültig ist. Dies gilt auch für jede sexuelle Überaktivität. Lachesis stellt das Gleichgewicht wieder her, sei es aus der Überreizung, sei es aus (der Folgephase) der Apathie heraus.

Umgekehrt läßt sich sagen, daß gewaltsame **Unterdrückung des** starken **Sexualtriebes** zu einem Lachesis-Zustand führt. In einem Fall wurde Lachesis wegen unterdrückter Sexualität gegeben - es war ein Fall mit linksseitiger Nierenkolik.

Die Blutgefäße verengen sich, folglich werden Abfallstoffe weniger leicht ausgeschieden; insbesondere die Nieren versagen ihren Dienst, und es kommt zur typischen linksseitigen Nierenkolik und zur Steinbildung.

Ein Lachesis-Typ muß sich abreagieren können. Weil gerade von Kreislaufstörungen die Rede ist: Lachesis vermag auch zu wirken, wenn der Kreislauf durch **Alkoholismus** oder Drogenmißbrauch angegriffen ist. Das Verlangen nach Alkohol kann reduziert werden. Selbst Patienten, bei denen schon Zeichen eines Delirium tremens festzustellen sind, können durch dieses Mittel gebessert werden, unabhängig davon, ob die schwere Störung nun durch Alkohol oder durch andere Drogen hervorgerufen wurde. Viel wichtiger ist es, auf die Symptome roter oder blauer Färbung zu achten; sie deuten auf Lachesis hin.

Eine charakteristische Ursache für die **Verschlimmerung** der Lachesis-Symptome finden wir in jedem **raschen Wechsel der Zirkulation**, sei es beim Einschlafen oder Erwachen, durch plötzliche Erwärmung, raschen Kälte-Hitze-Wechsel, ein heißes Bad oder vor der Menses.

Kein Wunder, wenn das **Herz** dabei zu dem Organ wird, an dem die meisten Beschwerden fühlbar sind. Der Patient kann **schlecht auf der linken Seite liegen**, der Druck in der Herzgegend macht ihm zu schaffen, Herzklopfen, Dyspnoe und ohnmachtsähnliche Zustände stellen sich ein.

Wir können sagen, daß Lachesis ein (**linksseitiges**) Herzmittel ist, wie *Lycopodium* ein (rechtsseitiges) Lebermittel. Die linke Seite ist der anfällige Bereich von Lachesis; hier beginnen die Symptome und breiten sich dann weiter aus. Eine häufige Ausnahme: die **rechtsseitige Ischialgie**.

Die Abfolge **von links nach rechts** im Aufkommen der Symptome ist sowohl bei chronischen als auch bei akuten Erkrankungen zu beobachten, tritt jedoch in akuten Fällen am deutlichsten zutage. Die Betonung der linken Seite, der Blutandrang, die Blutfülle im Kopf, dessen violette Rötung und die daraus resultierende Kälte des übrigen Körpers in Verbindung mit der **Empfindlichkeit** der Haut **gegen die geringste Berührung**, sowie die Abneigung gegen jede **Beengung** verdeutlichen das Lachesis-Bild, wie wir es zum Beispiel bei linksseitiger Eierstockentzündung (*Podophyllum*), Typhus, Mandelentzündung, Erysipel und manch anderen Entzündungskrankheiten antreffen. Die geringste Berührung ist schmerzhaft, aber kräftiger Druck ist nicht so schlimm.
Linksseitige Intercostalneuralgien (*Spigelia, Natrium muriaticum, Bryonia*).

Oft wird ein solcher Zustand mit *Belladonna* verwechselt; bei *Belladonna* liegen die Beschwerden jedoch mehr rechtsseitig, die Kongestion ist zwar gleich, aber die Färbung mehr rötlich als bläulich-violett und die Haut weniger berührungsempfindlich. Starker Druck kann bei beiden bessern.

Lachesis mag gern Austern und stärkehaltige Speisen wie Nudeln und Kartoffeln.

Sehen wir uns nun die krankhafte **emotionale Ebene** von Lachesis an. Erwartungsgemäß sind die Gefühle und Leidenschaften gesteigert, besonders in der geschlechtlichen Sphäre. Die Triebkräfte sind so stark, daß der Patient baldige Befriedigung anstrebt; hat die Leidenschaft ihn einmal übermannt, fühlt er sich heftig zum Objekt seiner Neigung hingezogen. Er sucht wegen seiner Triebstärke den Genuß baldiger Erfüllung seiner Sehnsucht. Oft sinkt er auf ein niedriges moralisches Niveau und gibt sich Ausschweifungen hin. Während dieser Phase denkt er nur an sich selbst und fürchtet lediglich, das Lustobjekt zu verlieren. Genau dies meint Kent, wenn er von „unangemessener Eigenliebe" spricht: der Partner wird zum Objekt.

Wenn der Patient fürchtet, das Objekt seines Vergnügens zu verlieren, stellt sich die typische **Eifersucht** ein - Eifersucht gepaart mit **Mißtrauen**. Krankhafte Eifersucht. So kann es vorkommen, daß der Lachesis-Typ schon krankhafte Eifersuchtsgefühle an den Tag legt, wenn der Partner einen Dritten auch nur grüßt. Wohl ist ihm seine unvernünftige, ja krankhafte Reaktion bewußt, aber er kann nicht umhin, muß seine Eifersucht zum Ausdruck bringen. Die Qual wächst, wenn dadurch die Partnerschaft erst recht belastet wird.
Die Homöopathie kann solchen Menschen helfen, sie wirkt beruhigend, die Eifersucht kommt unter Kontrolle, und das Verhältnis der Partner kann fortbestehen.
Eifersucht mit Mißtrauen. Eine Frau zum Beispiel verdächtigt jedermann. Freundinnen, die zu Besuch kommen, um sich mit ihr zu unterhalten, haben ihrer Meinung nach im Sinn, ihr den Mann auszuspannen. Sie überträgt eigene Empfindungen, die sie für ihren Mann hegt, auf jede andere Frau, die beiden begegnet. Nach ihrer Überzeugung empfinden andere zwangsläufig die gleiche Zuneigung wie sie. Ihr Mißtrauen erstreckt sich überdies auf jeden, den sie liebt; bisweilen kommt es bei Lachesis zu homosexuellen Beziehungen. Schon bei kleinen Mädchen zeigt sich ein eifersüchtiges In-Besitz-Nehmen der Spielgefährten - stillschweigend wünscht sie, daß die anderen nur sie liebhaben.

Lachesis ist eines der Hauptmittel für Leute, die sehr mißtrauisch sind. Das **Mißtrauen** kann sich zu richtiger Paranoia auswachsen.
Wird ein solch schwerer Fall von Eifersucht und Mißtrauen viele Jahre lang nicht behandelt, kann er sich zu tiefgreifenden **Ängsten** und **Depressionen** auswachsen. Ängste um die Gesundheit, **Angst speziell vor Herzerkrankungen**. Die Depressionen und Ängste sind oft morgens schlechter, meist unmittelbar nach dem Aufstehen oder nach einem heißen Bad, das heißt, sobald der Rhythmus des Kreislaufs sich ändert. Nachmittags geht es den Patienten hingegen meist ganz gut. Diese charakteristischen Zustandsformen von Lachesis sind durch innere Logik verbunden und werden offenbar, sobald wir die Grundzüge erkannt haben.
Ohne Behandlung gehen die zeitweiligen Depressionen in einen Dauerzustand über.

Mit wachsender Sorge gelangt der Patient zu dem Punkt, an dem er fürchtet, **geisteskrank** zu werden. Er glaubt zum Beispiel, daß seine Verwandten schon Pläne schmieden, ihn ins Irrenhaus zu bringen. Die Furcht vor Geisteskrankheit ist bei ihm nicht so ausgeprägt wie bei *Mancinella* (besonders bei Frauen verbunden mit der Meinung, etwas Übles getan zu haben, vom Bösen beherrscht zu werden),

Calcium carbonicum, Pulsatilla oder *Cannabis indica* (zuerst Schwäche und Verwirrung des Denkens, dann Furcht). Aber es ist bezeichnend, wie sie sich aus dem Mißtrauen entwickelt, das die Lachesis-Symptomatologie durchzieht.
Tatsächlich kann Lachesis Geisteskrankheit hervorrufen und heilen, zumal wenn die Geistesstörung mit dem Aufhören der Menstruation im **Klimakterium** beginnt, zu einer Zeit eines dramatischen Wandels im hormonellen und im Kreislauf-Geschehen (*Pulsatilla, Sepia*). **Schlechter** auch unmittelbar **vor der Regel**. Die Geisteskrankheit tritt anfallsartig, in Schüben und sporadisch auf. Kent nennt das ein impulsives Irresein.

Vergessen Sie nicht, daß Lachesis stets eine Abreaktion, ein Sich-Luft-Schaffen, ein Ventil sucht, das die Überreizung, die innere Spannung löst; dieses Ventil kann die Menstruation, Selbstbefriedigung, Ausschweifung, ein Zornesausbruch oder ein gesteigertes Äußern von Gefühlen sein. Ist ein solches Ventil nicht erreichbar, bricht das Gewebe - und schließlich der Patient - zusammen.

Ursache eines solchen Zusammenbruchs mag jede repressive Einengung des Körpers sein, sei es, daß der Patient aus äußeren oder inneren (psychologischen) Gründen gehindert wird, sich abzureagieren. Dabei ist eine seelische Verdrängung nicht weniger gefährlich als die Unterdrückung körperlicher Störungen, wenn auch die Notwendigkeit hierzu aus kulturellen Gründen bestehen mag.

Es gibt auch einen anderen Lachesis-Zustand: Jemand hat viele großartige Ideen und wird frustriert. Ein junger Mann von großem Ehrgeiz und hochfliegenden Plänen sieht seine Zukunft möglicherweise durch äußere Umstände gefährdet; plötzlich wird er in sich gekehrt, still und verschlossen, selbst im Umgang mit seinen besten Freunden. Dieser Lachesis-Typ ist introvertiert, empfindsam, will keinen verletzen und läßt seine Gefühle nicht heraus. Er redet nicht, und Sie müssen wissen, daß auch diese stille Person Lachesis brauchen kann.
Er ist überaus empfindlich gegenüber äußeren Eindrücken, egal, ob gefühlsmäßiger oder materieller Art. Außerdem fängt er an, jeden, dem er begegnet, zu beneiden. Er betrachtet sich als Versager, obwohl er vielleicht gesellschaftlich oder finanziell gut dasteht. Denn er meint stets, das Erreichte entspreche nicht seinen eigentlichen Fähigkeiten.
Er beneidet sogar Menschen, die auf einer niedrigeren sozialen Stufe stehen, und meint, sie hätten im Leben mehr Erfolg. Solch quälende Gedanken vertraut er jedoch nur jemandem an, der ihm nahesteht, das kann auch der Arzt sein.
Dieser Patient neigt schon früh im Leben zu Herzbeschwerden: Gewaltsame Zurückhaltung der Emotionen scheint die Ausscheidung von Abfallstoffen zu verhindern. Dies wirkt sich auf die Nieren (Steine) aus, vor allem linksseitig. Leicht kann

man sich vorstellen, welche Art Schmerzen so entstehen. Bei Frauen sind häufig Tumoren und Zysten zu beobachten, vorwiegend am linken Eierstock.
Die geistige Ebene: Bei anderen Patienten freilich kann die Unterdrückung der Impulse zu einer Steigerung der geistigen Fähigkeiten führen; mitunter kommt es zu einer wahren **Flut von Gedanken und Ideen**, verbunden mit einer krankhaften Selbstüberschätzung. Der Patient weiß nun alles besser, auch wenn ihm das Sachgebiet völlig fremd ist (*Chelidonium*). Immerhin liest und behält er eine Menge und wird es mit Vergnügen anbringen, sobald sich ihm nur eine Chance bietet, sich damit wichtig zu tun und die Anerkennung anderer zu erringen.

Kein Wunder, daß der Lachesis-Typ wohl ein guter Redner, aber ein schlechter Gesprächspartner ist. Er will anderen seine Meinung aufdrängen. Er hört schlecht zu, wartet kaum ab, bis sein Gesprächspartner den Satz zu Ende gesprochen hat, da er glaubt, schon alles verstanden zu haben; noch ist die Frage nicht ausgesprochen, da kommt er schon mit der Antwort.

Schließlich ist der Patient vom **Rededrang** geradezu besessen, er spricht unaufhörlich. Sprache ist ein Ventil. Rededrang durch unterdrückte Sexualität. Was an echtem Kontakt und echter Kommunikation fehlt, wird durch Reden ersetzt. Der Patient redet, redet, springt von einem Thema zum andern. Die Gedanken schießen ihm so schnell durch den Kopf, daß er sie gar nicht schnell und geordnet genug durch den Mund wieder herausbekommen kann.

Bei Lachesis muß der geistige Überdruck sich durch Reden Luft verschaffen. Der Patient dieser geistigen Kategorie, mit dem Hauptakzent auf der geistigen Ebene, zeigt wenig Verlangen nach Sex; er hat seinen Trieb meist verdrängt. Zuweilen sucht ein solch hochintelligenter Kranker Zuflucht in Selbstbefriedigung, um sich dadurch Erleichterung zu verschaffen, doch ist die Verdrängung des Sexualtriebes so tief verwurzelt, daß er zu keinem Orgasmus fähig ist und sich wieder durch verbale Kommunikation abreagieren muß.

Für den Arzt ist es ein eindrucksvolles Erlebnis, einem intellektuellen Lachesis-Typ gegenüberzustehen. Sein nie versiegender Redestrom entwickelt sämtliche physiologischen und psychologischen Erklärungsmöglichkeiten; noch bevor er die Symptome zu Ende beschrieben hat, sucht er sie zu deuten, und nicht nur das, er reflektiert sogleich auch über seine eigene Deutung.
Jede Frage von seiten des Arztes löst bei ihm ganze Gedankenketten aus und verwandelt das Gespräch in einen langen Monolog.
Es handelt sich hier um eine Überreiztheit des Gehirns, die einen Ausweg sucht und zugleich Anerkennung wünscht. Gewöhnlich ist ein solcher Patient nicht ge-

rade bescheiden. Er erzählt, wie schnell er den anderen begreift, welche enormen Erfahrungen er hat, wieviel er versteht, daß er ein Problem aus verschiedenen Blickwinkeln sehen kann, und ist bei alldem nicht bereit, zuzugeben, daß er andere beneidet und auf sie eifersüchtig ist.

In Wirklichkeit kann in ihm der Verdacht aufsteigen, daß seine Frau ihn vergiften und mit einem Liebhaber davonziehen will. Inmitten geistiger Regsamkeit streift ihn die bange Ahnung, womöglich geisteskrank zu werden. Er läßt sich zwar von dieser Befürchtung nicht übermannen, kann sie aber auch nicht ganz abschütteln. Wie schon erwähnt, ist bei Lachesis auch die Angst vor Herzkrankheiten häufig und erweist sich sogar oft als begründet.

Lachesis ist sehr **kritisch** anderen gegenüber, kann aber selbst nicht die geringste Kritik ertragen.

Lachesis ist eines der Hauptmittel bei **religiösen Affektionen**.

Hält die geistige Überreizung lange Zeit an, scheint der Geist zu ermüden. Dann **fängt** der Lachesis-Typ **vieles an und bringt nichts davon zu einem Abschluß**. Allmählich verwirrt sich das Denken und endet mitunter tatsächlich im **Wahn**. Vor diesem äußersten Stadium jedoch stellen sich **Sinnestäuschungen** ein. Tote Angehörige kommen und sprechen mit ihm. Sie geben ihm Anweisungen. Sodann wird er an seiner **Identität irre**; manchmal glaubt er, ein anderer zu sein, oder fühlt sich **von außen gesteuert**. Auch bildet er sich ein, viele Verbrechen begangen zu haben; allerdings stellt Kent fest, daß der Patient nie zugibt, etwas wirklich Schwerwiegendes getan zu haben.
Anacardium hat Ähnlichkeiten, aber Anacardium befindet sich im Konflikt zwischen zwei Dingen. Im Extremfall sagt ihm eine Stimme, daß er etwas Gutes tun soll, die andere Stimme sagt ihm, er solle etwas Schlechtes tun.

Lachesis ist **schlechter durch Wein**.

LYCOPODIUM

Lycopodium gehört zu den am tiefsten und breitesten wirkenden Mitteln der ganzen Materia medica und ist stark genug, alle möglichen Krankheiten zu heilen. Trotz seines weiten Anwendungsbereiches zieht sich ein roter Faden durch das Mittel, der uns das sehr interessante Bild klar sehen läßt.

Der Hauptwesenszug von Lycopodium hat etwas mit **FEIGHEIT** zu tun. In ihrem Innern führen Lycopodium-Patienten einen ständigen Kampf mit der Feigheit - sei es in moralischer, sozialer oder körperlicher Hinsicht. Sie fühlen sich schwach und nicht in der Lage, ihren Verpflichtungen im Leben nachzukommen - und so **meiden** sie **Verantwortung**, wo immer es geht. Nach außen hin zeigen sie sich jedoch gern als tüchtige Menschen, freundlich, extrovertiert, mit einer guten Portion Mut. Auf diese Weise kann es für den Homöopathen schwer sein, diese Patienten richtig einzuordnen, und er muß schon sehr geschickt nachfragen.

Diese zentrale Idee zeigt sich in den frühen Stadien Lycopodiums in seiner Beziehung zur **Sexualität**. Lycopodium-Patienten streben nach Gelegenheiten, ihr sexuelles Verlangen zu befriedigen, **ohne** jedoch die **Verantwortung** tragen zu wollen, die aus einem solch intimen Verhältnis meist erwächst. Im allgemeinen suchen sie über lange Zeit ihre Befriedigung in Bekanntschaften für eine Nacht; am nächsten Tag spazieren sie dann wieder ohne Verantwortung davon. Zeigt sich ein Sexualpartner an einer Eheschließung interessiert, packt den Lycopodium-Patienten die Angst. Er fürchtet, die Verantwortung nicht tragen zu können. Normalerweise macht er sich dann aus dem Staube, bevor er sich durch die Verantworung für Frau und Kinder oder durch andere Verpflichtungen im Leben „einsperren" läßt.

Seine Einstellung gegenüber der Sexualität ist recht oberflächlich. Er sucht in erster Linie Befriedigung, und zwar schnell, ohne Umstände und Anstrengungen und ohne Folgen. Trifft er eine Sekretärin zufällig allein im Büro an, denkt er sofort an ein sexuelles Abenteuer und unternimmt auch gleich einen Annäherungsversuch. Lycopodium-Patienten gehen auch gern zu Prostituierten, weil sie dort Sex ohne Verantwortung bekommen. Das sexuelle Verlangen ist bei Lycopodium allerdings nicht so stark ausgeprägt wie bei *Platin*; Lycopodium ist von seiner Konstitution her zu schwach für eine solche Intensität. Doch wenn das Verlangen in ihm aufkommt, sucht er in erster Linie oberflächliche Befriedigung und ist bemüht, Verantwortlichkeiten aus dem Weg zu gehen.

LYCOPODIUM

Ist der Lycopodium-Patient - ob männlich oder weiblich - erst einmal verheiratet, kommt es oft zu sexuellen Störungen. Er fürchtet, den Verpflichtungen in einer so engen Beziehung nicht nachkommen zu können. Die Frau hat vielleicht keinen Orgasmus mehr, der Mann leidet an **Impotenz**, sei es in Form von vorzeitigen Samenergüssen oder Erektionsschwierigkeiten. In ihrem Innern fühlen sich Lycopodium-Patienten unzulänglich und schwach. Diese Schwäche wird natürlich in der engen Beziehung einer Ehe am meisten herausgefordert. Der Lycopodium-Patient spürt seine Unzulänglichkeit, aber er präsentiert sich der Welt im allgemeinen als stark, mutig, tüchtig. Solch ein Bluff kommt selbstverständlich in einer Ehe, die Verantwortlichkeit und Pflichtgefühl erfordert, schnell an den Tag. So kann gerade bei Verheirateten Lycopodium von größtem Nutzen sein.

Die Patienten **fürchten** ständig, **die anderen könnten ihre innere Schwäche entdecken**. Laufend beschäftigt sie, was die anderen von ihnen denken. Lycopodium paßt häufig auf intelligente und intellektuelle Menschen. Man findet es folglich oft bei Berufen, die öffentliches Auftreten erfordern - bei Priestern, Rechtsanwälten, Lehrern, Politikern. Ein Priester fühlt sich zum Beispiel vor der Predigt sehr wohl, aber sobald er die Kanzel betritt und spürt, wie viele Augen auf ihn gerichtet sind, bekommt er Magenschmerzen oder große Angst. Solch ein Patient kann seine Aufgaben durchaus ausgezeichnet erfüllen, aber sehr oft wird er durch seine körperlichen Beschwerden und seine unangenehmen Gefühle beträchtlich behindert. Auch diese Situation ist eine Manifestation der Angst vor Verantwortung, und es ist gut möglich, daß der Patient versucht, seinem Beruf zu entfliehen, wobei er manchmal seine Krankheit als Entschuldigung vorzuschieben scheint.

Lycopodium-Patienten bringen sich fast um in ihrem Bemühen, andere zu **bluffen**, den anderen etwas vorzuspielen, um damit ihren Mangel an Selbstvertrauen zu kompensieren. Sie übertreiben mit dem, was sie im Leben erreicht haben, was sie können, welche Leute sie kennen. Manchmal erzählen sie sogar unverschämte Lügen, und wenn sie mit Tatsachen und Ergebnissen aufwarten sollen, erweisen sich ihre Aussagen als unhaltbar. Das **Aufblähen ihres Egos** soll ihre innere Schwäche kompensieren und beruht auf dem ausgeprägten Bedürfnis nach Anerkennung. Sie wollen sich durch den Respekt anderer selbst „beweisen".

Möglicherweise endet der Lycopodium-Patient als Einsiedler, als einsamer Spinner, oder er macht sich in Enthaltsamkeit auf die Suche nach der Erkenntnis. Der Patient versucht, Verantwortung zu meiden. Er möchte sein ständiges Verlangen nach Befriedigung einigermaßen unter Kontrolle bringen und beschließt deshalb, enthaltsam zu leben. Allerdings steht diese Enthaltsamkeit auf sehr wackeligen Beinen, denn den Lycopodium-Patienten plagen nun sexuelle Gedanken mehr denn je. Nach jahrelanger Disziplin wird die frömmste Enthaltsamkeit erstaunlich schnell aufgegeben, sobald sich nur eine günstige Gelegenheit bietet. Danach ruft sich der Patient jedoch sofort wieder zu Ordnung und Disziplin.

Mit der Zeit wird das Verlangen nach Befriedigung durch Sex bei manchen Patienten durch das Verlangen nach Macht ersetzt. Lycopodium ist das einzige Medikament in der Rubrik „**machtliebend**". Dabei handelt es sich ganz klar um einen weiteren Versuch, die innere Schwäche zu kompensieren. Entweder manifestiert sich der Machthunger im geschäftlichen oder politischen Bereich, kann sich aber auch bei geistig orientierten Menschen (spiritual seekers) als Verlangen nach geistiger Macht äußern. Der Patient versucht, Macht zu erlangen, um seinen Mangel an innerer Stärke auszugleichen.

Im zweiten Stadium der Lycopodium-Pathologie übertreibt der Patient den Bluff (nach außen) noch mehr. Menschen, die er kontrollieren kann, behandelt er diktatorisch und tyrannisch. Lycopodium-Patienten verhalten sich gegenüber Mitarbeitern, die nicht ihrer Aufsicht unterliegen, vorsichtig und passiv, zu Hause jedoch werden sie zu Despoten. Eine Mutter ist zum Beispiel nett zu den Nachbarn, aber tyrannisiert ihre Kinder. Indem sie Macht über andere ausüben, versuchen solche Leute, ihr persönliches Machtbewußtsein zu schaffen - genauso wie sie vorher bemüht waren, durch Lügen und Übertreibungen die Bewunderung anderer zu erwerben und damit ihr Gefühl der inneren Stärke aufzubessern.

Im zweiten Stadium wird auch die Feigheit deutlicher. Viele **Ängste** treten auf. Lycopodium läßt sich durch alles Mögliche ängstigen - durch Alleinsein, Dunkelheit, Geister, sogar durch fremde Hunde. Aufgrund dieser Ängste wünschen Lycopodium-Patienten, daß jemand im Hause ist, am besten im anderen Zimmer, obwohl sie doch aus Furcht vor Verantwortung eher als Einzelgänger zu bezeichnen sind.
Sie fürchten sich vor jeglichem Leiden und entwickeln deshalb auch Angst um die Gesundheit bis zur Hypochondrie. Die Ängste und Befürchtungen beeinflussen meist den Gastrointestinaltrakt.

Im dritten Stadium führt die langdauernde Energieverschwendung - sei es auf der Suche nach sexueller Befriedigung oder im Kampf um die Enthaltsamkeit - zur Zerstörung der geistigen Funktionen. Diese Entwicklung zeigt sich am Anfang vielleicht durch Verwirrung oder durch schlechtes Gedächtnis am Morgen, schreitet aber allmählich weiter bis zum deutlichen Gedächtnisverlust und zur intellektuellen Schwäche. Schließlich werden diese Patienten schwachsinnig oder senil. Sie landen noch relativ jung in Altersheimen.

LYCOPODIUM

Lycopodium besitzt ein recht typisches körperliches Erscheinungsbild. **Abmagerung des Gesichtes, des Halses, der oberen Körperhälfte** (obere Hälfte des Stammes). Das Gewebe scheint in diesen Regionen wegzuschmelzen, während sich im Bereich des Abdomens, der Hüften, der unteren Extremitäten Fett ansammelt. Das Gesicht ist oft ausgesprochen faltenreich. Die Gesichtszüge spiegeln insbesondere die ständige Angst und Besorgnis darüber wider, was die anderen wohl von ihm denken. Die Haare werden oft **in relativ jungen Jahren grau**, der Patient sieht erheblich älter aus, als er wirklich ist. Das Nasenflügeln, das überall beschrieben ist, sieht man in der Praxis recht selten, weil es in erster Hinsicht bei akuter Dyspnoe auftritt.

Die Hauptangriffspunkte Lycopodiums sind der **Urogenitaltrakt**, das **gastrointestinale System** und die **Leber**. Beschwerden wie Impotenz, Frigidität, Nephritis, Magenulcera, Colitis, Hämorrhoiden, Lebererkrankungen treten häufig auf. Besonders die Beschwerden im Gastrointestinaltrakt stehen stellvertretend für das ganze Lycopodium-Bild.

Genauso wie der Patient nach außen hin sein Ego aufbläht, um das Gefühl innerer Schwäche auszugleichen, sind auch die Därme **wegen der allgemeinen Verdauungsschwäche aufgebläht**. Der Patient ist „voller Winde" und hat nach dem Essen schwer zu leiden. Genauso wie der Patient nach oberflächlicher sexueller Befriedigung sucht, will er auch oft seinen Gaumen durch besondere Genüsse befriedigen - speziell durch Süßigkeiten und Austern. Der Vergleich geht sogar noch weiter: Der Lycopodium-Patient fühlt sich nach Geschlechtsverkehr leer und unbefriedigt, und er hat nach einem Mahl, das eigentlich seinen Gaumen befriedigen sollte, starke Beschwerden. Lycopodium-Patienten versuchen ständig, ihr Verlangen nach solchen Genüssen unter Kontrolle zu bringen.

Die Verdauungsschwäche ist häufig die Folge eines Leberleidens. Lycopodium ist oft bei Leberfunktionsstörungen angezeigt, und es ist interessant zu beobachten, daß Leberbeschwerden häufig mit psychischen Störungen einhergehen, die dem Lycopodium-Bild entsprechen.

Lycopodium ist natürlich mit vielen Mitteln vergleichbar.
Die Erwartungsangst bei öffentlichen Auftritten läßt sich mit *Gelsemium* vergleichen; der Lycopodium-Patient leidet in erster Linie, während er seine Aufgabe erfüllt, wogegen Gelsemium mehr für Beschwerden angezeigt ist, die Stunden oder Tage vorher auftreten.

Silicea hat auch Mangel an Selbstbewußtsein, aber es hat Schwierigkeiten, mit allen möglichen Problemen fertig zu werden, während bei Lycopodium vor allem die gesellschaftlichen und moralischen Verpflichtungen eine Rolle spielen.

Calcium carbonicum ist Lycopodium in vielerlei Hinsicht ähnlich, besitzt aber nicht die typische Feigheit.

Auch *Natrium muriaticum* präsentiert nach außen eine Fassade, um seine innere Schwäche zu überdecken, aber bei *Natrium muriaticum* besteht diese Schwäche in der emotionalen und sentimentalen Verletzlichkeit, während sich Lycopodium vor allem als unzureichend empfindet.

LYSSINUM

Lyssinum habe ich bisher nicht oft verschrieben. Mein erster Fall war sehr schwer, und er war auch gleichzeitig der typischste Lyssinum-Fall, den ich bis heute gesehen habe:

Ich wurde gebeten, in das Haus einer reichen Dame zu kommen, die mich nicht in meiner Praxis aufsuchen wolle. Ich bedauerte jedoch und ließ ihr sagen, sie müsse schon zu mir kommen, wenn sie behandelt werden wollte. Die Dame war verzweifelt. Wie sich nämlich herausstellte, konnte sie ihr Haus nicht verlassen, ohne von **fürchterlichen Ängsten** geplagt zu werden; allerhöchstens konnte sie mit ihrem Rolls-Royce einmal um den Block fahren; dann mußte sie sofort wieder zurück. Schließlich entschloß sie sich in ihrer Verzweiflung, doch zu mir zu kommen, und ließ sich von ihrem Chauffeur bringen. Das erste, was mir auffiel, waren ihre **glänzenden, lebhaften Augen**, die fast wild blickten und furchtsam aussahen. Sie kam naßgeschwitzt und voller Angst an. Als erstes berichtete sie, wie schrecklich die Fahrt gewesen wäre. Als Hauptsymptome kamen ausgeprägte **Agoraphobie** und **Klaustrophobie** zutage.

(Agoraphobie lt. Pschyrembel: agorá = öffentlicher Platz; phóbos = Furcht: Platzangst; heftigste Angst, sich auf öffentlichen Straßen und Plätzen aufzuhalten oder auch nur einen ungeschützten Raum (Wohnung) bis in eine bestimmte Entfernung zu verlassen. Häufig sind Partner oder Familienangehörige in das Verhaltenssymptom eingebunden, das die Phobie aufrechterhält, denn Agoraphobiker sind relativ angstfrei, solange sie von Vertrauenspersonen bei allen öffentlichen Tätigkeiten begleitet werden.

Klaustrophobie: Angst vor dem Aufenthalt in geschlossenen Räumen, bis hin zur Phobie; besonders in Räumen ohne Fluchtmöglichkeiten - Aufzug - oder in dichtgedrängten Menschenansammlungen wie Kaufhäusern, Kinos etc.)

Seit fünfzehn Jahren war sie kaum in der Lage, ihr Haus zu verlassen. Wenn sie bei starkem Verkehr um den Block fuhr und ein Auto neben ihr und eines vor ihr hielt, geriet sie in eine unheimliche Krise; sie glaubte, sterben zu müssen, oder daß sich etwas ganz Schlimmes ereignen würde. Oft sprang sie dann aus dem Wagen, lief heim und ließ das Auto von einer anderen Person holen. Als sie einmal wegen einer Operation im Krankenhaus war, bestand sie auf einem Zimmer in der Nähe des Treppenhauses, um jederzeit leicht hinauszukommen. Sie hatte auch extra an der Tür ihres Krankenzimmers eine Vorrichtung anbringen lassen, damit die Tür nicht versehentlich zufallen und sie einsperren konnte. Bei einem Kinobesuch, in ihrem Häuserblock natürlich, saß sie immer ganz hinten, um schnell als erste ins Freie zu kommen.

LYSSINUM

Sie hatte eine entsetzliche Furcht entwickelt, etwas Hartes zu schlucken. Dahinter verbarg sich die **Angst**, der Bissen könnte in der Speiseröhre steckenbleiben und sie **ersticken**. Sie hätte nie einen Fisch gegessen, aus Angst, eine Gräte könne steckenbleiben. Sie erzählte, wie ihr in einer Art hysterischem Ösophaguskrampf einmal ein Stück Apfel im Hals steckengeblieben war und durch einen geistesgegenwärtigen Freund wieder herausgeholt wurde.
Die Angst und Furcht, die diese Patienten ausstrahlen, ist wirklich entsetzlich.

Aus dem, was sie erzählte, konnte ich Lyssinum nicht erkennen, und so gab ich eine ganze Reihe von Mitteln, bestimmt zehn in eineinhalb Jahren, aber alles nützte nicht viel. Einmal wurde dieses Symptom ein bißchen besser, dann das andere; es war ein ständiges Auf und Ab. Ich war verzweifelt, und die Patientin machte uns schwer zu schaffen.

Ich wußte damals nicht, daß bei Lyssinum-Fällen die **geistigen Fähigkeiten und die Sinne sehr geschärft** sind. Die Patienten essen schnell, denken schnell und sind geistig sehr wachsam. So machte sich die Patientin durchaus lustig über uns: „Es geht mir besser, ich habe einen kleinen Pickel gekriegt. Haben Sie nicht immer darauf gewartet? Sagten Sie nicht, ich würde vielleicht einen Ausschlag bekommen?" Aber sie kam weiterhin, sie bestand sogar darauf, einmal in der Woche zu kommen, nachdem sie nun mit dem Weg und den Verhältnissen vertraut war. Sie behauptete, das Gespräch mit uns würde ihr guttun. Eines Tages berichtete sie dann, sie habe aus Versehen einen Wasserhahn offen gelassen und beim **Geräusch des laufenden Wassers** hörte, habe sie sofort **urinieren müssen**. Das ist ein Schlüsselsymptom von Lyssinum!
Ich fragte die Dame, ob sie jemals von einem Hund gebissen worden wäre und eine Tollwutimpfung erhalten hätte. Sie sagte: „Ja, ja, mit fünf Jahren hat mich ein Hund gebissen, und ich habe auch eine komplette Impfung bekommen." Da wußte ich endlich, daß es sich um einen Lyssinum-Fall handelte.

Dieser Fall hat mich die „Essenz" von Lyssinum gelehrt, und ich habe wohl auch keinen typischeren mehr gesehen. Aber in anderen Fällen, die auch Lyssinum benötigten, ließen mich einzelne ähnliche Symptome an das Mittel denken. Eine Frau entwickelte, nachdem wir ihre Beruhigungsmittel abgesetzt hatten, das Gefühl, ihre Zunge würde anschwellen, den ganzen Mundraum ausfüllen und sie ersticken lassen. (Zuerst gab ich *Cajuputum*, aber es half nichts.) Sie entwickelte Selbstmordgedanken, das Gewehr im Haus ging ihr nicht mehr aus dem Kopf. (Bei Lyssinum-Patienten setzen sich oft verrückte Ideen fest.) Sie war außerordentlich erregt, wollte sich erschießen oder andere töten oder irgendwas Gewalttätiges tun.

LYSSINUM

Lyssinum-Patienten sind im allgemeinen **geistig sehr aktiv**. Solche Patienten wissen manchmal im voraus, was der Arzt fragen will, und antworten, noch bevor man ein Wort sagen kann.

Sie können auch in ein „**geistiges Tief**" (mental depression) geraten; sie fühlen sich dumm, verstehen überhaupt nichts. Manchmal sind sie in einer Phase, in der sie einfach nicht begreifen können, was man sie fragt.

Wie gesagt, nicht nur die geistigen Fähigkeiten, auch die **Sinne sind geschärft**. Die Dame aus dem ersten Fall verstand zum Beispiel jedes Wort, auch wenn am Nachbartisch sehr leise gesprochen wurde. (Die Sinne sind schärfer als bei *Coffea*.)

Lyssinum-Patienten **schimpfen oft über andere**, weil sie im Inneren ein wildes Gefühl verspüren. Dabei erzählen sie Ihnen, sie würden laufend von anderen beschimpft. Sie **beschweren sich die ganze Zeit, dieser würde sie benachteiligen, und jener würde ihnen jenes antun**. Und doch sind sie es, die laufend über die anderen schimpfen und auch beleidigend werden können. Sie sind sehr **kritisch** und **tadeln** die anderen gerne. Sie sind **gewalttätig** und **wild** - denken Sie nur an die glitzernden Augen, die etwas Teufliches an sich haben können.

Der **Anblick von Wasser, einer Wasseroberfläche oder das Geräusch fließenden Wassers verschlimmern** ihren Zustand. **Glitzernde Gegenstände verschlimmern**.

Ein anderes Charakteristikum ist die **Furcht zu ersticken** - auch wenn die Patienten nichts essen. Sie müssen ständig eine Flasche **Wasser bei sich haben**. Wenn die Dame aus dem ersten Fall in eine Verkehrsstockung geriet, steigerte sich ihre Klaustrophobie derart, daß sie zu ersticken glaubte, und sie mußte kleine Schlucke Wasser trinken. Wenn sie kein Wasser neben sich hatte, überwältigte sie die Furcht so sehr, daß sie ohnmächtig zu werden meinte. Allein die Tatsache, daß das Wasser in greifbarer Nähe war, genügte manchmal schon; sie mußte gar nicht unbedingt davon trinken. Die Patienten fürchten, es könne ihnen beim Schlucken etwas in der Speiseröhre steckenbleiben und sie könnten daran ersticken. Deshalb sind sie auch sehr vorsichtig und vermeiden es, große Bissen zu schlucken. Oft haben sie auch auffallende Schwierigkeiten, große Pillen zu schlucken. Die Patientin aus dem ersten Fall hatte nur deshalb relativ wenige Medikamente eingenommen, weil ihr das Schlucken der Tabletten so schwerfiel.

So extrem werden Sie die Symptome natürlich nicht in jedem Lyssinum-Fall vorfinden, aber wenigstens in angedeuteter Form. Zum Beispiel sitzt jemand im Theater immer in der hintersten Reihe, damit er auch möglichst schnell wieder hinauskommt. Oder Sie haben einen Patienten, den seine **Klaustrophobie** daran hindert, ein Flugzeug zu besteigen; der Gedanke, daß sich die Tür hinter ihm schließt und er nicht mehr hinauskommt, ist ihm unerträglich. Bei Lyssinum ist es die Furcht, eingeschlossen und gefangen zu sein.

Calcium carbonicum traut sich nicht in ein Flugzeug, weil er Angst vor einem Unfall hat.

Lyssinum leidet auch an **Furcht vor Geisteskrankheit**, aber für diese Furcht bestehen logische Gründe. Angesichts der Leiden, die sie zu ertragen haben, rechnen sich die Patienten aus, eines Tages geisteskrank zu werden.
Bei *Calcium carbonicum*, *Mancinella* und *Pulsatilla* ist die Furcht vor Geisteskrankheit irrational.
Sie können Lyssinum in der Rubrik „Furcht vor Geisteskrankheit" nachtragen, wenn Sie dabei berücksichtigen, daß diese Furcht einer logischen Schlußfolgerung entspringt, die die Patienten dann wirklich sehr ängstigt.

Lyssinum **fürchtet sich vor dem Alleinsein**. Die Patienten wollen ständig Gesellschaft, laufend soll jemand um sie sein. In erster Linie deshalb, weil sie sich für so krank halten, daß sie glauben, es könne ihnen jederzeit etwas zustoßen und sie benötigten dann Hilfe. Sie beschimpfen die anderen, aber gleichzeitig brauchen sie sie. Das ist der Konflikt, der in ihnen schwelt.

Lyssinum-Patienten sind sehr beeindruckbar. Sie erzählen eine Geschichte, die dem Zuhörer vom Inhalt her völlig normal erscheint, aber sie präsentieren das Ganze, als sei es ein großes Ereignis. Alles hinterläßt bei ihnen sehr lebhafte Eindrücke. Ihre gesteigerte Empfindlichkeit macht sie emotional kalt und hart, aber beeindruckbar. Geistig sind sie schnell, wachsam und bewußt. Weinen fällt ihnen aufgrund ihrer Härte schwer.
Sie jammern aber furchtbar über ihre Beschwerden, die Beschwerden sind die Hölle.

Angst, Furcht, Klaustrophobie, Agoraphobie, das Gefühl zu ersticken, Depressionen bis zu Selbstmordabsichten können einen Lyssinum-Fall kennzeichnen. Aber ein großes Schlüsselsymptom, das Sie manchmal auch in einfachen Angst- und Depressionsfällen finden, ist der **Drang, beim Geräusch laufenden Wassers zu urinieren**. Bei diesem Geräusch müssen sie einfach zum WC rennen und urinieren. Sie können nicht anders. Manchmal verlieren sie schon Urin, bevor sie das WC erreicht haben.

Furcht in geschlossenen Räumen hat auch *Stramonium*, aber meist ist es bei *Stramonium* die Kombination von geschlossenem Raum und Dunkelheit, wenn zum Beispiel der Zug in den Tunnel einfährt. *Stramonium*-Kinder erwachen nachts im Dunkeln in ihrem Zimmer, kriegen Platzangst und stürmen angstvoll ins elterliche Schlafzimmer.

Auch *Pulsatilla*-Kinder leiden unter Klaustrophobie und Furcht vor Dunkelheit, aber ihr Weinen ist viel sanfter als das von *Stramonium*.

Auch *Phosphor*-Kinder haben Angst in der Nacht. Aber sie wollen die Eltern nicht stören und geben sich damit zufrieden, sich ruhig neben sie zu legen. Die bloße Nähe der Eltern ist ihnen wichtig.

Aconitum ist auch für Klaustrophobie und Agoraphobie bekannt und durch merkwürdige Ängste gekennzeichnet. Zum Beispiel kann jemand in der Stadt auf seinen gewohnten Wegen sehr gut mit dem Auto fahren, aber er traut sich nicht auf die Autobahn. Wenn sich dieses Symptom nach einem großen Furchterlebnis entwickelt oder nach einem Unfall, an dem derjenige direkt beteiligt war oder auch nur als Beobachter, kann *Aconit* das heilende Mittel sein.

Das *Arsen*-Kind hat ebenfalls große Furcht, allein zu sein, und Angst zu sterben (siehe auch *Phosphor*). *Arsen* ist aber vom Charakter her anders als *Phosphor*. *Arsen* kann durch die Übergenauigkeit und Pingeligkeit auffallen. Wenn die Mutter weggeht, schreit das *Arsen*-Kind nach ihr.

Das *Phosphor*-Kind schreit nicht, es jammert: „Mutti, halte mir die Hand! Halte mir die Hand!"

MAGNESIUM MURIATICUM

Magnesium-muriaticum-Patienten entwickeln mit der Zeit ein **VERDRIESSLICHES TEMPERAMENT** (**SOUR**). Sie sind durch eine gewisse Bitterkeit gekennzeichnet, aber sie wirken nicht hart, und die Bitterkeit sitzt nicht wie ein Dorn in ihnen. Es ist eher eine Unzufriedenheit, die sich lebhaft in ihrem verdrießlichen Gesichtsausdruck widerspiegelt. In ihrer Unzufriedenheit wirken sie immer etwas gequält.

Magnesium-muriaticum-Patienten sind **empfindlich gegen jegliche Auseinandersetzung**, ob sie nun selbst betroffen sind oder nicht. Sie sind Pazifisten - versuchen immer, **Frieden** zu **stiften**. Nicht daß sie feige wären, im Kriegsfalle wären sie wahrscheinlich recht tapfer. Ihre Verletzlichkeit entspringt einzig und allein ihrer Empfindlichkeit. Sie wollen, daß die anderen glücklich und zufrieden sind, und strengen sich dafür an. Sie unterdrücken ihre eigenen Gefühle um der anderen willen - nicht so sehr wie *Staphisagria*, aber dennoch ziemlich stark. Ein Magnesium-muriaticum-Kind leidet entsetzlich, wenn die Eltern sich streiten, und es versucht, Frieden zu stiften. Hat ein Erwachsener Untergebene, die sich streiten, macht er sich selbst ganz kaputt, um einen Ausweg aus dem Konflikt zu finden.

Magnesium-muriaticum-Patienten sind von einem starken **Pflichtbewußtsein** geprägt. Sie halsen sich oft zu viele Aufgaben auf und reagieren dann mit Angst, wenn sie mit ihrer Arbeit nicht nachkommen. Sie versuchen, den Anforderungen gerecht zu werden, ihr Nervensystem wird sehr angespannt, und schließlich können sie nicht mehr richtig schlafen.

Ihr Pflichtbewußtsein, gekoppelt mit der emotionalen Empfindlichkeit gegenüber anderen, läßt sie schließlich sehr **ruhelos** und zappelig werden. Im Laufe der Jahre führt die Ruhelosigkeit zu **Schlafstörungen**. In manchen Fällen können sie fast bis zum Morgen nicht einschlafen. Andere fallen sofort in tiefen Schlaf, schlafen wie ein Stein, wie ein Toter - nur um nach vier bis fünf Stunden völlig zerschlagen (unrefreshed) wieder aufzuwachen. In beiden Fällen ist der natürliche Schlafrhythmus gestört, und die Patienten leiden furchtbar darunter. Sie können den Schlaf nicht mehr nachholen, aber sie machen auf Kosten ihrer Nervenkraft so weiter, bis sie schließlich unter Weinen zusammenbrechen (Weinen bessert bei Magnesium muriaticum), hysterisch, reizbar oder depressiv werden.

Wenn Sie sich diesen empfindsamen, friedliebenden, pflichtgetreuen Menschen vor Augen halten, können Sie sich leicht vorstellen, wie er sich nach innen kehrt und verdrießlich wird. Er kapselt sich ab, um nicht verletzt zu werden. Die Magnesium-muriaticum-Patienten kennzeichnet aber besonders, daß sie ihre Verdrießlichkeit (sourness) und Unzufriedenheit nach außen zeigen. Sie erscheinen immer etwas gequält, am Rande ihrer Nerven, als ob sie einfach nichts mehr ertragen könnten. Sie können sich absolut nicht entspannen.

Magnesium muriaticum gehört zu den führenden Mitteln bei **unerquicklichem Schlaf**. Schuld an den Schlafschwierigkeiten kann, wie bereits erwähnt, ein unterbewußtes Angstgefühl sein oder auch eine Leberstörung. Magnesium muriaticum **gehört zu den fast spezifischen Lebermitteln**. Wenn die Leber nicht richtig arbeitet, gelangen Toxine in den Blutstrom, und der Patient erwacht am Morgen und fühlt sich total elend.
Man sollte dieses Phänomen nicht mit der morgendlichen Verschlimmerung von *Rhus toxicodendron* verwechseln; bei Rhus toxicodendron verschlimmern sich am Morgen vor allem die Gelenke, weil sie in der Nacht ruhig liegen mußten.
Im Gegensatz dazu geht es dem Magnesium-muriaticum-Patienten morgens im ganzen schlechter - er ist geistig träge, kann sich nicht konzentrieren, fühlt sich emotional leblos, körperlich schwer und voller Giftstoffe (besonders im Kopf). Er beschreibt diesen Zustand als Lethargie, als ein Gefühl wie nach Drogeneinnahme. Er braucht vielleicht eine halbe Stunde, um einigermaßen lebendig zu werden, und ist dann für den Rest des Tages „aufgedreht".

Magnesium muriaticum bietet uns eine günstige Gelegenheit, die psychischen Auswirkungen einer Lebererkrankung zu studieren. Es ist interessant, daß im allgemeinen Menschen, die Auseinandersetzungen schlecht vertragen und im Laufe ihres Lebens einen griesgrämigen Gesichtsausdruck entwickeln, bevorzugt an der Leber erkranken.

Ein sehr typisches Merkmal von Magnesium muriaticum ist die **Verschlechterung durch Liegen - besonders beim Schließen der Augen**. Der Patient fühlt sich einigermaßen wohl, bis er sich hinlegt und die Augen schließt, um zu schlafen. Dann kommt plötzlich die Ruhelosigkeit auf. Er **wirft sich im Bett herum**, dreht sich von einer Seite auf die andere und fühlt sich in keiner Lage wohl. Schließlich steht er auf und geht eine Weile umher. Das bringt ihm Erleichterung, und er kann wieder ins Bett.

Die **Verschlimmerung durch Hinlegen gilt für alle Symptome** bei Magnesium muriaticum - für die Angst, die Schlaflosigkeit, die körperlichen Symptome. Bei einer akuten Erkrankung, zum Beispiel einer Grippe, kann uns dieses Symptom als Schlüssel dienen. Magnesium muriaticum ist **frostig, ängstlich und ruhelos** - besitzt also Symptome, die uns an *Rhus toxicodendron* oder an *Arsen* denken lassen. Es hat Brennen der Nasenflügel, und wir ziehen *Kalium jodatum*, *Kalium bichromicum*, *Arsen* oder *Allium cepa* in Erwägung. Aber die ausgesprochene Verschlimmerung durch Hinlegen und **Besserung durch Aufstehen und Umhergehen** bringt uns auf Magnesium muriaticum. Der Patient hat zum Beispiel einen Schnupfen, der normalerweise erträglich ist; aber sobald er sich hinlegt und die Augen schließt, muß er stark husten und ringt nach Luft. Er muß aufstehen und fühlt sich sofort besser.

Manganum reagiert gerade gegenteilig: Dem *Mangan*-Patienten geht es deutlich besser, wenn er sich hinlegt.

Ein anderes typisches Merkmal von Magnesium muriaticum ist die **Verschlimmerung durch Salz**. Nicht so stark und häufig auftretend wie bei *Phosphor* oder *Selen*. Dieses Symptom erklärt, weshalb bei Magnesium muriaticum **Schwimmen im Meer verschlechtert**. Das Salz hat einen negativen Einfluß auf den gesamten Stoffwechsel des Patienten. Nachdem er im Salzwasser geschwommen ist, verschlimmern sich nicht nur die Lokalsymptome, sondern der ganze Mensch fühlt sich energielos, ausgelaugt.

Magnesium muriaticum **verträgt** im allgemeinen **Kälte nur schlecht**. Trotzdem können die Patienten warme Füße haben - sogar so warm, daß sie sie unter der Bettdecke vorstrecken müssen. Magnesium muriaticum gehört zu der kleinen Gruppe von Mitteln, die **zwar frostig sind, aber trotzdem die Füße aus dem Bett strecken**: *Chamomilla, Phosphor, Sanicula aqua* (*Medorrhinum* streckt auch die Füße aus dem Bett, ist aber nicht so kalt).

Magnesium muriaticum ist zwar frostig, fühlt sich aber **besser an der frischen Luft**. Auch **Bewegung bessert**.

Wie *Rhus toxicodendron* zieht sich auch Magnesium muriaticum warm an und geht in der frischen Luft spazieren. Insofern kann es manchmal schwierig sein, Magnesium muriaticum von *Rhus toxicodendron* zu unterscheiden. Die Art der morgendlichen Verschlimmerung kann als Schlüsselsymptom dienen. Man findet nur selten einen Magnesium-muriaticum-Patienten, der sich nicht **am Morgen von seinem ganzen Wesen her unwohl** fühlt. *Rhus toxicodendron* hat starkes Verlangen nach Milch. Magnesium muriaticum kann auch sehr gerne Milch mögen, verträgt sie aber nicht. **Milch verursacht allgemeine Verschlechterung**, auch Durchfälle - breiige, ungeformte Stühle.

Magnesium-muriaticum-Patienten haben oft **Verlangen nach Süßigkeiten**, auch nach **Obst** und besonders starkes Verlangen nach **Gemüse**.

Magnesium carbonicum lehnt im Gegensatz dazu Gemüse ab, besonders Artischocken.

MAGNESIUM MURIATICUM

Einige Symptome, die sich mir als recht nützlich erwiesen:
Magnesium muriaticum **schläft lieber links** und kann schlecht auf der rechten Seite liegen.
Ausgeprägtes **Zucken oder Empfindungen wie elektrische Schläge - besonders beim Hinlegen**.
Alle Magnesiumverbindungen sind **empfindlich gegen leichte Berührung**; Magnesium muriaticum und besonders *Magnesium phosphoricum* sind **besser durch harten Druck**.
Bei **Erregung** kann **Taubheit der Extremitäten** auftreten - zum Beispiel bei einem Wutausbruch oder einem hysterischen Anfall.

Über *Magnesium carbonicum* kann ich nicht viel sagen, da ich noch nicht genügend Erfahrungen gesammelt habe, um die Idee dieses Mittels zu verstehen. Nach meiner Erfahrung ist Magnesium carbonicum von Anfang an verschlossener als Magnesium muriaticum. Neuralgien sind sehr typisch, besonders links. Bei Magnesium carbonicum scheinen alle fünf Sinne geschwächt zu werden: Verlust des Geschmackssinns, des Tastsinns et cetera.
Wie bereits erwähnt, hat Magnesium carbonicum Abneigung gegen Gemüse.
Auch Magnesium carbonicum ist ein Lebermittel. Nach meiner Erfahrung scheint es bei Kindern, die wegen Leberproblemen nicht gedeihen wollen, eher angezeigt zu sein als Magnesium muriaticum, besonders wenn weiße oder gelbliche Stühle auftreten. Magnesium carbonicum Kinder leiden an der besonderen Schwäche, ihren Kopf nicht halten zu können. Dieses Mittel scheint sogar Kent nicht vollständig verstanden zu haben; er benutzte es meist als letzten Ausweg, wenn alle anderen Mittel versagt hatten.

MEDORRHINUM

Bei Medorrhinum spielt sich die Krankheit auf allen drei Ebenen in Extremen ab. Es scheint nicht fähig zu sein, einen stabilen, neutralen Zustand aufrechtzuerhalten. Es ist **SPRUNGHAFT** und **UNSTET** (fitful and unstable) und wechselt von einem krankhaften **EXTREM** zum anderen. Zum einen ist der Medorrhinum-Patient hochempfindlich (sensitized) und findet Erleichterung, indem er sich **VERSCHWENDET** (PROFUSION). Alles wird bis zum Exzess getrieben - körperliche Absonderungen, Zorn, Impulsivität, Sexualität et cetera.
Auf der anderen Seite steht die **INVERSION**; die Krankheit wendet sich nach innen bis hin zu Unterdrückung, Schüchternheit und Verlust körperlicher, emotionaler und geistiger Kraft.

Auf der geistig-emotionalen Ebene imponiert der **Extremzustand** fast als Wahnsinn, **aggressiv, gewalttätig, wild**. Das Nervensystem und die Gefühle sind übererregt. Sieht man diesen Zustand allein, denkt man an Mittel wie *Tarantula* oder *Nux vomica* (obwohl Medorrhinum nicht so weit geht wie *Stramonium*).

Dieselbe Tendenz zeichnet sich in der Sexualsphäre ab. Ein großer Teil der Ausdrucksformen, Symptommanifestationen bezieht sich bei Medorrhinum auf die Genitalien. In der impulsiven, aggressiven Phase dreht sich beim Medorrhinum-Mann alles um die Sexualität, er denkt immer daran, sein Verlangen ist übermäßig.

Dieser extrovertierte (externalised) Aspekt von Medorrhinum ist das eine Extrem. Das andere entsteht, wenn sich alle Energie nach innen wendet, wo sie gebunden ist und nicht mehr zur Verfügung steht. Der Patient verliert auf der körperlichen, der emotionalen und der geistigen Ebene an Kraft. Es kommt zu Abmagerung, zur Atrophie, eventuell sogar zum Marasmus. Unterdrückungsfolgen auf allen Ebenen werden durch diesen Inversionsprozeß deutlich.

Im Zusammenbruch erlebt der Medorrhinum-Patient den Verlust seiner geistigen Kräfte. Er ist **schwach und verwirrt, vergeßlich und geistesabwesend** - er vergißt Worte, weiß nicht mehr, wo er Dinge hingelegt hat, und so weiter. Der Prozeß schreitet schließlich bis zur geistigen Verwirrung fort. Früher sprudelte der Geist nur so heraus, jetzt ist er träge, und es mangelt ihm an Aufnahmefähigkeit.

Auf der emotionalen Ebene wenden sich die Energien ebenfalls nach innen und lassen den früher extrovertierten, wilden Patienten jetzt überempfindlich,

MEDORRHINUM

reserviert und schüchtern werden. Der Gegensatz ist manchmal so extrem, daß man kaum glauben will, noch den gleichen Patienten vor sich zu sehen.

Auf der körperlichen Ebene imponiert die nach außen gerichtete Phase durch **übermäßig starke Absonderungen aller Schleimhäute** - der Konjunktiven, des Pharynx, der Urethra, der Vagina. Bei den Absonderungen läßt sich der Umschwung nicht sofort erkennen. Die Pathologie manifestiert sich statt dessen darin, daß sich die **Ausscheidungen leicht unterdrücken lassen** und durch diese Unterdrückung ernstere Leiden entstehen. Werden die Absonderungen bei Medorrhinum zum Beispiel durch allopathische Medikamente unterdrückt, erkranken wichtigere innere Organe oder sogar die geistig-emotionale Ebene.

Wie bereits erwähnt, können sich die Extreme bei Medorrhinum sprunghaft in ein und demselben Menschen manifestieren. Genausogut kann aber auch nur ein Extrem den Menschen beherrschen, so daß wir entweder einen aggressiven, überfließenden oder einen schüchternen, reservierten Patienten vor uns haben - beide brauchen Medorrhinum.
In unserer Materia medica birgt kaum ein anderes Mittel so große Kontraste in sich.
Als Schüsselsymptom sollte man sich bei Medorrhinum merken, daß die Extreme immer Extreme im pathologischen Sinne sind. Nicht etwa so, daß Symptome plötzlich geballt auftreten und sich dann wieder ein relativ normaler Zustand einstellt. Wenn das Pendel bei Medorrhinum schwingt, dann schlägt es bis zum entgegengesetzten Krankheitsextrem aus.

Nehmen wir an, Sie haben einen Patienten, der Tiere sehr gern hat. Wenn das ein Medorrhinum-Patient ist, dann ist es gut möglich, daß er seine **Tierliebe** sehr weit treibt. Das Tier wird zum Lebensinhalt des Patienten; unglaublich viel Aufmerksamkeit und Energie werden dem Tier gewidmet, vielleicht kommen sogar Beruf oder andere wichtige Dinge im Leben des Patienten zu kurz.
Ein anderer Medorrhinum-Patient kann genau das Gegenteil sein. Er behandelt Tiere sehr **grausam**; er legt seinen Hund an die Kette und schlägt ihn rücksichtslos wegen jeder Kleinigkeit. Der Patient ist wirklich grausam, und es gefällt ihm, Tieren Schmerzen zuzufügen. Später, wenn das Pendel umschwingt, bereut er jedoch zutiefst.
(Der Symptomatologie Abneigung gegen Katzen, kann Katzen nicht ausstehen, Furcht vor Katzen liegt jedoch ein tuberkulinisches Miasma zugrunde.)

Medorrhinum-Menschen sind sehr empfänglich für schöne Dinge. Sie sind beim Anblick einer Blume zutiefst bewegt. Nicht wie zum Beispiel ein junges Mädchen, das zufällig auf seinem Schulweg eine Blume sieht und sie mit gesundem ästhetischen Empfinden bewundert. Bei Medorrhinum steigert sich diese Bewunderung in einen exzessiven, emotionalen Zustand – Blumen bedeuten alles für den Patienten; er würde zu spät zur Schule kommen, er würde Risiken eingehen, nur um eine Blume zu stehlen. Andererseits gibt es Medorrhinum-Typen, die der Anblick einer Blume völlig kalt läßt. Nicht nur, daß sie die Pflanzen nicht bewundern, sie interessiert das ganze Reich der Schönheit überhaupt nicht.

Die Sprunghaftigkeit des Medorrhinum-Patienten wird im Auf und Ab seiner Kräfte deutlich. Er arbeitet über kurze Zeit sehr gut, aber dann bricht er zusammen. Er packt ein Projekt an, für das eine bestimmte Menge an Energie nötig ist; nach zwei Tagen intensiver und erfolgreicher Arbeit ist er am dritten Tag völlig unfähig, irgendetwas dafür zu tun. Wenn eine Aufgabe anhaltende Anstrengung über längere Zeit erfordert, weigert sich ein Medorrhinum-Patient meistens, sie zu übernehmen.

Die geistige und emotionale Ebene sind bei Medorrhinum sehr eng verflochten. Trotzdem lassen sich in der Krankheitsentwicklung verschiedene Stadien unterscheiden. Zuerst zeigen sich **Vergeßlichkeit und Verwirrung** auf der geistigen Ebene. Die Verwirrung hat viel Ähnlichkeit mit *Alumina* - der Patient ist nicht fähig, zu verstehen oder klar auszudrücken, was sich im Inneren abspielt. Die geistigen Funktionen nehmen allmählich weiter ab, bis schließlich deutlich wird, daß sich der Patient in Richtung Geisteskrankheit entwickelt.

Zu diesem Zeitpunkt tauchen die merkwürdigen **Ängste** von Medorrhinum auf. Natürlich hat der Patient auch Angst vor Geisteskrankheit. Am charakteristischsten ist aber die spezielle **Furcht, daß jemand hinter ihm sei**. Der Patient läuft die Straße entlang und hat plötzlich das Gefühl, es gehe jemand hinter ihm. Er stoppt und dreht sich um - aber niemand ist da. Er kann den Eindruck jedoch nicht abschütteln, er setzt sich fest wie eine fixe Idee.

Als nächstes entwickelt sich auf der geistigen Ebene eine Art **innerer Wildheit**, eine Empfindung, als würde ein Sturm im Innern toben - ungezügelt, verwirrend und außer Kontrolle. Der Zustand ähnelt der mit Angst gepaarten Eile bei *Tarantula*, ist aber sprunghafter. Infolgedessen wird die Zeit verzerrt wahrgenommen, ähnlich wie bei *Alumina* - die **Zeit vergeht zu langsam**.

Ist der innere Sturm heftig genug, erreicht er einen Punkt, an dem der Patient den Kontakt zur Realität verliert. Er hat das Gefühl, als würde sich alles im Traum ereignen. Der Geist wird noch verwirrter, zielloser und zerstreuter. So wie sich die

Krankheit entwickelt, ließe sich vermuten, daß Medorrhinum Drogenabhängigen helfen könnte, die die Orientierung in Raum und Zeit verloren haben.

Die Wildheit im Inneren Medorrhinums ist für den außenstehenden Beobachter nicht offensichtlich. Sie kommt heraus, wenn der Patient versucht, die Vorgänge zu beschreiben. Der Geist ist innerlich desorientiert und angespannt, anders jedoch als bei *Lachesis*. Dem *Lachesis*-Patienten fallen in seiner Überaktivität immer fünf Wörter ein, um eine Sache zu beschreiben. Medorrhinum (und *Alumina*) hat große Schwierigkeiten, Empfindungen zu beschreiben; ihm ist, als seien die Worte hinter einem Schleier verborgen. Der Patient müht sich lange Zeit ab und findet schließlich nur das Wort „wild".

Man kann den **in-sich-gekehrten Medorrhinum-Typ** mit *Acidum phosphoricum* verwechseln. Er will etwas sagen, aber kann es nicht. Nur wenn man den Fall weiter aufnimmt, kommt das vollständige Bild zum Vorschein. Die Stumpfheit (flatness) von *Acidum phosphoricum* ist andauernd, die von Medorrhinum jedoch sprunghaft.

Die **Besserung beim Einsetzen von Absonderungen** ist charakteristisch für Medorrhinum-Patienten. Sie fühlen sich geistig wohl und voller Energie, wenn Rachenschleim, Vaginal- oder Urethralausfluß einsetzen. Unterdrückt man jedoch diese Absonderungen, kommt es wahrscheinlich zu schwerwiegenderen Folgen für den Organismus. Gewichtsverlust, Tonusverlust der Haut und der Muskeln, Energieschwund und Nachlassen der geistigen Funktionen können die Folge sein. Außerdem tauchen nach unterdrückten Absonderungen oft Warzen auf.

Die Unterdrückungsfolgen betreffen nicht nur den Patienten allein; sie können auch an nachfolgende Generationen weitergegeben werden. Deshalb ist Medorrhinum häufig bei **marastischen Kindern** angezeigt, deren Eltern beide stark von der Sykosis gezeichnet sind. Diese Kinder gedeihen nicht. Ihre Haut ist sehr fein und von ungesunder, weißer Farbe. Sie haben überhaupt keinen Appetit und leiden schließlich an Unterernährung.

Für die körperliche Ebene sind einige Symptome besonders charakteristisch. Häufig treten **arthritische und rheumatische Beschwerden** auf. Rheumapatienten klagen bei Medorrhinum oft über **große Empfindlichkeit der Fußsohlen**; sie sind so empfindlich, daß der Patient nicht mehr laufen kann.

Wenn Absonderungen unterdrückt wurden, verläuft die Krankheit in ganz charakteristischen Bahnen. Zuerst sind die **Schleimhäute** betroffen, dann die **Gelenke** und schließlich das **Herz** (vorausgesetzt, man betrachtet nur die körperliche Ebene; tiefere emotionale oder geistige Veränderungen können sich begleitend einstellen). Zusammen mit *Lycopodium* und *Ledum* gehört Medorrhinum zu den Mitteln, an die man bei **Herzerkrankungen nach Streptokokkeninfekten oder rheumatischer Arthritis** denken sollte. Nebenbei erlauben Sie mir, Ihnen zur Vorsicht zu raten. Wenn Sie einen Medorrhinum-Patienten mit einer fortgeschrittenen Herzerkrankung oder einem höheren biologischen Alter als ungefähr 60 Jahre haben, gehen Sie am Anfang mit der Potenz nicht höher als 200. Ich rate Ihnen zur Vorsicht, da ich einige sehr unangenehme Erfahrungen gemacht habe.

Die **Besserung am Abend nach Einbruch der Dunkelheit** ist charakteristisch für Medorrhinum. Das gilt für die Symptome aller drei Ebenen. Solche Patienten erzählen Ihnen wahrscheinlich: „Ich bin ein richtiger Nachtmensch. Am Tag brauche ich schon gar keine Arbeit anzufangen."

Medorrhinum ist bekannt für seine **Besserung am Meer, in unmittelbarer Nähe des Wassers**; das gilt wiederum für alle drei Ebenen. In klimatisch günstigen Küstengebieten kann dies ein sehr nützliches Schlüsselsymptom sein. Aber passen Sie bitte auf und verwechseln Sie nicht Besserung durch das Meer mit Besserung durch die Kühle des Meeres - wie wir es von *Pulsatilla* kennen.

Im Repertorium steht Medorrhinum in verschiedenen Rubriken bei Abneigungen und Verlangen. Nach meiner Erfahrung ist das **Verlangen nach Orangen oder nach Orangensaft** hier das nützlichste Leitsymptom.

Das Medorrhinum-Bild zeigt uns, wie wichtig es ist, den Fall sorgfältig aufzunehmen und zu analysieren. Medorrhinum kann in verschiedener Hinsicht leicht mit anderen Mitteln verwechselt werden. Zum Beispiel scheint der geistige Zustand fast wie *Alumina* - besonders wenn Sie den Patienten nur im Sprechzimmer sehen und nicht wissen, wie er sonst auf seine Umwelt reagiert. Sie müssen lernen, sich den Patienten im Leben vorzustellen. Jeder Patient erscheint während der Konsultation wie ein Heiliger. Deshalb müssen Sie lernen, kleine Hinweise aufzugreifen. Ein Glänzen in seinen Augen oder eine Veränderung in seiner Stimme muß Sie dazu veranlassen, nach weiteren Beschreibungen oder nach Beispielen aus seinem Alltag zu bohren. Schließlich gibt der Patient dann vielleicht doch zu, daß ihn gelegentlich die Wut gepackt und er Menschen oder Tiere geschlagen hat. Ein klares Bild von Medorrhinum bekommen Sie nur durch genaues Nachfragen.

Nehmen wir zum Beispiel *Nux vomica*. Nux vomica ist aggressiv, impulsiv, grausam und kann aussehen wie Medorrhinum in seiner nach außen gerichteten

Phase. Bei Nux vomica handelt es sich jedoch meist um einen sehr kontrollierten Zustand, um kontrollierte Wut. Wenn Nux vomica grausam ist, dann mit berechnender Bösartigkeit; und das ist nicht typisch für Medorrhinum.

Tarantula ist genauso hastig - durch Übererregung des zentralen Nervensystems, die der Patient nicht unter Kontrolle halten kann. Bei *Tarantula* hält der Zustand an und führt schließlich zum Zusammenbruch. Bei Medorrhinum spielt sich die Entwicklung viel sprunghafter ab.

Diese aktiven Mittel lassen sich leicht von Medorrhinum unterscheiden: Medorrhinum springt von einem Extrem zum anderen. Es zieht sich zurück und wird schüchtern; in dieser Hinsicht ähnelt es *Thuja*. Beide stellen sich ihrer Umwelt falsch dar, sie porträtieren sich anders, als sie in Wirklichkeit sind.

Anmerkungen:

Innerliche Eile. Sie sausen herum und sagen: „Das muß ich tun! Und jenes muß ich erledigen!", aber sie gehen nicht systematisch und methodisch vor.

Sie trinken gerne Alkohol. **Verlangen nach Salz, Süßigkeiten und Fett**; wenn Sie diese Kombination sehen, denken Sie an Medorrhinum. (Verlangen nach Käse - Hauptmittel: *Pulsatilla, Cistus canadensis, Ignatia, Asterias*.)
Kinder entwickeln rote brennende Ausschläge im Bereich des Perineums, die feuerrot aussehen; die Kinder jammern ständig darüber. **Windeldermatitis**.

Sycotischen Mitteln geht es in feuchtem Klima besser. Medorrhinum geht es besser, wenn es direkt am Meer sitzt.

Bei *Syphilinum* verläuft alles langsamer und allmählicher. Sie unterscheiden sich in ihrem Zerstörungstrieb. Medorrhinum ist sprunghaft, aggressiv und unstet. *Syphilinum* leidet auch an sexuellen Perversionen; sie entspringen einem tiefliegenden Miasma, das über Generationen vererbt wurde, und beginnen schon in jungen Jahren (zum Beispiel Homosexualität). Medorrhinum entwickelt Perversionen im allgemeinen erst später und aufgrund seines ausgeprägten sexuellen Interesses. *Syphilinum* wird so geboren, Medorrhinum entwickelt sich erst dazu.

Medorrhinum könnte in einem Anfall von Leidenschaft einen Mord begehen.

MERCURIUS SOLUBILIS

Mercur ist eines der besten Beispiele dafür, wie die Idee eines Mittels Klarheit in einen schier unübersehbaren Wust von Einzelheiten bringen kann. Es ist eines der bestgeprüften Mittel der Materia medica und besitzt ein weites Wirkungsspektrum. Der Anfänger wird mit einer fürchterlichen Anzahl von Symptomen konfrontiert. Das Arzneimittelbild liest sich wie ein medizinisches Lehrbuch. Es erfordert langes und wiederholtes Studieren und Nachdenken über das Arzneimittel, um den roten Faden zu finden, der sich durch das ganze Bild zieht. Hat man die dem Mittel zugrundeliegende Idee einmal verstanden, dann passen alle „Einzelheiten" zusammen und ergeben wie bei einem Puzzle ein einzigartiges, unverwechselbares Bild.

Bei Mercurius gibt es kein einzelnes Wort oder einen Ausdruck, mit dem sich dieser rote Faden zutreffend beschreiben ließe. Die Grundidee ist folgende: **MANGEL AN REAKTIONSKRAFT IN VERBINDUNG MIT INSTABILER ODER UNZUREICHENDER FUNKTIONSFÄHIGKEIT** (instability and inefficiency of function). Der gesunde Organismus besitzt ein Abwehrsystem, das ihn gegenüber körperlichen und emotionalen Umwelteinflüssen wirkungsvoll im stabilen Gleichgewicht hält. Bei Mercurius ist diese Reaktionskraft geschwächt, so daß der Organismus in seinen Funktionen schwankt und an Stabilität verliert. Der Patient nimmt alle Reize auf, ohne ihnen eine angemessene Abwehr entgegensetzen zu können, und wird krank.

Die mangelnde Abwehrkraft führt beim Mercurius-Patienten zu einer **allgemeinen Empfindlichkeit**. Wenn wir die Materia medica durchgehen, sehen wir, daß der Mercurius-Patient fast durch alles verschlimmert wird - Hitze, Kälte, frische Luft, nasses Wetter, Wetterwechsel, Bettwärme, Schweiße, Anstrengung, verschiedene Speisen et cetera. Im Gegensatz dazu finden wir nur wenige Modalitäten, die bessern. Der Patient kann nur wenig vertragen, ohne in seinem Wohlbefinden gestört zu sein, denn das ganze System ist einfach nicht fähig, sich anzupassen. Zur Veranschaulichung (nicht weil ich dies als allgemeine Lernmethode empfehlen möchte) kann man einmal im Repertorium die Modalitäten durchgehen und nach Rubriken suchen, in denen Mercurius zwei- oder dreiwertig steht, sei es unter „schlimmer durch" oder „besser durch". Mercurius findet sich in nur sieben Rubriken, die eine Besserung angeben (wobei fünf Rubriken etwas mit Hinlegen zu tun haben), während es in fünfundfünfzig Rubriken mit Verschlimmerung verzeichnet ist. Aufgrund dieser extremen Empfindlichkeit weist der Mercurius-Patient nur eine **sehr geringe Toleranzbreite** gegenüber allen störenden Einflüssen auf. Zum

Beispiel fühlt er sich nur in einem ganz eng begrenzten Temperaturbereich wohl. Sobald es ein bißchen kälter oder wärmer wird, behagt es ihm schon nicht mehr.

Die **Unverträglichkeit von Hitze und Kälte** offenbart die Instabilität, die die Schwäche dieses Mittels charakterisiert. Kent bezeichnet den Patienten als ein „lebendes Thermometer". Einmal macht ihm die Kälte zu schaffen, und er sucht nach Wärme, aber sobald er warm geworden ist, verschlimmert auch die Wärme. Das trifft nicht nur im Fieber zu, sondern auch für den chronischen Fall.

Schwäche und Instabilität drücken sich auch emotional aus: **Weinen wechselt ab mit Lachen**.
Bei *Ignatia* manifestiert sich der hysterische Zustand durch dieses Symptom, bedingt durch unkontrollierte Emotionen.
Das Mercurius-Lachen beziehungsweise –Weinen entspricht eher einer mechanischen Instabilität. Der Patient weint: dann spürt er eine Stimmung aufkommen, die ihn ins Gegenteil, ins Lachen, umschlagen läßt. Rein mechanisch gesehen sind sich Weinen und Lachen sehr ähnlich, und die Instabilität läßt den Mercurius-Patienten leicht von einem zum anderen Zustand schwanken.

Die **Instabilität**, die nicht effektive Funktion, läßt sich leicht vom physikalischen Aspekt des Quecksilbers her begreifen. Wenn Sie ein Quecksilberthermometer zerbrechen, entdecken Sie, daß Mercur irgendwo zwischen fest und flüssig existiert. Es fließt wie eine Flüssigkeit und dennoch behält es seine Form in gewisser Weise wie ein fester Körper. Die Kügelchen können Sie nicht mit den Fingern aufheben, sie entschlüpfen Ihnen. Quecksilber läßt sich nicht wie ein Feststoff anfassen, aber es klebt auch nicht auf der Haut wie eine Flüssigkeit. Genauso wie Mercurius vom physikalischen Aspekt her in seiner Funktion wechselt, ist auch der pathologische Zustand durch Instabilität und Ineffektivität gekennzeichnet.

Die **Schwäche** von Mercurius entspricht nicht der anderer Mittel. *Arsen* kann sehr erschöpft und schwach sein, aber diese Schwäche unterscheidet sich deutlich von der Instabilität bei Mercurius. Beide haben natürlich viele ähnliche Krankheitssymptome, aber die Kälteempfindlichkeit des *Arsen*-Patienten wird durch Wärme gebessert. Auf der geistigen Ebene zeigt *Arsenicum album* natürlich eine größere Reaktionsfähigkeit - Angst, ruhelose geistige Aktivität, einen gewissen Scharfsinn (shrewdness)
Stannum, *Helonias* und *Baptisia* sind andere Arzneimittel mit einer schweren Reaktionsschwäche, aber ohne die Instabilität und Ineffektivität von Mercurius.

Die **Reaktionsschwäche** tritt bei Mercurius nicht etwa plötzlich auf. Es handelt sich um einen **allmählichen Prozeß**, den der Patient und deshalb auch der Homöopath am Anfang nur schwer erkennt. Er beginnt so schleichend, daß der Patient kaum seine gesteigerte Empfindlichkeit gegenüber äußeren Reizen wahrnimmt. Er konsultiert einen Homöopathen wegen einer bestimmten Beschwerde und hat die riesige Menge seiner übrigen Symptome vergessen, da er sie nicht mehr als ungewöhnlich betrachtet. Er hat gelernt, sich innerhalb einer geringen Toleranzbreite zu bewegen, und berichtet nur von den akuten Symptomen, die ihn zu diesem Besuch veranlaßt haben. In frühen Stadien muß man geduldig, geschickt und überlegt fragen, um homöopathische Symptome zu eruieren. Der Patient betrachtet seine Symptome als normal und ist sich Abweichungen von der Norm gar nicht bewußt.

Das Zentrum des menschlichen Seins ist der Geist, deshalb betrachten wir die Entwicklungsstadien der Krankheit auf der geistigen Ebene etwas genauer. Als erstes macht sich die **geistige Verlangsamung** bemerkbar. Der Patient antwortet langsam (wie *Phosphor, Acidum phosphoricum* und andere Mittel). Er begreift nur langsam, was geschieht und wonach man ihn fragt. Anfangs ist es weder geistige Verwirrung noch ein schlechtes Gedächtnis, sondern wirklich Langsamkeit. Aus einer Art von Dummheit versteht er nicht.
Calcium carbonicum ist natürlich auch geistig träge, aber *Calcium* ist intelligent; hat *Calcium* einmal verstanden, worum es geht, kann er die Idee auch verwirklichen.
Mercurius ist sowohl geistig langsam als auch schwer von Begriff.

Die Mercurius-Mentalität ist durch eine Art Funktionsschwäche gekennzeichnet. Mercurius gehört zu den eiligen und ruhelosen Mitteln, aber der Patient **schafft nichts in seiner Eile**. Für eine Aufgabe, die normalerweise eine halbe Stunde dauert, benötigt der Mercurius-Patient eineinhalb Stunden. Mittel wie *Tarantula, Acidum sulfuricum, Nux vomica, Natrium muriaticum* können auch von krankhafter Eile geprägt sein, aber sie bleiben effektiv und leistungsfähig.

Das zweite Stadium ist durch die **Impulsivität** gekennzeichnet. Der Mercurius-Patient ist aufgrund seiner großen Empfindlichkeit gegen äußere und innere Einflüsse nicht fähig, sich nur auf eine bestimmte Sache zu konzentrieren. Ein gesunder Mensch kann seine Aufmerksamkeit einem Thema oder einer Aufgabe widmen, ohne sich von den vielen Gedanken und Ideen, die auf ihn einströmen, ablenken zu lassen. Mercurius fehlt die Kraft, sich so scharf zu konzentrieren. Jeder zufällige nebensächliche Gedanke veranlaßt den Patienten, darauf zu reagieren. Schuld daran ist die geistige Funktionsschwäche, die mit fortschreitender Krankheit weiter zunimmt. Schließlich wird der Mercurius-Patient empfänglich für jegliche Art von Impulsen. **Impulse wie zu schlagen, Gegenstände zu zertrümmern, jemanden wegen einer unbedeutenden Kränkung zu töten oder sogar einen geliebten Menschen umzubringen** (nur Mercurius, *Nux vomica* und *Platin* sind im Repertorium für diesen Impuls bekannt).

Bei der Anamnese **erzählt der Patient jedoch nicht offen von diesen Impulsen**. Er verspürt sie zwar, hat sie aber unter Kontrolle. Er ist **verschlossen, antwortet langsam und offenbart nicht gerne seine Gefühle**. Er kennt sich genug, um zu begreifen, wie verwundbar er durch äußere Einflüsse und Impulse ist. Wegen der Schwierigkeiten, die ihm daraus erwachsen könnten, versteckt er die Empfindlichkeit in seinem Innern und läßt nichts an die Öffentlichkeit dringen. Diese Strategie steht auf wackligen Beinen; der Mensch ist noch genauso empfindlich und verletzlich und **muß erhebliche Energie aufwenden, um sich selbst unter Kontrolle zu halten**.

Schreitet die Krankheit ins dritte Stadium fort, so münden die geistige Funktionsschwäche, die Verständnisschwierigkeiten, die Impulsivität und die Verletzlichkeit in einen **paranoiden Zustand**. Der Patient fühlt sich so verletzlich, daß er jeden für seinen Gegner hält. Der schwächliche Kontrollmechanismus konnte sich nicht durchsetzen, so daß der Patient **jeden als seinen Feind ansieht**, gegen den er sich verteidigen muß. Zu diesem Zeitpunkt ist der Patient nicht wirklich verrückt, aber er fühlt vielleicht, daß er es werden könnte. Furcht vor Geisteskrankheit mag sich einschleichen, vor allem nachts.

Im Endstadium der geistigen Störung kommt es nicht zur regelrechten Geisteskrankheit, wie wir sie bei anderen Arzneimitteln kennen. Bei Mercurius ist der Mangel an Reaktionskraft so groß, daß er nicht einmal richtig verrückt werden kann. Statt dessen wird er **schwachsinnig**, als ob das Gehirn erweiche und zu keiner Reaktion mehr fähig sei. Alle Reize werden aufgenommen, aber nicht mehr verstanden.

Die Stadien der Krankheitsentwicklung bei Mercurius, sowohl auf der geistigen als auch auf der körperlichen Ebene, bieten ein klassisches Beispiel für das Fortschreiten von Krankheiten überhaupt - einen Prozeß, den wir durch die Homöopathie erst richtig verstehen können. Obwohl Mercurius alle Organsysteme betreffen kann, können wir doch meistens bestimmte **Zielorgane** ausmachen: erstens **Haut** und **Schleimhäute**, als nächstes das **Rückenmark** und schließlich das **Gehirn**. Der langsame, schleichende Verlauf der Krankheit durch diese Organreihe läßt uns daran danken, daß Mercurius eine ganz bestimmte Affinität zu ektodermalen

Strukturen haben könnte. Beim Embryo werden drei Keimblätter unterschieden: Ektoderm, Mesoderm und Endoderm. Im reifen Organismus hat jedes dieser Keimblätter seine eigenen Funktionen. Zu den ektodermalen Strukturen gehören: Haut, Schleimhäute in der Nähe der Körperöffnungen, Augen und das Nervensystem. Mercurius hat besondere Beziehung zu diesen Geweben.

Die **Abwehrschwäche** zieht sich bei Mercurius deutlich durch alle körperlichen Symptome. Wie bereits erwähnt, gehört Mercurius zu den Mitteln mit der geringsten Toleranzbreite gegenüber Hitze und Kälte. Durch die Schwäche des Abwehrmechanismus herrscht eine große Instabilität im System. Dies wird anhand einiger typischer Mercurius-Symptome deutlich.

Mercurius ist bekannt für seine **Neigung zu Schweißen, die nicht erleichtern**. Schwitzen ist eine normale Funktion, die den Körper bei Überhitzung abkühlen soll und der Ausscheidung von Stoffwechselschlacken dient. Wegen der Überempfindlichkeit führt bei Mercurius schon der geringste Anlaß zu Schweißausbrüchen - also eine überschießende Reaktion auf einen kleinen Reiz. Einen Menschen mit so geringer Toleranzbreite verschlimmert dann sogar der Schweiß selbst.

Der Mangel an Abwehrkraft bringt ein weiteres Charakteristikum hervor: **Verschlechterung durch unterdrückte Absonderungen**, wie zum Beispiel bei Otorrhoe oder bei sonstigen Eiterungen. Bei Mercurius lassen sich die Absonderungen sehr leicht durch schulmedizinische Behandlung unterdrücken. Ein gesunder Abwehrmechanismus hätte letztendlich die Kraft, die Ausscheidung in der gleichen oder in anderer Form wieder in Gang zu bringen. Das Mercurius-System hingegen nimmt den krankmachenden Einfluß nur in sich auf und läßt zu, daß die Krankheit auf eine tiefere Ebene fortschreiten kann.

Es besteht eine Neigung zu **chronischen Eiterungen** aller Art, Eiterungen, die jahrelang anhalten können. Die Abwehrkraft ist einfach zu „schwach", die Infektion zu besiegen. So kommt es zu einem „Patt" (stalemate), bis ein Allopath eingreift, die Entzündung unterdrückt, und die Krankheit sich auf eine tiefere Ebene verschiebt.

Mercurius ist bekannt für **Ulcerationen**, besonders der Haut und der Schleimhäute (**Aphten**). Bei phagedänischen Ulcera fehlen dem Körper die Heilungskräfte, die Geschwüre können sich über immer größere Gebiete ausbreiten.

Tritt bei Mercurius eine Eiterung oder Ulceration auf, reicht die Selbstheilungskraft nicht aus, und es kommt zu einem **fortschreitenden, fäulnisartigen Gewebe-**

zerfall. Am deutlichsten wird das bei Zahnfleischerkrankungen: Das Zahnfleisch schwindet, die Zähne lockern sich, es bilden sich Eitertaschen und **widerlicher Mundgeruch**.

Ekelhafter Geruch ist typisch für Mercurius; er ist das Ergebnis des Gewebezerfalls, der in einem System mit so wenig Abwehrkraft unvermeidlich ist.

Jegliche Belastung führt wegen der Überempfindlichkeit zu Schweißen. Ähnlich kann man sich den **excessiven Speichelfluß** erklären. Der Magen gerät durch alles Mögliche durcheinander, und fast jede Magenstörung führt zu übermäßigem Speichelfluß. Der Speichelfluß kann Tag und Nacht auftreten, aber am stärksten ist er in der Nacht - der typischen Verschlimmerungszeit von Mercurius.
Da der Patient über so wenig Reaktionskraft verfügt, schwächen ihn die vielen Einflüsse während des Tages, bis die Schwäche schließlich während der Nacht am deutlichsten wird. Die Knochenschmerzen, Entzündungen, Nervenbeschwerden, die Furcht vor Geisteskrankheit und der Speichelfluß, **alles wird nachts schlimmer**.

Die Krankheit schreitet von Haut und Schleimhaut in Richtung ZNS und Gehirn fort. Als Zwischenstation ergreift sie peripheres Nervensystem und Rückenmark; sie verursacht einen **Tremor**, der besonders die Hände befällt. Er wird oft als arteriosklerotischer oder Parkinsonscher Tremor diagnostiziert, während der tiefere Grund bei einem Mercur-Fall in der Abwehrschwäche und der funktionellen Instabilität liegt. Der Patient merkt, daß er ein Glas Wasser nur halten kann, wenn er die Ellenbogen oder Unterarme aufstützt. Der Tremor ist ein Symbol für die Idee von Mercurius. Der Mangel an Reaktionskraft - die Schwäche angesichts aller Reize, die so leicht in das System vordringen können - führt schließlich zu einer Instabilität der normalen Funktionen. Genau wie die Temperaturkontrolle zwischen geringen Hitze- und Kälteextremen hin- und herschwingt und laufend auszugleichen versucht, so schwingt auch die Hand hin und her in ihrem erfolglosen Versuch, ihre normale Funktion auszuführen - daher der Tremor.

Hat man einmal die Idee des Mercurius-Bildes verstanden, kann man die Arzneimittellehren noch einmal lesen und wird entdecken, daß nun der Symptomenwust in ein einziges, in sich zusammenhängendes Bild paßt.

NATRIUM MURIATICUM

Das Hauptcharakteristikum, das dem Natrium-muriaticum-Bild zugrunde liegt, ist die **INTROVERTIERTHEIT**, die einer großen **VERLETZLICHKEIT AUF DER EMOTIONALEN EBENE** entspringt. Natrium-muriaticum-Patienten sind sehr sensibel; sie fühlen den Schmerz der anderen und spüren, daß jede Form von Zurückweisung, Spott, Demütigung oder Kummer für sie selbst unerträglich wäre. Aus diesem Grunde bauen sie eine Schutzmauer um sich auf, schließen sich in ihrer eigenen Welt ein und ziehen es vor, ihre Angelegenheiten selbst zu regeln. Sie **vermeiden es, verletzt zu werden**, koste es, was es wolle.

Menschen, die ein Natrium-muriaticum-Krankheitsbild entwickeln können, sind zwar vom Gefühl her sehr empfindlich und verletzlich, aber sehr klar und stark auf der geistigen und körperlichen Ebene. Geistig entwickeln sie einen hohen Grad an Objektivität und Bewußtsein wie auch einen starken Sinn für Verantwortung. Aus diesem Grund fällt ihnen oft die Rolle desjenigen zu, der sein Ohr mitfühlend anderen leiht, die in Not sind. Durch ihre **Sensibilität** und ihr **Verantwortungsbewußtsein** gelangen sie oft in die Rolle eines Ratgebers, als Psychotherapeut, als Seelsorger und so weiter. Während sie mitfühlend den Sorgen der anderen zuhören, behalten sie selbst ihre Objektivität und erscheinen sehr stark. Sie nehmen jedoch innerlich den Schmerz des anderen auf und beschäftigen sich später damit; sie stellen sich besonders die Frage: „Wie würde ich in einer solchen Situation reagieren? Würde ich es ertragen können?"

Ihr ganzes Leben hindurch werden Menschen mit Natrium-muriaticum-Tendenzen durch alle Lebensumstände tief beeinflußt und sind auf diese Weise in ihrem Bewußtsein und Verständnis ihrem Alter voraus. Sie sind stark, mögen die Herausforderung, selbst wenn sie ein gefühlsmäßiges Risiko beinhaltet. Zuerst freuen sie sich über Gesellschaft, und der emotionale Kontakt mit anderen tut ihnen gut. Sie genießen die Zuneigung anderer, sie erwarten und fordern sie innerlich sogar, obwohl sie selbst nicht leicht ihre Zuneigung zum Ausdruck bringen. Sie sind so empfindlich, daß sie sich durch die kleinste Bemerkung, die kleinste Geste, die vielleicht Zurückweisung oder Spott beinhalten könnte, verletzt fühlen. Natrium-muriaticum-Heranwachsende zum Beispiel verabreden sich nicht gerne zu einem Rendezvous, aus Angst, zurückgewiesen zu werden. Selbst eingebildete Kränkungen können Leiden hervorrufen. Nachdem sie mehrere Male verletzt wurden, lernen sie vorsichtiger zu sein. Sie werden es sich zweimal überlegen, ehe sie sich auf eine emotionale Erfahrung einlassen. Sie **wenden sich introvertierten Beschäftigungen zu**, die emotional „sicher" sind, wie zum Beispiel Lesen (meist Romane oder Lektüre, die von praktischem Wert in zwischenmenschlichen Beziehungen ist), Musik, oder sie hängen Phantasien nach.

Sie können sich in ihrer Isolation ganz wohl fühlen. Sie neigen zu **Verschlossenheit** und **wollen ihre Probleme selbst lösen**, ohne auf die Hilfe anderer angewiesen zu sein. Allmählich gelangen sie an einen Punkt, an dem sie keinen Kontakt mehr mit der Welt draußen brauchen. Wenn jemand in ihre private, in sich gekehrte Welt eindringt, können sie ärgerlich reagieren. Ihr vordringlichstes **Bestreben** im Leben wird es, „**nicht zu verletzen und nicht verletzt zu werden**".

Jemandem emotional Schmerzen zuzufügen, würde das Ende der Welt für sie bedeuten; egal, ob es sie selbst trifft oder andere. Sie sind vollkommen unfähig, anderen wissentlich Schmerzen zu bereiten. Aus diesem Grund entwickeln sie sich zu **sehr ernsten Menschen**. Sie machen keine Witze, die jemanden vielleicht aus Versehen verletzen könnten. Anderen mögen sie kalt und zu sachlich erscheinen, weil sie so darauf bedacht sind, ihre eigene emotionale Verletzlichkeit zu verbergen beziehungsweise andere nicht zu verletzen. Zusammen mit dem starken Verantwortungsbewußtsein von Natrium muriaticum führt dies dazu, daß Schuldgefühle eine große Rolle im Leben dieser Menschen spielen.

Vom **Körperbau** her sind Kinder mit Natrium-muriaticum-Tendenzen **eher zart und dünn**. Man sieht oft eine **feine, genau horizontal verlaufende Linie**, die das **Unterlid** in zwei Teile teilt. Diese Linie tritt im allgemeinen **bei jungen Mädchen mit hysterischen Persönlichkeitszügen** auf; weitere Mittel, die diese Linie haben, sind unter anderem *Asa foetida, Lilium tigrinum, Moschus*. Zusätzlich beobachtet man manchmal einen **Riß in der Unterlippe**.

Das Natrium-muriaticum-Kind reagiert sehr **empfindlich auf Spannungen**. Wenn die Eltern miteinander streiten, reagiert das Kind nicht sofort, aber es leidet innerlich, es wird vielleicht sogar körperlich krank.

Wir haben meist sehr **brave Kinder** vor uns; es ist nicht nötig, sie schwer zu bestrafen, ein einziger mißbilligender Blick genügt.

Die **hysterische Tendenz** bei Natrium muriaticum Kindern wird leicht sichtbar, wenn sie streng getadelt werden. Dann reagieren sie extrem, werfen sich zu Boden, treten und schreien. **Trost oder Beruhigung** sind sinnlos und **verschlimmern** die Sache nur; der Anfall hält an, bis sie selbst beschließen aufzuhören.

Später, mit fortschreitendem Alter, zeigt sich die Neigung zur Hysterie auf andere Art. Normalerweise bringen Natrium-muriaticum-Patienten ihre Gefühle nicht direkt zum Ausdruck. Zum Beispiel **weinen** sie **nicht leicht**, wenn ein Kummer an ihnen nagt. Sie können sehr **ernst** in ihrem Benehmen sein. Wenn sie dagegen nervös und gestreßt sind, **neigen** sie **dazu, über ernste Dinge zu lachen, hysterisch zu kichern**. Gerät dieses Kichern außer Kontrolle, löst es sich in hysterischem Weinen auf.

Heranwachsende dieses Typs sind wahrscheinlich **ruhig** und **zurückgezogen**, aber mit **Verantwortungsbewußtsein** und **Integrität**. Auf einer **Party** sitzen sie **eher am Rand** und haben Gefallen daran, den anderen zuzuschauen; sie stellen sich vor, was die anderen eben erleben. Wenn sie sich **zu jemandem hingezogen fühlen, flirten sie nicht mit ihm oder sind nicht etwa besonders freundlich zu ihm.** Sie tun eher, als würden sie ihn gar nicht beachten, und beobachten ihn nur aus den Augenwinkeln. Sie malen sich gerne aus, der andere sei genauso von ihnen angezogen, und es kann passieren, daß sie die ganze Situation auf romantische Art und Weise völlig übersteigert sehen. Deshalb stellt Kent fest, daß sich ein junges Natrium-muriaticum-Mädchen leicht in einen verheirateten oder sonstwie **unerreichbaren Mann verliebt**. Das führt dann zu großem Schmerz und Kummer und endet in noch größerer Introversion.

Sie entwickeln **intensive emotionale Zuneigung** zu anderen, **aber** sie **zeigen ihre Gefühle nicht**. Eine Tochter hegt vielleicht tiefe Gefühle für ihren Vater, ohne daß es jemand merkt. Dann stirbt der Vater. Die Tochter trauert still, schließt sich in ihrem Zimmer ein und weint in ihr Kopfkissen. Zur Überraschung aller, die nicht gemerkt haben, wie tief sie ihren Vater liebte, zieht sie sich mehr und mehr in sich selbst zurück und will mit ihren Büchern und ihrer Musik allein sein. **Kein Weinen und Klagen** vor anderen, vielleicht manchmal ein Seufzen. Dieser Zustand hält an, bis sie schließlich zusammenbricht. Dann kommt es zu **unkontrolliertem hysterischen Schluchzen**, es schüttelt ihren ganzen Körper, er krampft und zuckt. Ein solcher Ausbruch dauert normalerweise nur kurze Zeit, sie gewinnt Kontrolle und Fassung schnell wieder zurück.

Das erste pathologische Stadium bei Natrium muriaticum zeigt sich auf der **körperlichen Ebene** - Gastritis, Arthritis, Migräne, Mund- oder Lippengeschwüre, Herpes auf der Unterlippe. Wie zu erwarten, tauchen solche Zustände wahrscheinlich nach einer Periode des In-sich-Gekehrtseins auf, die **einem schweren Kummer oder einer schweren Demütigung** folgte.

Oder der Patient reagiert hysterisch auf jeden Umwelteinfluß - er wird empfindlich gegen Licht, Geräusche, Zigarettenrauch und so weiter. Bei solchen Patienten treten häufig Allergien und Ekzeme auf.

Auch **neurologische Störungen** sind bei Natrium muriaticum nicht selten. Zum Beispiel Neuralgien des linken Auges oder der linken Intercostalnerven. Auch Multiple Sklerose spricht auf Natrium muriaticum an, natürlich nur, wenn die Gesamtheit der Symptome paßt. Herzerkrankungen sind bekannt, aber sie pflegen sich eher als Arrhythmien oder als Herzklopfen zu äußern - eine Wirkung des Nervensystems auf das Herz.

Einige der bekanntesten Schlüsselsymptome finden sich in den frühesten Phasen des Natrium-muriaticum-Krankheitsverlaufs. **Der Patient hat starkes Verlangen nach Salz, Abneigung gegen schleimige Speisen und Fett sowie gegen Hühnerfleisch.**
Charakteristischerweise besteht **Unverträglichkeit von Hitze, Empfindlichkeit gegen Licht und Verschlimmerung** (besonders der Kopfschmerzen und der Haut) **durch die Sonne**.
Das trifft in verschiedenem Ausmaße für alle Natriumsalze zu; bei Natrium muriaticum ist die Empfindlichkeit gegen Hitze und Sonne in etwa gleich stark ausgeprägt. Sonne und Licht verschlimmern *Natrium sulfuricum* stärker als Natrium muriaticum; am schlechtesten verträgt *Natrium carbonicum* die Sonne. Der Natrium-muriaticum-Patient kann sowohl gegen Hitze als auch gegen Kälte empfindlich sein, meist jedoch reagiert er auf Hitze stärker. Er ist weniger hitzeempfindlich als *Natrium sulfuricum* und weniger kälteempfindlich als *Natrium carbonicum*.

Ein charakteristisches Symptom von Natrium muriaticum ist die **Unfähigkeit, in Gegenwart anderer zu urinieren oder Stuhl abzusetzen**. Sie entspringt der Furcht, sich lächerlich zu machen, und führt zu einer anhaltenden Spannung der Sphinktermuskulatur, die sich nur beim Alleinsein löst.

Wenn die emotionale Verletzlichkeit zunehmend pathologisch wird, reagiert der Patient depressiv. In dieser **Depression** ist er untröstbar und neigt sogar zum Selbstmord.
Nehmen wir zum Beispiel an, ein junger Mann hat eine schwere Zurückweisung oder einen schweren Kummer erlitten; er zieht sich in sein Zimmer zurück und stellt die traurigste Musik an, die er finden kann. Die Musik ist nicht geeignet, die Stimmung zu heben, eher verschlimmert sie alles. Er **schwelgt in Depressionen**. Wenn irgendetwas schiefgegangen ist, übertreibt er alles maßlos. Er läßt sich nicht helfen, versucht, sein Problem allein zu lösen. Wenn schließlich die Depression langsam verschwindet, gewinnt er wieder eine realistischere Lebenseinstellung. Zu diesem Zeitpunkt wird ihm Musik helfen, die Reste seiner Depression zu überwinden. Das heißt, ob **Musik** bei Natrium muriaticum **verschlimmert oder zur Besserung beiträgt, hängt von den Umständen ab**; möglich ist beides.

Diese Depression ist eine Art hysterischer Reaktion. Normalerweise bleibt der Natrium-muriaticum-Patient so lange objektiv, wie er seine Gefühle unter Kontrolle hat; bricht die Kontrolle im Gefühlsbereich jedoch zusammen, wird der Patient irrational, und die Gefühle übernehmen das Steuer.

Wenn die Krankheit über das Stadium der Depression hinausschreitet, kommt es zu **periodisch auftretenden körperlichen Symptomen und zu Stimmungsschwankungen.**

Körperliche Symptome treten **in bestimmten Intervallen und zu bestimmten Zeiten** auf. Deshalb ist Natrium muriaticum oft bei Patienten indiziert, die früher einmal an **Malaria** erkrankt waren oder bei denen die Einnahme von Chinin zu negativen Auswirkungen geführt hat; es kann auch bei Patienten von Nutzen sein, in deren Familie Malaria vorkam.
Die bei Natrium muriaticum häufig anzutreffenden **Migräneanfälle** treten oft zu bestimmten Zeiten auf, normalerweise **zwischen 10 Uhr und 15 Uhr. Asthmaanfälle** zeigen sich **häufig zwischen 17 Uhr und 19 Uhr.**

Die Stimmung schwankt zwischen unverständlicher Depression und nicht einsehbarer Heiterkeit. Wenn die Objektivität des Patienten beeinträchtigt ist, spielt sich auf der emotionalen Ebene alles in Extremen ab.

In diesem Stadium können manche charakteristische körperliche Symptome allmählich verschwinden. Wenn die Krankheit tiefere Schichten erreicht, kann es sein, daß das Verlangen nach Salz, die Abneigung gegen schleimige Speisen, die Verschlimmerung durch die Sonne nicht mehr länger vorhanden sind. Das Verschwinden dieser Züge ist dem Tieferschreiten der Krankheit direkt proportional. Der Homöopath muß oft nach solchen Symptomen nicht nur in der Gegenwart, sondern auch in der Vergangenheit forschen.

Wenn die Krankheit die emotionale Ebene erreicht hat, entwickelt sich als erste Furcht die **Klaustrophobie**. In frühen Stadien erfreuen sich Natrium-muriaticum-Patienten noch ziemlicher emotionaler Freiheit und ärgern sich über jede Einengung durch andere. Später verschließen sie sich, bedingt durch ihre eigene Verletzlichkeit. Wenn sie von außen die gleiche Einengung erfahren (zum Beispiel durch geschlossene Räume), die sie sich innerlich selbst auferlegen, bekommen sie Angst.

NATRIUM MURIATICUM

Zusammen mit der Klaustrophobie kommt es zu Verhärtungsprozessen auf der emotionalen und geistigen Ebene. Die Patienten entwickeln **fixe Ideen**; sie neigen dazu, alles in gut oder schlecht, richtig oder falsch, praktisch oder unpraktisch einzuteilen.

Schließlich steigt eine **hypochondrische Angst um die Gesundheit** auf, besonders Angst vor Herzkrankheiten. Diese Hypochondrie ist in Verbindung mit dem genauen, gewissenhaften Wesen Natrium muriaticums zu sehen, wodurch jeder Kleinigkeit, die die Gesundheit betrifft, eine zwanghafte Aufmerksamkeit gewidmet wird.

Danach brechen auch die zwanghaften Kontrollmechanismen zusammen und der Patient drückt all das offen aus, was er sich vorher nicht zu sagen erlaubt hatte. Er wird **schamlos**, exhibitionistisch, führt obszöne Reden und so weiter. Im Endstadium wird der Patient normalerweise nicht vollkommen verrückt; er verliert seine geistige Kontrolle nicht ganz, aber es kommt zu diesem schamlosen Benehmen.

Natrium muriaticum ist ein so tiefwirkendes Mittel und in unserem westlichen Kulturkreis so häufig indiziert, daß wir es hier mit einigen anderen Arzneimitteln vergleichen sollten.

Ignatia steht natürlich Natrium muriaticum am nächsten. In vielerlei Hinsicht sind sie sogar identisch. Aus diesem Grunde folgen sie einander oft in bestimmten Fällen. *Ignatia* wirkt oberflächlicher und ist oft angezeigt, wenn die Reaktionen des Patienten in gewisser Weise oberflächlicher sind. Natrium-muriaticum-Patienten sind stärker, sie können größeren emotionalen Streß und schlimmere Schocks ohne Zusammenbruch erdulden. Bei *Ignatia* bricht der Patient unter verhältnismäßig geringem Streß zusammen. Außerdem schlägt sich die Krankheit bei *Ignatia* nicht so leicht auf der körperlichen Ebene nieder. Deshalb ist *Ignatia* eher angezeigt, wenn sich normale Kummererlebnisse, die das Leben so mit sich bringt, auf der emotionalen Ebene auswirken, während Natrium muriaticum mehr bei außergewöhnlichen Belastungen in Frage kommt, die zum körperlichen Zusammenbruch führen.
Häufig fühlt der *Ignatia*-Patient eine Beengung beim Atmen oder im Hals, besonders nach einem emotionalen Schock. Das charakteristische Seufzen von *Ignatia* ist ein Versuch, dieses Beengungsgefühl zu lindern. *Ignatia* weint leichter als Natrium muriaticum und weint mit größerer Wahrscheinlichkeit bei der homöopathischen Anamnese als Natrium muriaticum. Nach einem Kummer leidet ein *Ignatia*-Patient seltener an Schlaflosigkeit als ein Natrium-muriaticum-Patient.

Oft, besonders wenn vorwiegend körperliche Symptome vorhanden sind, kann es schwierig sein, einen Natrium-muriaticum-Fall von einem *Phosphor*-Fall zu unterscheiden. Vom Äußeren her sind sich beide sehr ähnlich: dünn, sensibel, eventuell hyperthyreot. Das Hauptunterscheidungsmerkmal ist natürlich, ob es sich um eine offene oder um eine verschlossene Persönlichkeit handelt. Der sensible Mensch, der eher zurückhaltend ist, ausweichend reagiert und sich im Sessel zurücklehnt, während er seine Symptome berichtet, braucht wahrscheinlich Natrium muriaticum. Der *Phosphor* Patient hingegen ist offen und verleiht seinen Gefühlen Ausdruck, beugt sich im Sessel nach vorn und sucht den persönlichen Kontakt mit dem Arzt.

Lilium tigrinum ist wie Natrium muriaticum ein hochgradig hysterisches Mittel. Wenn ein *Lilium-tigrinum*-Patient abgelehnt oder gedemütigt wird, reagiert er sofort impulsiv. Ein Natrium-muriaticum-Patient leidet lange Zeit innerlich, bevor er schließlich mit einer hysterischen Reaktion zusammenbricht. *Lilium tigrinum* reagiert in einer solchen Situation auch mit größerer Wahrscheinlichkeit bösartig und grausam, während Natrium muriaticum lieber selbst leidet, als anderen Schmerzen zu bereiten.

Moschus ist ein anderes hysterisches Mittel, das aber leicht zu unterscheiden ist. Diese Hysterie soll von der Umgebung beobachtet werden. Der Patient setzt sie ein, um andere zu manipulieren und emotional zu erpressen. Natrium muriaticum will seine hysterischen Reaktionen lieber, so gut es geht, verstecken.

Pulsatilla wird manchmal mit Natrium muriaticum verwechselt. Beide vertragen die Hitze schlecht, werden durch die Sonne verschlimmert und haben Abneigung gegen Fett. *Pulsatilla* jedoch zeigt seine Gefühle und Gemütsbewegungen sehr leicht. Wenn ein *Pulsatilla*-Patient weint (was oft passiert), handelt es sich um ein „süßes", sanftes Weinen, während Natrium muriaticum in krampfhaftes, laut schluchzendes Heulen ausbricht, das den ganzen Körper schüttelt. Leidende *Pulsatilla*-Patienten suchen von sich aus die Hilfe anderer und sind von diesen abhängig; Natrium muriaticum ist selbständiger und zieht es vor, Probleme selbst zu lösen.

Der *Lycopodium*-Patient trägt äußerlich eine harte Schale zur Schau, da er im Inneren schwach und feige ist. Natrium-muriaticum-Patient ist stark, aber emotional verwundbar.

Sepia ist nahe mit Natrium muriaticum verwandt. Besonders bei Kindern können beide schwer zu unterscheiden sein. *Sepia*-Kinder sind sehr empfindsam und viel erregbarer als Natrium-muriaticum-Kinder. In der Erregbarkeit können sie überschießend und hyperaktiv werden. Als Erwachsener scheint der *Sepia*-Patient durch seine Übererregbarkeit zusammengebrochen zu sein, wird müde, geistig stumpf und apathisch. Natrium muriaticum fühlt Zuneigung, drückt sie aber nur schwer aus; *Sepia* hat sie vollkommen verloren. Der *Sepia*-Patient ist mit größerer Wahrscheinlichkeit bösartig und grausam; er genießt es fast, andere zu verletzen; dies wäre für Natrium muriaticum undenkbar.

NUX VOMICA

Nux vomica gehört zu den homöopathischen Mitteln, die relativ häufig verschrieben werden; deshalb muß es jeder Homöopath gründlich kennen. Sehen wir uns also den Menschentyp an, der gewöhnlich auf Nux vomica anspricht, und wenden wir uns dann der besonderen Pathologie zu.

Der Nux-vomica-Mensch ist meist robust und stämmig gebaut, sein Körper ist kompakt und muskulös, seine Konstitution kräftig. Er ist **ehrgeizig, intelligent, von rascher Auffassungsgabe, fähig und kompetent**. Oft zeichnet er sich durch ein ausgeprägtes **Pflichtgefühl** und **hohe Arbeitsmoral** aus. Überwiegend ist er selbständig, nicht abhängig. Sein Denken ist mehr pragmatisch, effektiv, als philosophisch, intellektuell. Der **gesunde Nux-vomica-Typ arbeitet hart, fleißig und effektiv**; er zeigt eine Befähigung zu leitender Position, als Manager, Unternehmer, Geschäftsmann, Vertreter oder Buchhalter.

Auch hier, wie überall in der Homöopathie, wäre es absurd, wollte der Arzt lediglich aufgrund solcher positiven Wesensmerkmale Nux vomica verschreiben; schließlich will er den Menschen nicht von seiner praktischen Begabung und Leistungsfähigkeit „heilen". Nein, das gesunde Persönlichkeitsbild muß gewahrt bleiben; vielmehr richtet sich eine homöopathische Behandlung ausschließlich gegen mögliche pathologische Züge. Kommen wir also zu den Krankheitsstadien, die der Nux-Typ durchlaufen kann und bei denen dieses Mittel zur Heilung führt.

Im ersten Stadium ist eine **Übersteigerung** der sonst gesunden Merkmale **Ehrgeiz** und **Pflichtbewußtsein** zu erkennen. Statt beides der Sache angemessen einzusetzen, wird der Nux-Typ schier davon besessen. Der Ehrgeiz ergreift Tag und Nacht Besitz von ihm, er fühlt sich davon angetrieben und denkt in Bahnen von **Leistung** und **Konkurrenz**. Nux vomica ist das ehrgeizigste Mittel der ganzen Materia medica. Der Patient ruiniert im Wettstreit seine Gesundheit und nimmt auch keine Rücksicht auf seine Kollegen. Er wird von seiner Arbeitswut besessen, wird zum „workaholic". Fähig und tüchtig, wie er ist, wird ihm immer mehr Verantwortung übertragen, und er freut sich darüber.
Bei *Arsenicum album* und *Phosphor*, die ähnliche körperliche Symptome zeigen, ist das anders: Der *Arsenicum*-Typ neigt dazu - teils aus Unsicherheit, teils weil er persönliche Bequemlichkeit eigenen Errungenschaften vorzieht -, sich der Übertragung größerer Aufgaben zu entziehen, und auch der *Phosphor*-Patient schreckt bei aller Intelligenz und Leistungsfähigkeit vor Zielen zurück, die notwendigerweise nur durch harten Konkurrenzkampf zu erreichen sind.

NUX VOMICA

Das Pflichtbewußtsein des Nux-vomica-Patienten ufert über alle Maßen aus, treibt ihn zu **zwanghafter Effektivität**. Nux vomica gehört zu den wenigen Mitteln, die im Repertorium unter dem Stichwort **„genau, wählerisch, anspruchsvoll (fastidious)"** aufgeführt sind. Bei Nux vomica bezieht sich der hohe Anspruch vor allem auf die zu erreichende Leistung; insofern ist die Übergenauigkeit des Nux-Patienten noch verhältnismäßig realitätsgebunden und nicht so pathologisch, wie die Aufführung dieses Mittels im zweiten Grad unter diesem Symptom vielleicht erwarten ließe.

Arsenicum album dagegen zeigt eine typische, schwere, neurotische Übergenauigkeit (fastidiousness) syphilitischen Einschlags, wie sie aus er Psychiatrie bekannt ist: eine zwanghaft neurotische Sorge um Sauberkeit und Ordnung, die auf tiefverwurzelte, quälende Unsicherheit zurückgeht. Der *Arsenicum*-Patient ordnet und säubert ständig weit mehr als nötig.

Ebenso ist *Natrium muriaticum* für seine Genauigkeit (fastidiousness) bekannt, jedoch mehr in bezug auf Pünktlichkeit und Zeiteinteilung, obwohl auch hier Ordnung und Sauberkeit eine Rolle spielen.

Eines Tages steht der Nux-Patient in einer Position, deren Anforderungen ihm über den Kopf wachsen. Seine typische Reaktion: er arbeitet noch härter und länger, erwartet noch mehr von sich und anderen. Für ihn gibt es keine Aufgabe, die nicht durch genügend Anstrengung im Verein mit Begabung gelöst werden könnte; **Grenzen** sind **nicht akzeptabel**. Eine der größten Schwierigkeiten für den Nux Typus besteht darin, die eigenen Grenzen zu akzeptieren und sich in das Unvermeidliche zu fügen.

Um mit den Belastungen Schritt zu halten, greift der Nux Patient zu **Stimulantien. Kaffee, Zigaretten, Medikamente, Drogen, Alkohol, auch Sex** sollen ihn fit halten. Abgesehen vom Mißbrauch solcher Stimulantien, ist der Nux-Typ auch ungewöhnlich empfindlich gegenüber der Wirkung solcher Substanzen und hat folglich oft unter den Folgen ihres Genusses zu leiden.

Ausgeprägt ist ferner **das sexuelle Verlangen**. Der starke Trieb verleitet den Nux-Typ mitunter dazu, die Grenzen der konventionellen Moral zu überschreiten. Trotz seiner rigorosen Arbeitsethik ist er kein geradliniger Moralist. Sowohl was den Stimulantien- und Drogenkonsum als auch besonders das Sexualleben angeht, ist sein Benehmen impulsiv und am besten als „amoralisch" zu bezeichnen. Wie in anderen Lebensbereichen führt auch in sexueller Hinsicht eine Überbetätigung schließlich zu Erschöpfung: In **späteren Stadien** leidet er unter **Impotenz**; typisch ist ein Verlust der Erektion kurz vor der Vereinigung.

Eine Zeitlang mag der übertriebene Genuß von Stimulantien die gewünschte Wirkung haben; am Ende jedoch fordert er seinen Tribut. Der **Magen** gerät in **Unordnung**, das gesamte **Nervensystem** hält nicht mehr stand und reagiert **überempfindlich**. Selbst leichte Belastungen wie Licht, mäßige Geräuschkulisse, ein fernes Singen werden unerträglich.

Kent schreibt in seiner Arzneimittellehre: „Ein Geschäftsmann zum Beispiel arbeitet an seinem Schreibtisch bis zur Erschöpfung, erhält viele Briefe, hat viele Eisen im Feuer; muß sich um **tausend Kleinigkeiten kümmern**. Er martert sein Gehirn mit verschiedensten Details, gerade sie sind es, die ihn quälen, nicht die großen Entscheidungen. Ständig ist er bemüht, nichts zu vergessen; noch auf dem Heimweg denkt er daran, nachts liegt er wach. Die **Gedanken rund um das Geschäft drehen sich in seinem Kopf wie ein Karussell**, die Ereignisse des Tages stürzen auf ihn ein. Geistige Erschöpfung überfällt ihn. Wird er mit Kleinkram konfrontiert, wird er **ärgerlich**, möchte allem entfliehen, schimpft, zerreißt Papier, läßt seine Mißstimmung zu Hause aus, an Frau und Kindern. Er schläft nachts nur zeitweise, **wacht zwischendurch auf, besonders gegen 3 Uhr morgens - sogleich fällt ihm das Geschäftliche wieder ein, erst spät gegen Morgen kann er wieder einschlafen, müde und erschöpft wacht er auf** und möchte am liebsten bis spät in den Vormittag schlafen."

Die nervlichen Reaktionen scheinen ins Gegenteil umzuschlagen, das **Nervensystem scheint gegen sich selbst zu arbeiten**. Wiederum findet sich die beste Beschreibung bei Kent: „Gewöhnlich entleert sich ein kranker Magen leicht und von selbst, nicht so beim Nux-vomica-Patienten. Bei Nux-vomica-Patienten haben wir ein Aufbäumen und Anstrengen, als wenn alles den falschen Weg ginge. Nach vielem Drängen und Würgen und unter gewaltiger Anstrengung entleert sich der Magen dann schließlich doch. Ähnlich ist es mit der Blase. Der Patient muß sich anstrengen, um Urin zu lassen. Es besteht Tenesmus und Harndrang. Die Blase ist voll, und der Urin geht tropfenweise ab; wenn der Patient aber preßt, läuft gar nichts mehr. Beim Darm ist es ebenso: Obgleich der Patient sich sehr anstrengt, kommt nur wenig Stuhl. Bei Durchfall kommt ohne Pressen manchmal etwas Stuhl, aber dann entwickeln sich Krämpfe, so daß der Kranke nicht aufhören kann zu pressen. Und dabei scheint der Stuhl wieder zurückzugleiten, weil eine Art Antiperistaltik entsteht. Bei Verstopfung kommt der Stuhl um so schwerer, je mehr sich der Kranke anstrengt."

Der Kranke klagt über **Gastritis**, **Magengeschwüre** oder **spastisches Colon**. Der Allopath nennt seine Beschwerden psychosomatisch und verschreibt Antazida, Spasmolytika, Beruhigungsmittel oder psychotherapeutische Behandlung. Damit aber werden nur die Symptome verschleiert - im allgemeinen tritt keine wesentliche Besserung ein, vielmehr wird die allgemeine Reizbarkeit des Nervensystems noch erhöht.

Der Nux-vomica-Patient ist dann **sehr reizbar**. Allerdings wird der Homöopath Mühe haben, diese Tatsache zu konstatieren, wenn er nicht sorgsam vorgeht. Der Patient neigt nämlich dazu, seine **Reizbarkeit zu verbergen** (zumindest in den anfänglichen Stadien). Fragt der Arzt: „Sind Sie reizbar?", antwortet er: „Überhaupt nicht! Ich hebe nicht einmal die Stimme." - „Und wie sieht es innerlich aus? Fühlen Sie sich da manchmal gereizt?" - „O ja, sogar sehr!" Gerade solche Menschen sind für Gastritis und Magengeschwüre besonders anfällig; könnten sie offener zeigen und aussprechen, was sie bewegt, würden sie sich das Ulcus ersparen. Aber der Mißbrauch von Kaffee, Nikotin und Alkohol würde vielleicht sowieso dasselbe Ergebnis zeitigen.

Schließlich wird der Druck, der auf dem Nux-vomica-Patienten lastet, allzu schwer; die Folge sind Ungeduld und jene erwähnte Reizbarkeit. Er ist ungeduldig mit sich und besonders mit anderen - er schimpft und tadelt schon aus geringfügigem Anlaß. Er reagiert impulsiv bei kleinen Störungen. Jemand pfeift leise eine Melodie, und er schreit: „Können Sie nicht ruhig sein!" Er findet gerade keinen Bleistift und knallt wütend die Schreibtischschublade zu. Er verhaspelt sich beim Zuknöpfen, zornig reißt er den Knopf ab. Jemand widerspricht ihm, er stürzt aus dem Zimmer und schlägt laut die Tür hinter sich zu. Widerspruch verträgt er überhaupt nicht, aber weniger aus Arroganz oder Hochmut (wie *Lycopodium* und *Platin*), sondern weil er von seiner Meinung überzeugt ist. Die anderen reizen ihn, weil sie ein Problem nicht so schnell und gründlich durchdacht haben wie er; oft hat er auch wirklich recht.
Mit einem Wort, seine impulsive, dabei oft direkte und undiplomatische Art führt leicht zu persönlichen Spannungen. Nux-vomica-Menschen geben von Natur aus keine guten Politiker ab.

Im nächsten Stadium zeigt der Nux-vomica-Patient Anzeichen von **Boshaftigkeit**, **Grausamkeit** und eine Tendenz zur **Gewalt**. Es kann damit anfangen, daß er andere hinter ihrem Rücken schlecht macht - mitunter eine Folge seines Konkurrenzdenkens. Aus einem plötzlichen Impuls heraus tritt er nach einem Tier (wie *Medorrhinum*). Allmählich kommt es zu offener Gewalt. Oft könnte Nux vomica helfen, wenn Männer ihre Frauen schlagen, Eltern ihre Kinder mißhandeln - das heißt, wenn die Gesamtheit der Symptome zutrifft. Nicht immer richtet sich die Gewalt gegen andere. Auch Selbstmordneigung kommt vor, besonders denkt der Patient daran, sich zu erschießen oder sich aus großer Höhe herabzustürzen.

Das letzte Stadium von Nux vomica ist **Wahnsinn** - ein paranoides Stadium. Der Nux-vomica-Patient wird ständig von dem **Impuls** gequält, **jemanden umzubringen**, wenn es auch nicht zu Gewalttaten kommt. Eine Frau mag von dem Wunsch verfolgt werden, ihr **Kind ins Feuer zu werfen oder ihren Mann zu töten**. Wahnideen dieser Art, aktive und passive Mordgedanken kennzeichnen Nux vomica, ebenso Versagensängste und Furcht vor Verletzung und Beleidigung. Dem Beobachter von außen bleiben diese inneren Qualen des Patienten oft verborgen; in diesem Stadium zeigt der Patient auffällige Abneigung gegen Gesellschaft und weigert sich, Fragen zu beantworten.

Sein seelisches und geistiges Chaos erinnert an das Endstadium von *Arsenicum* eine genaue Studie der vorangehenden Stadien jedoch macht den Unterschied deutlich: Nux vomica ist gekennzeichnet durch **Unabhängigkeit, zwanghafte Arbeitswut, übersteigertes Leistungsstreben, Reizbarkeit und Impulsivität**. *Arsenicum album* dagegen zeichnet sich durch Unsicherheit, Abhängigkeit, Sorge um die eigene Gesundheit und um die persönliche Bequemlichkeit, übertriebene Sauberkeit und Ordnung sowie große Ängstlichkeit aus.

Was den körperlichen Aspekt von Nux vomica betrifft, so scheinen bei diesem Mittel eher funktionelle Störungen aufzutreten. Nux vomica hat nicht so tiefgehende gewebliche Veränderungen wie zum Beispiel *Arsenicum*, für das sich ausbreitende Geschwüre und brandige Fäulnis charakteristisch sind.

Sehr stark in Mitleidenschaft gezogen wird vor allem das **Nervensystem**. Beim Nux-vomica-Patienten fallen **nervöse Zuckungen** auf, ähnlich denen bei *Hyoscyamus* und *Agaricus muscarius*. Außerdem leidet er unter beträchtlichen **neuralgischen Schmerzen** vor allem im Kopfbereich. Häufig wird Nux vomica bei **Schlaganfällen** angewandt, besonders dann, wenn die **Lähmung von stechenden Schmerzen der betroffenen Glieder begleitet** ist. In schweren Fällen kommen **Krämpfe**, **Opisthotonus** und **Epilepsie** vor. Bedenkt man, was über den Mißbrauch von Stimulantien wie Alkohol gesagt wurde, so überrascht es nicht, daß Nux vomica auch im **Delirium tremens** indiziert sein kann.

Jeder, der sich näher mit Homöopathie befaßt, kennt die allgemeinen Symptome **Kälteempfindlichkeit, Verschlimmerung durch Zugluft, Verschlimmerung morgens**.
Nux vomica gehört zu den Mitteln mit der größten Kälteempfindlichkeit; **trockene Kälte verschlimmert** allerdings **stärker**, während nasses Wetter besser ertragen wird (wie *Asarum*, *Causticum* und *Hepar sulfuris*).

NUX VOMICA

Nux vomica ist sehr empfindlich gegen Zugluft; Zugluft führt leicht zu Schnupfen, zumal wenn der Patient geschwitzt hat, was bei Nux schon bei geringer Anstrengung der Fall ist. Ein besonderes Merkmal ist noch folgendes: **im Freien und nachts ist die Nase verstopft**, während sie in geschlossenen Räumen sowie tagsüber heftig läuft.

Der **Magen-Darm-Trakt** ist bei Nux vomica besonders empfindlich. Wie schon erwähnt, kommt es häufig zu Gastritiden und Magengeschwüren, die den Patienten durch Krämpfe, Würgen, Aufstoßen und Brechreiz plagen. Der Magen reagiert auf fast alle Speisen empfindlich; besonders im fortgeschrittenen Stadium ist der Appetit gering, der Patient ist in Essensfragen sehr wählerisch. Gegenüber Fleisch empfindet er eine Abneigung, obwohl ein **Verlangen nach Fett** bestehen kann, sowie Verlangen nach **Stimulantien, scharfen Speisen und Gewürzen**, die wegen ihrer anregenden Wirkung gefragt sind, den Magen jedoch schädigen. Der Nux-Patient wird krank, wenn sein Magen durcheinander ist - Erkältungen, Kopfschmerzen und Asthma können auftreten. Abdominelle Schmerzen sind in der Regel von Stuhldrang begleitet, der bei Nux zu den erwähnten Frustrationen führt.

Wie häufig bei Alkoholikern, tendiert der Nux-vomica-Patient zu einer **Stauung des Pfortadersystems** - zu **Ösophagusvarizen** und vor allem zu **Hämorrhoiden**. Außerdem besteht Neigung zu **Gelbsucht**, in vielen Fällen verbunden mit **Leberzirrhose**. Wenn andere Symptome es anzeigen, hilft Nux vomica bei **Gallensteinkoliken**, indem es den Stein in den Zwölffingerdarm gelangen läßt; bei einer **Nierensteinkolik** wirkt es auf ähnliche Weise.

Zum Abschluß sei daran erinnert, daß die hier dargestellten Symptome weder erschöpfend sind (sie geben lediglich den Kern der Sache wieder), noch bei jedem einzelnen Patienten allesamt erscheinen müssen: Viele Kombinationen sind möglich, einige klassische Symptome können sogar fehlen, und doch ist Nux vomica das passende Mittel. Bei den meisten Nux-Patienten finden sich Besessenheit von den Aufgaben des Berufs, Reizbarkeit und Überempfindlichkeit des überspannten Nervensystems und ausgeprägte Kälteempfindlichkeit. Doch mag ein Patient zum Beispiel Alkohol meiden und Zigaretten ablehnen und trotzdem aufgrund seiner Zeichen und Symptome Nux vomica benötigen, um wieder ins Gleichgewicht zu finden. Die Homöopathie behandelt nicht Symptome als solche, sondern bei einer homöopathischen Verschreibung wird die Grundstruktur, das Wesen des Patienten, mit der Grundstruktur des homöopathischen Arzneimittels zur Deckung gebracht. Die „Idee" (essence) dieses Patienten entspricht der „Idee" dieses homöopathischen Arzneimittels.

PHOSPHOR

AUSBREITUNG und **DURCHDRINGUNG** (diffusion) sind die Kennzeichen von Phosphor, die sich gleich einem Leitmotiv durch die Pathologie dieses Typs ziehen. Diffusion ist der Prozeß, bei dem sich eine Substanz in die Umgebung hinein ausbreitet. Wie sich Rauch in der Luft oder die Färbung eines Teebeutels im heißen Wasser ausbreiten, verteilen und Luft oder Wasser durchdringen, so verteilen sich die Energie, die Aufmerksamkeit, das Gefühlsleben, ja das Blut des Phosphor-Patienten in seiner Umgebung und durchdringen sie. Es scheint, als besäße ein solcher Mensch keine Grenzen, körperlich, emotional und geistig. Die Folge: Der Phosphor-Typ ist allseits beeinflußbar und verwundbar.

Auf der körperlichen Ebene führt fast jede Verletzung oder Belastung zu **Blutungen** - die Blutgefäße sind schwach und erlauben dem Blut, leicht in das umliegende Gewebe zu diffundieren.
In seelischer Hinsicht **öffnet sich** der Phosphor-Mensch seiner Umwelt, geht auf seine Mitmenschen zu, vermag seine Gefühle schlecht zurückzuhalten und setzt sich damit schmerzhaften Erfahrungen aus.
Geistig schließlich ist er so **aufgeschlossen**, daß er in Gefahr gerät, diffus und unkonzentriert zu werden, ja sich selbst zu vergessen - er neigt dazu, den Boden unter den Füßen zu verlieren (easily „spaced out").

Führen wir uns auch hier zunächst den gesunden Typus vor Augen, der nichtsdestoweniger die Prädilektion zur Phosphor-Pathologie in sich trägt. Krankhafte Störungen können ausbrechen, wenn der Abwehrmechanismus durch zuviel Streß überfordert wurde. Vergessen Sie nie, daß wir aufgrund von pathologischen Symptomen verschreiben und unsere Mittelwahl nicht auf gesunden Eigenschaften basiert.
Der Phosphor-Mensch ist meist groß und schmal gebaut, feingliedrig, mit zartem Haar, zarter Haut und zarten Händen. Als Kind besitzt er eine warme, herzliche Ausstrahlung, ist künstlerisch empfänglich und sehr sensibel, dabei offen und leicht zu beeindrucken; die Seele eines solchen Kindes liegt vor dem Betrachter wie ein aufgeschlagenes Buch. Während der Pubertät findet ein Wachstumsschub statt, der zu dem typischen schlanken, schlaksigen Erscheinungsbild führt.

Sein ganzes Leben lang ist der Phosphor-Typ **warmherzig, freundlich und extrovertiert**; er fühlt sich unter Freunden und in Gesellschaft wohl, kann aber auch die Einsamkeit genießen, um seinen künstlerischen Neigungen nachzugehen. Es ist angenehm, einen solchen Menschen um sich zu haben, er zeigt echtes Mitgefühl und stellt die Belange seiner Freunde über sein eigenes Wohl.

Der Phosphor-Typ ist hochintelligent und feinsinnig. Geheimniskrämerei kennt er nicht - was ihn bewegt, spricht er offen aus. Wärme und Herzlichkeit fließen Freunden zu und selbst Fremden; zwischenmenschliche Beziehungen machen einen Großteil seines Lebensinhaltes aus. Er eignet sich gut als Politiker, der für humanitäre Ziele eintritt, kann aber auch einen erfolgreichen Verkäufer abgeben. Alles, woran er selbst glaubt, kann er auch nach außen überzeugend vertreten. Zugleich bewirkt die erwähnte **Beeindruckbarkeit**, daß er alles annimmt, was man ihm sagt, sofern er nicht selbst auf diesem Gebiet kompetent ist; hat er einmal eine Überzeugung gewonnen, tritt er allenthalben enthusiastisch und mit Erfolg dafür ein.

Auch für den Homöopathen ist ein solcher Patient ausgesprochen angenehm. Er nimmt bereitwillig an, was man ihm sagt, befolgt die Anweisungen dankbar und willig, betrachtet den Arzt von Anfang an als Freund, reicht ihm herzlich die Hand und sitzt beim Gespräch vertrauensvoll nach vorn geneigt. Er erzählt rückhaltlos alle Symptome und läßt unbegründete Befürchtungen, wie sie bei ihm oft und vielfältig auftreten, durch wenige beruhigende Worte leicht zerstreuen.

Die Zerstreutheit der Phosphor-Patienten zeigt sich deutlich in ihrer **Schreckhaftigkeit**. Jeder von uns kennt das Tagträumen; die Gedanken entschweben in ferne Gefilde. Wird nun ein solcher Tagtraum durch einen plötzlichen Knall oder Donnerschlag unterbrochen, so erschrecken wir, weil wir jäh und unvermittelt in die Wirklichkeit zurückgerissen werden. Ebenso ist es beim Phosphor-Typ, aber als Dauerzustand. Bei einem Gewitter zum Beispiel ist der normale Mensch nach dem ersten Donnerschlag auf die nächsten Schläge gefaßt und erschrickt nicht mehr besonders; der Phosphor-Mensch hingegen schweift in Gedanken immer wieder rasch ab und schrickt jedesmal von neuem zusammen.

Im ersten Stadium der Pathologie herrschen beim Phosphor-Typus gewöhnlich körperliche Symptome vor, etwa die Neigung zu **Blutungen**. Dieses Stadium kann schon mit fünf oder erst mit fünfunddreißig Jahren eintreten. Leicht kommt es zu Nasenbluten. Bei der Menstruation können die Blutungen reichlicher und länger als gewöhnlich sein. Die Farbe ist ein leuchtendes Rot.

Die Blutungstendenz ist für Phosphor charakteristisch und zeigt im Physischen, was auch wesensmäßig angelegt ist, nämlich die frei fließende Wärme und Ausstrahlung ohne Sinn für Grenzen.

Zugleich fällt in diesem Stadium auf, daß der Phosphor-Patient **leicht Erquickung durch Schlaf** findet. Das hängt mit seiner Fähigkeit zusammen, rasch alle gespannte Konzentration aufzugeben und die Gedanken treiben zu lassen - er braucht weniger Zeit und Mühe, sich entspannter Ruhe hinzugeben, als der Durchschnittsmensch und ist auch schon durch kurze Ruhepausen (Mittagsschlaf) wieder hergestellt.

Außerdem ist bei Phosphor **starker Durst, besonders auf kalte Getränke**, charakteristisch. Bei Magenbrennen (bei Phosphor sind innerlich **brennende Schmerzen** typisch - ein Ausdruck der Wärme) wirken kalte Getränke lindernd, allerdings nur so lange, bis sie Magentemperatur angenommen haben. Typisch ist ferner das gesteigerte **Verlangen nach Salz**. Beide Eigentümlichkeiten können auf eine Unausgewogenheit im Elektrolythaushalt des Körpers hinweisen. Dafür spricht auch der **Appetit auf Fisch**, daneben kommt **Verlangen nach Eiscreme, Schokolade und Süßigkeiten** vor. Letzteres im Verein mit dem Durst weist beim Phosphor-Patienten auf eine Anfälligkeit für **Diabetes mellitus** hin.

Im weiteren Verlauf der pathologischen Entwicklung kommt es zu **Blutungen der inneren Organe**. So können schmerzlose Blutungen im Magen-Darm-Trakt zu unerwartetem Bluterbrechen oder zu Teerstühlen führen. Auch Bronchitis kommt vor, die schon in milder Form zum Aushusten von hellem Blut führt. Ferner kann Blut im Urin sein ohne weitere Begleiterscheinungen - Labortests und Röntgenuntersuchungen ergeben keinen Befund. In solchen Fällen sollten Sie an Phosphor denken.

Solange die körperlichen Symptome vorherrschen, treten nur wenige emotionale oder geistige Besonderheiten auf. Wenn die Pathologie allerdings fortschreitet, lassen die körperllichen Symptome nach, und Ängste und Befürchtungen treten verstärkt auf. **Echte Angst um das Wohlergehen anderer**, ob Freunde oder Fremde; sie kann in krankhafte Überängstlichkeit ausarten, die Kräfte verzehrt. Hier ist das Mitgefühl echt und kein verkappter Egoismus (wie bei *Arsenicum album*).

Besonders stark ist die **Angst um die Gesundheit**. Der Patient in seiner Beeinflußbarkeit braucht nur von der Krankheit eines anderen zu hören, schon meint er, sie müsse ihn selbst treffen. Wenige Worte genügen, um ihn zu beschwichtigen - er seufzt erleichtert und ist überaus dankbar -, aber nur, bis er von einer neuen Erkrankung erfährt.

PHOSPHOR

In diesem Stadium stellen sich weitere **Ängste** ein: **vor** der **Dunkelheit, vor dem Alleinsein, vor Zwielicht, vor Gewitter.** Anfangs sind die Ängste noch schwach, der Patient hat nach wie vor viel Durst und erholt sich im Schlaf sehr gut.

Im dritten Stadium schließlich bricht der Patient unter der Last seiner Ängste und Befürchtungen zusammen. Ließen sie sich anfänglich noch relativ leicht zerstreuen, ergreifen sie nun gänzlich von ihm Besitz, rauben seine Energie und Aufmerksamkeit. Immer schwerer wird es ihm, sich durch Schlaf zu entspannen; die Angst kann zu Hyperventilation und damit zu einem Ungleichgewicht des Säure-Basen-Haushaltes führen. Jetzt erwacht er unausgeruht und voller Angst (wie *Lachesis*, *Grindelia* und *Arsenicum album*).

Die nächste Stufe ist eine „**freischwebende Angst**", für die sich keine bestimmte Ursache mehr finden läßt. „Irgendetwas Schlimmes kommt auf mich zu" - dieses Empfinden durchdringt das Leben des Patienten von nun an wie leise Hintergrundmusik. Alles, was ihm nur irgend zustoßen könnte, wird angstvoll gedanklich vorweggenommen. Angst vor drohender Krankheit, besonders Angst vor Krebs, mehr noch als Angst vor Herzkrankheiten, aber letztendlich Angst vor jeder Krankheit.

Die letzte **Angst** ist die **vor dem Tod**. Eine Panik setzt ein - überall scheint der Tod zu lauern, ja, schon im Patienten zu wohnen, sobald er allein ist. Er hat das Empfinden von Flaum, von Flockigem (fuzziness) in seinem Inneren oder als ob Blasen innen aufstiegen und nach außen drängten. Er sagt, es scheine, als wolle seine Seele den Körper verlassen. Panik, Hyperventilation, starke Erregbarkeit, **Herzrasen**.

An diesem Punkt angelangt, **braucht** der Patient **dringend die Nähe anderer Menschen**; mitunter verläßt er das Haus, um mit jemandem sprechen zu können, egal worüber, nur um der panischen Angst zu entfliehen (nicht wie der *Arsenicum-album*-Patient, der speziell über seine Krankheit mit anderen sprechen muß).

Je mehr sich die geistig-seelischen Symptome verschlimmern, desto weniger sind die bestätigenden Symptome auf der körperlichen Ebene vorhanden: kein Durst, kein Verlangen nach Fisch und Salz mehr.

Am Ende, im vierten Stadium, erfolgt der endgültige Zusammenbruch. Die Ängste gehen zurück, aber der Geist degeneriert. Konzentrationsschwäche, Unvermögen, zusammenhängend zu denken oder andere zu verstehen, signalisieren den geistigen Verfall. Körper und Geist werden schwach. Der Patient stumpft ab, die Menschen um ihn, seine ganze Umgebung werden ihm gleichgültig. Er verfällt in einen Zustand von Senilität und Imbezilität. Ein Schlaganfall kann den Niedergang letztendlich besiegeln.

In diesem letzten Zustand ist es schwer, das richtige Mittel zu verschreiben, weil die Armut an Symptomen zu Verwechslungen führen kann. Deshalb muß die Vorgeschichte sorgfältig erforscht werden.

Hat man erst einmal die Grundstruktur von Phosphor erkannt, braucht man die Mittelwahl nur noch durch einige wenige bestätigende Symptome zu erhärten.

Die nützlichen Anhaltspunkte sind: **Durst auf kalte Getränke, Verlangen nach Salz, Schokolade und Süßigkeiten, vermehrte Beschwerden der linken Seite, Unfähigkeit, auf der linken Seite zu schlafen, Kribbelgefühl und Pelzigsein der Fingerspitzen und schmerzloser Stimmverlust. Auch die Langsamkeit der Bewegung und „Strohfeuer" für Personen oder Ideen sind typisch**. Außerdem können verschiedene Phosphor-Patienten **warmblütig oder kälteempfindlich** sein, und zwar jeweils nur eins von beiden.

PLATIN

Platin ist ein Beispiel dafür, wie sich bei bestimmten Menschen normale Funktionen abartig entwickeln (perversion) und untereinander in Konflikt geraten. Einerseits wird die Platin-Patientin **von einem gewaltigen, exzessiven sexuellen Verlangen getrieben**, andererseits ist sie **überaus idealistisch und romantisch in ihren Liebesbeziehungen**. Die Spannungen und letztendlich der Konflikt zwischen diesen beiden Polen ihres Wesens und die wiederholten Enttäuschungen, die bei einer Persönlichkeit ihrer Intensität und Sensibilität unvermeidbar sind, führen letztendlich zu den Störungen, die die Essenz dieses Mittels widerspiegeln.

Platin trifft in der Regel auf einen bestimmten Menschentyp zu: eher schlank; Haare, Augen, Gesichtsfarbe dunkel; rundes Gesicht mit vollen, sinnlichen Lippen. Es paßt am besten auf sensible Frauen, sinnlich und idealistisch zugleich. Kinder vom Platin-Typ sind stolz und integer.

Die Platin-Pathologie spielt sich in erster Linie auf **zwei Ebenen** ab: **der sexuellen und der geistigen**.
Von Jugend an verspürt die Platin Frau ein **starkes sexuelles Verlangen**, intensiv genug, sie ganz durcheinanderzubringen. Die **Genitalien** sind oft schon in jungem Alter so **überempfindlich** und bleiben es ein Leben lang, daß sie masturbiert. (*Origanum* ist ein anders Mittel mit Masturbation bei jungen Mädchen, aber eher im Alter von drei bis sieben Jahren als in der Pubertät.) Die Platin-Frau ist schon sehr früh sexuell aktiv und stürzt sich mit ganzem Herzen blind, romantisch und idealistisch in eine sexuelle Beziehung.
Vergleichen wir einige andere Arzneimittel: *Natrium muriaticum, Sepia, Causticum, Calcium carbonicum* gehen im allgemeinen später sexuelle Beziehungen ein. Frühes sexuelles Interesse entwickeln: *Nux vomica, Lachesis, Coffea cruda*, Platin und *Staphisagria*. (Der *Staphisagria*-Patient ist jedoch vom Gefühl her zu empfindlich und wagt es nicht, eine sexuelle Beziehung einzugehen; er entwickelt deshalb eine sehr lebhafte Phantasie und neigt früh zu Masturbation.)

Die Platin-Frau wünscht sich eine Beziehung, die ihre Gefühle genauso befriedigt wie ihr sexuelles Verlangen; unglücklicherweise sind ihre Ansprüche so hoch, daß sie kein Mann erfüllen kann. Sie ist **enttäuscht**; sie wandert von einer Beziehung zur anderen, immer auf der Suche nach einem Menschen, der ihre Wünsche befriedigen kann.

Im Repertorium steht Platin zweiwertig in der Rubrik „**Beschwerden durch Kummer**". Es sollte jedoch in den dritten Grad erhoben werden, da der wiederholte Kummer und die häufigen Enttäuschungen in Liebe und Sexualität die Platin-Pathologie verursachen. Die Platin-Frau gibt sich ganz hin und wird deshalb enttäuscht. Folglich grübelt sie über Liebe und Sexualität in dieser Welt und zerbricht sich den Kopf über die Intensität ihrer Bedürfnisse.
Ständig bemüht sie sich, die Bedürfnisse der geistigen und emotionalen, sexuellen Ebene in Einklang zu bringen, aber in der Realität kann die Umwelt die exzessiven Ansprüche nicht befriedigen. Manchmal versucht sie, diesen starken sexuellen Instinkt auf die geistige Ebene zu verschieben; das Ergebnis sind überspitzte idealistische und romantische Gefühle, die mit dem intensiven sinnlichen Verlangen im Zwiespalt stehen. Nach vielen emotionalen Schocks und Enttäuschungen kommt es schließlich zu dem Prozeß, in dem sich normale Funktionen abartig entwickeln (process of perversion of normal functions).

Man könnte annehmen, daß solche wiederholten Kummererlebnisse einen auf der geistig-emotionalen Ebene verbitterten, rachsüchtigen, abgekapselten Menschen hinterlassen. Platin reagiert jedoch auf seine Weise abnorm: **mit übersteigertem Ichgefühl, mit dem Gefühl der Überlegenheit, mit Hochmut, mit Verachtung für die Welt**. Die Platin-Patientin hat das Gefühl, daß sie emotional zu mehr Liebe fähig ist, daß sie mehr von sich selbst hergegeben hat als andere Menschen. Sie hat das Gefühl, daß sie ein Sonderfall ist, daß sie von den anderen, die weniger Liebe geben können, nicht verstanden wird; sie **meint, nicht für diese Welt geschaffen zu sein**.

Lassen Sie uns die Entwicklung bis hierher kurz zusammenfassen: Die Platin-Patientin wird am Anfang durch übertriebenes sexuelles Verlangen und Idealismus bestimmt. Sie ist feinfühlig. Ihre Erwartungen können jedoch in der Realität nicht befriedigt werden, sie wird enttäuscht. Lange Zeit quält sie sich mit dem erfolglosen Versuch, in den Idealismus zu flüchten, und schließlich entwickelt sie ein übersteigertes Ich-Bewußtsein und Hochmut.

Bei der Fallaufnahme wird das **hochmütige Wesen der Patientin nicht unbedingt sofort deutlich**. Im allgemeinen ist es schwer zu erkennen, man muß zwischen den Zeilen lesen. Bei einer so sensiblen Persönlichkeit kann das Zurückdrängen der Sinnlichkeit in geistige Sphären zu einem hohen Grad an Intellektualisierung oder sogar Spiritualität führen. Vielleicht verleiht sie ihrer Enttäuschung über diese Welt insofern Ausdruck, als sie über zuwenig Liebe und Rücksichtnahme in unserer Gesellschaft klagt. Vielleicht **weigert sie sich, Kinder zu haben**, weil es grausam sei, sie in eine solche Welt zu setzen (*Ignatia, Natrium mu-*

riaticum, Staphisagria können ähnliche Ansichten vertreten). Der innere Hochmut kann sich uns als **Verachtung für die Welt** darstellen. Zum Beispiel lehnt sie es aus dieser Haltung heraus ab, sich an gesellschaftlichen Konversationen zu beteiligen. In diesem Stadium der Überheblichkeit - wenn sie vom Arzt erkannt wird - wirkt eine Dosis Platin schnell und leicht, da die Krankheit noch nicht weit fortgeschritten ist; auch in späteren Phasen ist die Behandlung noch erfolgversprechend, aber sie dauert länger und ist viel mühsamer.

Oft nimmt die Platin-Patientin in diesem Stadium Empfindungen oder Sinnestäuschungen an ihrem Körper wahr, die ihren inneren Konflikt symbolisieren. Am charakteristischsten ist das **Gefühl, daß Teile ihres Körpers an Größe zugenommen hätten oder daß Menschen oder Gegenstände in der Umgebung geschrumpft seien**.
Ich will Ihnen ein Beispiel erzählen: Eine Frau, der ich zuerst *Phosphor* verordnet hatte, erzählte bei einem späteren Termin merkwürdige Symptome: Sie erwachte nachts mit dem Gefühl, sich an einem fremden Ort zu befinden. Sie war von fremden Möbeln umgeben; die Möbel schienen hinwegzugleiten, und die Menschen kamen ihr klein vor. Wörtlich schilderte sie, sie hätte sich wie auf einem hohen Berg gefühlt, von dem aus sie auf die anderen Menschen tief unter ihr herabgesehen hätte.
Auch von anderen Mitteln kennen wir ähnliche Verzerrungen: *Sabadilla* glaubt, Teile seines Körpers seien verändert, *Cannabis indica* sieht die Umgebung vergrößert oder verkleinert.
Bei Platin kann sich die Wahnidee, Teile des Körpers seien vergrößert, auch auf andere Weise äußern: **als würde eine Bandage die entsprechenden Körperteile einengen**, oder **als wären einzelne Körperteile taub, besonders um die Lippen herum**, die ja allgemein als besonderes Symbol der Sinnlichkeit gelten. Die **Furcht, das Gesicht sei verzerrt**, kann auftreten (und in der Tat gehört Platin zu den Mitteln, die **Facialislähmungen** heilen können).

Trotz der Arroganz und der Verachtung für die Welt, die sich während der mentalen Phase der Erkrankung entwickeln, bleibt die Platin-Patientin nach wie vor durch ihr ausgeprägtes irdisches, sinnliches Verlangen getrieben. Sie ist nicht wirklich fähig, es zu unterdrücken. Sie knüpft neue Beziehungen, sie schottet sich nicht ab. Dabei sucht sie weiterhin Männerbekanntschaften, kann aber gleichzeitig eine gewisse Verachtung für die Männerwelt empfinden. Schließlich trennt sie zwischen Sexualität und romantischer Liebe und interessiert sich nur noch für Sex um des Sexes willen. Dann wird die **Nymphomanie** zusehends deutlich. Da das sexuelle Verlangen so stark wird, daß es nicht mehr befriedigt werden kann, läßt sie sich zunehmend auf verschiedene Spielarten **sexueller Perversion** ein.

Im ersten Stadium der Platin Pathologie kann die Patientin zwischen Hochmut und intensivem sexuellen Verlangen schwanken. Während sie mehr von ihrem verächtlichen, arroganten Verhalten beherrscht wird, verwirrt und beansprucht sie weiterhin der Gedanke an ihre heftigen irdischen Gelüste. Sie brütet eine Zeitlang über diesem Problem, bis schließlich die Sinnlichkeit die Oberhand gewinnt und sie bis zur Nymphomanie verleitet.

Wechselnde Zustände sind häufig bei Platin. Wie bereits erwähnt, kann ein Symptomenwechsel zwischen emotionaler und geistiger Ebene auftreten. Auch geistige und körperliche Symptome können sich abwechseln; zum Beispiel verschwinden körperliche Symptome, wenn das Gefühl auftritt, ein Körperteil sei übertrieben groß. Wenn die Wahnidee verschwindet, kehrt das körperliche Symptom zurück. Taubheit des Gesichts kann sich mit der Furcht, das Gesicht sei verzerrt, abwechseln.

Im zweiten Stadium der Krankheit entwickelt sich die Platin-Patientin in eine der zwei verschiedenen Richtungen, wobei Erziehung und persönlicher Hintergrund die größte Rolle spielen. Lebt sie in einer Kultur, in der sie ihrer Sinnlichkeit freien Lauf lassen konnte, gerät ihre sexuelle Veranlagung mehr und mehr außer Kontrolle. Perversion und Nymphomanie werden deutlicher.

Hat sie aber ihr Verlangen aktiv kontrolliert und unterdrückt, so verliert ihr früherer Abwehrmechanismus - die Verachtung gegenüber der Welt - seine Wirksamkeit. Sie wird **bissig, verdrießlich, scharfzüngig**. Oft verfällt sie in längere Perioden voller Grübelei und **Depressionen**. Sie ist verzweifelt über den Konflikt zwischen ihren starken Bedürfnissen und der Unfähigkeit der Welt, diese zu befriedigen, und denkt vielleicht an Selbstmord, obwohl sie ihn wahrscheinlich nicht begeht.

Wenn die Krankheit weiterschreitet, genügt auch die Depression nicht mehr, und noch abartigere Gefühle überkommen sie. Zum Beispiel ein **starkes Verlangen, Menschen umzubringen, die ihr am nächsten stehen, wie Ehemann oder Kind** (dieses Symptom findet sich auch bei *Nux vomica*, *Mercur* und sogar *Arsen*). Besonders **stimuliert** sie dazu **der Anblick eines Messers** oder auch nur das Wissen, daß ein Messer in der Nähe liegt. Dabei hat sie das Tötungsverlangen unter Kontrolle, sie wird es kaum in die Tat umsetzen. Spielt sich dieses Verlangen nur im Unterbewußtsein ab, kann es sich auch als die **irrationale Angst äußern, daß ihrem Ehemann etwas zustoßen könne**. Tag für Tag glaubt sie, ihr Mann könne getötet werden; sie bleibt bis spät in die Nacht wach, um auf seine Heimkehr zu warten.

Im dritten Stadium der Platin-Pathologie entwickelt sich echte **Geisteskrankheit**, wobei die Art der geistigen Störung von der Richtung abhängt, die die Krankheit eingeschlagen hat.

Auf der einen Seite steigert sich die Arroganz bis zum **Größenwahnsinn**. Während sie früher solche Gefühle für sich selbst behalten hat, werden sie jetzt, im Stadium des Wahnsinns, offenbar. Sie hält sich für eine Königin, und die anderen stehen unter ihr; sie glaubt, sie sei groß und mächtig und verdiene Respekt und Ehrerbietung. Die Platin-Wahnidee besteht in einer **übertrieben Meinung von sich selbst**, der Größe, Würde, Bedeutung des jeweiligen Patienten.

Der *Veratrum-album*-Patient hingegen ist wirklich in seiner Identität verwirrt, er hält sich vielleicht für Jesus oder für Johannes den Täufer und glaubt, im Leben eine wichtige Mission erfüllen zu müssen.

Die **andere Form der Platin Geisteskrankheit** zeigt sich in **aggressiver, erotischer Manie**. Dabei handelt es sich nicht nur um die Schamlosigkeit und das passive Zurschaustellen der Genitalien, wie wir es von *Hyoscyamus* kennen. Der Zustand ist praktisch nicht von der erotischen Manie bei *Tarantula* zu unterscheiden: aktiv, aggressiv, selbst Fremden wird unverhohlen Sex angeboten.

Die oben beschriebene Idee von Platin wird insbesondere in den **körperlichen Symptomen** deutlich. Wie bereits erwähnt, tritt das Gefühl auf, **Teile des Körpers oder sogar der ganze Körper seien übertrieben groß**. Symbolisiert wird dies auch durch die charakteristische Platin-**Empfindung, Körperteile seien bandagiert, zusammengeschnürt** (noch charakteristischer ist dieses Gefühl für *Anacardium*). **Taubheit (besonders um die Lippen), Kältegefühl und Muskelkrämpfe** können auftreten.

Typisch ist die große **Überempfindlichkeit der Genitalien**, die zu großen Schmerzen bei Berührung führt und sogar sexuellen Verkehr oder eine Spekulumuntersuchung durch den Arzt unmöglich machen kann. Diese Hyperaesthesie scheint durch übermäßige Kongestion der Genitalien und der Beckenorgane hervorgerufen zu werden. Platin hat sogar eine schwangere Frau geheilt, die an wollüstigen Krämpfen des Uterus litt, wobei so starke und häufige Orgasmen auftraten, daß ein Spontanabort drohte.

Um die Idee von Platin kurz zusammenzufassen: Charakteristisch ist die Kluft zwischen der geistigen und der sexuellen Ebene und die daraus folgende Perversion auf diesen Ebenen bei einer stolzen, empfindsamen Frau, die immer wieder emotionale Enttäuschungen hinnehmen mußte und sich so langsam in Richtung Größenwahn oder erotische Manie entwickelte.

PLUMBUM METALLICUM

Der Plumbum-Patient gehört in die moderne klinische Kategorie der **ARTERIO-SKLEROSE**. Das Plumbum-Bild ähnelt dem, das wir bei arteriosklerotischen Patienten sehen. Die Krankheit schreitet bei diesem Mittel sehr langsam fort; die ersten Anzeichen werden kaum bemerkt. Langsam und stetig kommt es jedoch zur **PARESE** auf allen drei Ebenen.

Auf intellektuellem Gebiet **erstarren die geistigen Funktionen** und werden träge. Von dieser **Langsamkeit** werden sowohl **Funktionen der Wahrnehmung als auch des Ausdrucks** betroffen. Die Patienten nehmen Eindrücke nur langsam auf und können sich nur langsam artikulieren. Diese Beeinträchtigung zeigt sich sehr drastisch in einem charakteristischen Symptom auf der körperlichen Ebene - die Patienten **reagieren sehr langsam, wenn sie mit einer Nadel gestochen werden** (dieses Symptom ist am deutlichsten bei *Cocculus* ausgeprägt, findet sich aber auch bei *Alumina* und Plumbum). Der Patient nimmt von außen kommende Eindrücke nur langsam wahr, versteht langsam und antwortet langsam.

Auf der geistigen Ebene ist bei Plumbum der **Verlust des Gedächtnisses** am charakteristischsten - **besonders für Wörter**. Im Verhältnis zu seinem Alter vergißt der Patient extrem viel. Er bemüht sich, die richtigen Worte zu für das finden, was er ausdrücken will, aber er kann es einfach nicht. Es scheint, als sei die spezielle Region des Gehirns, die für das Wortgedächtnis verantwortlich ist, aufgrund der Arteriosklerose vermindert durchblutet und infolgedessen atrophiert.

Wenn die Krankheit voll ausgeprägt ist, bedeutet jede intellektuelle Aufgabe für den Patienten eine große Anstrengung. Der Arzt stellt eine Frage, und der Patient antwortet sehr langsam. Dabei handelt es sich jedoch nicht um die Langsamkeit von *Phosphor*, die von einem Leeregefühl im Kopf herrührt, und auch nicht um die Langsamkeit von *Mercurius*, die einer allgemeinen Verwirrung und Zerstreutheit entspringt. Bei Plumbum funktioniert der Geist nur träge, so daß der Patient große Anstrengung unternehmen muß, die Frage zu beantworten. Man kann beobachten, wie der Patient die Augenbrauen zusammenzieht, um eine Antwort zu finden. Das ist sehr charakteristisch für Plumbum.

Auch auf der **emotionalen Ebene** findet sich eine Art Lähmung, die sich wohl am besten durch das Wort **APATHIE** beschreiben läßt. Sie gleicht dem regungslosen, apathischen Zustand alter, arteriosklerotischer Patienten ohne Vitalität, ohne innere Gefühlsregungen. Typischerweise kommt es nicht über Nacht zu diesem Zustand; er entwickelt sich über lange Zeit hinweg.

Die Plumbum-Pathologie tritt vor allem bei Menschen auf, die es sich **ein Leben lang haben gut gehen lassen** - bei Leuten, die immer egoistisch und selbstsüchtig gewesen sind. Für sie ist das Beste gerade gut genug - das beste Essen, die beste Umgebung, die Traumhochzeit und so weiter. Sie haben sich an all diese Annehmlichkeiten gewöhnt und beanspruchen sie als ihren Besitz. Schließlich entwickeln sie fixe „arteriosklerotische" Verhaltensweisen und Neigungen. Sie essen sehr üppig und ärgern sich über jede Kleinigkeit. Diese Ärgernisse stimulieren die Adrenalinausschüttung, die ihrerseits wieder die Lipidmobilisation anregt. Die Lipide lagern sich dann entlang der Arterien ab. Auf diese Weise führen Selbstsucht, Besitzgier und Unflexibilität zur **Arteriosklerose**, die wiederum eine fortschreitende **Parese** auf allen drei Ebenen des Organismus nach sich zieht.

Je apathischer die Plumbum-Patienten mit der Zeit werden, desto **reizbarer** und **zorniger** werden sie auch. Bei Plumbum drückt sich diese Reizbarkeit charakteristischerweise durch den **Impuls aus, sich selbst zu verletzen**. Die Nervosität treibt sie so weit, daß sie sich am liebsten ein Messer in den Leib stoßen würden. Das ist ein selbstzerstörerisches und perverses Verlangen.

Dem Stadium der Reizbarkeit folgen Traurigkeit und Schwermut, wobei diese **Depression mit Angst gepaart** ist. Sie fühlen ihre Kräfte schwinden und fürchten infolgedessen, ein Unheil könne sie oder ihre Verwandten treffen.

Schließlich gewinnt die **Apathie** die Oberhand. Sie finden keine Freude mehr am normalen Leben. Zu ihren besten Zeiten genossen sie das Leben in vollen Zügen und hatten viel Spaß an Sex und anderen Vergnügungen. Wenn sie doch einmal heiraten, haben sie auf einmal **Potenzprobleme**; ein weiteres Beispiel für die Lähmungstendenz bei Plumbum.

Plumbum-Patienten bekämpfen die Apathie in einzigartiger Weise: Sie **lassen sich auf Situationen ein, die gesellschaftlich unmöglich sind**. Durch riskantes und skandalöses Benehmen suchen sie die verbotenen Schauer, die sie wieder erregen können. Ein verheirateter Mann versucht, die Schwester seiner Frau zu verführen; würde die Sache entdeckt, gäbe es einen unglaublichen Skandal. Das Verbotene erregt ihn genug und läßt ihn seine Potenz wiedergewinnen.
Oder folgende Situation ist denkbar: Eine verheiratete Frau, deren Schwester mit einem Pfarrer verehelicht ist, hat ein Verhältnis mit diesem Pfarrer.

Plumbum kann sogar bei gewissen zwanghaften Spielern angezeigt sein, die den Nervenkitzel brauchen, selbst wenn sie ihre ganze Existenz aufs Spiel setzen. Genausogut kann ein aufrechter, frommer Kirchgänger plötzlich den Entschluß fassen, Buddhist oder Anhänger eines indischen Gurus zu werden. Dieses Benehmen verursacht natürlich große Aufregung in seiner Familie, bei seinen Freunden und Kollegen. Diesen Aufruhr scheint er zu brauchen, um der Apathie und der Lähmung, die er bereits gespürt hat, entgegenzuwirken. Angenommen, sein Priester würde ihm sagen: „Ist gut. Tun Sie nur ruhig, was Sie für richtig halten", würde er wahrscheinlich das Interesse an seinem neuen Abenteuer verlieren.

Plumbum-Patienten haben eine gewisse äußere Erscheinungsform, die schwer zu beschreiben ist. Sie sind gewöhnt, stets von allem das Beste zu bekommen, und **strahlen deshalb etwas Selbstzufriedenes aus**. Sie sind eher hager; ihr Gesicht ist von tiefen Falten durchfurcht, und ihre Haut fällt durch die nahezu erdige Farbe und die tiefen Poren auf.

Plumbum ist natürlich oft bei Patienten mit **neurologischen Erkrankungen** angezeigt. Die Plumbum-Pathologie stimmt ziemlich genau mit dem **Parkinson-Syndrom** überein, sei es der Morbus Parkinson als solcher oder der sekundäre, durch Arteriosklerose induzierte Parkinsonismus. **Schwäche, Spastik, Zittern, der apathische Gesichtsausdruck** sind sehr charakteristisch.
Plumbum kann bei **Apoplexpatienten** indiziert sein, **besonders wenn die Extensoren gelähmt** sind. Natürlich können Extensoren und Flexoren betroffen sein, aber am charakteristischsten ist die Extensorenlähmung - wie wir sie bei der **Fallhand** kennen.

Plumbum-Patienten leiden unter **Zittern und gleichzeitiger Schwäche ihrer Muskeln**, so daß es ihnen schwerfallen kann, ein Glas ruhig zu halten. Aber auch **Spasmen** der betroffenen Muskulatur sind recht typisch. Die **Krämpfe und Zuckungen** sind bei Plumbum jedoch nicht so hervorstechend wie bei *Agaricus* und *Zincum*.

Es können auch nur **spezielle Muskelgruppen** befallen sein, wobei möglicherweise die **Atrophie** dieser Muskeln besonders hervorsticht. Wenn in einem Fall die Muskelatrophie im Vordergrund steht, denken Sie bitte an Plumbum. Kennt man das Plumbum-Bild, ist es offensichtlich, daß Plumbum eines der ersten Mittel bei der Behandlung der amyotrophen Lateralsklerose sein kann.

PLUMBUM

Die Lähmung kann bei Plumbum auch Blase und Rektum in Mitleidenschaft ziehen. Durch die Lähmung des Sphinktermuskels kann es zur **Harnverhaltungen** kommen, sogar bis zu 24 Stunden.
Die Inaktivität des Rektums hat eine **chronische Obstipation** zur Folge, gekennzeichnet durch schwarze, harte Stühle.

Zieht man die arteriosklerotische Tendenz in Betracht, erstaunt es nicht, daß Plumbum bei einer ganzen Reihe von Kreislaufstörungen paßt. Am charakteristischsten ist das **Herzklopfen in Linksseitenlage** - wie *Lachesis* und *Phosphor*.

Plumbum teilt noch ein Schlüsselsymptom mit *Phosphor*- **besser durch Reiben**. Die **Schmerzen wie von elektrischen Schlägen und die Krämpfe** bessern sich durch Massage, wahrscheinlich weil das Gewebe momentan stärker durchblutet wird.

Das auffallendste Schlüsselsymptom ist ein **ziehendes Gefühl im Nabel - als würde der Nabel mit einem Strick in Richtung Rücken gezogen**. Dieses Gefühl ist nicht unbedingt auf den Nabel beschränkt; es kann **auch an anderer Stelle**, im Bauch, im Magen oder sogar in der Brust auftreten. Dieses Gefühl gibt der Patient manchmal bei schweren Darm- oder Nierenkoliken an; hier kann Plumbum innerhalb von Stunden Erleichterung bringen.

Plumbum hat auch **stinkenden Fußschweiß** - wie *Silicea*.

Nach Kent sind bei Plumbum auch **hysterische Zustände** bekannt. Ich selbst habe es noch nie gesehen, aber die Beschreibung, die Kent gibt, scheint mir glaubwürdig. Plumbum scheint in dieser Hinsicht *Moschus* zu ähneln - der Patient täuscht Krankheit vor. Kent zitiert einen Fall, in dem der Patient in Gegenwart anderer einen komatösen Zustand vorspielte, aber völlig normal war, sobald er sich allein wußte.

Plumbum ist ein Mittel, über das in der Literatur nicht oft berichtet wird. Ich glaube, das ist zum Teil auf seine **langsame Wirkung** zurückzuführen. Wahrscheinlich haben viele Ärzte nicht die Geduld, lange genug - viele Monate - zu warten; erst in dieser langen Zeit würde Plumbum seine volle Wirkung entfalten. Die Wirkung wird wahrscheinlich durch weitere Verschreibungen frühzeitig unterbrochen. Darüber hinaus ist Plumbum meist bei älteren Patienten angezeigt, bei denen Heilungen natürliche Grenzen gesetzt sind.

Alumina ähnelt Plumbum in mancher Hinsicht. Bei *Alumina* finden wir totale Verwirrung bis zu wirklichen Wahnideen - ein Chaos, in dem der Patient nicht mehr weiß, wer nun eigentlich spricht. Bei Plumbum sind die geistigen Fähigkeiten jedoch erstarrt, verflacht.

Auch erreicht die Lähmung bei Plumbum nicht den gleichen Schweregrad wie bei *Alumina*. Entsprechend dem Unterschied zwischen Multipler Sklerose und Parkinsonscher Erkrankung ist die *Alumina*-Lähmung eher schlaff, die **Plumbum-Lähmung eher spastisch**. Bei *Alumina* sind mehr die unteren Extremitäten betroffen, bei **Plumbum im allgemeinen die Hände und die oberen Extremitäten**.

PULSATILLA

Pulsatilla ist in erster Linie ein „Frauenmittel", ungefähr zu fünfundsiebzig Prozent. **Wechselhaftigkeit in Verbindung mit Weichheit. Nachgiebigkeit ohne konkreten Standpunkt.** Kein Widerstand auf eine Herausforderung. Kann so „aalglatt" sein, daß es schwer ist, Symptome zu bekommen. Stellt sich sehr auf das ein, was der Arzt hören will. (Bei einem Pulsatilla-Patienten müssen Sie sehr sorgfältig jegliche Suggestivfragen vermeiden!) Pulsatilla paßt sich an alles an, was mit Bestimmtheit vorgebracht wird. Starke Gefühle, aber spontan. Kein starkes Ich-Gefühl. Pulsatilla formt sich nach den Wünschen der anderen.

Phosphor spürt, wie die anderen ihn sehen, und glaubt es ganz einfach. *Phosphor* ist beeinflußbar (suggestible), Pulsatilla ist formbar (malleable).

Pulsatilla ist wechselhaft, aber im Grunde genommen einfach, nicht kompliziert. Pulsatilla ist wie ein Fluß, der durch seine Umgebung geformt wird.

Phosphor ist wie eine Wolke, die auch ihre Gestalt ändert, aber sich ausbreitet und durchdringt. *Phosphor* besitzt eine starke Vorstellungskraft, ist leichtgläubig. *Sulfur* hat auch eine sehr starke, aber komplexe Vorstellungskraft.

Pulsatilla kann sich nicht allgemein beschreiben, weil sie sich dauernd ändert. Wenn ihr jemand sagt, sie sei so oder so, denkt sie nicht darüber nach, ob das wirklich zutrifft, sondern bemüht sich, so zu werden. *Phosphor* glaubt, daß er schon so sei. *Sulfur* ändert sich nicht, sondern ist stolz, in allen Dingen immer er selbst zu sein.

Die Ideen von Pulsatilla sind weich und unbestimmt, lassen sich leicht ändern und anpassen. Die **Emotionen sind schnell geweckt.** Macht sofort mit, wenn jemand in Partylaune bei ihr vorbeikommt.

Im **körperlichen Bereich variieren die Absonderungen** sehr, ohne jegliches Charakteristikum. Es ist sehr schwer, Modalitäten von einer Pulsatilla-Patientin zu erhalten.

Wandernde Symptome. Menses variabel.

Weibliche, sinnliche, volle Lippen.

Das Kreislaufsystem erschlafft leicht und ist auch leicht erregbar. Wird leicht rot im Gesicht.

Langsame Bewegung ist typisch. **Sanfte Bewegung ist am angenehmsten.** Das bewahrt sie vor Trägheit, aber Anstrengung bringt ihre Symptome heraus.

Ferrum ist auch leicht übererregt und überhitzt wie Pulsatilla, aber müde und anämisch. Empfindlich gegen Geräusche, sogar gegen Papiergeraschel.

Pulsatilla hat **Verschlimmerung durch Hitze**, kann aber **in akuten Zuständen durch Kälte** verschlechtert werden. **Erschlafft im warmen Zimmer. Schlechter durch die Sonne**. Kann die Sonne ertragen, wenn sie sich darin bewegt oder sich beim Baden oft abkühlen kann. Pulsatilla kommt vor Hitze um; *Phosphorus* klagt vielleicht über brennende Hitze. **Schlechter durch warme Getränke** (wie *Phosphorus*), **mag Kaltes**. Die **Füße werden heiß, muß sie aufdecken**. Kann **keine Sauna ertragen** (*Lachesis*, *Apis*). Besser in kühlem Wasser, an der Küste, et cetera.
Kein Durst.
Furcht in geschlossenen Räumen, hat das Gefühl, zu ersticken. (Auch *Natrium muriaticum*, das selbst so verschlossen ist, geht es schlechter in geschlossenen Räumen - Klaustrophobie).
Unverträglichkeit von Fett und anregenden, Hitze treibenden Nahrungsmitteln. Schlechter durch Alkohol, der ihr Nervensystem überstimuliert. **Abneigung gegen Fett, Abneigung gegen Schweinefleisch. Verlangen nach oder Abneigung gegen Butter.**
Schlechter durch Wechsel (zum Beipiel Wetterwechsel, Lagewechsel).
Schlechter bei Zwielicht. Pulsatilla ist ein Morgenmensch, erwacht im Morgengrauen und liebt den Morgen (*Phosphor*). Kollaps im Zwielicht. *Phosphor* und Pulsatilla können auch Besserung bei Zwielicht haben.

Pulsatilla kann **emotional** sehr stark sein, solange sie gesund ist und sich die Symptome auf der körperlichen Ebene abspielen. Weint leicht. **Weinen bessert**. Pulsatilla ist formbar, wechselhaft. (*Ignatia* leidet unter einem inneren Konflikt, ist idealistisch; die Welt enttäuscht sie, und sie wird kalt und hart.) Pulsatilla ist **besser durch Trost**. Weint manchmal absichtlich, weil sie sich dann besser fühlt. Gerät leicht in einen Zustand voller Selbstmitleid. Sie **fordert das Mitleid** der anderen heraus. **Braucht** immer **einen Halt**, einen Ankerpunkt. Geht mit jemandem eine Beziehung ein, selbst wenn dieser Mensch eher negativ ist, solange er nur stark ist. Neigt eventuell zu frühen sexuellen Abenteuern, aber wenn sie erst einmal eine Familie hat, ist sie treu.

Muttertyp. Massiert gerne und läßt sich gerne massieren. Sinnlich. In einer Kultur, in der Sinnlichkeit nicht akzeptiert wird, **unterdrückt sie ihr sexuelles Verlangen und leidet darunter**. Sie wird Ihnen erzählen, daß sie etwas vermißt. **Großes sexuelles Verlangen**, körperlich und gefühlsmäßig, aber weniger in sexuellen Phantasien. (*Phosphor* liebt den emotionalen Kontakt und hat viele sexuelle Phantasien, ist aber an körperlicher Sexualität weniger interessiert.) Ein weiches Wesen mit zarten Gefühlen. Optimistisch, aber leicht zu entmutigen. Kann niemals aggressiv oder grausam sein. Will sich nicht aufdrängen. **Mitfühlend mit**

ihren nächsten Angehörigen. Macht sich vielleicht Sorgen um ein Familienmitglied, aber kümmert sich nicht allzu sehr um die Gefühle anderer. Wie eine Blume, die sich im Wind biegt und nach Halt sucht.

Kann sich zu einem extremen **Fanatiker** entwickeln; dann muß sie sich nämlich nicht mehr selbst ein Urteil bilden, sondern übernimmt im extremen Maße die Meinung eines anderen. Sie kann ganz strikte Essensgewohnheiten entwickeln.

Fühlt sich zu dogmatischen, spirituellen Gruppen hingezogen, wird durch Dogmen als solche angezogen. Unbeständig, wechselt wahrscheinlich von einem Dogma zum anderen.

Kann so unflexibel werden, daß es fast als katatonisch zu bezeichnen ist. Sitzt da wie ein Baum, der am Vertrocknen ist. Im **Endstadium Apathie**.

RHUS TOXICODENDRON

STEIFHEIT des ganzen Körpers, besonders der Gelenke.
Der Kiefer ist steif und knackt.

Auch auf der **emotionalen Ebene** ist der Patient **nicht fähig, seinen Gefühlen spontan Ausdruck zu verleihen** oder das Gefühl der Wärme zu vermitteln, er **wirkt** etwas **kühl**. In einer Beziehung läßt er lieber die anderen Liebe und Zuneigung zeigen, als selbst etwas von seinen Gefühlen zu enthüllen. Er hat Angst, verletzt zu werden.

Rhus toxicodendron wird auch **steif auf der geistigen Ebene** und entwickelt **fixe Ideen**.
Die **Hauptidee ist die der STEIFHEIT, des Angespanntseins und der Unfähigkeit, sich zu entspannen**.

Er spürt, daß seine **Sehnen steif und hart** sind, und hat das **Gefühl, sich laufend bewegen, strecken zu müssen**, um sie zu lockern.

Rhus toxicodendron ist sehr **empfindlich in der Cervicalregion**; reckt andauernd den Hals. Große **Zugluftempfindlichkeit im Nacken** - er wird im Kopf wie ein bißchen benebelt und dann wie schläfrig.

Schlechter in kaltem, feuchten Wetter.

Spürt selbst die geringste Zugluft wie *Kalium carbonicum*, aber *Kalium carbonicum* besitzt nicht diese besondere Empfindlichkeit im Nacken. (*Calcium phosphoricum* und *Cimicifuga* sind auch sehr empfindlich im Halsbereich.)
Schlechter, wenn er Kälte, Nässe und Regen ausgesetzt war.
Besonders die oberen Partien des Musculus trapezius sind betroffen.

Extreme Ruhelosigkeit, Bewegung bessert. Zuerst ist die Bewegung schmerzhaft, bringt aber Erleichterung, jedoch nur momentan, dann muß er wieder die Lage ändern. Er sitzt da, streckt und bewegt seine Beine, hat das Gefühl, als steckten die steifen Teile seines Körpers in einem Schraubstock. Trotz seiner Steifheit will er sich laufend bewegen. (*Sepia* hat eine Art Rhythmus in sich, der durch Tanzen ausgedrückt werden muß.) Steifheit und Knacken in allen Gelenken, vor allem aber im Nacken.

RHUS TOXICODENDRON

Leicht reizbar, keine große Toleranzspanne (zum Beispiel gegenüber Verschlimmerung, Lärm und so weiter).
Ängstlichkeit kann sich zu **Furcht vor einem Unglück entwickeln**.
Schlimmer bei Wetterwechsel; fühlt sich elend, unglücklich, mut- und hoffnungslos.

Schlechter durch Wasser; bei Rhus toxicodendron kann schon Wasser an sich das Mittel eventuell antidotieren.
Besser bei warmem, trockenen Wetter, sowohl lokal als auch allgemein; auch Besserung auf der emotionalen Ebene.

Aus sich selbst heraus können die Patienten keine Wärme und kein Gefühl erfahren. Die Steifheit überträgt sich auf die emotionale Ebene.
Nachdem sie auf der geistigen Ebene fixe Ideen entwickelt haben, können sie **abergläubisch** werden.

Schlimmer am Abend bei Sonnenuntergang (*Pulsatilla, Phosphor*). Die **Verschlimmerung kann den ganzen Abend und die ganze Nacht über anhalten**.
Sehr **große Steifheit und Schmerzen beim Aufwachen**.

Großes **Verlangen nach Milch**, das nach Einnahme des Mittels nachlassen kann.
Verlangen nach Käse (*Cistus canadensis, Pulsatilla, Ignatia*). **Verlangen nach Joghurt** (*Natrium sulfuricum*).

Lähmungen, Chorea, besonders nach Kälte- oder Nässeexposition.
Hautausschläge mit Bläschen, brennend mit viel Jucken. Besser durch sehr heißes Wasser.

Man könnte Rhus toxicodendron unter anderem wegen der Ruhelosigkeit mit *Arsen* verwechseln.
Kann unter der **fixen Idee leiden, daß er jemanden töten könnte**. (Patienten, die sehr an arthritischen Beschwerden leiden, haben auf der emotional-geistigen Ebene eventuell nur wenige Symptome und Störungen.)

RUTA

Wir finden auch bei Ruta verschiedene Stadien.

I. STADIUM: VERWIRRUNG
Das erste Stadium ist gekennzeichnet durch **GEREIZTHEIT**, Durcheinander-sein (bewilderment), **VERWIRRUNG**, **OPPOSITION**, **TROTZ** (defiant).
„Defiant" soll ausdrücken: Man sagt etwas zu einem solchen Menschen, und er akzeptiert es nicht, eine Art Feindseligkeit gegenüber den anderen, eine Gereiztheit.
Ruta ist **gereizt** und später wird er **verwirrt**, durcheinander. „Wovon sprechen Sie überhaupt?"
Ruta fällt es sehr schwer, zu akzeptieren, daß sich die Dinge um sie in ständigem Fluß befinden, ist sehr **inflexibel**.
Ruta ist durcheinander, **fühlt sich leicht angegriffen** und geht **in Opposition**. Witze kann er nicht leiden, weil er sich sofort persönlich angegriffen und beleidigt fühlt.
Ruta ist **UNZUFRIEDEN,** reizbar, durcheinander und **verlangsamt**.
Dann erreicht der Ruta-Patient ein Stadium, in dem er wirklich **streitsüchtig** wird, er will streiten, **widerspricht** gern. Ist unzufrieden mit sich und anderen.

II. STADIUM: LEBENSÜBERDRUSS
Ruta ist unzufrieden, gereizt, streitsüchtig, hat die Haltung, daß sowieso alles nur schiefläuft. Das macht sein Leben natürlich immer weniger zufriedenstellend und er gerät in das nächste Stadium, in dem er **DES LEBENS ÜBERDRÜSSIG** wird.
Am Abend, wenn der Nachmittag in den Abend übergeht, wird er immer deprimierter, unzufriedener, will nicht mehr leben.

Ruta hat **Abneigung gegen geistige Arbeit** und wird **vergeßlich**. Wird geistesabwesend. Ruta kann auch ein Stadium der **Gleichgültigkeit** und **Apathie** erreichen. Aber in seiner Gleichgültigkeit und Apathie ist er immer noch aktiver, als wir es von *Acidum phosphoricum* und *Carbo vegetabilis* kennen. Bei diesen beiden Mitteln sind die Gefühle viel mehr ausgeschaltet. Bei Ruta ist immer noch die Reizbarkeit vorhanden und auch noch ein gewisses Maß an Emotionen.

III. STADIUM: PANIK
Dann kommt das Stadium der **PANIK, der Angst.** Die Angst beginnt mit Schwindel, der schließlich in einen Panikzustand übergeht. Unbeschreibliche Furchtzustände, Angst, daß etwas passiert. Die Patienten können nicht beschreiben, was das genau ist. Ein sehr unangenehmer Angstzustand. Wenn man drängt, sagt der

Patient: „Ja, ich habe Angst zu sterben", es ist so etwas wie Angst vor dem Tod, aber nicht ganz klar. Es ist ein Panikzustand, ein Durcheinander-sein, doch die Patienten können nicht exakt schildern, was sie fühlen. Sie sitzen da, schauen Sie an und erwarten, daß Sie sie sofort verstehen, daß Sie verstehen, wie inflexibel ihr Geist ist.
Wenn die Pathologie fortschreitet, wird der Patient total inflexibel, unbeweglich.

Wann immer Gefühle und Kommunikation gefordert werden, wird der Patient trotzig, geht in Opposition (defiant). „Was sagen Sie, was haben Sie gesagt?" – „Nein, nein, nein."
Die Unflexibilität ist keine Rigididät; das ist eine Art **trotziger Opposition**, der Patient ist gegen die anderen. Ich kann kein besseres Wort dafür finden, das ist ein lebendiger Zustand, den man wahrnehmen, aber schlecht beschreiben kann.

Manchmal machen die Patienten den Eindruck, als fühlten sie sich schuldig, oder sie berichten von einem **Schuldgefühl**. Ihr Gewissen ist belastet, als hätten sie etwas Schlimmes getan, immer ist dieses Gefühl der Schuld in ihnen.

Die Angstzustände weisen ein besonderes Charakteristikum auf: **Angst, wenn die Körpertemperatur ansteigt**. Wenn jetzt hier bei dieser Hitze und den geschlossenen Fenstern ein Ruta-Patient im Raum säße, würde er in Panik geraten, bekäme Furcht zu sterben. Wenn Sie hören, daß ein Patient **Furcht vor dem Tod im Fieber** hat, Furcht also, wenn die Körpertemperatur ansteigt, müssen Sie neben anderen Mitteln auf jeden Fall auch an Ruta denken. Ruta erzählt Ihnen: „In einem warmen Zimmer bekomme ich Panik". Wenn es sich dabei um einen schlimmen Panikzustand handelt, mit einer Furcht zu sterben im Hintergrund, sobald der Patient ein warmes Zimmer betritt, dann handelt es sich um Ruta.

Die **Verschlimmerungszeit** bei Ruta ist allgemein **am Abend, am späten Nachmittag**. Eine ganz typische Zeit für die **Angstzustände ist 23 Uhr, kurz vor Mitternacht**. Wenn Sie hören, daß dann die Angstzustände kommen, das ist Ruta.

Ruta ist kein Mittel mit spezieller suicidaler Tendenz. Aber wir haben die Unzufriedenheit, die Verzweiflung, den Lebensüberdruß. Und **Anstrengung beeinträchtigt Ruta sehr. Am Abend**, wenn der Körper sich tagsüber angestrengt hat, kommt die **Depression**, die Traurigkeit, der Wunsch zu sterben.

Auf der körperlichen Ebene müssen wir uns folgendes einprägen:

Betroffen ist sehr leicht alles, was mit **Periost** und **Sehnen** zu tun hat. **Verhärtungen**, **Ablagerungen** in Periost, Sehnen und Gelenken; Ganglien. Deformation von härteren Geweben, in der Nähe von Sehnen, am Periost.

Was bei Ruta meistens in Mitleidenschaft gezogen ist, das sind die **Augenmuskeln**. Sie sind wirklich sehr schnell überanstrengt, müde. Die Überanstrengung und Müdigkeit führt zu **brennenden Schmerzen**; manche Patienten beschreiben es als „zwei Feuerbälle" im Gesicht, so schmerzhaft sind die Augen.
Aber die Beschwerden rühren nicht von den Konjunktiven her. Wenn man Ruta bei einer Konjunktivitis gibt, passiert gar nichts. Bei einer Konjunktivitis braucht man Mittel wie *Euphrasia*, *Argentum nitricum*, *Clematis*, *Graphit* oder andere.
Der Schmerz bei Ruta entsteht durch Anstrengung der Augen, wenn die Augenmuskeln angestrengt wurden, wenn die **Augen angestrengt auf einen Punkt schauen mußten** und nur langsam bewegt wurden, wie beim Lesen eines kleingeschriebenen Textes oder beim Nähen. Diese Anstrengung verursacht die Ruta-Symptome.

Von den Modalitäten her sieht Ruta sehr wie *Rhus toxicodendron* aus: **schlechter durch Kälte und schlechter durch Feuchtigkeit, Nässe**.

Ein ganz generelles Symptom ist auch das **zerschlagene Gefühl**. Zerschlagenes Gefühl bei einer Ischialgie, bei einer Lumbago oder wo auch immer. Ein zerschlagenes Gefühl, als sei der Körper geschlagen worden - wie *Arnica*.

Am meisten betroffen sind die **Beugesehnen**. Verhärtungen der Beugesehnen. Ein typisches Beispiel ist die **Dupuytrensche Kontraktur**. Die typischsten Mittel dabei sind: erstens *Plumbum*, zweitens *Causticum*, drittens *Natrium phosphoricum* und viertens Ruta.

Die **Beine ermüden leicht**. Die Patienten laufen hundert Meter, dann sind sie erschöpft. Die Beine fühlen sich unangenehm an, zerschlagen, die Patienten setzen sich, aber sie finden keine Position, in der die Beine sich ausruhen könnten, die den Beinen gut täte. **Ruhelosigkeit** der Beine.

Aber bei den Rückenschmerzen gibt es eine Position, die bessert, das ist schon ein Schlüsselsymptom: **Rückenschmerzen besser beim Liegen auf dem Rücken**, wie *Agaricus*. Alle möglichen Rückenschmerzen bessern sich beim Liegen auf dem Rücken.

In der Literatur heißt es „Schwäche der Beine beim Treppensteigen". Das Problem ist nicht das Steigen an sich, das Problem ist, daß sich die **Sehnen** bei diesem Patienten **in einem schwachen Zustand** befinden. Wann immer Ruta seine Sehnen anstrengt, kommt es zu Schwierigkeiten.

Anstrengung verträgt Ruta generell schlecht. Deshalb geht es den Ruta-Patienten auch **am Abend schlechter**, nach den Anstrengungen des Tages. Das ist bei Ruta ein generelles Symptom, das alle Ebenen betrifft. Denken Sie an die Angstzustände schlimmer am Abend und an die Depression um 23 Uhr.

Dann sollten Sie sich die **Ähnlichkeit mit *Rhus toxicodendron*** merken. Wichtig sind: Das **zerschlagene Gefühl, die Besserung durch Hinlegen, die Verschlimmerung am Abend, die Verschlechterung durch Anstrengung allgemein, die Verschlechterung durch Anstrengung, speziell was die Augen anbelangt**.
Wann immer Sie an Ruta denken, fragen Sie den Patienten nach den Augen. Ein Ruta-Patient hat normalerweise Probleme mit den Augen. Und wenn es nur ist, daß sich seine Augen einfach nicht gut anfühlen. Oft blinzeln die Patienten häufig, haben das Gefühl, als ob sie nicht richtig sehen, focussieren könnten.

Beim Mann haben wir **erhöhtes sexuelles Verlangen, Pollutionen**.
Bei der Frau **Leukorrhoe vor und nach der Menses**.
Späte Aborte, im sechsten oder siebten Monat. Wenn Sie bei einer Patienten von so späten Aborten hören, sollten Sie nach Ruta suchen.

Berührung allgemein verschlimmert, aber speziell im Schlaf. Wenn man einen Ruta-Patienten im Schlaf berührt, reagiert er sehr heftig. (Rubrik: **Auffahren aus dem Schlaf durch die geringste Berührung**)

Langsamer Puls (ungefähr sechzig pro Minute) und **verengte Pupillen** und **Speichelfluß**, diese Dreierkombination ist Ruta. Noch besser ist, wenn auch noch das **Gefühl** hinzukommt, **die Zunge sei geschwollen**, richtig geschwollen.

Kopfschmerz, als würde ein **Nagel** durch den Kopf getrieben.

Wann immer wir es mit **Verletzungsfolgen von Periost und Sehnen** zu tun haben, die sich unter Belastung **knotig** verändert haben, müssen wir Ruta geben.

Schwindel. Ruta hat Schwindel. Der Schwindel verschwindet auf die eine oder andere Weise und geht in Angst über.

Beim **verstauchten Knöchel** müssen wir zwischen *Rhus toxicodendron* und Ruta unterscheiden. Wenn Sie einen verstauchten Knöchel behandeln müssen und sonst nichts vorliegt, denken Sie am besten zuerst an die Kombination *Rhus toxicodendron - Bryonia*. Wenn das nichts hilft, denken Sie an Ruta - *Rhododendron*.

Verstopfung im Wechsel mit schaumigen Stühlen.

SEPIA - 1. Version

Betrachtet man Sepia, so fällt die allgemeine **STASE** auf. Statik, die durch Veränderung auf der dynamischen Ebene entsteht. Zwei entgegengesetzte Energiepole treffen im Körper aufeinander und heben sich gegenseitig auf. (Normalerweise herrscht im Körper ein bipolarer Zustand; das Geschlecht ist durch Überwiegen eines Geschlechtshormons festgelegt.) Ein Sepia-Zustand tritt auf, wenn die Hormonkonzentrationen ausgeglichen sind, das heißt, wenn sich zwei entgegengesetzte Kräfte genau das Gleichgewicht halten. (Das sexuelle Verlangen kann als das Bestreben gesehen werden, eine Balance herzustellen, den Überschuß des einen oder des anderen Hormons auszugleichen.) Bei Sepia ist ein solcher Ausgleich nicht nötig. Die Hormone halten sich die Waage, die Folge ist **Gleichgültigkeit gegenüber Sex**, Neutralität. Die Patientin merkt nicht, wie gleichgültig sie der Sexualität gegenübersteht, bis ihr Partner sexuellen Kontakt fordert. Dann wird sie sich ihrer Abneigung bewußt.

Die Grundidee heißt **Stase** (stasis).
Die Sepia-Patientin besitzt **keine weiblichen Kurven**. Sie ist dünn und flachbrüstig. (Der Hypophysenvorderlappen arbeitet nicht richtig.) Bei einer Frau mit diesem Körperbau ist die Störung angeboren. Man tut sich schwer, diesen Zustand zu korrigieren. Es kommt zur **Frigidität**, zur **Sterilität**, zu **Fehlgeburten**, besonders im dritten bis fünften Monat. Das Hormonsystem ist sehr anfällig für Störungen. Streß wird nicht ertragen. Die Patientin kann durch häufigen Geschlechtsverkehr völlig aus dem Gleichgewicht geworfen werden.

Die Idee der Stase gilt auch für die körperliche Ebene. Das autonome Nervensystem besteht aus zwei sich entgegenwirkenden Komponenten. Bei Sepia neutralisieren sich die sympathischen und parasympathischen Einflüsse. Stauung (stasis) des Uterus, **Uterusprolaps**. Da das autonome Nervensystem die Kontrolle verloren hat, ist der Muskeltonus schwach. Typisch ist ein **Völlegefühl im Rectum**. Die Patientin leidet an Verstopfung ohne Stuhldrang. Ein **leeres Gefühl** macht sich **im Magen** breit, wie nagender Hunger. **Abneigung gegen Speisen, selbst der Geruch ist schon zuviel**. Dauernde Übelkeit, schlimmer am Morgen, **morgendliche Übelkeit in der Schwangerschaft**, besonders wenn seit Beginn der Schwangerschaft **Abneigung gegen Sex** bekannt ist. Abneigung gegen ihren Ehemann.
Sie ißt und ißt und wird nicht satt.
Die **Blutgefäße** sind in gewisser Weise **statisch** und passen sich den Kreislaufverhältnissen nicht mehr an; sie verengen sich nicht, sie weiten sich nicht. Denken

Sie zum Beispiel an den **Morbus Raynaud**. Sepia hat niedrigen Blutdruck. Die Hautfarbe ist weiß, dann rot, dann blau durch die Stase, und die Patientin braucht lebhafte Bewegung, um der Lähmung entgegenzuwirken. Sepia wird überhaupt **durch kräftige Bewegung gebessert**, wie zum Beispiel durch schnelles Laufen über weite Strecken.
Die Patientin fühlt sich **besser, wenn sie die Beine überkreuzt**. Die inneren Organe neigen zum **Prolaps**.

Auch auf der emotionalen Ebene zeichnet sich die Idee der Stase ab. Die Gefühle ruhen. Die Patientin fühlt sich emotionslos. In der Patientin kann kein Reiz Freude oder Gefühle erwecken. Vor allem die **Gefühle, die etwas mit Freude und Herzlichkeit zu tun haben, sind wie gelähmt**. Zuneigung und Lebensfreude sind wie untergraben. Möglicherweise befindet sich die Patientin schon so lange in diesem Zustand, daß sie sich an nichts anderes mehr erinnern kann. Sobald es ihr besser geht, kehrt wieder Leben in sie zurück. **Zorn und Reizbarkeit** hingegen kommen leicht in der Sepia-Patientin auf - und ihre Kinder beziehen auch dementsprechend Schläge. Sie bringt ihren Kindern **nicht die natürliche Liebe einer Mutter** entgegen, und sie empfindet auch **keine natürliche Liebe oder Zuneigung für ihren Mann**. Vom Verstand her bezeichnet sie ihn als einen netten Mann - aber nur, solange er sie im Bett in Ruhe läßt. Sobald er Forderungen stellt, haßt sie ihn.

Lumbago besser durch harten Druck.
Herzklopfen in Linksseitenlage.
Die Patientin kann **nichts Enges um den Hals** leiden (vgl. *Lachesis*).
Sie ist **müde, will allein sein**; Abneigung gegen Gesellschaft.
Sie verträgt fettes Essen nicht.
Sepia und *Lachesis* können das gleiche Bild bieten; besteht aber Abneigung gegen Sex, dann ist Sepia das Mittel und nicht *Lachesis*.

Sepia **heult** oft während der Konsultation, bricht in anfallartiges Weinen aus, weil ihr ihr ganzes Leid wieder in den Sinn kommt.
Schließlich entwickelt sie furchtbare Angst und hat das Gefühl, es könne etwas Schlimmes passieren. Die **Ängste** von Sepia gehören zu den schlimmsten überhaupt. Die Patientin **weint Tag und Nacht, ohne zu wissen warum**. In ihrer Angst schwingt die Furcht vor dem Unbekannten mit, die Furcht, daß etwas passiert. Das unaufhörliche Weinen tritt erst auf, wenn sich die Patientin schon sehr lange im Sepia-Zustand befindet. (*Acidum phosphoricum* bietet in bezug auf fehlende Gefühle ein ähnliches Bild, allerdings sind bei diesen Patienten die Gefühle abgestorben.) In dieser Gemütsverfassung isoliert sich die Patientin am liebsten.

Übererregbarkeit, Nervosität bei jungen Mädchen mit Hautproblemen. Lachen; Lachen und Tanzen bei einer Party. Außerordentliche **Erregbarkeit** bei Kindern. Hitze und Röte schießt ihnen leicht ins Gesicht.

Schließlich breitet sich die Stille und Unbewegtheit (stillness) auch im geistigen Bereich aus. **Geistige Schwerfälligkeit** (dullness); die Patientin hat das Gefühl, dumm zu sein. Denken fällt ihr schwer; sie hat Mühe, eine Frage zu verstehen, und braucht lange, um zu antworten. Sie wird vergeßlich und geistesabwesend, geistig träge; alles ist ihr zuviel, weil sie sich geistig so schwach fühlt. Nichts kann ihren trägen, schwerfälligen Geist anregen. Auch im geistigen Bereich ist es zur Stase gekommen; das Denken ist so schwer geworden.

Trotz ihres stumpfen Geistes kann sie sehr objektiv beobachten, weil sie emotional nicht beteiligt ist. So **kennt sie die Schwächen der Menschen in ihrer Umgebung sehr genau - und weiß jeden zu verletzen.**

Sepia ähnelt den Wahrheitssuchern (seekers of truth). Sie haben ihre Gefühle zurückgedrängt und streben nach einem Losgelöstsein. Diese Idee des Sichloslösens besitzt im Inneren eine ungeheure Kraft. Eher verstandesmäßige Unterdrückung als Sublimation. Sie zwingen sich ein Sepia-Stadium praktisch auf und suchen sich oft einen Guru. In diesem Zustand ist alles so sehr unterdrückt, daß sie nicht ins normale Leben zurückfinden können.

Wenn ein Fall durch viele Mittel verdorben ist, kann Sepia ihn klären. Man kann mit Medikamenten unterdrücken, aber auch durch Willensstärke.

Männliche Sepia-Fälle habe ich im Vergleich zu weiblichen Sepias im Verhältnis eins zu zehn angetroffen.

Die geistige Stille beruht auf einem intellektuellen Prozeß. Ein junger Mann ist empfindlich und erregbar. Wird er verletzt, sucht er nach einem Ausweg. Er unterdrückt seine Gefühle und kontrolliert sein sexuelles Verlangen soweit wie möglich. Danach läßt seine Denkfähigkeit nach, sein Verstand wird schwer und stumpf. Er versucht, den Kreislauf zu aktivieren, und fühlt sich dabei besser.

Sepia hat eher eine Abneigung gegen Salz.

SEPIA - 2. Version

Frostig, besser durch kräftige Bewegung (nicht wirklich ruhelos). **Groß, schmal, drahtig** (wie Mannequins), scharfe Gesichtszüge, lange Finger. **Hart, bissig, schroff, vielleicht ehrgeizig und hart arbeitend**. „Das weibliche *Nux vomica*."

Eine andere Sepia-Frau ist **schlaff und dickleibig, Waschfrauentyp**; sie ist **völlig fertig** und kann einfach nicht mehr. Ihre Knöchel sind geschwollen, sie leidet an **Varikosis**, **Uterusprolaps**; die **Muskeln sind schwach**. Sie bricht zusammen. Stase, Unbewegtheit, Stagnation (stasis, stillness, stagnation) und Nicht-Reagieren auf einen Wechsel in der Umwelt sind typisch für die Sepia-Situation. Trägheit, kraftlose Trägheit. Erschlafft, nicht angespannt. **Träge wie ein Sack**. Es bedarf schon eines kräftigen Reizes, um irgendetwas in Bewegung zu setzen.

Sepia befindet sich in einem Zustand zwischen männlich und weiblich. Frauen erscheinen masculin, Männer feminin. Keine Reaktionskraft, keine Spannung, die Bewegung erzeugt. Apathisch, kein Interesse am anderen Geschlecht. Sympathisches und parasympathisches Nervensystem agieren nicht mehr dynamisch im Wechsel, sondern halten sich die Waage. Keine Reaktion. Der Uterus prolabiert im Stehen und wird erst langsam wieder zurückgezogen. Die normale, schnelle Reaktion auf veränderte Schwerkrafteinflüsse bei Lagewechsel ist verlorengegangen. Ein großer Reiz ist nötig, um überhaupt eine Antwort zu provozieren. Die wirkenden Kräfte gleichen sich sehr aus. Das ganze System braucht sehr viel Stimulation, um zu reagieren. Es ist statisch, ohne Stimulation.

Stürzt sich auf jeden von außen kommenden Einfluß und bauscht alles auf. Ist ganz weg, sehr erregbar durch Stimuli von außen. **Kinder sind sehr erregbar** (*Phosphor*).
Sensationslust. **Sucht** direkt **nach Reizen, die sie in Bewegung bringen**. Benötigt sehr viel Stimulation zur sexuellen Aktivität. Eine Reaktion auf eine sexuelle Annäherung braucht zuviel Energie. **Abneigung gegen Sex**, wenn sich ihr jemand nähert. Reagiert abweisend, gereizt und bissig.

Häufige **Fehlgeburten**, sie kann den Foetus einfach nicht halten, die Muskeln sind zu schlaff.

SEPIA

Die Idee von *Ignatia* ist ein Mangel an Gefühl. In Ignatia bekämpfen sich zwei Seelen, und aus diesem Konflikt heraus entsteht Spannung und die große Härte von Ignatia.

Sepia ist **hart, verletzend und sarkastisch**. Sie weiß nicht, wie weit sie gehen kann. Es macht ihr auch nichts aus, jemanden zu verletzen. Sie kann sehr intelligent und scharfsinnig sein. Sieht durch die anderen Menschen hindurch und bleibt unberührt (pathologische emotionale Distanz). Sie ist nicht absichtlich bösartig. Sie spürt, daß sich in ihrem Inneren nichts bewegt, und hält es geheim. Die innere Stase ängstigt sie und verursacht das „grundlose Weinen".
Sie hat das Gefühl, es gebe keine Heilung mehr für sie. Sie fürchtet wirklich, innerlich nicht mehr zu leben.

Calcium carbonicum befürchtet in ähnlicher Weise, daß keine Hoffnung mehr besteht, und versucht, diese Angst zu verbergen. Beide weinen aus ähnlichen Gründen. Sepia kann ihr Weinen nicht erklären. Der *Calcium-carbonicum*-Patient spürt, daß er verrückt wird.

Der Geist verstummt bis zur völligen Gedankenlosigkeit (zum Beispiel in den mittleren Lebensjahren). Die Patientin muß etwas unternehmen, um den Geist wieder anzufachen; sie behilft sich mit ausgedehnter körperlicher Betätigung, kräftigen Stimulantien oder reibt sich die Stirn (*Alumina* reibt sich die Stirn, um das Spinnwebgefühl im Gesicht zu lindern, sozusagen den Schleier auf dem Verstand zu beseitigen).

Natrium muriaticum ist der frühen schlanken Sepia ähnlich, hat aber weiche Augen. *Natrium muriaticum* ist romantisch, verliert jedoch möglicherweise die Freude an der Sexualität aus Angst, zurückgewiesen zu werden.

Der Sepia-**Magen braucht viel Essen, um voll zu werden**; er reagiert einfach nicht, er registriert den Füllungsgrad nicht.

Sepia **schlägt ihre Kinder leicht**, wenn sie etwas wollen, etwas fordern.

SEPIA - 3. Version

Ich will Ihnen Aspekte des **Sepia-Kindes** schildern, die sonst weniger oft genannt werden. Sepia-Kinder sind außerordentlich **erregbar und nervös**, dünn und blaß. Geräusche stören sie sehr. Streit macht ihnen mehr zu schaffen, als ihr Alter erwarten ließe. Die kleinen Mädchen sehen fast wie *Phosphor* aus. Sie sind sehr aktiv, oft **tanzen** sie ausgesprochen gerne; sie sind auch wirklich tänzerisch begabt. Der Tanz scheint ihre Erregbarkeit nach außen abzuleiten und sie ruhiger und ausgeglichener zu machen. Im allgemeinen sondern sie sich von anderen Kindern ab, bleiben gerne für sich. Sie brauchen nicht unbedingt Gesellschaft, sind aber auch nicht gerne allein. In dieser Hinsicht ähneln sie *Lycopodium*: Sie haben **gerne Menschen um sich, solange kein persönlicher Kontakt** aufkommt und sie nicht direkt angesprochen werden. Im Grunde halten sie sich für „Einzelgänger".

Sie sind sehr **empfindsam**. Sie sind sofort betroffen, wenn irgendetwas schiefläuft. Sie sind so erregbar, daß sie sogar **Angst vor Geistern oder ähnlichem** haben. Die Kinder sagen: „Ich gehe nicht in dieses Zimmer, weil ich spüre, daß da irgendetwas ist."
Später findet sich bei **Erwachsenen** ein vergleichbares Symptom, besonders bei Patienten mit schwacher Vitalität. Ihr Geist wird träge (dull), dumm und arbeitet langsam. Aber die Empfindsamkeit existiert noch immer, und die Patientin entwickelt sich zu einer **Art Medium**. Ihre Augen sind weit offen, und ihr Blick ist in die Ferne gerichtet. Der Verstand arbeitet langsam, der Blick wirkt ausgebrannt, und in diesem Stadium ist sie sehr empfänglich für die Gefühle und Gedanken anderer. Sepia hat oft etwas Spirituelles an sich. Hinter einer solchen Entwicklung steckt die Empfindsamkeit ihres ganzen Organismus und nicht eigentlich „Trägheit" (dullness) oder „Dummheit" (stupidness). Sie sind empfindsam, schlank und wirken zerbrechlich.

Die junge Sepia-Patientin geht in die Welt, wird mit verschiedenen Ideen, Gruppen, Kulturen et cetera konfrontiert, knüpft Beziehungen und hat auch sexuelle Kontakte. Sie macht ihre Erfahrungen noch in der erregbaren Phase; sie will Sex, aber sie will die für sie ideale Beziehung, in der sie nicht verletzt wird. Eine oberflächliche Beziehung, wie *Lycopodium* sie anstrebt, kann sie nicht verstehen. Sepia besitzt in dieser Phase also noch sehr viel Liebe, und ihre Zuneigung kann stärker sein als die anderer Mittel. (Diese Phasen beziehen sich nicht unbedingt auf das Lebensalter, auch eine Frau von vierzig kann noch so empfinden.)

Wie gerät die Patientin in das uns bekannte Sepia-Stadium? Auf der **körperlichen Ebene** zum Beispiel durch Abtreibungen. Bei einer **Interruptio** wird das hormonelle Schema abrupt unterbrochen, und der Organismus findet nicht in sein Gleichgewicht zurück. Deswegen verliert die Frau nach einer Abtreibung oft ihr sexuelles Verlangen und entwickelt sogar eine Abneigung gegen Sex. Manchmal werden ihre Brüste auch sehr schnell klein und flach. Durch den großen hormonellen Umschwung verliert sie alle Energie, wird reizbar, will niemanden sehen.

Ein weiterer körperlicher Faktor ist zum Beispiel die **Schwangerschaft. Übelkeit, besonders am Morgen, Abneigung gegen Sex, Isolationsgefühle. Leukorrhoe** in der Schwangerschaft als ein weiteres wichtiges Schlüsselsymptom. Schwangerschaftsfluor, Übelkeit am Morgen und Abneigung gegen Sex ist nur Sepia. **Auch die plötzliche Unterdrückung der Muttermilch**, zum Beispiel wenn das Kind stirbt, kann einen Sepia-Zustand produzieren.

Auf der **emotionalen Ebene** kann sich die Entwicklung folgendermaßen abspielen: Das junge Mädchen will eigentlich keine Beziehung eingehen. Sie hat die für sie ideale Beziehung noch nicht gefunden. Aber Freunde, Verwandte, Familie wundern sich, was mit ihr los ist, weil sie noch keinen Freund hat, und sie gerät unter Druck. Schließlich läßt sie sich doch auf eine Beziehung ein, aber sie empfindet nichts dabei. Die junge Sepia-Frau erzählt Ihnen: „Ich habe nie etwas beim Sex empfunden." Warum? Weil sie durch die Gesellschaft und die Umstände **in eine Beziehung gedrängt wurde, die nicht ideal für sie war**. Vielleicht war der junge Mann auch etwas brutal und konnte nicht mit einer Frau umgehen. **Diese ersten sexuellen Kontakte setzen ein großes Trauma** in der jungen Frau, das sie nicht mehr überwinden kann. Es wird im weiteren Verlauf zum Hintergrundthema.

Schwäche auf der emotionalen Ebene stellt sich ein, **besonders was Gefühle wie Zuneigung und Herzlichkeit betrifft**. Es kommt zum Stillstand, zur Stase der Gefühle. Die Patientin sagt: „Ich liebe meine Kinder nicht", sie ist sehr reizbar, und hinter dieser **Reizbarkeit** steckt eigentlich mangelnde Zuneigung. Der Patientin fehlt es an Wärme, deshalb fühlt sie sich auch isoliert und nicht mit den anderen verbunden - denn es ist die zwischenmenschliche Wärme, die verbindet. Wenn irgendjemand irgendwie mit ihr in Kontakt treten will, reagiert sie gereizt. Sie hören zum Beispiel folgende Geschichte: „Ich habe meinen Mann immer geliebt. Er ist sehr nett. Aber seit der Abtreibung empfinde ich keine Zuneigung mehr für ihn, und von Sex will ich auch nichts mehr wissen."

Die Kinder sind ihr zu laut. Sie ist so gereizt, daß sie sich nicht mehr beherrschen kann. Sepia und *Nux vomica* kriegen **Wutanfälle und schlagen ihre Kinder.**

Wenn man sie fragt: „Möchten Sie Ihre Kinder am liebsten aus dem Fenster werfen?", so erhält man ein „Genau das" zur Antwort.

Wie kann man sich nun die Entwicklung eines Sepia-Stadiums auf der **geistigen Ebene** vorstellen? Ich habe oft gesehen, daß sich Sepia **spirituellen Gruppen** zuwendet. Sie probiert alle möglichen spirituellen Praktiken aus. Angenommen, der Guru einer solchen Gruppe ist nicht empfindsam genug, um zu merken, was sich wirklich in dieser Frau abspielt; er sagt ihr, was sie zu tun hat, und erlegt ihr strenge Richtlinien auf. Die Frau schränkt sich ein und versucht, sich zu disziplinieren. Mittlerweile sagt etwas in ihr: „Nein", trotzdem versucht sie, sich weiter an die Vorschriften zu halten, und je mehr sie sich anstrengt, um so träger und stumpfer (dull) wird ihr Geist. Sie **unterdrückt sich selbst**, und das fällt einer Sepia-Frau nicht schwer, weil sie sowohl emotional als auch körperlich (mangelndes sexuelles Verlangen) bereits geschwächt ist.

Sie sehen nun, wie die Entwicklung abläuft: Die Abneigung gegen Sex hat sich bereits verfestigt, das heißt auch, daß bereits eine Störung des Hormonsystems vorliegt. Sie ist emotional schwach. Dann kommen die spirituellen Praktiken hinzu, und die Patientin zwingt sich, sich zu disziplinieren, ohne daß sie es jedoch wirklich will. Sie wird **geistig immer träger**. Sie **verliert ihre natürliche Lebensfreude. Gedächtnisschwäche und Konzentrationsmangel** stellen sich ein. Wenn sie spazierengeht - durch die Straßen oder am Meer entlang -, berührt sie nichts. Ihre Gefühle sind stumpf (dull) geworden, nichts interessiert sie. In der Zwischenzeit verliert sie mehr und mehr an Lebenslust und an Kontakt zum Leben. Sie sitzt träge herum und denkt sich: „Oh, wovon handelt diese Lektion? Ich verstehe kein Wort."

Ihr Geist ist träge, und sie spürt das auch, aber sie bleibt doch weiterhin empfindsam - im Bereich der Intuition. Deswegen kann Sepia so **verletzend** sein. Sie **erfaßt intuitiv, wo der andere am verwundbarsten ist** und entwickelt ein ausgesprochenes Talent, ihn im richtigen Moment zu treffen. Deshalb heißt es immer, Sepia sei „gehässig". Die boshaften Bemerkungen scheinen ihre Gefühle wachzurütteln, und es ist interessant, daß sie gerade die am meisten verletzt, die ihr am nächsten stehen. Kein Leben ist mehr in ihr - kein Sexualleben, kein wirkliches Leben, keine Kommunikation, keine Gefühle - eine Art negatives Nirwana. In diesem Zustand ist ihr Geist stillgelegt, er arbeitet nicht mehr.
Typisch für Sepia ist die **Besserung durch heftige Bewegung**. Sie scheint die Stase zu lindern und wieder Leben in die Patientin zu bringen.
Sie sehen, wie sich die psychischen Störungen langsam entwickeln - bis zu Selbstmordideen, bis zum geistigen Zusammenbruch.

SEPIA

Die Patientin kommt zum Arzt: Ihre Regelblutung ist schwächer geworden und schließlich ganz verschwunden. **Ausfluß** ist an ihre Stelle getreten. Der Vaginalfluor ist gelblich, weißlich, aber die Menses bleibt aus, weil das ganze Hormonsystem durcheinandergebracht ist. Im allgemeinen wirkt der Ausfluß bei der Sepia-Patientin erleichternd, wenn er in Gang gekommen ist. Er ist dick, reichlich, gelb oder weiß oder gelblich-weißlich. Wenn in einem Sepia-Fall unter der Behandlung ein Ausfluß auftritt, unterdrücken Sie ihn nicht, verschreiben Sie kein anderes Mittel, selbst wenn der Ausfluß ein Jahr anhält. Sie dürfen das Mittel nur wechseln, wenn wirklich ganz deutlich ein anderes Bild zu sehen ist.

Eine andere Patientin kommt und sagt: „Ich habe eine Colitis." Der Homöopath nimmt den ganzen Fall auf, er gibt nicht ein Mittel gegen die Colitis, sondern für den ganzen Menschen. Sie berichtet, sie sei spirituell sehr engagiert; aber anstatt Freude aus ihrer Betätigung zu gewinnen, hat sie sich zu einem halben Menschen reduziert. Sie leidet an Depressionen, entsetzlichen Depressionen, die erst bei Einbruch der Nacht nachlassen. In der Nacht bessern sich die Depressionen, aber am Tage tauchen sie wieder auf - zusammen mit der Stumpfheit, der Trägheit, dem Mangel an Gefühlen, der Indifferenz. Sie sieht jemanden, aber es ist ihr egal, sie kann nichts fühlen. Sie beschäftigt sich mit Selbstmordgedanken.

Dieser in seiner Gesamtheit kranke Mensch braucht Sepia und nur Sepia. Sie können es Depression nennen, sie können es Menstruationsstörungen nennen oder Colitis. Das spielt keine Rolle. Das Mittel, das diesen Menschen wieder mit Leben erfüllt, ist Sepia.

In einigen Punkten kann man Sepia mit *Lachesis* verwechseln. Die Patienten haben einen Kloß im Hals, sie können wegen des Herzklopfens nicht auf der linken Seite schlafen. Aber während Lachesis plethorisch und vital ist, gibt sich Sepia ruhig. Lachesis redet viel, Sepia ist schweigsam. Sepia hat Abneigung gegen Sex, Lachesis mag Sex.

Sepia-Patientinnen sind **unberechenbar**. Bevor sie das träge Stadium erreichen, springen sie von einem Zustand in den anderen. Sie sind nett, zuvorkommend und unterhalten sich, dann sind sie plötzlich schweigsam, zurückgezogen und wollen allein sein. Mit der Zeit bleiben sie zurückgezogen und entwickeln die Philosophie, daß es besser sei, allein zu bleiben.

Sepia hat **Warzen**, besonders im Genitalbereich. Sepia ist eines der besten Mittel bei **Vitiligo**.

Im 19. Jahrhundert wurde die Sepia-Patientin auch besonders als die **Waschfrau** beschrieben, die **erschöpft** ist und **zornig mit ihren Kindern** wird. Die Frauen standen beim Waschen nach vorne gebeugt, was die Prolapsneigung der Organe natürlich verstärkte. **Prolaps des Uterus mit dem Gefühl, als würden die Eingeweide nach unten hinausfallen. Schweregefühl mit Schmerz und Empfindung, als würde alles nach unten zerren.** Deshalb fühlt sich Sepia **mit gekreuzten Beinen am wohlsten.** Auch das **Gefühl eines Klumpens im Rectum** wird durch diese Position gebessert. Unwillkürlicher Urinabgang infolge des Uterusprolapses.

Das **Meer verschlimmert** bei Sepia (neben *Tuberculinum, Natrium muriaticum, Magnesium muriaticum* und noch einigen wenigen Mitteln).
Vor und während der Menses und **in der Schwangerschaft** geht es Sepia **schlechter**.
Sepia ist eines der Hauptmittel beim **Lupus erythematodes**.
Sepia mag sehr **gerne Essig**. Aber auf Säuren im allgemeinen, wie Essig oder Zitrone, sollte die Sepia-Patientin verzichten, da das Mittel antidotiert werden kann. (*Natrium muriaticum* sollte die Pfefferminze und *Sulfur* die Kamille meiden.)

(Sepia 3. Version ist eine Zusammenfassung aus dem Esalen-Seminar.)

SILICEA

Die Schlüsselidee von Silicea-Patienten ist **NACHGIEBIGKEIT**; es ist eine Art **Schüchternheit** oder **Zaghaftigkeit**, keine rechte Feigheit (wie *Lycopodium* oder *Gelsemium*). Die Nachgiebigkeit entspringt einem Mangel an Energie, auf dem eigenen Standpunkt zu beharren, selbst wenn er gut vertreten werden könnte. Silicea-Patienten sind ziemlich verständig und sanft, mit ihnen ist gut auszukommen.

Silicea-Patienten sind intellektuell, aber nicht aggressiv oder kritisch wie *Lachesis*. Sie sind äußerst empfindsam und sehr intelligent. Wenn Sie versuchen, einer Silicea-Persönlichkeit eine Ansicht aufzudrängen, widersetzt sie sich Ihnen nicht. Sie ist für Eindrücke empfindsam und offen und zieht deswegen Ihren Standpunkt in Betracht. Sie versteht sehr gut, wo Sie recht haben und wo Sie irren, aber sie hält ihre Meinung zurück. Anders als *Pulsatilla* **hat sie ihre eigene Meinung**, aber sie will sich nicht der Schwierigkeiten unterziehen, diese der Welt aufzudrängen.

Auf diese Weise begegnen uns Silicea-Patienten mild und reserviert - aber ganz und gar nicht wie *Staphisagria*, *Ignatia* oder *Natrium muriaticum*. Sie isolieren sich nicht. Sie sind in der Lage, frei über sich selbst zu reden, wenn es die Umstände erlauben, und schließen leicht Freundschaften.
Ein Silicea-Patient hängt sich nicht an den Therapeuten und beansprucht auch nicht übermäßig seine Zeit. Nehmen wir zum Beispiel an, Sie haben einen solchen Patienten eine ganze Zeit erfolglos behandelt. Sie haben mehrere Medikamente gegeben, aber soweit ohne Resultat. Der Silicea-Patient wird Ihnen gegenüber niemals fordernd auftreten oder ungeduldig werden, nicht so abhängig werden wie *Arsenicum* oder *Phosphor*. Silicea hat die Milde von *Phosphor*, aber nicht die Extrovertiertheit oder Abhängigkeit.

Silicea-Patienten sind müde. Ihnen **fehlt Energie**, besonders was geistige Arbeit betrifft. Aus diesem Grunde lernen sie, mit ihren Energien hauszuhalten. Sie beschränken sich auf das Wesentliche; sie diskutieren nicht über Belanglosigkeiten oder etwa nur, um ihr Ego herauszustreichen.

Silicea-Patienten sind **fein** (refined), zartfühlend, ästhetisch, sogar aristokratisch. Denken Sie einen Augenblick darüber nach, was das Wort „fein" bedeutet: Wenn etwas fein ist, sind alle groben Elemente entfernt. Das ist der Fall bei Silicea-Patienten. Sie sind dünn, blaß, zartfühlend und besonders fein. Sie sind intelligent und auffassungsfähig, aber weder durchsetzungsfähig noch aggressiv.

Die klassischen Silicea-Kinder stammen aus hochgebildeten, elitären Familien. Sie sind zart und neigen zu **Rückgratverkrümmungen**. Ihre Intelligenz ist so groß, daß es pathologische Konsequenzen hat. Sie werden anscheinend überstimuliert und verlieren später in ihrem Leben die geistige Energie.

Die meisten Kinder werden, wenn sie von der Mutter zurechtgewiesen worden sind, dies ein paar Tage beherzigen und dann wieder den gleichen Fehler machen. Silicea-Kinder jedoch vergessen niemals. Sie verstehen schnell den Grund für die Zurechtweisung und erlegen sich das richtige Verhalten selbst auf. Für ein Kind bedeutet dies eine übermäßige geistige Unterdrückung. **Silicea-Kinder sind zu ernsthaft und zu korrekt**.

In der Literatur heißt es: „Geistig Arbeitende entwickeln eine Abneigung gegen ihre Arbeit." Das ist die Folge einer **Überforderung des Geistes mit anschließendem Kräfteverlust**. Sie fühlen sich nicht in der Lage, ihre Aufgaben weiterhin zu erfüllen. Dies kann man mit *Calcium carbonicum* vergleichen, dem ebenfalls die geistige Kraft fehlt, aber mehr aufgrund von Ängsten und Sorgen. Im allgemeinen sind *Calcium-carbonicum*-Patienten nicht so zart besaitet, mehr überlebensorientiert. Sie sorgen sich über Ausgaben, unvorhergesehene Ereignisse und so weiter und entwickeln Abwehrmechanismen gegen diese Sorgen. Silicea ist feiner, zarter und verwundbarer.

Genauso wie Silicea-Patienten auf geistiger Ebene leicht unterdrückt oder ihnen etwas aufgezwungen werden kann, ist dies auch auf der körperlichen Ebene möglich. Sie neigen zu **übermäßigen Schweißen**, besonders unter den Achseln, am Nacken und an den Füßen; es geht ihnen gut, solange die Schweißsekretion vonstatten gehen kann. Seien Sie nicht ungeduldig bei der Behandlung von Silicea-Schweißen! Falls Sie es irgendwie erreichen sollten, die Schweiße zu **unterdrücken**, werden Sie und Ihr Patient damit eine Menge Ärger ernten!

Falls der Schweiß durch Deodorantien, Fußpuder, Borsäure oder ähnliches unterdrückt wird, kann der Patient sogar Tuberkulose, Krebs, Nierenerkrankungen oder andere schwere Störungen entwickeln. Dasselbe gilt für Absonderungen, beziehungsweise Ausfluß. Selbst desinfizierende Vaginalspülungen können zu Nierensteinen führen.

Natürlich stellt die **Unterdrückung der Schweiße** durch Medikamente das ernstere Problem dar; aber selbst **Verdunstung** kann ähnliche Auswirkungen haben, obgleich weniger gravierend. Wenn ein Silicea-Patient einem Luftzug ausgesetzt ist und so sein Schweiß verdunstet, können Kopfschmerzen und arthritische Schmerzen die Folge sein.

Der **Schweiß** selbst ist höchst typisch für Silicea: er **riecht unangenehm** und ist **scharf**. Der widerliche Geruch ist ziemlich stark. Der Patient kann sich dreimal täglich die Füße waschen, ohne daß es etwas nützen würde. Der Geruch rührt von der Toxinausscheidung her - ähnlich wie bei *Psorinum*, nur nicht annähernd so schlimm. Mit einem *Psorinum*-Menschen kann man es unmöglich im gleichen Raum aushalten.

Natürlich ist auch *Sulfur* bekannt für seinen widerlichen Schweißgeruch, der aber durch ungenügendes Waschen entsteht. *Sulfur*-Patienten - gedankenverloren - waschen sich nur stellenweise und dann auch nicht sehr gründlich - ein Symptom, das natürlich nur sehr schwer herauszubringen ist, außer durch direkte und diplomatische Befragung.

Der **Silicea-Fußschweiß** ist **scharf**. Es ist nicht bloß ein störender Schweiß, er zerfrißt regelrecht die Strümpfe. Wenn ein normaler Mensch ein Paar Socken zwei Jahre lang benutzen kann (natürlich mit Waschen), hält bei einem Silicea-Patienten das gleiche Paar vielleicht nur drei Monate aus.

Zieht man den zurückhaltenden, sich unterordnenden Charakter der Silicea-Patienten in Betracht, nimmt es nicht wunder, daß sie **Tumore** aller Art hervorbringen: **Fibrome, Mammacysten, geschwollene Lymphdrüsen, Warzen und so weiter**. Für gewöhnlich sind diese Tumore **hart** (wie *Calcium fluoricum, Barium muriaticum*). Es können selbst **Keloide** entstehen wie bei *Graphit*.

Fissuren sind eine andere häufige Beschwerde.

Die **Nägel** sind **brüchig** und charakteristischerweise **weißgefleckt**.

Natürlich ist Silicea berühmt für das Eröffnen tiefer **Abzesse** und die Heilung **chronischer Eiterungsneigung**. Dies stimmt nur, wenn es auf den Menschen als Gesamtheit auch paßt. Eben weil Silicea ein so tiefgreifendes Mittel ist, ist es eine riskante Methode, es immer dann zu verschreiben, wenn ein Abzeß eröffnet werden soll. Bei Patienten mit chronischer Eiterungsneigung hilft Silicea oft momentan, auch wenn das Gesamtbild nicht paßt. Aber welche Auswirkungen hat es auf Eiterungen, die sich später entwickeln - werden sie in tiefere Regionen verdrängt und resistenter gegen eine Behandlung?

Die Nachgiebigkeit Siliceas zeigt sich charakteristischerweise in der wohlbekannten **Obstipation**. Der **Stuhl ist hart,** und die Muskulatur des Rectums arbeitet nicht. Trotz großer Anstrengung **schlüpft** der Stuhl wieder **zurück**, bis der Patient schließlich aufgibt. In der Literatur wird der Stuhl treffend als „schüchtern" (bashful) beschrieben.

Bezüglich der Essensmodalitäten hat Silicea **Abneigung gegen Salz, Fleisch und Milch sowie eine Unverträglichkeit von Milch und Fett**. Ich habe ebenfalls beobachtet, daß Silicea ein **Verlangen nach Eiern** haben kann (wie *Calcium carbonicum, Pulsatilla*).

Wenn ein Patient sehr wenig Symptome auf der geistigen oder emotionalen Ebene zeigt, bereitet es einige Schwierigkeiten, Silicea von *Acidum nitricum* zu unterscheiden. Beide neigen zu Frostigkeit und dünnem Habitus. Bei beiden ist der Schweiß scharf. Beide haben Tumore, Warzen und Fissuren. Beide haben weißgefleckte Fingernägel. In der rein körperlichen Symptomatologie liegen die Schlüsselsymptome im Verhalten bezüglich Salz und Fett. *Acidum nitricum* mag Salz und Fett, Silicea hat Abneigung gegen Salz und Unverträglichkeit von Fett. Gewöhnlich erlauben natürlich die Gemütssymptome eine einwandfreie Unterscheidung. *Acidum nitricum* ist sehr ängstlich, abhängig und fordernd, Silicea demgegenüber mehr bedacht, geduldig und nachgiebig.

Silicea ist **kälteempfindlich**; aber man muß sich auch vor Augen halten, daß **bei akuten Krankheiten warme, stickige Räume nicht ertragen werden** - hierin ähnelt es *Pulsatilla*.

Silicea wird oft durch **Zugluft verschlimmert**, selbst wenn sie oder er den Luftzug nicht sonderlich wahrnimmt. Im Gegensatz dazu spürt *Kalium carbonicum* den Luftzug als solchen, wird davon aber nicht so stark beeinträchtigt. Manchmal geht es Silicea besser, wenn das Wetter nach trocken-kalt umschlägt.

Sehr interessant ist, daß Silicea, wie *Calcium carbonicum*, durch den **Vollmond verschlimmert** wird. Patienten, denen diejenigen Elemente fehlen, die in der Erdkruste vorherrschen - und wahrscheinlich auch auf dem Mond -, scheinen durch die Mondphasen beeinträchtigt zu werden.

Silicea-Patienten haben eine eigentümliche Beziehung zu Nadeln. Sie geben diese Information nicht von sich aus, aber man kann durch Fragen ihre **Angst vor Nadeln und spitzen Gegenständen** herausfinden. Dies kann gelegentlich ein brauchbares, bestätigendes Symptom sein. Ein anderes seltsames Symptom ist das **Gefühl eines Haares auf der Zunge** - wie *Kalium bichromicum*.

Aus meiner Erfahrung kann ich sagen, daß Silicea-Patienten normalerweise keine ernsthaften Krankheiten auf der geistigen oder emotionalen Ebene entwickeln. Meistens beschweren sie sich über **mangelnde geistige Ausdauer**. Manchmal entwickeln sie auch **fixe Ideen**, was nicht wundert, betrachtet man die Ausbildung harter Tumoren. Sie haben absolute Vorurteile, die sie einfach nicht abstellen können. Zum Beispiel: „Sex ist unter allen Umständen sündig." Es scheint, als ob ein kleiner Teil ihres Gehirns bereits sklerosiert sei und dadurch die gedankliche Flexibilität in bezug auf gewisse Themen verloren habe.

STANNUM

Stannum ist gekennzeichnet durch **ERSCHÖPFUNG**. Wann immer ein Patient Schwäche als eine seiner Hauptbeschwerden bietet, auf welcher Ebene auch immer, muß man an Stannum als eines der wichtigsten Mittel denken. Es handelt sich um eine **tiefe, chronische Schwäche, die jeden Aspekt dieses Falles färbt**.

Stannum ist von ganz bestimmter äußerer Erscheinung. Es handelt sich um **frühere Tuberkulosepatienten** - Leute die vor 20 Jahren an Tuberkulose erkrankt waren und jetzt über Erkältungen, grippale Infekte und viele Probleme mit den Bronchien klagen. Im Laufe ihres Lebens sind sie zunehmend schwächer geworden, bis jede Erkältung zu großer Erschöpfung und zu Brochialbeschwerden mit reichlichem, süß schmeckenden Auswurf führt. Die **Bronchien** sind ein deutlicher Schwachpunkt bei Stannum. Die Haut dieser Leute ist gelblich-kupferfarben und wirkt dick wie Leder. Stannum-Patienten sind mager, blaß und erschöpft. Sie werden nie einen rosigen Stannum-Patienten sehen, wie dies bei *Pulsatilla*, *Ferrum* oder *Calcium carbonicum* der Fall ist.

Die **Erschöpfung** bei Stannum ist fast ohnegleichen. Die Schwäche ist so groß, daß die Patienten das **Gefühl von Hitze unter der Haut** haben. Sie sagen sogar, ihre **Augen würden „vor Schwäche brennen"**. Weiterhin beschreiben sie das Gefühl, als würde die **Schwäche durch die Adern fließen**. Müdigkeit ist bei Kranken natürlich ein recht gewöhnliches Symptom, aber bei Stannum ist sie so deutlich, daß sie die Patienten mit sehr lebhaften Bildern beschreiben.

Die Erschöpfung ist bei Stannum so groß, daß die **kleinste Anstrengung verschlimmert**. Die Patienten erschöpfen sich sogar durch die Anstrengung des **Sprechens**. Wann immer Ihnen ein Patient erzählt, daß er außer Atem kommt, wenn er einige Minuten telefoniert, vergessen Sie auf keinen Fall, an Stannum zu denken. Wenn Sie den Patienten ruhig in einem Stuhl sitzen sehen, merken Sie nicht, wie schwer sein Zustand wirklich ist. Wenn Sie ihn jedoch bitten, zur Untersuchungsliege hinüberzugehen, kommt er sofort außer Atem, und Sie werden alamiert. Sogar morgens zum Waschbecken zu gehen, ist für ihn eine große Anstrengung. Nach meiner Erfahrung gibt es nur noch ein Mittel, daß auch eine solch große Erschöpfung besitzt, und das ist *Helonias*; bei Helonias treibt das bloße Aufstehen vom Stuhl schon die Röte ins Gesicht des Patienten und erschöpft ihn.

Bei manchen Stannum-Patienten ist das Ausmaß der Erschöpfung vielleicht noch nicht so extrem, aber **Müdigkeit und Schwäche** gehören in jeden Stannum-Fall

zu den Leitsymptomen. Selbst wenn der Patient noch in der Lage ist, seiner Arbeit nachzugehen, ist er durch sein normales Arbeitspensum erschöpft und nützt jede Gelegenheit, sich hinzulegen.

Die extreme Verschlimmerung durch Anstrengung läßt auch an *Bryonia* denken, aber in *Bryonia* steckt immer noch viel mehr Leben als in Stannum. Sogar wenn der *Bryonia*-Patient sich in Richtung Koma entwickelt, ist er immer noch sehr reizbar. Er scheint in seinen letzten Zügen zu liegen, aber wenn Sie sich ihm nähern, reagiert er.
Stannum ist viel erschöpfter. Er fühlt sich so schwach, daß er sicher ist, innerhalb weniger Tage zu sterben.

Stannum-Patienten fürchten den Tod nicht wirklich. Sie fühlen sich so schwach, daß sie sich vom Verstand her dem Tode nahe wähnen. Natürlich sind sie verzweifelt und entmutigt. Zuerst entwickeln sie Angst vor der Zukunft. Sie fragen sich: „Wie soll ich weiterleben? Was soll ich tun?" Die Angst ist natürlich der Situation entsprechend, dennoch wirkt sie manchmal etwas übertrieben.

Schließlich scheinen sie den Kampf gegen die Krankheit aufzugeben. Sie haben nicht mehr die Kraft, irgendetwas anderes zu tun als zu verzweifeln. Dabei handelt es sich nicht um eine angstvolle Verzweiflung wie bei *Calcium carbonicum* oder bei *Arsen*. Es ist richtige Verzweiflung.

Wegen der enormen Erschöpfung wollen Stannum-Patienten niemanden sehen. Es ist nicht etwa so, daß sie andere Leute nicht leiden mögen; in der Tat sind Stannum-Menschen sehr liebenswürdig, nicht fordernd, und kommen gut mit anderen Menschen aus - ein bißchen wie *Silicea*. Sie sind einfach zu erschöpft, um auch nur jemanden zu begrüßen. In der Literatur wird dieses Symptom als „Furcht" vor Menschen beschrieben, aber es ist nicht annähernd ein so intensiver Zustand wie Furcht. Es ist einfach die ungeheure Erschöpfung, die jegliche Unterhaltung unmöglich macht.

Manchmal verfallen Stannum-Patienten in eine Art hysterischen Zustand, in dem sie sehr leicht abgelenkt werden können und ineffizient arbeiten. Sie beginnen mit einer Arbeit, machen dann woanders weiter, dann wieder woanders - ohne wirklich etwas zu schaffen. Eine Frau beginnt zum Beispiel damit, eine bestimmte Rechnung auszuführen, dann fällt ihr plötzlich ein, daß sie den Tee für ihren Mann kochen muß, dann muß der Abfall hinausgeschafft werden und so weiter. Die geistige Schwäche scheint so groß zu sein, daß sie sich **nicht mehr auf eine Sache**

konzentrieren kann. Andere Gedanken drängen sich auf, und der Patient kann sie nicht beiseite schieben oder vernünftig ordnen.

Diese erschöpften, tuberkulös belasteten Patienten entwickeln **Neuralgien, die allmählich zu- und wieder abnehmen**. Typischerweise nehmen die Stannum-Symptome während des Tages zu und dann wieder ab - sie **folgen der Sonne**, wie es in den Büchern heißt. Es handelt sich dabei nicht wirklich um eine Verschlechterung durch die Sonne an sich, sondern eher um ein allmähliches Crescendo, das am Vormittag beginnt, seinen Gipfel um 14 Uhr hat, woran sich ein bis zum späten Nachmittag dauerndes Decrescendo anschließt. Die **Stannum-Kopfschmerzen** sind zum Beispiel **zwischen 10 und 16 Uhr schlechter**. Das kommt der *Natrium-muriaticum*-Verschlimmerung zwischen 10 und 15 Uhr nahe, aber die Verschlimmerung von Stannum erstreckt sich weiter in den Nachmittag und zeigt den typischen Anstieg und Abfall der Intensität.

Weiterhin hat Stannum eine typische **Verschlechterungszeit gegen 5 Uhr morgens**, ob es sich nun um Neuralgien, Kopfschmerzen oder sonstige Beschwerden handelt.

Stannum-Patienten beschreiben oft eine **charakteristische Schwäche in der Brust**, sogar auch dann, wenn sie nicht an Tuberkulose, Dyspnoe oder Bronchialasthma leiden. Es scheint sich um eine Art Leere zu handeln, aber die Patienten benutzen meist das Wort „Schwäche". Sie tritt **besonders während des Sprechens** auf. Ich habe das bei Stannum-Patienten oft beobachtet.

Stannum hat ein merkwürdiges Symptom: **Angst vor der Menses; besser, wenn die Menses in Gang gekommen ist**. Dies ist ein starkes Charakteristikum. Ein solches Symptom läßt an *Lachesis* denken, aber vergessen Sie Stannum nicht, besonders wenn die Patientin über Müdigkeit klagt, über extreme Verschlimmerung durch die geringste Anstrengung und über Verschlimmerung tagsüber.

Man denkt natürlich bei erschöpften Patienten oft an *Acidum phosphoricum*, aber dabei steht mehr die emotionale Schwäche im Vordergrund. Das Hauptcharakteristikum von *Acidum phosphoricum* ist Apathie. Ein *Acidum-phosphoricum*-Patient kann zuschauen, wie sein Haus abbrennt, und es berührt ihn nicht. Stannum-Patienten haben hingegen Gefühle. Ein Stannum-Mädchen mit Tuberkulose kann sich in einen Mann verlieben. Ein Stannum-Mann kann sich über seinen neuen Wagen freuen, wogegen einem *Acidum-phosphoricum*-Patienten solche Dinge völlig gleichgültig wären.

Acidum muriaticum hat auch enorme Schwäche, ist sich aber dessen nicht bewußt. Wie *Opium* hat *Acidum muriaticum* fälschlicherweise das Gefühl, alles sei in Ordnung. Im allgemeinen paßt *Acidum muriaticum* besser in akuten Situationen, besonders auf der körperlichen Ebene, wenn zum Beispiel Fieber oder Sepsis zur totalen Erschöpfung führen. Dabei handelt es sich um eine völlig andere Situation, die man eigentlich nicht mit Stannum verwechseln kann.

STAPHISAGRIA

Die charakterisierende Grundidee bei Staphisagria ist die **UNTERDRÜCKUNG VON GEFÜHLEN**. Besonders von Gefühlen, die sich um **romantische Beziehungen** drehen. Staphisagria-Patienten sind sehr leicht zu erregen, ihre Gefühle sind leicht zu entfachen. Probleme treten dann auf, wenn sie ihrer Erregung nicht erlauben, über natürliche Ventile abzufließen. Das kann sich auf zwei verschiedene, für Mann und Frau typische Arten niederschlagen. Bei Frauen mündet die gefühlsmäßige Unterdrückung in einen Zustand liebenswürdiger Passivität und Resignation, eine Art Schüchternheit. Bei Männern wird die Empfindsamkeit nicht so deutlich; der Umgebung mag der Patient sehr männlich, wenn nicht sogar hart erscheinen, aber im Innern verspürt er die gleiche feinfühlige Empfindsamkeit und romantische Verletzlichkeit.

Die Staphisagria-Frau ist sehr feinfühlig und zart besaitet. Sie ist nett und sehr um andere besorgt. Sie hat das Gefühl, ihre Probleme seien ihre eigene Sache; sie will keinem anderen damit zur Last fallen. Zu Beginn der Anamnese gibt sie nur wenig Information, sie neigt dazu, nur über spezielle Probleme zu sprechen. Das heißt nicht, daß sie tatsächlich verschlossen ist; sie will nur den Arzt nicht belasten. Sie ist zurückhaltend, aber liebenswürdig. Wenn der Arzt ehrliches Interesse und Mitgefühl zeigt, wird die Patientin sich schnell öffnen.
Darin besteht ein deutlicher Unterschied zu *Ignatia*, das wirklich verschlossen ist; der Ignatia-Patient ist zurückhaltend und vorsichtig - zu ihm ist schwer Zugang zu finden.

Die Staphisagria-Patientin ist niemals egoistisch, hart oder stolz. Sogar der Staphisagria-Mann, der nach außen hin stark und männlich erscheinen mag, ist im Innern sehr empfindsam und schüchtern. Eine Ergebenheit, die aus der **Annahme der eigenen Machtlosigkeit** erwächst. Die Staphisagria-Patientin fühlt sich nicht in der Lage, auch nur für ihre eigenen Rechte zu kämpfen. In frühen Jahren erlebt sie einige Konfrontationen - so klein sie auch sein mögen - und lernt schnell, jedem Streit oder Druck nachzugeben.
Selbst wenn sie im Recht ist und ungerecht behandelt wird, **wehrt sie sich nicht**. Sie **schluckt ihre Empörung** hinunter, aber das Besondere bei Staphisagria besteht darin, daß keine Bitterkeit zurückbleibt. Diese passive Unterdrückung wird zum Auslöser der typischen Staphisagria-Pathologie. Obwohl sie in ihrer Machtlosigkeit liebenswürdig bleibt, kommt es im Innern zu einer tiefgreifenden Schwächung der Heilungsprozesse. Eine Art Verhärtung entwickelt sich auf der geistigen Ebene. Wunden im Gefühlsleben heilen nie ganz aus, und die angebo-

rene Empfindsamkeit nimmt weiter zu. Sie fühlt sich noch verletzlicher, noch weniger durchsetzungsfähig, und unterdrückt ihre Gefühle noch mehr als vorher.

Der **Verhärtungsprozeß als Ergebnis der Unterdrückung** wird besonders auf der körperlichen Ebene sichtbar. Wunden heilen schwer. Nicht daß sie eitern oder „bitter" werden, um die Analogie zur emotionalen Ebene weiterzuführen, sondern geschädigtes Gewebe induriert. **Entwicklung von harten, toten Tumoren oder chronischen Indurationen aller Art**. Das trifft **besonders** auf **die Sexualorgane** (Ovarien, Uterus, Testes) zu - was man auch erwarten kann, wenn man die **romantisch-sexuelle Erregbarkeit** in Betracht zieht. Ein gutes Beispiel für diesen Prozeß findet sich in der Entwicklung von **Gerstenkörnern**; sie kommen und gehen nicht wie bei anderen Leuten, sondern sie **hinterlassen kleine verhärtete Stellen**, die auch nicht mit der Zeit verschwinden.

Staphisagria ist eines der typischen **Kummermittel**. Wieder findet sich hier eine Art „Liebenswürdigkeit" angesichts des Kummers.
Im Gegensatz dazu werden *Ignatia* und *Natrium-muriaticum*-Patienten, die viel Kummer mitgemacht haben, bitter; es scheint, als sitze ein Stachel in ihrem Innern, und es ist schwer, an sie heranzukommen. Dringt man tief in einen solchen Patienten ein, spürt man die Bitterkeit, die Härte, die wie ein Stachel sticht.
Bei Staphisagria werden Ihre Nachforschungen hingegen auf eine Art liebenswürdige Resignation stoßen.

Ein Schlüsselaspekt der Beschwerden durch Kummer bei Staphisagria ist, daß es immer um romantische Beziehungen geht. Ihr langes Leiden ist nur selten die Folge beruflicher oder finanzieller Rückschläge oder des Todes eines Familienangehörigen.
Es sind angenehme Menschen, und sie kommen mit anderen Leuten gut zurecht. Nach einem beruflichen Rückschlag erholen sie sich schnell und machen weiter.
Wogegen *Aurum*-Patienten nach einem geschäftlichen Fehlschlag total zusammenbrechen; sie erleiden einen Verlust und erschießen sich oder springen von einem Hochhaus.
Bei *Ignatia* oder *Natrium muriaticum* bringt eine sorgsame Anamnese hervor, daß die Probleme nach dem Tod eines Verwandten oder eines anderen geliebten Menschen entstanden.
Bei Staphisagria treten Beschwerden **im allgemeinen im Zusammenhang mit romantischen Enttäuschungen** auf.

Die liebenswürdige Resignation bei Staphisagria ist eine Art Schüchternheit, auch wenn Kent Staphisagria nicht in der Rubrik „Schüchternheit" aufführt. Der Grund dafür ist, daß diese Patienten in der Öffentlichkeit, in ihren Berufen, auf Parties et cetera nicht schüchtern erscheinen. Sie sind nett und können sehr freundlich sein. Ihre Schüchternheit tritt dann zutage, wenn sie jemandem begegnen, zu dem sie sich auf romantische Art hingezogen fühlen. Sie entwickeln dann eine lebhafte Phantasiewelt, aber sie scheuen sich vor zuviel Nähe; das ist Ursprung und Grund für ihre Schüchternheit.

Wie bereits erwähnt, ist der Staphisagria-Patient **gefühlsmäßig höchst erregbar**. Er oder sie begeistert sich leicht für eine romantische Beziehung. Sein geistiges Reich der **Phantasien und Vorstellungen** wird stimuliert. Die Staphisagria-Patientin denkt den ganzen Tag an ihren Geliebten. Vor dem Einschlafen am Abend läßt sie frühere Rendezvous mit ihrem Geliebten vor ihren Augen erstehen und stellt sich mögliche zukünftige Begegnungen vor. Probleme tauchen jedoch auf, wenn die Beziehung in die Wirklichkeit umgesetzt werden soll. Obwohl ihre Gefühle aufgewühlt sind, fühlt sie sich in der Entfernung besser. Sie kann durch eine nur platonische Beziehung leicht und voll zufriedengestellt werden. Solch eine Patientin kann aus einer geistigen Beziehung jahrelang große Freude gewinnen.

Weil sie so leicht erregbar ist und ihren Gefühlen kein natürliches Ventil zugestanden wird, legt die Staphisagria-Patientin zuviel Wert auf Kleinigkeiten. Kleinen Gesten, zum Beispiel ob ihr Geliebter sie mit der erwarteten Begeisterung empfängt und so weiter, wird über alle Maßen Bedeutung beigemessen. Die Patientin kann leicht durch Kleinigkeiten zufriedengestellt werden, genauso stark kann sie wegen Kleinigkeiten leiden. Aus diesem Grund und auch durch ihr Widerstreben, sich aus ihrem Reich der geistig-romantischen Vorstellungen hinauszubewegen, sind viele ihrer Beziehungen nicht von Dauer. Sie erfährt weitere Enttäuschungen, und ihre Verletzlichkeit nimmt zu.

Auf diese Weise sieht man bei Staphisagria viel **Kummer** über romantische **Enttäuschungen**. Staphisagria-Patienten sind leicht begeistert, entwickeln **viel Phantasie und sind dann enttäuscht**. Wiederholen sich solche Episoden, kommt es zu **Erkrankungen auf der körperlichen Ebene**. Nach einer Enttäuschung oder Konfrontation leiden sie an Diarrhoe, häufigem Harndrang; harte Tumoren entwickeln sich, die Prostata vergrößert sich et cetera. Sie leiden vielleicht an Kopfschmerzen, besonders an einem merkwürdigen Gefühl „wie Holz", entweder im Stirn- oder Hinterkopfbereich. Das **Gefühl wie Holz** ist sehr charakteristisch und **entspricht den Verhärtungsprozessen**, die sich auch auf den anderen Ebenen finden.

STAPHISAGRIA

Es ist wichtig zu betonen, daß Staphisagria Patienten sehr leicht erregbar sind. Alle fünf Sinne sind bis zum Äußersten erregbar. In Verbindung mit der Furcht vor Nähe führt dies natürlich zu einer starken **Neigung zu masturbieren**, wofür Staphisagria bekannt ist. Die Phantasie des Staphisagria-Patienten erreicht solche Intensität, daß sie nach einem Ventil verlangt und der Patient dieses Verlangen durch Masturbation befriedigt.

Wegen ihrer großen Sensibilität sind Staphisagria-Patienten oft künstlerisch tätig. Diese künstlerische Neigung drückt sich jedoch meist Sparten aus, in denen der Künstler für sich allein arbeitet - Malerei, Musik, Dichtung. Es wäre ungewöhnlich, fände man Staphisagria bei einem extrovertierten Schauspieler oder Sänger angezeigt. Sie können zum Beispiel auf einen Kapitän zur See treffen, der Staphisagria braucht. Ihrem ersten Eindruck zufolge kämen Sie nie auf Staphisagria für einen Mann, dessen Position soviel Durchsetzungsvermögen und Härte erfordert. Aber dann entdecken Sie, daß er im Innern ein sehr feiner und ästhetischer Mensch ist; er verbringt seine Freizeit mit dem Schreiben von romantischen Gedichten. Dieses Bild kann zu Staphisagria hinführen.

Ich erinnere mich an einen 35 Jahre alten Mann, der sehr gut auf Staphisagria reagierte. Er war ein netter Mensch, der leicht Freundschaft schloß, aber es widerstrebte ihm permanent, eine richtige Liebesbeziehung einzugehen. Nicht daß er homosexuell gewesen wäre, er fürchtete nur die intime Nähe. Er gestand, daß sein Hauptproblem das Masturbieren wäre. Vom siebten bis fünfunddreißigsten Lebensjahr mußte er täglich masturbieren. Er hatte irgendwann das Gefühl, daß dies einfach zuviel wäre, und beschloß, sich einzuschränken. Aber am nächsten Tag wurde er wieder schwach und fiel in seine alte Gewohnheit zurück. Dies hatte sich mittlerweile zu einem großen Problem für ihn entwickelt. Ich glaube, hätte er nicht Saphisagria bekommen, wäre er noch in einen sehr schlimmen Zustand geraten.

Wenn so sensible Menschen **Kummer** oder **direkte Konfrontation** erleben, wird besonders das **Nervensystem** stark betroffen. Sie leiden sofort an innerem Zittern, das sich schließlich zur voll ausgeprägten Chorea entwickeln kann. Auch das **Kreislaufsystem** kann in Mitleidenschaft gezogen werden; Hochdruck oder ungleiche Blutverteilung ist die Folge. Das Gesicht kann weiß oder rot, die Lippen können blau sein.

Von dem Bild, das bis jetzt von Staphisagria gezeichnet wurde, kann der Leser leicht Rückschlüsse auf die Sexualsphäre ziehen. Am Anfang steht große Erregung, besonders wenn der Geliebte nicht direkt anwesend ist. Die Erregung findet dann in der Masturbation ein Ventil. Aber sobald er einer wirklichen sexuellen Situation gegenübersteht, wird der Patient impotent oder frigide.

Bei **Kindern** sehen wir natürlich nicht das gleiche Bild wie bei Erwachsenen. Trotzdem stellt **Unterdrückung noch immer das Hauptthema** dar. Man kann Fälle von geistiger Retardierung antreffen, die durch die **Unterdrückung natürlicher Neigungen** durch Eltern oder Lehrer verursacht wurden. Ich erinnere mich an den Fall eines elf Jahre alten Kindes, das intelligent, freundlich und offen war, bis es mit sechs Jahren zur Schule kam. Bis zum zweiten Schuljahr war es schon in seinen Leistungen zurückgefallen. Als ich es in meiner Praxis sah, hielt es bereits jeder für geistig zurückgeblieben. Es war in der Schule um drei Jahre zurück. Sein Benehmen war sehr lästig. Es schlug nach seiner Mutter, so daß ich ihm zuerst *Stramonium* verschrieb, jedoch erfolglos. Schließlich erkannte ich, daß der Wendepunkt in diesem Fall mit der Einschulung zusammenfiel, und ich forschte beharrlich nach den Umständen in diesem Zeitraum. Es stellte sich heraus, daß sich die Eltern sehr viel gestritten hatten, wodurch das Kind zweifellos sehr in Mitleidenschaft gezogen worden war, aber das war schon seit ein paar Jahren so gewesen. Schließlich entdeckte ich, daß das Kind eigentlich **Linkshänder** gewesen war, bis der Lehrer es zwang, mit der rechten Hand zu schreiben, „wie alle Kinder". Aus früheren Erfahrungen wußte ich, daß eine solche Unterdrückung einen mächtigen Einfluß ausüben kann. Auf dieser Basis gab ich Staphisagria, und das Kind ist heute nicht nur in der Lage, in der Schule Schritt zu halten, sondern holt auch schnell die verlorenen Jahre wieder auf.

In späteren pathologischen Stadien kann sich die Überempfindlichkeit als **ausgeprägte Reizbarkeit** manifestieren. Staphisagria kann zerstörerisch und gewalttätig werden, nicht so schlimm wie *Stramonium*, aber doch in erheblichem Maße. In diesem Stadium kann man oft Staphisagria mit *Coffea* verwechseln. Beide sind sehr erregbar. Ihre Sinne, besonders das Gehör, können sehr empfindlich werden.

Die Stadien auf der **geistigen Ebene** lassen sich von der Grundstruktur her voraussagen. Zuerst, nach einem großen Kummer oder Streit, kommt es zu innerem Zittern, das sich später bis zur Chorea entwickeln kann; ich habe einige Choreafälle gesehen, die durch Staphisagria geheilt wurden. Als nächstes kann man den Verlust des Gedächtnisses beobachten; der Patient **wird geistig müde und vergeßlich**. Er oder sie liest vielleicht etwas und weiß nicht mehr, was er eben gelesen hat. Die Verhärtungstendenz, die auf der körperlichen Ebene hervorsticht, erreicht schließlich auch die geistige Ebene. Der **Intellekt „verhärtet", wird unflexibel**. Eine Art Demenz entwickelt sich. Der Patient kann neue Ideen oder äußere Eindrücke nicht mehr richtig aufnehmen und sitzt einfach da, starrt vor sich

STAPHISAGRIA

hin. Wie viele andere Mittel, kann Staphisagria bei **Senilität** angezeigt sein, und zwar dann, wenn die **Vorgeschichte einen Prozeß chronischer Unterdrückung und Verhärtung** deutlich macht.

Extraanmerkung! **Sex** kann bis **zur Lasterhaftigkeit** und Lüsternheit degenerieren; Genußsucht weit über das natürliche Maß hinaus; totale Hingabe in sexuelle Beziehungen. Findet sich in einem **Zustand, in dem die anderen bestimmen, was er tut**, (wenn er viele Beziehungen hat). Es entsteht ein Zustand, in dem er die Regie über sein eigenes Leben verloren hat. Er gerät in Situationen, die ihm selbst eigentlich gar nicht recht sind. Kann nicht nein sagen. So kommt es nach kurzer Zeit zu Problemen.
Durch die Promiskuität, die Wollüstigkeit und zu lang aufrechterhaltene Erektionen, um andere zu befriedigen, kann es zu Prostatavergrößerung kommen, da der Patient sein Hormonsystem zwingt, unnatürlich aktiv zu sein. **Impotenz** nach großen vorausgehenden Anstrengungen wurde durch Staphisagria geheilt (wobei *Lycopodium* das Hauptmittel bei Impotenz ist). Nachts können ohne Grund Erektionen auftreten, die sehr lange dauern und sehr schmerzhaft sind.

STRAMONIUM

Wie bei Kent beschrieben, beeindruckt an Stramonium zuerst die **Heftigkeit und Gewalttätigkeit** auf der geistigen Ebene. Es handelt sich um einen sehr aktiven, agitierten, getriebenen Zustand. Die Person hat sich nicht unter Kontrolle, ist **zerstörerisch**, ja sogar bösartig. Es ist eine Zerstörungssucht in vielfältiger Hinsicht - gegen sich selbst oder gegen andere gerichtet: Der Patient schlägt, beißt, zerreißt, schreit und flucht - am typischsten ist, daß er Dinge zerschlägt. Ein solcher Zustand kann ziemlich plötzlich hervorbrechen, dann nach einiger Zeit wieder nachlassen, aber der Patient ist niemals frei davon. Typischerweise handelt es sich eher um einen chronischen oder rezidivierenden Wahnzustand als um einen einzigen Wutausbruch.

Ursache ist bei Stramonium das **UNKONTROLLIERTE HERVORBRECHEN DES UNBEWUSSTEN**, das zu gewalttätigem und aggressivem Verhalten führt. Beim gesunden Menschen wird das Unbewußte - von der Evolution her gesehen das Animalische, Instinkthafte - durch die höhergestellten Gehirnfunktionen unter strenger Kontrolle gehalten, gemäß dem Gewissen, sozialen und kulturellen Einflüssen, moralischen und religiösen Werten. Wenn jemand verrückt wird, sind fast definitionsgemäß diese Kontrollmechanismen gelockert oder verzerrt, so daß das Benehmen von der Norm abweicht. Im Stramonium-Zustand brechen die unbewußten Instinkte mit furchtbarer Plötzlichkeit und Gewalt hervor, und normale Kontrollmechanismen scheinen keine Chance mehr zu haben, das Gleichgewicht wiederherzustellen.

Diese Art Wahnsinn sehen wir auch in sehr extremen Fällen. Stramonium kann zum Beispiel bei einem Massenmörder angezeigt sein, der plötzlich wahllos viele Menschen umbringt. Man würde natürlich nicht nur aufgrund dieses Symptoms Stramonium verschreiben (zum Beispiel käme auch *Nux vomica* in Frage), aber man sollte in einem solchen Fall wenigstens an Stramonium denken. Stramonium kommt bei Geisteskranken in Frage, wenn Zwangsjacke und Gummizelle als letzter Ausweg erscheinen.

Das Repertorium ist insofern nur begrenzt verwendbar, als es nichts über die Stadien aussagt, in denen sich die Symptome produzieren. So sind zwar viele Mittel in der Rubrik „heftig, gewalttätig" aufgeführt, es bleibt jedoch verborgen, in welchem Stadium die Gewalttätigkeit zum Vorschein kommt.

STRAMONIUM

Obwohl bei Stramonium das gewalttätige Stadium ziemlich plötzlich beginnt, lassen bestimmte Anzeichen schon vorher darauf schließen. Ihr Erkennen ist sehr wichtig bei der Mittelwahl.

Der ursprüngliche **Auslöser** für die Geisteskrankheit eines Stramonium-Patienten ist ein plötzlicher **Schock**. Zum Beispiel sehr schlimme **Furcht**, ein **seelischer Schock**, eine **Kopfverletzung** oder eine **fieberhafte Infektion mit ZNS-Beteiligung**. (Bei letzterem kommt es wahrscheinlich schon bei relativ geringem Fieber zu Krämpfen und Konvulsionen.) Der Einfluß des Unbewußten zeigt sich dann durch Symptome wie **extreme Furcht vor Dunkelheit**, so daß die ganze Nacht über das Licht brennen muß. Ungewöhnliche Ängste können auftreten, wie zum Beispiel **Furcht vor Friedhöfen** (Datura stramonium wächst oft auf Friedhöfen), **Furcht in Tunnels oder in geschlossenen Räumen, Furcht, eine große Wasseroberfläche auch nur anzusehen, Furcht vor Hunden**. Bestimmte Symptome können nachts durch die Dunkelheit ausgelöst werden - die **Verschlimmerung durch Dunkelheit** ist deutlich ausgeprägt - oder durch den Anblick einer Wasseroberfläche. Es heißt in den Büchern, daß bei Stramonium der Anblick glitzender Gegenstände verschlimmere, wie zum Beispiel blinkendes Metall, Spiegel, Feuer; die Erfahrung zeigt jedoch, daß eine negative Reaktion häufiger durch den Anblick einer Wasseroberfläche ausgelöst wird. Symbolisch gesehen, repräsentieren solche Symptome frühe Anzeichen eines Ausbruchs des Unbewußten, das gerade noch unter Kontrolle gehalten werden kann.
Als nächstes können **Krämpfe** verschiedener Körperteile auftreten - Augen, Nacken, Glieder.

Auf dem Höhepunkt führt ein ungezügelter Ausbruch des Unbewußten in den **gewalttätigen Wahnsinn**. Sie werden vielleicht von einem Verwandten des Patienten angerufen, daß dieser plötzlich begonnen hat, Fenster und Möbel zu zertrümmern, und droht, Familienmitglieder umzubringen. Nach schulmedizinischen Richtlinien müßte er sofort in die Psychiatrie eingewiesen und sediert werden. Wenn Sie kommen, ist er aggressiv und völlig außer Kontrolle, oder er sitzt starr auf einem Stuhl mit wild blickenden Augen und Angstfalten auf der Stirn - jederzeit bereit, aufzuspringen und aus dem Haus zu rennen.
Von Familienmitgliedern erfahren Sie, daß der Patient seit einiger Zeit unbedingt darauf bestanden hat, **das Licht nachts brennen zu lassen,** und ängstlich bemüht war, **niemals alleine zu sein**. Vielleicht blieb er auch **nachts weinend wach und lachte tagsüber grundlos und unangebracht**.
Unbehandelt endet ein solcher Fall unweigerlich in der geschlossenen Abteilung der Psychiatrie.

Mit der Zeit kann dieser Zustand sich in ein **Krampfleiden** ausweiten, in ein **organisches Hirnsyndrom oder in Senilität** übergehen.

Stramonium hat eine Beziehung zur Tollwut beziehungsweise **Hydrophobie** und kann in solchen Fällen manchmal heilen. Die Empfindlichkeit gegen Wasser ist so stark, daß selbst der Anblick oder das Hören von Wasser die Phobie auslösen kann. Gegen das Trinken von Wasser besteht eine starke Abneigung.

Stramonium hat die Wahnidee, von Hunden angegriffen zu werden, **Angst vor Hunden, die angreifen könnten**.

Das **akute Stadium von Stramonium** ist dem von *Belladonna* vergleichbar. **Plötzlich beginnendes hohes Fieber**, besonders bei Meningoencephalitis. Bei Stramonium kann das Fieber so hoch sein wie bei *Belladonna* oder auch nicht, aber es **kehrt unerwartet (relapsing) wieder oder bleibt hoch (continuous)**, im Gegensatz zum vorübergehend nachlassenden (remittent) Fieber bei *Belladonna*. Man kann mit Recht in der ersten Fieberattacke *Belladonna* geben; wenn das Fieber aber zurückkehrt, wird *Belladonna* nicht mehr helfen, ein anderes Mittel ist nötig. Handelt es sich um ein **heftiges, aggressives Delirium mit dem üblichen Belladonna-Bild**, das heißt mit rotem Gesicht, weiten Pupillen, trockenem Mund, Krämpfen et cetera, dann sollte man Stramonium wenigstens in Erwägung ziehen.
Das Stramonium-**Delirium** verläuft wie oben beschrieben: Der **Patient beißt, schreit, flucht, zerschmettert Gegenstände, zerreißt Kleidungsstücke**. Er nimmt seine Umgebung nicht mehr wahr, nicht mehr die anderen Leute und nicht einmal mehr sein eigenes Leiden. In diesem Stadium kann er übermenschliche Kräfte entwickeln (*Tarantula*).
Das Kind sitzt starr in der Praxis, klammert sich voller Angst am Stuhl fest, starrt wild vor sich hin, jederzeit bereit, aufzuspringen oder davonzulaufen.
Nach dem akuten Wahnzustand, fällt der Patient in Angst und Verzweiflung.

Man muß sich beim Studium eines Mittels darüber im klaren sein, wo es hauptsächlich wirkt. Stramonium hat etwas mit dem Unbewußten zu tun, vielleicht sogar ganz speziell mit dem Wutzentrum im Hypothalamus. Den Neurologen ist ein klinisches Syndrom bekannt, das nach Schädelbasisfrakturen in Verbindung mit Schädigung des Hypothalamus auftritt. Es erzeugt genau die Art von Wut und Desorientiertheit, wie sie für Stramonium beschrieben wurde. Ein ähnliches Bild kann bei sehr schweren Alkoholintoxikationen auftreten, wenn der Patient jegliche Kontrolle verliert und sich in völlig irrationale Wut hineinsteigert.

STRAMONIUM

Stramonium beeinflußt ebenfalls stark das **periphere Nervensystem**. Insbesondere ruft es einen **spastischen Zustand des neuromuskulären Systems** hervor. **Spastischen Kindern, die durch Geburtstrauma oder Ikterus neonatorum** geschädigt worden sind, hat es schon erheblich geholfen. Ebenso kann es spastische Paresen nach **Apoplexen** oder anderen neurologischen Schäden lindern. Auch die graziösen, rhythmischen, unfreiwilligen Bewegungen bei der **Chorea** fallen unter die Symptome, besonders wenn die obere Extremität betroffen ist. Die Betonung liegt auf den **unwillkürlichen, unkontrollierten Zuständen des Nervensystems**.

Wenn auch nur weniger beeindruckend, so hat Stramonium doch auch Wirkungen auf der **körperlichen Ebene**. Einige Besonderheiten: **Kopfschmerzen schlechter durch Sonne, schlechter durch Hitze, schlechter durch Liegen und schlechter durch Bewegung**, meistens im Hinterkopf, aber auch in der Stirn lokalisiert. **Meningitis** im Bereich der Hirnbasis durch fortgeleitete Otitis media. **Überanstrengung der Augen** durch zu langes Studieren. **Strabismus, wenn durch Entzündungen oder Verletzungen des Gehirns** hervorgerufen. Chronische **Abszesse**, **Furunkel** und **septische Zustände**, insbesondere wenn sie von **Krämpfen** und **Konvulsionen** begleitet sind. Starke **Schmerzen in der linken Hüfte** (dreiwertig im Repertorium). Ein merkwürdiger **Husten, der durch Blick in helles Licht oder Feuer** ausgelöst wird. Das **Gefühl zu ersticken wenn Wasser über den Kopf gegossen wird**. **Harnverhaltung bei alten Männern** durch Verkrampfung der Blase.

So ist also im Vergleich zu anderen Mitteln **das bösartige, gewalttätige, aggressive und unkontrollierte Hervorbrechen des Unbewußten zu betonen, besonders bei chronischen Geisteskrankheiten**. Stramonium ist am gewalttätigsten, dann folgt *Belladonna*, schließlich *Hyoscyamus*.
Belladonna wird meistens in akuten Zuständen gewalttätig. Im *Belladonna*-Delirium will der Patient die Wände hinauf; er steht mit hohem Fieber aus dem Bett auf und versucht wild, an der Wand hinaufzuklettern. Auch die Wahnvorstellungen müssen erwähnt werden, besonders wenn der Patient die Augen schließt. Nach anderen Leuten zu schlagen, ist ebenfalls ein starkes Symptom bei *Belladonna*.
Hyoscyamus ist in seinem Wahn passiver und wird nur dann gewalttätig, wenn ihn rasende Eifersucht oder eine Extremsituation dazu treibt. Das Verlangen zu schlagen ist ein starkes Symptom bei *Hyoscyamus*.
Die Wut und Raserei bei *Tarantula* taucht eher anfallsartig auf.
Veratrum album ist genauso aktiv und energiegeladen wie Stramonium, aber normalerweise nicht so gewalttätig, außer unter extremen Umständen.

SULFUR

Nach meiner Erfahrung lassen sich vornehmlich **zwei Sulfur-Typen** grob unterscheiden.
Der erste ist oft in der Literatur beschrieben worden, besonders bei Kent. Es ist der **schmale, große, philosophisch orientierte, schmuddelig aussehende Typ mit Hängeschultern**.
Der zweite, **eher von gedrungenem Körperbau, plethorisch, mit rotem Gesicht, roten Lippen und mehr dunkler Haarfarbe**.
Normalerweise assozieren wir mit Sulfur ein unsauberes Aussehen. Das stimmt heute in unserer Gesellschaft nicht mehr. Diese Erscheinungsform ist fast vollkommen verschwunden. Der Grund dafür liegt in der „automatischen Hygiene". Hautausschläge müssen unbedingt verdrängt werden. Die Medikamente sind heute so stark, besonders die Corticosteroide, daß sie alle Hautausschläge vom Sulfur-Typ wegwischen.

Diese beiden Typen - der eine schmal, der andere stämmig und plethorisch - stechen auch durch Polaritäten in Persönlichkeit und Charakter hervor. Der **eine träge, der andere überenthusiastisch**. Der eine ist faul; Faulheit ist sehr charakteristisch für Sulfur. Der andere ist überaktiv. Der **eine ist voller Theorien, der andere ein praktischer Idealist**. Manche Sulfur-Typen gehen bis zur Selbstaufgabe, andere sind die reinsten Egoisten. Ich glaube, solche Polaritäten hat jedes Arzneimittel. Also erwarten Sie nicht immer, daß Sulfur faul und träge ist; es gibt genausogut überaktive Typen. Außerdem können die verschiedenen Stadien in ein und demselben Individuum abwechseln.

In der Literatur heißt es immer, Sulfur Menschen seien ganz und **gar nicht sauber und ordentlich**; übermäßige Sauberkeit und Genauigkeit (fastidiousness) sei nicht ihre Sache. Sie werden erstaunt sein, wenn Sulfur manchmal sagt: „Ich bin **sehr ordentlich** (fastidious)." Hier kommt wieder die Polarität durch. Manche sind sauber und ordentlich, andere das Gegenteil. Es gibt Stadien, in denen sie über das Gewöhnliche, das Natürliche, das Gesunde hinausgehen. Zuviel der Überaktivität, und dann brechen sie zusammen. Wenn Sulfur ordentlich ist, geht das bis ins Krankhafte - wie bei *Arsenicum album*. Ich will noch einmal darauf hinweisen, daß sich bei einem Sulfur-Patienten oft im Laufe der Behandlung eine *Arsen*-Symptomatologie entwickelt, besonders bei einer akuten Krankheit wie Bronchitis, Diarrhoe oder irgendeiner anderen, für Sulfur typischen Krankheit. Mit großer Wahrscheinlichkeit geht Sulfur dann in ein *Arsen*-Stadium über. **Arsen** für das akute Stadium von Sulfur; beide Mittel scheinen einander **komplementär** zu sein.

Andere Komplementärmittel von Sulfur sind *Aconit* und *Nux vomica*. *Nux vomica* und *Arsenicum* ähneln sich in mancher Hinsicht. Ich spreche hier von dem, was oft vorkommt - natürlich folgen auch andere Mittel. Aber häufig ist es so: Man verschreibt *Nux vomica*, und man braucht Sulfur oder *Sepia* als Komplement. Man verschreibt *Arsenicum*, und *Phosphor* folgt, manchmal auch Sulfur. Man verschreibt Sulfur, und im akuten Stadium braucht der Patient *Arsen*. Die Verwandtschaften zwischen den Mitteln sind sehr wichtig. Die verwandtschaftliche Beziehung unter den Arzneimitteln ist soviel wert wie ein Schlüsselsymptom. Sie haben ein oder zwei gute Symptome, und zusätzlich ist das Mittel, an das Sie denken, noch komplementär zu dem bereits wirkenden Medikament. Diese Kombination kommt drei guten Symptomen gleich und berechtigt zur Verschreibung. Man darf sich aber nicht dazu verleiten lassen, nur die komplementären Mittel zu verschreiben. Wenn die Symptome ganz klar auf ein Arzneimittel hinweisen und es ist nicht als Komplementär- oder Folgemittel bekannt, müssen Sie es trotzdem verschreiben. So fand ich heraus, daß *Lycopodium* komplementär zu *Natrium muriaticum* ist, genau wie *Sepia*.

In der Materia medica heißt es: „Der Philosoph mit dem Hemd, das er die letzten 35 Jahre nicht mehr gewechselt hat." Das trifft heute nicht mehr zu. Der Typ hat sich gewandelt. Diesem Bild entspricht heute der **Wissenschaftler**. Er ist in viele Probleme vertieft. In seinem Büro stapeln sich die Bücher; überall, auf Fußboden, Stühlen, Regalen, Fensterbänken. Er räumt seinen Arbeitsplatz nicht auf und kommt schon gar nicht auf die Idee, ihn zu säubern. Er **sieht den Dreck gar nicht**. Ihn interessiert nur sein Thema, nicht, was um ihn herum ist. Er **forscht bis in die Tiefe**. Was ihn interessiert, will er genau wissen. Hier sehen wir wieder den **egoistischen, selbstsüchtigen Zug** von Sulfur. Er **geht der Sache auf den Grund, weil er der erste sein will**. Er kümmert sich nur um das für ihn Wichtige. In seinem Inneren strebt er danach, etwas zu entdecken, das noch keiner vor ihm gefunden hat. Das gehört zu seinem Charakter: In die Tiefe gehen und etwas ganz Neues finden. Warum, warum, warum, warum, immer wieder hinterfragt er alles. Aber dieses ewige „Warum?" macht ihn müde, seine **geistigen Fähigkeiten brechen schließlich zusammen**. Er hat keine Kraft mehr, intensiv zu arbeiten. Er kann seine Arbeit, seine Studien nicht vollenden. Doch je mehr seine geistigen Fähigkeiten abnehmen, desto mehr **hält er sich für den Besten**. Wieder sehen wir den egoistischen Zug. Je weniger er mit der realen Welt fertig wird, desto mehr zieht er sich in seine eigene Welt zurück - seine Welt der Philosophie.

Sein Professor gibt ihm den Auftrag, ein Projekt genau zu erforschen. Anstatt sich aber nur auf dieses eine Thema zu beschränken, verliert er sich. Von seinem ersten Forschungsergebnis geht er weiter in fünf, zehn, zwanzig verschiedene Richtungen und sucht. Die Realität aber ist: Bis dann und dann muß er ein Ergebnis vorlegen. Er ist dazu nicht mehr in der Lage, weil er sich **in so viele Richtungen verstrickt** hat. Dieser Sulfur-Typ begegnet uns heute **viel häufiger als der schmutzig Aussehende, der sich nicht waschen will, mit seinem Hautausschlag und so fort**.

Die Sulfur-Menschen von heute sind die Wissenschaftler, die zerstreut, überarbeitet und müde sind, weil sie alles hinterfragen und untersuchen. Am Ende sind sie so fertig, daß sie ihre Arbeit aufgeben wollen. Hier ist der Punkt gekommen, an dem sie in die philosophische Richtung umschlagen, weil die Wissenschaft ihnen keine Antwort geben konnte. „Was ist Gott? Woher kommt Gott?" Bis hierhin gehen ihre Fragestellungen. Sie lieben solche Diskussionen. In diesem Stadium entwickelt Sulfur auch die Eigenart, **alles besser wissen zu wollen als andere**. „Ich weiß viel mehr als die anderen. Warum gehen Sie zur Universität? Warum kommen Sie nicht zu mir? Ich weiß doch viel mehr als sie alle!" Sie halten sich für besser und **kritisieren** deshalb. In der Materia medica heißt es „überkritisch, übergenau". Sulfur ist eines der wichtigsten Mittel und dreiwertig.

Sulfur-Patienten haben **Ekel vor Dreck**. Sie setzen sich nicht auf einen Stuhl, weil sie denken, er sei dreckig. Sie würden niemals aus einer Kaffeetasse in einem öffentlichen Café trinken. Bei Sulfur ist es mehr der Ekel, bei *Syphilinum* mehr ein Zwang. *Syphilinum* muß sich die Hände waschen, zum Beispiel jedesmal, nachdem er eine Türklinke angefaßt hat. *Syphilinum* ist besessen von der Idee.

Dieses Stadium kann bei Sulfur nach Unterdrückungen auftreten. Sulfur-Patienten entwickeln danach eine gewisse Art Egoismus, sie übertreiben. Zuerst fallen sie in eine Depression und trinken dann eine Menge Alkohol, um die Depression zu unterdrücken. Anschließend zeigt sich die **Furcht vor infektiösen Krankheiten sowie Furcht vor dem Tod und Furcht vor Ansteckung (contamination)**.

Sulfur hat **Abneigung gegen Dreck in seiner Umgebung, während er sich in seinem eigenen Dreck wohlfühlt**. Dabei sieht er den Schmutz an sich selbst nicht, aber die geringste Verschmutzung, durch andere verursacht, kann er unmöglich ertragen.

Sulfur hat auch eine gewisse **Faulheit**. Bei Studenten sieht man es häufig. Sie haben zuviel gelernt und sind übermüdet. Ein Gefühl der Faulheit (lazyness) über-

SULFUR

kommt sie. Sie zwingen sich zum Studieren, sie verstehen auch den Stoff, aber sie schieben es hinaus auf den nächsten Tag. Sie wollen studieren. Schließlich haben sie Gewissensbisse, weil sie nicht genug arbeiten. Es ist ein inneres Gefühl von Faulheit, das ihnen nicht erlaubt, sich hinzusetzen und systematisch zu studieren. Das ist wichtig, sie studieren sporadisch. Sie können wohl diskutieren, philosophische Probleme erörtern, aber wenn es darum geht, alleine am Schreibtisch zu arbeiten, sitzen sie da und tun nichts, haben keinen Antrieb. Statt dessen kommen sie auf andere Gedanken, beschäftigen sich mit anderen Dingen und fühlen sich wohl dabei. Hier sehen wir wieder, wie der Egoismus durchkommt. Sie **wollen nur machen, was ihnen gefällt**.

Der **zweite Sulfur-Typ** - der plethorische, vitalitätsgeladene - verhält sich anders. Er studiert mit aller Energie, er ist der Beste in der Klasse. **Bei ihm besteht die Gefahr, sich zu überarbeiten und dann zusammenzubrechen**. Vollkommen enttäuscht, fühlt er sich wertlos. „Ich habe alle meine Möglichkeiten vertan!" An diesem Punkt müssen Sie ihn nur ein bißchen in seinem Ego aufbauen, das reicht für einen Sulfur-Menschen schon aus. Er ist der Typ, der als erster in der Klasse aufzeigt, er **will überall der erste sein**. Er **will, daß man ihm erzählt, wie gut und großartig er ist**. Das **Geltungsbedürfnis** spielt eine große Rolle. Das muß man beobachten bei dem Patienten. Niemand wird Ihnen freiwillig erzählen, wie egoistisch er ist, wie stark sein Geltungsbedürfnis ist. Beobachten, wie er sich benimmt, was er tut, wie seine Familie ihn einschätzt. Unter Freunden führt er sich als **Anführer** oder Guru auf. Er ist philosophisch beschlagen, hat eine Menge Bücher gelesen und kann über verschiedene Themen mitreden. Aber seine Frau kennt ihn ziemlich genau. Sie weiß, daß er nur so tut; daß er nicht meditiert, daß er nachts eine halbe Flasche Whisky trinkt. Aber sie muß ihn auch sehr vorsichtig behandeln, sonst trennt er sich von ihr. **Jeder muß ihn als den Besten anerkennen**, das ist typisch. Er **interessiert sich sehr für seine Mitmenschen und die Gesellschaft und will helfen. Aber er braucht die Anerkennung anderer**. Er tut viel für andere, doch wenn sie ihn nicht anerkennen, bricht er die Verbindung ab. Er **opfert sich selbst für andere auf**. Allerdings steht immer ein **selbstsüchtiges Element dahinter, er heischt nach Anerkennung.**

Um es noch einmal zusammenzufassen: Es gibt zwei Sulfur-Typen, die aber nicht scharf voneinander zu trennen sind. Der eine ist schlank, seine Schultern sind nach vorne gebeugt, er ist Einsiedler, Erfinder, Wissenschaftler und Philosoph.

Der andere ist der Plethoriker, sehr vital mit einem starken Sexualtrieb. Er braucht Gesellschaft, Sex und soziale Kontakte. Er gibt eine Menge, braucht aber Anerkennung. Man könnte ihn als den „praktischen Idealisten" bezeichnen. Was Sulfur braucht, ist nicht Geld, sondern ideelle Anerkennung. Erzählen Sie ihm, wie selbstlos, wie geistig hochstehend er ist, und er wird ihr bester Freund sein.

Wir müssen uns noch einigen Schlüsselsymptomen zuwenden. Sulfur kann jede Krankheit heilen, von der Geisteskrankheit bis zur einfachen Angst, vom Diabetes bis zur simplen Nahrungsunverträglichkeit. Colitis, Hautausschläge, Sinusitis, alles mögliche, aber gewisse charakteristische Symptome müssen vorhanden sein. Wenn das geistige Bild auch noch zutrifft, um so besser.

Schlüsselsymptome nach dem Kopf-zu-Fuß-Schema: **Scheitelkopfschmerzen, brennend**. Kopfschmerzen jeden Sonntag; an dem Tag, an dem man entspannen kann. Das ist typisch für Sulfur. **Kopfschmerzen durch Entspannung und durch zu viel Schlaf**. Eine weitere Kombination, die mit fast absoluter Sicherheit für einen Sulfur-Fall spricht, ist: **brennende Scheitelkopfschmerzen und brennende Schmerzen der Fußsohlen**. Es geht soweit, daß die Patienten barfuß auf kaltem Boden laufen wollen. Nachts werden typischerweise die **Füße aus dem Bett gestreckt**, selbst im Winter. Dabei müssen nicht unbedingt die Sohlen brennen, sie strecken anscheinend die Füße heraus, um die Körpertemperatur zu regulieren. Sulfur **kann Wärme nicht gut vertragen**, er fühlt sich allgemein schlechter. Besonders die Hautausschläge werden durch Wärme verschlimmert; **Kopfschmerzen bessern sich**, wenn er **kaltes Wasser** über den Kopf laufen läßt.
Nachts im Bett juckt der ganze Körper, selbst ohne Hautausschlag.
Jucken schlimmer durch Ausziehen der Kleider ist *Rumex crispus* und *Oleander*, die beiden Hauptmittel für Temperaturwechsel, egal ob von warm nach kalt oder umgekehrt. Sulfur wird schlimmer durch den Wechsel nach warm.

Augen: Gefühl der Conjunctivitis oder regelrechte **Conjunctivitis**, Brennen und Jucken, **Gefühl wie Sand** unter den Lidern. Chronische Conjunctivitis mit Brennen und viel gelber Absonderung, besonders morgens, die Augenlider verkleben.

Alle **Absonderungen** von Sulfur sind abstoßend, **widerlich, stinkend**. Ohrabsonderungen, Stuhl und so weiter. Das Symptom haben natürlich viele Mittel, bei Sulfur muß es excessiv ausgeprägt sein, es beeindruckt alle Familienmitglieder.

Körpergeruch an verschiedenen Körperstellen, besonders im Bereich der Genitalien. Interessant ist, wie sich ein Sulfur-Patient wäscht. Er macht sich nicht die Mühe, ein ganzes Bad zu nehmen, sondern wäscht immer nur einzelne Körperteile. Natürlich sieht man das heute nicht mehr so häufig, da sich die Möglichkeiten der Köperhygiene vereinfacht und verbessert haben. Vielleicht hat er auch das

Gefühl, er könne sich erkälten, oder es bereitet ihm einfach zuviel Mühe. Immer beschäftigen ihn seine Gedanken; er läßt sich von allen bedienen, damit er seine Erfindungen machen kann, alles andere ist zweitrangig.

Hautausschläge schlimmer durch Wasser. Im Innern ist Sulfur dreckig, und doch kann er keinen Schmutz um sich herum ertragen - dieser Kontrast ist Sulfur. *Clematis* ist ein anderes Mittel, an das ich bei Verschlimmerung durch Wasser denke.

Magen: **Verlangen nach Süßigkeiten und Fett**. Verlangen nach stärkehaltigen Lebensmitteln. Sulfur ist in der Lage, reines Schmalz zu essen, zu sagen: „Du willst das Fett nicht, gib es mir!" *Acidum nitricum* ißt auch so gerne Fett. *Natrium muriaticum* hat eine sehr ausgeprägte Abneigung gegen Fett. **Manchmal** finden wir auch **Abneigung gegen süß**, aber in den meisten Fällen besteht ein Verlangen. **Verlangen nach Alkohol, besonders Whisky**, ähnlich wie *Sepia*. Alkoholverlangen oder -sucht nach Unterdrückung.
Sulfur **mag keine Eier**, wie *Ferrum, Acidum nitricum* und *Phosphor*. Manchmal mögen sie auch keine Süßigkeiten.
Ein anderes Charakteristikum: **Verschlimmerung der Magensymptome um 11 Uhr**, Heißhunger.

Ein weiteres wichtiges Symptom für Sulfur ist das **häufige nächtliche Aufwachen**, der sogenannte **Katzenschlaf**. Der Patient schläft ein bis zwei Stunden, wacht auf und ist hellwach. Er schläft wieder ein, eine halbe Stunde später wacht er wieder auf, und so geht das weiter. Kein kontinuierlicher Schlaf. Charakteristisch für Sulfur ist auch die Schlafposition. Er schläft **auf dem Rücken**; oft hat er **Alpträume** und wacht mit Furcht auf. Schlüsselsymptom ist: **Erwachen um 5 Uhr**. Er kann natürlich auch um 2, 3, 4 oder 5 Uhr aufwachen, aber charakteristisch ist 5 Uhr.

Schlaflosigkeit im allgemeinen spricht sehr stark für Sulfur. Andere wichtige Mittel für Schlaflosigkeit sind *Calcium carbonicum* und *Nux vomica*. Ebenso die *Natriumsalze, Ignatia, Arsenicum, Staphisagria*. Verstehen Sie mich bitte nicht falsch. Die weitaus meisten Fälle brauchen Sulfur, *Calcium carbonicum* oder *Nux vomica*. *Staphisagria* kann die ganze Nacht über nicht schlafen und ist tagsüber müde. Aber sobald diese Menschen nachts schlafen wollen, nicken sie für zwei oder drei Minuten ein und wachen dann wieder auf.

Furcht vor Infektion. Ich hatte einen interessanten Fall. Ein Mädchen von vier Jahren hatte sich den Finger etwas aufgeritzt und ungeheure Angst, sich zu infizieren. Eine unglaubliche Furcht schon mit vier Jahren. Es sind sehr heikle, mäkelige Kinder. Wenn Sie mit Ihrem Löffel etwas von deren Teller nehmen, schieben sie den Teller zurück, sie wollen nichts mehr davon. Sie trinken nicht mal aus Gläsern ihrer Familienangehörigen . Es ist verunreinigt. (contaminated).

Sulfur ißt und trinkt viel, hat einen großen Appetit. Er trinkt viel Wasser und will viel Süßigkeiten. Sowohl der schlanke als auch der dicke Sulfur-Typ sind für **Diabetes** prädisponiert. Es ist jedoch interessant, daß manchmal *Natrium sulfuricum* das ähnlichere Mittel ist.
Die Sulfur-Patienten **essen viel und verlieren trotzdem an Gewicht**, wie *Iodum, Natrium muriaticum, Tuberculinum* und *Lycopodium*.

Sulfur-Kinder mögen **nicht zugedeckt sein**. Sie strampeln sich nachts im Schlaf frei und stoßen die Decke weg. Sie wollen sich auch **nicht waschen lassen**. Ein Sulfur-Kind heult, schreit und tritt nach der Mutter, wenn es gewaschen werden soll.

Sulfur-Menschen finden immer eine Möglichkeit, **sich irgendwie dreckig zu machen**. Selbst Erwachsene bringen es fertig, sich mit Puddings zu bekleckern. Sie sind unordentlich (untidy) und darum nicht sorgsam. Nach drei Tagen ist ihre Kleidung dreckig von Essen. Das gleiche gilt für Kinder.

Sulfur-Kinder verwandeln Ihre Praxis in ein heilloses Durcheinander. **Alles fassen sie an, müssen es untersuchen und durcheinanderbringen**.

Ein weiteres Schlüsselsymptom ist: **Stuhlgang früh morgens um 5 Uhr**. Bei der Colitis ulcerosa **treibt** der Stuhldrang den Patienten morgens **aus dem Bett**, weckt ihn auf. Es kann auch 6 Uhr oder 6.30 Uhr sein, wenn er normalerweise um acht Uhr aufsteht. Wenn der Durchfall den Patienten aufweckt, dann müssen Sie an Sulfur denken.

Sulfur ist wählerisch in bezug auf seine Bekannten. Wenn ihm die Gesellschaft nicht zusagt, geht er. Er sucht sich eine Gruppe aus, die er **anführen** kann. Auch bei Kindern sehen wir diesen Zug. Ihnen fällt es manchmal schwer, mit anderen zusammen zu spielen.

Sulfur will den **Problemen auf den Grund gehen**. Es sind die Wissenschaftler, die genau wissen wollen, wie und warum etwas funktioniert. Sie können nicht akzeptieren, daß ein Problem nicht zu lösen ist. Sulfur ist sehr kritisch unter dem Aspekt: **„Ich weiß es am besten."**

SULFUR

Sie können sich nicht alle Symptome von Sulfur merken. Aber wenn Sie einmal diese Idee der Furcht, der Selbstsucht, des Egoismus, der Unordentlichkeit, der Überaktivität, der Plethora und anfallsweisen Depressionen begriffen haben, verstehen Sie mehr oder weniger die Essenz dieses Mittels.

SYPHILINUM

Angst vor allem Möglichen, Panik, Furcht, daß etwas - das Schlimmste natürlich - passiert. Angst, weiß nicht wovor.
Depressionen, schlimmer im Liegen. **Am Abend lassen die Ängste nach** und der Patient fühlt sich ruhiger.

Schwitzen bei der geringsten Gemütsbewegung, auch bei der geringsten Anstrengung: Schweiß beim Annähen eines Knopfes.

Furcht, sich eine Erkältung zu holen, **Angst um die Gesundheit**.

Die Angst ist so stark, daß die Patienten **nicht mehr außer Haus** gehen; sie trauen sich nicht mehr hinaus. Sie klagen über Angst, über Furcht vor Erkältungen, über Depressionen, und meist fragen sie ängstlich: „Können Sie etwas für mich tun?" Sie flehen einen ängstlich um Hilfe an, sind einerseits überzeugt, daß keiner ihnen helfen kann, andererseits haben sie einen gewissen Hoffnungsschimmer doch noch nicht verloren. (*Arsen* hat jegliche Hoffnung aufgegeben.)
Vermeiden alles, was sie an Sterben und Tod erinnert, können den Gedanken daran nicht ertragen.
Hypochondrische Kinder.

Mangel an Selbstvertrauen, Selbstbewußtsein; Unsicherheit. Sie wissen nicht, ob das, was sie tun, richtig oder falsch ist.
Zwänge. Sie **überprüfen alles zehnmal** und glauben dann immer noch, einen Fehler gemacht zu haben. Zum Beispiel fällt ihnen ein: „Ob ich wohl den Küchenherd ausgemacht habe?" Sie haben Angst, etwas vergessen zu haben und damit eine Katastrophe heraufzubeschwören. Sie müssen aufstehen und nachsehen.
Dieses Symptom erinnert an *Causticum*. Auch *Causticum* muß alles überprüfen und hat auch die Angst, etwas Schlimmes könne passieren (siehe auch *Phosphor*). Aber der *Causticum*-Patient reagiert direkter. Er liegt im Bett und hat vergessen, ob er die Haustür abgeschlossen hat. Dann steht er gleich auf und sieht nach. Syphilinum überlegt sich erst, was alles passieren kann, und steht dann schließlich doch auf, um nachzusehen.

Verschiedene Ängste, ohne genau zu wissen, wovor; auch Angst um die Gesundheit (zum Beispiel zuerst vor Tuberkulose; ist die Tuberkulose ausgeschlossen, dann vielleicht vor Echinokokkose, schließlich vor der Syphilis).

SYPHILINUM

Sie entwickeln **entsetzliche Abneigung gegen jeglichen Schmutz; Ekel** (zum Beispiel nachdem sie bei einer Prostituierten waren). **Angst vor Krankheiten, Angst vor Ansteckung.**

Sie **waschen** zum Beispiel ihre Kleidung, wenn jemand sie im Bus berührt hat. Schließlich reichen sie nicht einmal mehr jemandem die Hand. Alles, was sie irgendwie an Schmutz erinnert, ist furchtbar für sie. Ein Patient konnte nicht einmal mehr sehen, wenn ein anderer sich an die Nase faßte. **Furchtbare Angst, etwas anzufassen, was schmutzig sein könnte.** Hat sich zum Beispiel ein anderer an die Nase gefaßt und dann die Türklinke berührt, so faßt der Syphilinum-Patient die Klinke nur noch mit einem Taschentuch an. Furchtbare Angst, schmutzig zu werden, sich zu infizieren. **Waschzwang.** Waschen sich fünfzig- bis zweihundertmal am Tag die Hände. Die Haut sieht schon ganz verschrumpelt aus. **Körperliche Beschwerden**, Schweißausbrüche, Kopfschmerzen, **wenn sie sich nicht die Hände waschen können.**

In einem anderen Fall mußte eine Frau, die recht arm war, grundsätzlich ihre Kleider verbrennen, wenn sie jemand berührt hatte.

Sie leiden unter der paranoiden **Furcht, daß ihre Kinder das gleiche bekommen wie sie, auch „befleckt" werden**, wenn die Kinder Gegenstände anfassen, die sie vorher berührt haben.

Sie sagen zwar: „Ich weiß, daß ich nichts habe", aber trotzdem werden sie diese Angst nicht los. (Syphilinum sollte in den Rubriken **„Furcht vor Ansteckung"** und **„Ekel - Widerwillen"** zweiwertig nachgetragen werden.) Sie wissen oft, daß alles lächerlich ist, aber sie können nicht anders.

Sie fragen immer wieder dasselbe, bis man ihnen schließlich die Antwort gibt, die sie hören wollen. Zum Beispiel fragen sie so lange: „Glauben Sie, daß ich verrückt werde?", bis der Arzt seine Antwort genau so formuliert, wie sie es wünschen.

Sie machen natürlich gewisse Zugeständnisse; zum Beispiel lassen sie sich vielleicht von ihrer Frau, von ihren Kindern und eventuell auch von einigen wenigen anfassen, aber jeder andere ist ausgeschlossen.

Einseitig begabte Menschen, die in ihrem Metier peinlich genau und tüchtig sind. Als Ausgleich für mangelnden sozialen oder sexuellen Kontakt scheinen sie sich auf eine Sache zu konzentrieren.

Schlaflosigkeit, Erwachen zwischen 2 und 3 Uhr morgens und können dann nicht mehr einschlafen.

In gewisser Weise **abergläubisch**; wenn sie zum Beispiel etwas wegwerfen, denken sie vielleicht, es könne ihr Schicksal negativ beeinflussen und Schlechtes ihnen zustoßen.

Sie leiden an **Angst um die Gesundheit, aber sie sprechen diese Angst nicht deutlich aus**. In ihren Fragen beschäftigen sie sich jedoch laufend mit diesem Thema, zum Beispiel: „Ich kann nicht schlafen; meinen Sie, ich soll noch länger ohne Schlaftabletten auskommen?" oder „Ich muß nachts Wasser lassen. Meinen Sie, ich habe eine Prostatitis?" – „Darf ich dies?" – „Darf ich jenes?" Wenn Sie sie nach Angst um die Gesundheit fragen, dann leugnen sie.
Angst vor dem Winter: „Da ist es so kalt, wie soll ich da nur herumlaufen?"

Besser am Abend und schlechter im Laufe der Nacht.

Wenn sie einen eigenen Körperteil berührt haben, müssen sie sich waschen, um einen anderen anfassen zu können. Wenn sie sich zum Beispiel an einer Stelle gekratzt haben, müssen sie sich die Hände waschen, um sich woanders kratzen zu können. *Sulfur* ist in seinem Ekel Syphilinum am ähnlichsten, aber es muß sich nie so viel waschen und hat auch nicht diese entsetzliche Furcht vor Ansteckung.

Der Syphilinum-Patient muß schließlich sogar die Unterwäsche wechseln, wenn er außer Haus war. Er wechselt die Unterwäsche, wäscht sich die Hände und kann dann erst essen. Oder: Wenn der Sohn oder die Katze nahe an der auf der Leine hängenden Wäsche vorbeigingen, muß alles noch einmal gewaschen werden. Oder: „Wenn ich nachts mein Ohr oder meine Nase berühre, desinfiziere ich meine Finger mit Alkohol" oder: „Wenn ich nur an Echinokokkus denke, muß ich mir schon die Hände waschen."

Syphilis, nicht homöopathisch behandelt, kann in der nächsten Generation zu Alkoholismus oder zu Selbstüberschätzung, Überheblichkeit führen. *Platin* zum Beispiel ist solch ein syphilitisches Mittel, das für seine Überheblichkeit (super ego) bekannt ist.

Syphilinum muß am besten sehr hoch gegeben werden, fünfzigtausend oder hunderttausend. Erwarten Sie nicht, daß es schnell wirkt. Man muß mindestens sechs Monate oder ein Jahr warten. (*Silicea* wirkt auch sehr langsam, *Calcium phosphoricum* nicht ganz so langsam.)

SYPHILINUM

Syphilinum fand ich weniger bei erworbener oder angeborener Syphilis angezeigt als bei **Patienten, die das Miasma von ihren Vorfahren geerbt haben**. Syphilinum ist meistens nötig, wenn der Patient nicht selbst an Syphilis erkrankt war.
Die Patienten geben oft lange nicht zu, daß es ihnen besser geht. Sie berichten von allen möglichen Wehwehchen, und von der Umgebung erfährt man schließlich, daß sie sich nicht mehr so oft die Hände waschen und daß sie schon seit längerem wieder die Hand reichen.

TARANTULA HISPANICA

Obwohl Tarantula hispanica viele Symptome gemeinsam mit anderen Mitteln hat, ist ihm doch eine ganz besondere, bestimmte Persönlichkeitsstruktur zueigen.

Der hauptsächliche Schwerpunkt der Tarantula-Wirkung liegt, vor allem in den ersten Stadien, im Nervensystem. Das **Nervensystem bei Tarantula wirkt wie eine bis zum letzten angespannte Spiralfeder, voll grenzenloser Energie, die irgendwie verbraucht werden muß, um die Feder vor dem Zerspringen zu bewahren**. Der Tarantula-Patient ist **gezwungen, laufend geschäftig und in Aktion zu sein**, sich ständig ohne Unterlaß zu bewegen.

Frühe Stadien findet man bei Leuten in Berufen, die sehr sorgfältige, verantwortungsvolle Arbeit unter großem Streß erfordern, wie zum Beispiel Fluglotsen oder Journalisten, die angesichts des Redaktionsschlusses einen Wettlauf mit der Zeit führen. Der ständige Streß führt zu einem angespannten, überempfindlichen Nervensystem. Wie *Nux vomica* kann auch Tarantula am Anfang ein zwanghafter Arbeiter sein. Solche Leute scheinen übermenschliche Kraft zu besitzen; sie sind fähig, ja sogar getrieben, Tag und Nacht zu arbeiten, letzten Endes vielleicht sogar wochenlang ohne Schlaf. Sie sind fleißig, fähig, arbeiten effektiv; aber im Gegensatz zu *Nux vomica*, das durch Ehrgeiz und Konkurrenzdenken getrieben wird, liegt bei Tarantula die Antriebskraft in der Anspannung des Nervensystems, im bloßen Zwang, sich zu bewegen und in Aktion zu bleiben.

Tarantula ist - zusammen mit *Acidum sulfuricum* - das **eiligste Mittel im Repertorium**; viele andere Mittel stehen auch hochwertig in dieser Rubrik, Tarantula und *Acidum sulfuricum* führen diese Rubrik an.

Unaufhörliche Ruhelosigkeit, insbesondere der Beine, aber auch des ganzen Körpers. Auch andere Mittel zeichnen sich durch Ruhelosigkeit aus, jedoch nicht in einem so extremen Maße wie Tarantula. Der Tarantula-Patient wirft sich die ganze Nacht im Bett umher und dreht und wendet sich, bis er sich schließlich mit dem Kopf am Fußende seines Bettes wiederfindet und das Bettzeug verknotet ist.

Die Ruhelosigkeit und nervöse Spannung von Tarantula betrifft hauptsächlich das Nervensystem vom Kleinhirn abwärts ins Rückenmark.

Wie man in den Materiae medicae liest, läßt sich die Vielfalt der Tarantula-Symptome schlecht von *Arsen* unterscheiden; aber die *Arsen*-Ruhelosigkeit entspringt der geistig-emotionalen Ebene und besitzt nie diese excessive Energie wie Taran-

tula; es ist eine ängstliche, angstvolle Unruhe, die nur sekundär zu dem charakteristischen, rastlosen Orts- und Stellungswechsel führt.
Veratrum ist auch überaktiv, aber bedingt durch einen überaktiven Geist.
Bei Tarantula entsteht die Unruhe aus dem Zwang, Energie abzulassen, woraus sich Angst und geistige Aktivität als sekundäre Effekte der Störung im Nervensystem ergeben.

Tarantula handelt immer sehr schnell. **Alles muß mit der größtmöglichen Geschwindigkeit getan werden, selbst die Langsamkeit anderer Leute führt zu Ungeduld**; wenn jemand langsam die Straße entlangläuft, kann der Tarantula-Patient zornig werden und denjenigen drängen, sich doch schneller zu bewegen. Auf dem Heimweg läuft der Tarantula-Patient vielleicht schneller und schneller, bis er schließlich auf dem letzten Loch pfeift. Dies entspringt weniger einer Erwartungsangst als dem Zwang zur bloßen schnellen Bewegung.

Wegen des angespannten Nervensystems erleichtern den Tarantula-Patienten **rhythmische Tätigkeiten und Einflüsse**. Besonders beeindruckend ist der besänftigende und beruhigende Einfluß von Rhythmik und Schwingungen der **Musik**. Rhythmus scheint die Spannung zu kanalisieren und abzuleiten, wobei sich das Nervensystem beruhigt.
Die Besserung durch Musik bei *Aurum* geht auf einen anderen Mechanismus zurück, dort wirkt die Musik eher direkt beruhigend auf die geistige Ebene. Bei *Natrium muriaticum* schafft die Musik eine entspannende, harmonische Umgebung. Eine falsche Art von Musik kann natürlich auch den angespannten Zustand auslösen oder verschlimmern, besonders wenn der Tarantula-Patient unter Streß steht. (**Tarantula wird besser durch rhythmische Musik**.) Das Verlangen nach Rhythmus ist der Grund für die Neigung von Tarantula, zu **tanzen, zu springen und zu rennen**; und die Bewegungen sind nicht einfach sanft und langsam. Tarantula-Patienten sind getrieben zu **wilden, tollen, schnellen und heftigen Bewegungen**. Gleichzeitig sind die Bewegungen jedoch auch wieder **anmutig, rhythmisch und fließend**; so ist Tarantula ein Hauptmittel bei **Chorea** (Veitstanz) oder Chorea Huntington.

Es verwundert nicht, daß ein so angespanntes Nervensystem durch Streß und Einflüsse von außen in Mitleidenschaft gezogen wird. Wie schon erwähnt, kann eine **falsche Art Musik den Zustand verschlimmern**. Aus dem gleichen Grund hat Tarantula eine ausgeprägte **Verschlimmerung durch Berührung**. Ein beeindruckendes Merkmal ist die **Verschlimmerung durch leuchtende oder kräftige Farben** - Rot, Gelb, Grün, Schwarz.

Tarantula hat viel **Angst**: **Angst, daß die Arbeit nicht geschafft wird, Angst, daß etwas schiefgeht**. Dabei handelt es sich oft um eine irrationale Furcht, um eine Furcht, die wiederum dem angespannten Nervensystem entspringt. Im Gegensatz dazu ist die *Arsen*-Angst ein Primärzustand auf der emotionalen Ebene.

Zu Beginn ist Tarantula **auch ein hysterisches Mittel**. Wenn die Spannung und der Druck von außen zu groß werden, bricht das System zusammen und produziert körperliche Symptome, die den Patienten am Weitermachen hindern. Es können **Krämpfe, Ohnmachten, spastische oder choreaähnliche Zustände** und andere Symptome auftreten. Diese Erscheinungen können andauern, bis der Streß nachläßt, dann verschwinden, um wiederzukommen, wenn die Spannung erneut unerträglich wird. Es reicht jedoch nicht aus, die Tarantula-Patienten einfach vor Streß zu schützen, denn das Hauptproblem bleibt das unter Spannung stehende Nervensystem.

Im zweiten Stadium beginnt der Patient, die **Kontrolle zu verlieren, und wird zerstörerisch**. Wird der angespannte Tarantula-Patient in seiner Ruhelosigkeit irgendwie eingeschränkt, wird er **gewalttätig**. Zuerst tritt die Zerstörungswut nur auf, wenn der Patient allein ist, heimlich und verborgen, so gut es geht. Das führt zu der bekannten Fuchsesschläue von Tarantula und dem **Eindruck, er habe Augen wie ein Fuchs**.

Schließlich wird jedoch die **Zerstörungswut unkontrolliert** und offensichtlich für jedermann. Tarantula zerreißt Kleider und zerbricht Gegenstände. Typischerweise richtet sich die **Gewalt in erster Linie gegen ihn selbst** - Selbstverstümmelung, Schlagen mit dem Kopf et cetera - kann aber auch gegen andere gerichtet sein.
Stramonium hat auch Gewalttätigkeit. Die Gewalt konzentriert sich normalerweise auf andere und auf Gegenstände. Sie entsteht aus einem unkontrollierten Ausbruch des Unbewußt-Geistigen, weniger aus einem völlig überspannten Nervensystem.

Im **dritten Stadium** können wir **zwei charakteristische Arten von Geisteskrankheiten** beobachten. Sie können unabhängig voneinander bei verschiedenen Tarantula-Patienten auftreten oder auch zu unterschiedlichen Zeiten oder abwechselnd bei der gleichen Person.
Einerseits kann es sich um **schwere und vorbehaltlose Gewalttätigkeit**, ähnlich wie bei *Stramonium*, handeln - mit dem Verlangen, zu schlagen, zu töten; zerstörerische Gewalt mit übermenschlicher Stärke und Kraft.

Andererseits kann eine **erotische Besessenheit** auftreten, die den Patienten zwingt, offene sexuelle Annäherungsversuche gegenüber anderen und sogar gegenüber Fremden zu machen.

Hyoscyamus hat auch erotische Besessenheit, doch eher gekennzeichnet durch passive Schamlosigkeit als durch aktive und aggressive Annäherung wie bei Tarantula.

Auf der **körperlichen Ebene** besitzt Tarantula mannigfaltige und tiefe Wirkung auf tatsächlich jedes Organsystem. Die Symptomatologie und die Modalitäten auf der körperlichen Ebene sind denen von *Arsen* **sehr ähnlich**. **Frostigkeit** und **große Abmagerung**. **Periodizität** und **plötzlich auftretende Leiden**. Tiefe Wirkung auf das Herz, Angst und Herzklopfen, Mitralklappenveränderungen mit Atembeschwerden und Herzjagen. **Furunkel und Karbunkel** der Haut, besonders auf dem Rücken zwischen den Schulterblättern. Die **Sexualorgane** sind stark betroffen. Bei der Frau Myome, Menorrhagien und **Nymphomanie, extremes Jucken der Vulva** bis tief in die Vagina. **Beim Mann ebenfalls großes sexuelles Verlangen, Schmerzen und Tumoren in den Hoden.**

THERIDION CURASSAVICUM

Feuerspinnchen - Orangenspinne - Westindische Feuerspinne
Theridion ist in den Fällen angezeigt, in denen das Nervensystem ständig übererregt ist, der Patient mit einer **STÄNDIGEN IRRITATION DES NERVENSYSTEMS** leben muß und auf bestimmte Weise unter diesem Umstand leidet. Wie leidet er?

Die Patienten klagen über ihren Schlaf. Der **Schlaf** ist nicht gut, **nicht erholsam**. Die Patienten klagen über eine Art **schwindelige Benommenheit (dizzyness)**, das ist nicht nur Schwindel, der Kopf, der Geist ist nicht klar. Dieser Zustand kann von **benommenem Kopf bis zu Schwindel** reichen.

Die Patienten wirken in einer gewissen Weise hysterisch, gleichzeitig aber auch arterisklerotisch.
Hysterisch, arteriosklerotisch, schlaflos. Am Morgen stehen sie auf und fühlen sich benommen, sie fühlen sich nicht gut, unzufrieden; das ist ein früher Zustand der allgemeinen Irritation. Hysterie, aber keine reine Hysterie.

Die Patienten berichten von vielen Symptomen, aber alle Symptome drehen sich um den **Kopf**. Die Patienten fühlen sich benommen, der Kopf ist nicht klar, ihnen ist schwindelig.

Andere Arzneimittel haben ihren Schwerpunkt zum Beispiel im Magen, wie *Antimonium crudum*, *Natrium carbonicum*, wieder andere Mittel im unteren Verdauungstrakt, zum Beispiel *Lycopodium*. Jedes Arzneimittel hat sein bestimmtes Siegel, und wir müssen bei einem Mittel dieses Monogramm finden.

Ein Patient kommt und berichtet, sein Körper fühle sich lose an, nicht miteinander verbunden, so wie wir unseren Körper als Einheit erleben. Der **Körper** fühlt sich lose an, so **als könnten sich Körperteile abspalten**. (Zum Beispiel im Repertorium: Wahnidee, Körper, als sei der Kopf vom Körper getrennt.) Man könnte denken, es handle sich um eine Störung im Labyrinth, aber das ist es nicht, es ist kein Menière. Es ist mehr hysterisch und arteriosklerotisch bedingt.

Bei den meisten der Theridion-Fälle werden Sie ein **unbefriedigendes Sexualleben** finden. Sexuell unbefriedigte Personen. Als hätten sie nie sexuellen Kontakt gehabt, wie alte Jungfern. Verheiratete Frauen vielleicht, aber sie sehen aus wie alte Jungfern.

THERIDION

Sehen Sie, es gibt unverheiratete Frauen, die vom Gefühl her schon oft verheiratet waren, und es gibt Ehefrauen, die nie wirklich verheiratet waren. Letztere können gut Theridion sein.

Das ist ein bißchen wie *Barium carbonicum*. Sie merken, daß das System des Patienten in irgendeiner Weise eingeengt ist, daß es sich durch irgendeinen Einfluß nicht entfalten kann. Der Patient kann keine tiefgehenden Erfahrungen machen, kann nicht wirklich in die Tiefe gehen, tief empfinden.

Das Gesicht ist blaß und faltig.

Theridion-Patienten sind eigensinnig. Was sie sagen, muß getan werden. Kleingeistig und eigensinnig. Sie beharren auf kleinen Dingen.

Das Hauptthema ist **MANGELNDES GLEICHGEWICHT** (lack of balance).

Schwindel beim Gehen, **speziell beim Schließen der Augen**.
Theridion ist bekannt für Patienten, die unter **Seekrankheit** leiden. Schwindel auf einem Schiff, besonders wenn das Schiff sehr schwankt.
Schwindel mit Übelkeit. Der Schwindel ist so stark, daß der Patient **erbrechen** muß und ihm der kalte Schweiß ausbricht, wie bei *Tabacum*.

All diese Zustände, all diese Leiden, die an sich nicht sehr pathologisch sind, die den Patienten aber sehr leiden lassen, treten in Verbindung mit großer **EMPFINDLICHKEIT GEGEN GERÄUSCHE** auf.
Sie denken an *Nux vomica*, weil die Patienten so leicht irritiert sind, weil sie die Ohren zustopfen, um schlafen zu können. Oft sagen sie: Ich fühle Geräusche sehr stark im Körper. **Geräusche werden im Körper fast wie ein Schmerz gefühlt, vor allem in den Zähnen**. Geräusch kann als Vibration im Kopf wahrgenommen werden.

Theridion-Patienten können sehr **unentschlossen** werden, sie sind nicht fähig, zu entscheiden, was sie wollen.
Auch **Mangel an Selbstvertrauen**, zwar nicht so stark wie *Barium carbonicum* oder *Anacardium*, aber schon sehr stark.

Oft begegnet Ihnen ein Fall, in dem die Symptomatologie sehr wechselt.
Sie nehmen einen Fall auf, im nächsten Monat haben sie das Gefühl, einen ganz anderen Fall vor sich zu haben, und im dritten Monat haben sie einen dritten Fall. Aber im großen und ganzen bewegt sich der Fall doch auf der geistigen Ebene,

dreht sich um **Schwindel, Benommenheit, Unfähigkeit zu denken und sich zu konzentrieren**.

Allgemein verschlechtert Kälte, doch am meisten werden die **Zähne** durch Kälte betroffen. Die Zähne sind sehr empfindlich gegen kalte Getränke.
Bei *Mercurius* sind die Zähne sowohl empfindlich gegen Kälte als auch gegen Heißes.
Bei *Kreosotum* zieht der Kopfschmerz in die Zähne. Wann immer sich Kopfschmerzen in die Zähne erstrecken, sollte man an *Kreosotum* denken.
Bei *Chamomilla* wird alles, was die Zähne berührt, Schmerzen hervorrufen.

Bei Theridion scheint das Gehör sehr scharf zu werden, Geräusche werden übertrieben stark wahrgenommen.
Oft treten **Ohrgeräusche** auf, besonders wie rauschendes Wasser.

Wenn ein Theridion-Patient unter Lumbago oder Ischialgie leidet, dann **fühlt** er **Geräusche in** diesen **schmerzhaften Körperteilen**, im Rücken, im Nervus ischiaticus. Ein Geräusch tritt auf, und die Ischialgie wird schlimmer.
Das ist ein Schlüsselsymptom von Theridion: Geräusch verschlimmert den Schmerz, wo auch immer er lokalisiert ist.

Schließlich entwickelt Theridion eine Art **Dualität**, ähnlich der von *Anacardium*.

Am Abend und besonders in der Nacht entwickelt Theridion eine lebhafte Vorstellungskraft, Theridion-Patienten haben überhaupt sehr viel **Vorstellungsvermögen**. Oft hat man den Eindruck, daß sie sich die Symptome, von denen sie erzählen, eigentlich nur einbilden.
Durch die Vorstellungen am Abend werden sie gesprächig.

Ein anderer Theridion-Typ will mit niemandem sprechen, will einfach alleine sein, sich um niemanden kümmern, sich nur hinlegen, seine Ruhe haben und schlafen können.

Theridion-Patienten ermüden schnell, speziell in diesem Zustand, und **arbeiten nicht gerne, weder körperlich noch geistig. Besonders geistige Arbeit fällt schwer**.
Sie wollen am Morgen nicht aufstehen, sie sind so müde, sie haben das Gefühl, nicht genug geschlafen zu haben.

THERIDION

Theridion gehört zu den Mitteln, die Sie mit *Nux vomica*, *Kalium carbonicum*, *Coffea*, *Arsenicum album* et cetera verwechseln, bevor Sie merken, daß es ein Theridion-Fall ist.

Wenn der Patient mit Schlaflosigkeit zu Ihnen kommt, fragen Sie nach der Geräuschempfindlichkeit. Manchmal schildern Ihnen die Patienten die Geräuschempfindlichkeit als gar nicht so ausgeprägt. Aber wenn Sie das falsche Mittel geben, wird die Empfindlichkeit und auch das benommene Gefühl immer mehr herauskommen, weil die Pathologie ja trotz Ihrer Behandlung weiterschreitet.

Theridion-Patienten beschweren sich laufend über ihre Gesundheit. Das ist keine Angst um die Gesundheit, sie zeigen keine Angst. Sie kommen nicht und klagen, daß sie vielleicht Krebs oder etwas Ähnliches haben könnten. Sie beklagen sich über Schlaflosigkeit, darüber, daß sie nicht denken können, ihr Kopf nicht klar ist, über Schwindel und mangelndes Gleichgewicht.

Was die **Sexualität** anbetrifft, so sind sie **eher zu müde**, haben nicht viel Verlangen, sind nicht sehr interessiert.
Die männlichen Patienten haben **keine Erektion**, oft Samenabgang am Nachmittag ohne starke Erektion.

Kopfschmerz ist normalerweise **begleitet von Schwindel**.
Wenn die Patienten etwas schnell in Eile tun, ist ihnen schwindelig und der **Kopf** fühlt sich **dick und schwer** an. **Kopfschmerz über dem linken Auge**, Kopfschmerz schlechter **durch die geringste Bewegung**, wie *Bryonia*.
Kopfschmerz **schlechter durch heiße Getränke**.
Es besteht eine Verbindung zwischen **Kopfschmerzen und Darm**, je mehr der Darm gebläht ist, desto schlimmer sind die Kopfschmerzen.

Schwindel muß nicht unbedingt vorhanden sein, aber irgendwo sieht man die Schwäche auf der geistigen Ebene, die Denkschwäche, die Benommenheit. Der Kopf fühlt sich dick an, benommen. Die Patienten scheinen oft an Kleinigkeiten zu leiden, aber das andauernd.

Die frustrierte Sexualität und die schwindelige Benommenheit legt die **Differentialdiagnose zu *Conium*** nahe. Und tatsächlich wird oft *Conium* statt Theridion gegeben und umgekehrt.
Die *Conium*-Persönlichkeit ist vollkommen anders. Sachlich, nüchtern, materialistisch, weiß was sie will, überhaupt nicht geräuschempfindlich.

Der Schwindel bei **Conium** ist eher so, daß etwas herumwirbelt, schlechter beim Hinlegen (Theridion: Schwindel schlechter beim Schließen der Augen), schlechter beim Umdrehen im Bett. *Conium* und *Belladonna* sind die beiden wichtigsten Mittel, die Ihnen erzählen, daß sie enormen Schwindel bekommen, wenn sie versuchen, sich umzudrehen; sie müssen in einer Position bleiben, sonst kommt der Schwindel.
Conium hat nicht die Sensibilität wie Theridion.
Conium kann sehr unter Kopfschmerzen leiden, furchtbar starken Kopfschmerzen, anhaltenden Kopfschmerzen, die den Patienten völlig zerstören. Aber der *Conium*-Patient ist in gewisser Weise hart. Er kann auch eine Menge Schmerz aushalten. Theridion hingegen ist sehr empfindlich, über eine Kleinigkeit beschwert es sich schon sehr.
Beide sind sexuell frustriert, *Conium* möchte Sex aber kann aufgrund der Umstände keinen haben. Moralische und praktische Gründe mögen dabei ausschlaggebend sein. Die *Conium*-Patientin liebt vielleicht einen bestimmten Mann, aber er liebt sie nicht; oder sie liebt einen Mann, der zur See fährt und entsprechend lange weg ist, aber sie will sich nicht mit einem anderen Mann einlassen.
Conium-Patienten wechselt nicht leicht den Partner. Wenn sie sich einmal etwas in den Kopf gesetzt haben, dann haben sie es sich in den Kopf gesetzt. Das kann schon fast arteriosklerotisch wirken.
Conium entwickelt auch Tumore, harte Tumore. Die Verhärtungen im Geist entsprechenden den Verhärtungen im Körper.
„Ich will diesen Mann, was immer es kostet, mit diesem Mann will ich Sex." Das ist *Conium*. Und wenn sie ihn nicht haben können, entwickeln sie Schwindel.

Bei Theridion sehen wir eine **sexuelle Schwäche**. Die Patienten wissen nicht, was sie wollen; sie haben nicht genügend Energie für Sex, haben nicht die Kraft, die Emotionen beim Sex zu fühlen.

Theridion ist ein kaltes Mittel, **verträgt die Kälte nicht gut**. Besonders beeinträchtigt Kälte die **Zähne**.
Zur Differentialdiagnose: *Gambogia* hat auch eine Beziehung zwischen Kälte und Zähnen: Gefühl von Kälte in den Zähnen.

Theridion kann in manchen Situationen *Cocculus* ähneln. Ein kranker Patient, der nicht geschlafen hat.

Zur **Dualität**: Ein Gefühl von Dualität, das heißt eigentlich viel mehr als Unentschlossenheit. Sehr unentschlossen. Ihr Geist ist nicht stark, und so ist es, als hätten sie zwei Willen (*Anacardium*). Aber nicht im schizophrenen Sinn.

THERIDION

Wie Alzheimer? (Frage aus dem Publikum)

Ja, wie *Barium carbonicum, Cicuta, Argentum nitricum, Gelsemium, Barium muriaticum, Plumbum, Alumina.*

THUJA

Es ist schwierig, den Thuja-Zustand präzise zu beschreiben. Wir müssen auf Umschreibungen zurückgreifen. Wenn man einen Thuja-Patienten zum ersten Mal sieht, spürt man etwas, das zur Vorsicht mahnt. Er traut anderen nur sehr zögernd, und man hat den **Eindruck, als würde er kein wahrheitsgetreues Bild von seinem Inneren vermitteln**. Natürlich enthält jeder bis zu einem gewissen Grad Informationen vor, doch bei Thuja spürt man, daß es über die übliche Zurückhaltung hinausgeht. Darüber hinaus entsteht das Gefühl, daß das Verschwiegene häßlich ist - unangenehm, wenn es ans Tageslicht käme, sowohl für den Patienten als auch für den Arzt. Am ehesten kann man den Patienten mit den Worten HÄSSLICH, fies, ekelhaft (UGLY) und HINTERLISTIG (DECEIT) beschreiben.

(Anmerkung des Übersetzers: Vithoulkas korrigiert später in einem auf Band mitgeschnittenen Vortrag die in Umlauf befindlichen „Essences" folgendermaßen: „Häßlich und hinterlistig sind zu harte Worte; Thuja hat ein betrügerisches Element und etwas an sich, das nicht nett ist. Aber es mit häßlich und hinterlistig zu beschreiben, erweckt einen falschen Eindruck. Thuja-Persönlichkeiten können sehr nett im Umgang sein. Das **Element des Zweifels** ist sehr stark in Thuja; Thuja-Patienten überlegen laufend, ob es richtig ist, was sie denken, oder falsch. Thuja gibt eine Information und sobald er merkt, daß der Arzt sich dafür interessiert, ändert er diese Information, weil er seine eigenen Beobachtungen und Gefühle anzweifelt und glaubt, daß er eine falsche Information liefert.)

Ein Thuja-Patient ist heimtückisch (sneaky) und **manipuliert** gerne. Er **hält absichtlich Informationen zurück**, um Sie zu testen. Er will nur sehen, ob Sie wissen, was Sie tun. Zum Beispiel eine Frau mit einem Schwächeanfall; sie sagt: „Ich dachte, meine Seele würde mich verlassen, und ich hatte Angst zu sterben." Sie liefert noch einige andere Informationen, erzählt aber nicht, daß sie am Tag vorher sehr viel Schwerverdauliches gegessen hat. Sie sagt: „Meinen Sie, es könnte der Magen sein?" Da Sie keinen Anhaltspunkt für diese Möglichkeit haben, sagen Sie: „Nein, es war wahrscheinlich ein Blutdruckabfall." Dann erst rückt sie heraus: „Aber gestern habe ich sehr viel Schweres gegessen." Auf diese Weise versucht sie, Sie reinzulegen.

Thuja-Patienten sind stets **zurückhaltend**. Sie spielen den Zuschauer - dabei beobachten sie alles, ohne etwas von sich selbst preiszugeben. Sie sind sehr verschlossen und lassen keine Form tiefer Kommunikation zu. Nicht etwa, weil sie keine Gefühle hätten, sondern weil sie zurückgezogen sind und mißtrauisch werden bei dem Gedanken, was passieren könnte, wenn sie sich auf eine tiefere Kommunikation einließen.

Thuja-Patienten sind **hart**. Die Härte in ihrem Gefühlsausdruck spiegelt sich sogar auf der körperlichen Ebene wider - als **harte Tumoren**.

Lassen Sie sich jedoch **nicht durch die bloße äußere Erscheinung in die Irre führen**. Ich erinnere mich an einen **netten** jungen Mann, dem Thuja sehr gut tat, bei dem aber die Idee von Thuja sehr schwer zu erkennen war. Er war einer der nettesten Menschen, die man sich vorstellen kann - **sehr sensibel**, ein Dichter. Dennoch fühlte er eine Distanz zwischen sich und den anderen Menschen. Er **konnte nicht wirklich und direkt mit anderen Menschen kommunizieren** und suchte so seine Zuflucht in der Dichtkunst.
Thuja in solchen Fällen zu erkennen, erfordert natürlich ein sehr subtiles Verständnis, sowohl für den Patienten als auch für das Mittel, aber es erweist sich als sehr segensreich bei diesen Patienten.

Was genau hat das sykotische Miasma bei diesen Patienten bewirkt? Zuerst, früh im Werdegang der Persönlichkeit, regt es die niederen Instinkte an, die dann ausgelebt werden wollen. Die Gesellschaft jedoch schreitet ein und verweist den Patienten „in seine Schranken". Er wird bestraft und lernt, sich zu kontrollieren. Unter diesen Umständen kann sich die Thuja-Pathologie entwickeln. Der Thuja-Patient **lernt, seinen wahren Charakter nicht offen zu zeigen, obwohl die inneren Neigungen bleiben und noch immer ausgedrückt werden wollen**. Er findet Möglichkeiten, die anderen hinters Licht zu führen. Er wird sehr anständig. Es ist, als hätte er herausgefunden, daß es sich in der Gesellschaft nicht auszahlt, seine Instinkte auszuleben, und so kontrolliert er sich. Auf diese Weise ist sein Benehmen sehr auf die Meinung anderer abgestimmt; aber nicht in dem Sinne, daß er Angst hätte, was die anderen von ihm denken könnten, wie bei *Lycopodium*. Thuja ist in seinem Verhalten kalt berechnend, rein aus praktischen Gründen.

Die geistigen Fähigkeiten von Thuja lassen nach. Eine sonderbare **Vergeßlichkeit** macht sich breit: **Wortendungen oder ganze Wörter werden während des Sprechens ausgelassen. Die letzten Worte des Satzes kommen nicht heraus**. Die geistige Trägheit und Vergeßlichkeit kann schließlich zu sehr tiefer **Niedergeschlagenheit und Unzufriedenheit** weiterschreiten; allerdings nicht so stark wie bei *Acidum nitricum*, das auch sehr unzufrieden ist, aber insbesondere in bezug auf die Gesundheit. Thuja kann sich auch um die Gesundheit ängstigen, stellt sich aber dem Problem direkt. Diese Patienten sind unzufrieden und verzweifelt, aber sie sind auch kalt, berechnend, planen und versuchen zu manipulieren.

Sie haben sich abgekapselt, man kann nie wissen, was sich in ihren Köpfen abspielt.

Aus diesem Grund ist die **Symptomatologie bei Thuja im allgemeinen UNKLAR**. Man spürt, daß da etwas ist, das man nicht fassen kann. Infolgedessen ist man sich einer Thuja-Diagnose nie ganz sicher. Das Bild ist niemals klar, da der Patient sich nie weit genug öffnet.

Wenn die Krankheit auf der geistigen Ebene fortschreitet, entwickeln sich verschiedene **fixe Ideen**. Am auffallendsten ist das **Gefühl, als wären die Beine zerbrechlich**. Kent sagt, ihre Beine würden sich **wie aus Glas** anfühlen. Meiner Erfahrung nach drücken das die Leute heute nur selten so aus. Sie beschreiben meist dieses Gefühl der Zerbrechlichkeit, als würden ihre Beine leicht zerbrechen. In der Tat ist das für Thuja mehr als ein Gefühl; sie glauben es wirklich.

Eine andere merkwürdige Idee ist das **Gefühl, als wäre etwas Lebendiges in ihrem Bauch**. Das kann bis zu einer genauen Beschreibung dieser Empfindung gehen, so stark ist das Gefühl. Eine Patientin drückte es einmal so aus: „Ich fühle einen kleinen Jungen im Bauch, der mit dem rechten Fuß tritt."

Eine weitere fixe Idee, die ich oft bei Thuja beobachtet habe, ist das **Gefühl, als ginge jemand neben ihm**. Es handelt sich dabei nicht um eine Furcht, sondern um eine Wahnidee.
Im Gegensatz dazu hat *Medorrhinum* Furcht, daß jemand hinter ihm sein könnte. *Petroleum* ist in dieser Hinsicht Thuja ähnlicher, es hat das Gefühl, als liege jemand neben ihm im Bett.

Auf der **körperlichen Ebene** treten, wie bereits erwähnt, **alle Arten überschießenden Gewebewachstums** auf. Die Neigung zu **Warzen** ist natürlich bekannt bei Thuja. Rezidivierender **Herpes genitalis**. Frauen leiden an **Uterusmyomen** (*Calcium carbonicum, Calcium fluoricum, Phosphor*). **Finger- und Zehennägel sind häßlich und mißgebildet**. **Verhärtung** bestimmter Gewebe, alle Arten von **Tumoren**.

Einige Schlüsselsymptome sollen Erwähnung finden. Der **Schweiß** bei Thuja **riecht süßlich**. **Unverträglichkeit besonders von Zwiebeln** - wie überhaupt in einem gewissen Grade von scharfen Speisen. Ein seltenes und merkwürdiges Symptom, das ich nur zweimal gesehen habe, ist das Laufen der Nase beim Stuhlgang.

Starke Neigung zu **Schleimhautentzündungen aller Art** - in der Nase, in der Urethra, Ausfluß aus der Vagina et cetera. Die Absonderungen als solche bieten wenig Charakteristisches, aber der Patient fühlt sich im allgemeinen **besser, solange die Absonderung in Gang ist**.

Kopfschmerzen sind sehr charakteristisch. Sie beginnen **üblicherweise in der Stirn, über dem linken Auge und ziehen sich dann seitlich nach hinten bis zum Hinterkopf**. Sie können **auch über dem rechten Auge beginnen**, aber dann kommt außer Thuja noch *Prunus* in Frage. (Wenn der Schmerz rechts nach hinten zieht und sich speziell auf der rechten Protuberantia occipitalis festsetzt, ist mit größerer Wahrscheinlichkeit *Sanguinaria* das Mittel.)

Als sykotisches Mittel wird Thuja **stark durch nasses Wetter beeinflußt**. Alle Arten **rheumatischer Beschwerden** sind bekannt.
Es sollte jedoch hervorgehoben werden, daß Thuja bei akuter Gonorrhoe nicht sehr wirksam ist. Es ist dann indiziert, wenn die **Gonorrhoe unterdrückt** wurde und ein tieferes chronisches Stadium vorliegt. Bei akuter Gonorrhoe sollte man eher an andere Mittel wie *Medorrhinum, Cannabis sativa* oder *Cannabis indica, Sarsaparilla* und viele andere denken. Thuja kommt eher in Betracht, wenn die Gonorrhoe durch Antibiotika unterdrückt wurde und in der Folge Warzen entstehen, oder, in schlimmen Fällen, chronische Kachexie oder geistiger Verfall auftreten.

Bei Thuja finden wir auch diese typische sykotische Wechselhaftigkeit (instability), aber nicht wie bei *Medorrhinum*. Der Thuja-Patient kann im Büro sehr anständig, höflich, aufrichtig sein, aber daheim wird er zu einem völlig anderen Menschen. In Wahrheit setzt er im Büro eine **Maske** auf und kann sie durch Selbstkontrolle auch aufbehalten. *Medorrhinum* hingegen hat sich nicht in der Gewalt und kann jeden Augenblick explodieren. Thuja hält die ehrenhafte, respektable Fassade aufrecht, wogegen *Medorrhinum* eher als „normaler Mensch" bezeichnet werden kann.

In diesem Sinne ist Thuja schon auf einer tieferen Schicht erkrankt. Das sehen wir dann, wenn die sykotischen Wesenszüge an die nächste Generation weitergegeben werden. Thuja ist viel öfter **bei geschwächten Kindern sykotischer Eltern** angezeigt, *Medorrhinum* dagegen, wenn sich die Gonorrhoe in der Vorgeschichte des Patienten selbst abgespielt hat.

Thuja ist viel kränker als *Medorrhinum*. Die Idee, daß die Beine zerbrechlich seien, steht symbolisch für die Gesundheit des Thuja-Patienten im allgemeinen.

Sein Zustand ist sehr „zerbrechlich", am Rande des totalen Zusammenbruchs, ein kleiner Schubs genügt.

Es fällt schwer, zu erklären, warum Thuja bei den schädlichen **Folgen von Pokkenimpfungen** wirkt. So eine diagnoseorientierte Verschreibung weicht deutlich von den Gesetzen der homöopathischen Heilkunst ab. Hier scheint es sich aber um eine Ausnahme zu handeln, die ich durch meine Erfahrung bestätigen kann. Ich will den Leser aber warnen: Dies gilt nur für die Pockenimpfung, nicht für andere Immunisierungen, trotz abweichender Aussagen Kents. Ich glaube, es handelt sich um eine Resonanz zwischen der Pockenimpfung und Thuja. Mit anderen Worten, ein Patient, der empfänglich für die Pockenimpfung ist, ist auch sehr empfindlich für Thuja. Die Pusteln und Bläschen der Pocken gehören auch zu der Symptomatologie von Thuja. Das Thema der Häßlichkeit paßt auch hier, da die Pocken häßliche Narben hinterlassen. Die genaue Beziehung zwischen der Pockenimpfung und Thuja ist nicht bekannt.

Jedes Mittel besitzt eine Folge von Stadien. Die Krankheit beginnt irgendwo und endet irgendwo. Das gleiche Mittel wirkt in den Anfangs- und Endstadien; darum müssen wir das Arzneimittelbild eines jeden Stadiums genau beherrschen. Hat man zum Beispiel einen Patienten, der an Kopfschmerzen leidet, die von einer Pockenimpfung herrühren, wird Thuja sie wahrscheinlich heilen, auch wenn es sich nicht um die typischen linksseitigen Stirnkopfschmerzen handelt. Der Patient muß sich also in einem Zustand befinden, der noch nicht durch Arzneimittelprüfungen belegt worden ist.

Das erklärt, weshalb wir in bestimmten Fällen den Kausalfaktoren so viel Gewicht beimessen müssen. Wir wissen, daß die Pocken eine Meningitis hervorrufen können, eine Erkrankung, die durch ungeheuer starke Kopfschmerzen gekennzeichnet ist. Prüfungen von Thuja jedoch wurden nicht so weit getrieben. Klinische Erfahrungen haben gezeigt, daß sich Thuja in solch einer Situation als wirksam erwies; wir können nur vermuten, daß die Resonanz zwischen Thuja und der Pockenimpfung die Heilung herbeiführt.

Nichtsdestoweniger müssen wir uns darüber im klaren sein, daß Thuja bei dieser bestimmten Causa oft, aber auf keinem Fall stets zur Heilung führt. Man muß immer den ganzen Fall aufnehmen, um entscheiden zu können, ob nicht ein anderes Mittel ähnlicher ist. Wenn nicht, ist man berechtigt, Thuja zu geben.

Eine andere Routineindikation von Thuja sind **unterdrückte Warzen**. Es ist angebracht, hier an Thuja zu denken, jedoch mit Vorsicht. Ich kann aus meiner eigenen

THUJA

Erfahrung bestätigen, daß mir mehrere Fehler durch diese routinemäßige Verordnungsweise unterlaufen sind.

Thuja ist ein sehr tief wirkendes Mittel, mit dem man einige Überraschungen erleben kann. Angenommen, man ist in einem Fall der Verzweiflung nahe; mehrere Mittel haben nicht geholfen. Der Patient ist sehr **verschlossen, anständig und korrekt** - man hat vielleicht schon an *Kalium carbonicum* gedacht, aber es hat nichts bewirkt. Schließlich erkennt man, daß der Patient nicht wirklich ehrlich mit einem gewesen ist; das ist diese **manipulierende Unaufrichtigkeit**. Hat man das einmal erkannt, bringt Thuja eine dramatische Besserung.

Weitere Ergänzungen von einem auf Band mitgeschnittenen Vortrag: Am Anfang hat der Thuja-Patient ungeheures Vertrauen in sich selbst; **„Ich-weiß-alles-Haltung"**. Er legt seine Meinung dar und wünscht keine Diskussionen darüber, lügt vielleicht sogar, um seinen Standpunkt halten zu können. Später, wenn die Krankheit fortschreitet, hat er das Gefühl, **keiner Sache mehr sicher sein zu können** (Hauptidee!!). Er bezweifelt alles; er hört sich einen Standpunkt an und bezweifelt ihn sofort.

TUBERCULINUM BOVINUM

Tuberculinum ist ein ganz spezifisches Mittel, das man nicht verfehlt, wenn man es einmal verstanden hat, aber die präzise Beschreibung ist schwierig. **Launen und Benehmen der Tuberculinum-Patienten sind unberechenbar.** Jetzt sind sie fein und sanft und im nächsten Moment bösartig und zerstörerisch.

In ihrem Innern sind Tuberculinum-Patienten Menschen, die **„die Kerze an beiden Enden anzünden"**. Sie fühlen, daß das Leben kurz ist und daß man es voll auskosten muß. Sie sind weder mit sich selbst noch mit anderen jemals wirklich zufrieden. Meistens besitzen sie in frühen Stadien viele Fähigkeiten und viel Vitalität, aber sie schonen sich nicht, sie verschwenden sich. Voll widersprüchlicher Gefühle **suchen sie einerseits Erfüllung und Abwechslung, andererseits sind sie reizbar und unzufrieden**.

Stellen sie sich zum Beispiel ein **Tuberculinum-Kind** vor. Es ist **mit nichts zufriedenzustellen** - wie *Cina* oder *Chamomilla*. Bei Tuberculinum ist es aber mehr als eine momentane, impulsive Launenhaftigkeit, es ist eine **tiefe Unzufriedenheit, die zu Zerstörungslust führt**. Das Tuberculinum-Kind ist **absichtlich bösartig**. Es findet heraus, an welchem Gegenstand man am meisten hängt, und zerbricht ihn (vgl. „möchte Sachen zerbrechen", „Zerstörungssucht" im Repertorium). Gerade wenn man aus dem Haus gehen will, produziert es einen unbändigen Wutanfall, nur um die Pläne anderer zu durchkreuzen. Es tut um der Bosheit willen genau das, was ihm verboten wurde. Möglicherweise beschimpft es seine Mutter auf übelste Weise. Innerlich fragt sich das Kind vielleicht, warum es all diese Dinge tut, aber es kann sich nicht beherrschen. Tuberculinum-Kinder sind eine ständige Qual für ihre Eltern, sie können ganze Familien aufmischen und zerstören.

Beim **Erwachsenen** manifestiert sich eine ähnliche Störung. Er ist **unzufrieden**, weiß nicht, was er eigentlich will, und niemand kann ihn auf irgendeine Weise zufriedenstellen. Alltägliche Dinge reizen ihn, und er geht in die Luft. Grundlos beschimpft er seine Ehefrau. Er kann sich nicht helfen.

Es ist schwer, mit Tuberculinum-Patienten zu leben. Sie sind **aggressiv, bösartig und ausgesprochen egoistisch. Immer auf der Suche nach Befriedigung, ohne sie jemals zu finden.**
In ihrer Unzufriedenheit **suchen** Tuberculinum-Patienten **laufend nach Abwechslung**. Sie gehen von Anstellung zu Anstellung, von Ort zu Ort - immer auf

der Suche nach einem Ausweg aus ihrem Dilemma. Nach einem Wechsel sind sie erst einmal zufrieden, aber es dauert nicht lange, bis sich die Unzufriedenheit wieder einschleicht und sie weitertreibt. In den Büchern werden sie als „Kosmopoliten" beschrieben, aber ihr Weltbürgertum ist von pathologischer Art. Sie haben nicht nur das Verlangen zu **reisen**, sie werden **dazu getrieben**.

Wenn man klinische Erfahrung mit Tuberkulose-Patienten hat, wird man ohne Schwierigkeiten dieses Bild erfassen können.
Vom Habitus her sind Tuberculinum-Patienten schmal, schnell, muskulös - wie *Sulfur, Phosphor, Nux vomica*; sie haben einen **raschen Stoffwechsel und verbrennen Fett schnell**. Sie **magern rasch ab**. Hat die Krankheit erst einmal Fuß gefaßt, schreitet der Prozeß schnell in Richtung Zerstörung und Tod fort. Ohne unbedingt krank zu sein, trägt der Tuberculinum-Patient tief im Innern das Gefühl von Zerstörung und Tod. Weil er spürt, daß ihn ein kurzes Leben erwartet, beeilt er sich, soviel wie möglich daraus zu machen, solange er noch kann.

Daß Tuberkulose-Kranke sexuell überaktiv sind, ist bekannt. Ebenso haben die Tuberculinum-Patienten ein **starkes sexuelles Verlangen**. Sie gehen von einer Beziehung zur anderen, aber ihre Liebesaffären sind immer sehr stürmisch, mit vielen Höhen, Tiefen und Konflikten. Durch ihre Launenhaftigkeit und ihr Bedürfnis nach Abwechslung fällt es schwer, sie zu verstehen oder es ihnen recht zu machen.

Die klinische Erfahrung hat gezeigt, daß sich Tuberkulose-Patienten **in den Hochgebirgswäldern mit ihrem trockenen Klima besser erholen**. Das gilt auch für Tuberculinum-Patienten. Wenn sie gereizt sind, wollen sie lieber allein sein, und am besten bekommt ihnen ein Spaziergang in der frischen Gebirgsluft. Aus irgendeinem Grund geht es ihnen besonders **in Nadelwäldern besser**, im Gegensatz dazu **am Meer schlechter**. Im allgemeinen **verschlechtert nasses, kaltes Wetter, und warmes, trockenes Klima bessert**.

Da ihr Stoffwechsel Fett sehr schnell verbrennt, haben Tuberculinum-Patienten **Verlangen nach Fett, besonders nach Schweinefleisch und nach gewürzt schmeckendem Fleisch wie Salami und Geräuchertem; dazu noch Verlangen nach Eiscreme**.

Tuberculinum-Patienten **schwitzen** natürlich **stark, besonders nachts**; profuse Schweiße am ganzen Körper durchnässen die Nachtwäsche. Die Patienten müssen eventuell nachts aufstehen, um die Wäsche zu wechseln. Die Schweiße sind nicht besonders übelriechend und müssen nicht unbedingt zusammen mit Fieber auftreten.

Ein charakteristisches Schlüsselsymptom von Tuberculinum ist die **Angst vor Hunden und vor allem vor Katzen**. Besonders die Furcht vor Katzen kann einen in schwierigen Fällen auf Tuberculinum bringen. Manchmal wird nicht Furcht, sondern eher Ekel vor Katzen geschildert. Die Patienten sagen, sie haßten Katzen und könnten sie nicht anfassen. Dies kann sich auch äußern als **Allergie gegen Hunde- und Katzenhaare**.

Die Zerstörungssucht von Tuberculinum zeigt sich auch in einem anderen Schlüsselsymptom, das ich in geheilten Fällen beobachten konnte: Beim Anblick eines scharfen Messers stellen sie sich das Geräusch vor, das entstünde, wenn das Messer in jemanden hineingestoßen würde – das Knirschen der Knochen und des Gewebes.

Obwohl man Tuberculinum nie routinemäßig verschreiben sollte, ist es dennoch angezeigt bei **Patienten mit Tuberkulose in der eigenen Krankheitsgeschichte oder in der Familienanamnese**. Wenn eine solche Vorgeschichte in einem Fall auftaucht, lohnt es sich immer, nach anderen Schlüsselsymptomen zu suchen: zum Beispiel Furcht vor Katzen, Verlangen nach Schweinefleisch, Verlangen nach Fett, starkes Schwitzen, häufige Erkältungskrankheiten, Bösartigkeit, Verlangen nach Abwechslung und so weiter. Findet sich ein Bild, das den Verdacht bestätigt, ist man berechtigt, Tuberculinum zu verschreiben.

Wir sehen oft Patienten, die früher an Tuberkulose erkrankt waren, aber mit Antibiotika behandelt wurden. Wenn man sie damals mit Streptomycin behandelt hat, kann ein sehr hinderlicher Schwindel auftreten – ein unspezifischer Schwindel, ohne Modalitäten. Der Kopf fühlt sich wie verkrampft an oder als ob er voller Abfall sei. Diese Symptomatik kann auf Tuberculinum ansprechen, aber eines Tages werden wir vielleicht entdecken, daß potenziertes Streptomycin dieses Symptom in seiner Arzneimittelprüfung entfaltet.

VERATRUM ALBUM

Veratrum ist **ständig aktiv**, jedoch nicht im gewalttätigen oder aggressiven Sinn, außer in Extremsituationen; vielmehr steckt eine **unaufhörlich treibende Energie in dem Patienten, die ihn zu ständigem Tätigsein zwingt**. Es **kann eine ziellose Aktivität sein**, Aktivität um ihrer selbst willen; zum Beispiel laufend Bücher oder Stühle stapeln, endlos reinemachen. Das überaktive Kind zeichnet, malt, singt, spielt ohne Unterlaß, aber im Gegensatz zu *Stramonium* zerstört oder zerbricht es nichts. Solche Menschen können zur Plage werden, weil sie durch ihre bloße Energie ständig die Aufmerksamkeit in Anspruch nehmen; aber sie sind nicht wirklich destruktiv.

Der Veratrum-Patient ist sich **oft im unklaren über seine Identität**. Er **hält sich für Christus oder für Johannes den Täufer oder einen Auserwählten, gesandt, die Welt zu retten**. Er ist der Straßenprediger, der tagaus, tagein die Menschen zu Reue und Buße ermahnt und dabei immer wieder lauthals zu tugendhaftem Leben aufruft.
Im Gegensatz zu *Stramonium* verfügt Veratrum nicht wirklich über größere körperliche Kraft, dafür aber über **erstaunliche Ausdauer**. Ihm scheint nie die Puste auszugehen.
Bei *Stramonium* bricht das Unbewußte hervor, und der Patient durchlebt unter Umständen alle möglichen Sinnestäuschungen und Wahnideen. Der Veratrum-Patient nimmt die Sinnestäuschung nicht wahr, er hat eine ganz falsche Vorstellung von seiner eigenen Identität. Er ist überzeugt, der zu sein, für den er sich hält, und niemand kann ihm das ausreden. Es ist, als hätte der Organismus die aus dem Unbewußten aufsteigende Energie in eine relativ harmlose Verwirrung über die eigene Identität umgeleitet.

In den frühesten Stadien ist es oft schwer, in der unaufhörlichen Aktivität, dem Singen und den sich wiederholenden Handlungen, Veratrum zu erkennen und von anderen Mitteln zu unterscheiden. Der Veratrum-Charakter kommt erst etwas später deutlich heraus, wenn die typische **überhebliche Selbstgerechtigkeit** auftritt. Sie muß **nicht unbedingt religiös gefärbt sein, aber der Patient fühlt sich anderen überlegen**. Vielleicht wird er überaus **kritisch** und tadelsüchtig. Im Repertorium steht Veratrum dreiwertig in der Rubrik „hochmütig". Je mehr der Patient sich in diese Richtung entwickelt, um so weniger bemerkt er die Diskrepanz zwischen seiner Realität und der der anderen. Oft hält er sich selbst für den einzig geistig Gesunden, alle anderen dagegen für verrückt. Das entwickelt sich **schließlich zu dem voll ausgeprägten Bild der religiös gefärbten Selbstgerechtigkeit und Selbstüberschätzung.**

Agitierte Stadien können mit melancholischen Zuständen abwechseln - wie bei manisch-depressiven Psychosen. Der Patient brütet oder schmollt verzweifelt über seinen eigenen Zustand oder den der ganzen Welt; insbesondere plagt ihn **Verzweiflung über sein eigenes Seelenheil.** Junge Mädchen können **kurz vor der Menses in tiefe Hoffnungslosigkeit** verfallen, insbesondere bei **Dysmenorrhoe mit Kälte, Schwäche, Schweiß, Erbrechen und/oder Diarrhoe.** Im Laufe der Jahre kann sich diese Verzweiflung zur voll ausgeprägten Geisteskrankheit entwickeln.

Folgende allgemeine Charakteristika können dabei helfen, Veratrum von anderen Mitteln zu unterscheiden: **viel Durst auf kalte Getränke, sogar Verlangen nach Eis.** Weiterhin **Verlangen nach Obst, besonders nach saurem Obst, und großes Verlangen nach Salz.** Zusätzlich zieht sich durch das ganze Veratrum-Bild **große Kälte**.

Auch im akuten Stadium zeigt sich wieder die übertriebene Aktivität, sowohl auf der geistigen als auch auf der körperlichen Ebene.
Überaus plötzlich und explosiv entleeren sich Magen und Darm mit **Erbrechen und Durchfall**. Die beste Beschreibung finden wir in Kents Materia medica: „Reichliche, wäßrige Absonderungen ohne offensichtliche Ursachen. Bei Cholera oder akuter Gastroenteritis sieht es aus, als würden die Säfte aus dem Körper rinnen. Der Kranke liegt matt und erschöpft im Bett, kalt bis in die blau, fast blaurot verfärbten Fingerspitzen. Die Lippen sind kalt und blau, das Gesicht ist eingefallen. Hochgradiges Kältegefühl, als ob das Blut wie Eiswasser durch die Adern fließe. Die Kopfhaut ist kalt, die Stirn mit kaltem Schweiß bedeckt. Kopfschmerz und Erschöpfung. Fleckweise verteilte Kälte am ganzen Körper. Leichenkälte der Extremitäten. Häufige Krämpfe. Der Kranke sieht aus, als würde er sterben. Dieser Zustand entwickelt sich während der Regel, während einer Kolik mit Übelkeit, bei Manie und heftigem Delirium, bei Kopfschmerz, bei heftigen Entzündungen."

Viel **Muskelzucken** wie bei *Hyoscyamus* und *Agaricus*.

Auf der körperlichen Ebene gibt es außer den gastrointestinalen und den Menses-symptomen auch noch **neuralgische Schmerzen**, die den Patienten zum Wahnsinn treiben. Sowohl **neuralgische als auch kongestive Kopfschmerzen**. **Schwere neuralgische und rheumatische Schmerzen in den Extremitäten**

VERATRUM ALBUM

und Gelenken, die zu **Kälte und Schweiß** führen und den Patienten verrückt machen.

Veratrum hat ebensoviel Aktivität und Unruhe wie *Stramonium* und *Tarantula* aber mehr als *Hyoscyamus*. Es ist aber nicht so gewalttätig wie *Stramonium* und *Tarantula*, neigt auch weniger zu Drohungen. In den Endstadien kann es natürlich auch gewalttätig werden, aber die Gewalttätigkeit zieht sich nicht charakteristisch durch den ganzen Verlauf der Krankheit. Veratrum ist **religiös und selbstgerecht, es ist kritischer und hochmütiger als die anderen Mittel.**

INDEX

Acidum fluoricum **1-4**

Acidum muriaticum 10; 12; 14; 250

Acidum nitricum **5-9**; 25; 27; 38; 42; 43; 79; 135; 155; 245; 266; 284

Acidum phosphoricum **10-14**; 72; 73; 81; 83; 88; 140; 145; 148; 153; 184; 189; 227; 233; 249

Acidum picrinicum 10; 13; 14

Acidum sulfuricum **15-21**; 133; 189; 273

Aconitum 36; 64; 133; 137; 176; 262

Aesculus 85

Aethusa **22-24**; 96

Agaricus **25-27**; 139; 205; 219; 229; 293

Agnus castus **28-29**; 36; 81; 161

Allium cepa 179

Alumina **30-34**; 95; 117; 183; 184; 185; 217; 221; 236; 282

Ambra grisea 37

Anacardium 216; 278; 279; 281

Antimonium crudum 277

Apis 85; 91; 116; 144; 223

Argentum nitricum **35-38**; 95; 110; 229; 282

Arnica 15; 53; 88; 229

Arsenicum album 6; 25; 31; 32; **39-46**; 61; 62; 79; 80; 90; 91; 92; 106; 116; 147; 176; 178; 188; 201; 202; 205; 209; 210; 215; 226; 242; 248; 261; 262; 266; 269; 273; 275; 276; 280

Asa foetida 194

Asarum 205

Asterias 186

Aurum 11; **47-51**; 85; 135; 153; 252; 274

Baptisia 188

Barium carbonicum **52-57**; 130; 146; 278; 282

Barium muriaticum 55; 244; 282

INDEX

Belladonna 63; 64; 137; 139; 151; 162; 259; 260; 281

Bismuthum **58-59**

Bovista 85

Bryonia 15; **60-64**; 116; 133; 162; 231; 248; 280

Cajuputum 173

Calcium carbonicum 6; 20; 31; 37; 43; 52; 54; 57; 61; **65-71**; 72; 73; 74; 82; 85; 90; 103; 104; 106; 107; 108; 111; 116; 118; 159; 163; 171; 175; 189; 212; 236; 243; 245; 247; 248; 266; 285

Calcium fluoricum 244; 285

Calcium phosphoricum 14; **72-76**; 96; 225; 271

Calcium silicatum 9

Calcium sulfuricum 9; 135

Cannabis indica 26; **77-81**; 163; 214; 286

Cannabis sativa 286

Cantharis 4

Capsicum **82-87**; 124

Carbo animalis 90

Carbo vegetabilis 83; **88-92**; 227

Causticum **93-97**; 160; 205; 212; 229; 269

Chamomilla 3; 63; 72; 74; 86; 112; 179; 279; 289

Chelidonium 90; **98-102**; 165

Cicuta 282

Cimicifuga 27; 75; 225

Cina 86; 289

Cistus canadensis 186; 226

Clematis 229; 266

Cocculus 33; 217; 281

Coffea 174; 212; 255; 280

Conium 37; 280

Dulcamara 98; **103-106**

Euphrasia 229

Ferrum 82; 85; 110; 222; 247; 266

INDEX

Formica rufa 63

Gambogia 281

Gelsemium 12; 64; 133; 170; 242; 282

Graphit 33; 97; **107-111**; 123; 130; 229; 244

Gratiola **112-113**

Grindelia 22; 210

Guajacum **114-120**

Helleborus 84; **121-132**

Helonias 12; 188; 247

Hepar sulfuris 3; 20; 38; 53; 90; **133-136**; 205

Hyoscyamus **137-139**; 146; 205; 216; 260; 276; 293; 294

Ignatia 10; 12; 21; 22; 23; 56; 76; **140-143**; **144-146**; 186; 188; 213; 223; 226; 236; 242; 251; 252; 266

Iodum 267

Kalium arsenicosum 25; 43; 147

Kalium bichromicum 87; **147-151**; 179; 245

Kalium carbonicum 43; 47; 103; 106; 151; **152-158**; 225; 245; 280; 288

Kalium jodatum 179

Kreosotum 96; 279

Lac caninum 85; 96; 130

Lachesis 22; 79; 89; 90; 146; 155; **159-166**; 184; 210; 212; 220; 223; 233; 240; 242; 249

Ledum 118; 119; 184

Lilium tigrinum 20; 142; 194; 199

Lycopodium 34; 37; 44; 91; 92; 98; 100; 101; 113; 155; 162; **167-171**; 184; 199; 204; 237; 242; 256; 262; 267; 277; 284

Lyssinum 172

Magnesium carbonicum 179; 180

Magnesium muriaticum **177-180**; 241

Magnesium phosphoricum 180

Mancinella 163; 175

Manganum 179

INDEX

Medorrhinum 20; 21; 34; 48; 96; 117; 143; 179; **181-186**; 204; 285; 286

Mercurius 13; 20; 32; 33; 83; **187-192**; 215; 217; 279

Mezereum 154

Moschus 142; 194; 199; 220

Natrium carbonicum 83; 277

Natrium muriaticum 10; 20; 23; 41; 47; 53; 57; 63; 82; 85; 97; 140; 141; 144; 146; 162; 171; 189; **193-200**; 202; 212; 213; 223; 236; 241; 242; 252; 262; 266; 267; 274

Natrium phosphoricum 229

Natrium sulfuricum 110; 123; 226; 267

Natrium-muriaticum 108; 249

Nux moschata 63

Nux vomica 3; 18; 40; 41; 45; 85; 87; 91; 112; 134; 135; 146; 155; 158; 181; 185; 189; 190; **201-206**; 212; 215; 235; 238; 257; 262; 266; 273; 278; 280; 290

Oleander 265

Onosmodium 130

Opium 250

Origanum 161; 212

Petroleum 285

Phosphorus 3; 13; 25; 39; 40; 42; 43; 44; 45; 56; 58; 59; 62; 71; 72; 74; 75; 79; 80; 92; 104; 108; 110; 142; 146; 155; 156; 158; 176; 179; 189; 199; 201; **207-211**; 214; 217; 220; 222; 223; 226; 235; 237; 242; 262; 266; 269; 285; 290

Platinum 32; 112; 114; 143; 161; 167; 190; 204; **212-216**; 271

Plumbum **217-221**; 229; 282

Podophyllum 162

Prunus 286

Psorinum 85; 244

Pulsatilla 4; 10; 13; 21; 54; 91; 110; 114; 117; 123; 143; 149; 163; 164; 175; 176; 185; 186; 199; **222-224**; 226; 242; 245; 247

Rheum 20

Rhododendron 91; 231

Rhus toxicodendron 15; 37; 62; 63; 75; 76; 97; 103; 149; 178; 179; **225-226**; 229; 230; 231

Rumex 265

Ruta **227-231**

Sabadilla 214

Sanguinaria 286

Sanicula 179

Sarsaparilla 286

Secale 37; 91

Selenium 179

Sepia 10; 11; 48; 57; 97; 119; 124; 134; 135; 143; 144; 164; 199; 212; 225; **232-234**; **235-236**; **237-241**; 262; 266

Silicea 4; 29; 33; 171; 220; **242-246**; 248; 271

Spigelia 159; 162

Spongia 95

Stannum 188; **247-250**

Staphisagria 4; 56; 93; 161; 177; 212; 214; 242; **251-256**; 266

Stramonium 37; 118; 137; 138; 139; 176; 181; 255; **257-260**; 275; 292; 294

Sulfur 3; 20; 33; 45; 116; 144; 155; 222; 241; **261-268**; 271; 290

Syphilinum 186; 263; **269-272**

Tabacum 278

Tarantula 16; 17; 20; 53; 181; 183; 186; 189; 216; 259; 260; **273-276**; 294

Theridion **277-282**

Thuja 96; 186; **283-288**

Tuberculinum 21; 54; 74; 96; 241; 267; **289-291**

Valeriana 142

Veratrum album 85; 90; 118; 139; 216; 260; 274; **292-294**

Zincum 37; 219

INDEX, DD

DD, Agar., Nit-ac. 27

DD, Ars., Nux-v. 41

DD, Calc., Phos. 71

DD, Caps., Calc., Ferr. 82

DD, Caps., Hell. 84

DD, Caps., Kali-bi. 87

DD, Carb-v., Lyc. 92

DD, Caust., Staph. 93

DD, Chel., Lyc. 98; 101

DD, Dulc., Calc-c., Ars., Kali-c. 106

DD, Graph., Ferr., Puls., Calc. 110

DD, Grat., Lyc. 113

DD, Grat., Plat. 112

DD, Guaj., Alum. 117

DD, Guaj., Sep. 119

DD, Hep., Calc-s., Nux-v., Sep. 135

DD, Ign., Phos-ac. 145

DD, Lach., Bell. 162

DD, Lyc., Gels., Sil., Calc., Nat-m. 170

DD, Mag-c., Mag-m. 180

DD, Mag-m., Rhus-t. 178; 179

DD, Med., Puls., Alum., Nux-v., Tarant., Thuj., Syph. 185

DD, Merc., Ign., Ars., 188

DD, Nat-m., Ign., Phos., Lil-t. 198

DD, Nux-v., Ars. 205

DD, Plb., Alum. 221

DD, Rhus-t., 225

DD, Sep., Ign., Calc., Alum., Nat-m. 236

DD, Sep., Lach. 240

DD, Sil., Nit-ac., Kali-c. 245

DD, Staph., Ign. 251
DD, Tarant., Nux-v. 273
DD, Thuj., Med. 286
DD, Thuj., Nit-ac. 285
DD, Verat., Tarant., Stram. 294

INDEX, DD

DD, Abneigung gegen Wind
 Lyc., Nux-v., Rhod. 91
DD, akutes Fieber
 Stram., Bell. 259
DD, altes Aussehen
 Arg-n., Calc., Lyc. 37
DD, Angst um andere
 Ars., Phos., Sulf. 44
DD, Angst um die Gesundheit
 Ars., Calc., Kali-c., Kali-ar., Phos., Lyc., 42
DD, Angst zu ersticken
 Aeth., Grind., Lach. 22
DD, Angst, etwas vergessen zu haben
 Syph., Caust. 269
DD, Ängste
 Lyss., Calc., Stram., Phos., Puls., Acon. 175
DD, antwortet langsam
 Phos-ac., Merc., Phos. 13
 Plb., Phos., Merc. 217
DD, Apathie
 Phos-ac., Puls. 13
DD, außerkörperliche Erfahrungen
 Agar., Cann-i. 26
DD, besser durch Musik
 Tarant., Aur., Nat-m. 274
DD, Besserung durch andere Luft
 Sulf-ac., Puls., Med., Tub. 21
DD, Eifersucht
 Ign., Lach., Hyos., Nux-v. 146
DD, Eile
 Sulf-ac., Tarant. 17
DD, Ekel vor Dreck
 Sulf., Syph. 263

DD, Emotionslosigkeit
   Phos-ac., Aur., Sep. 10
DD, erotische Besessenheit
   Tarant., Hyos. 275
DD, Furcht vor Leiden
   Fl-ac., Cham., Hep. 3
DD, geistige Arbeit fällt schwer
   Sil., Calc. 243
DD, Gelenkbeschwerden besser durch kaltes Wasser,
      besser durch kalte Anwendungen
   Guaj., Med., Puls., Led. 117
DD, genau
   Nux-v., Ars., Nat-m. 202
DD, Genauigkeit
   Ars., Nux-v., Nat-m. 41
DD, gewalttätiges Delirium
   Stram., Bell., Hyos., Tarant., Verat. 260
DD, Gewalttätigkeit
   Tarant., Stram. 275
DD, Ichgefühl
   Puls., Phos., Sulf. 222
DD, Impuls zu töten
   Alum., Ars., Merc., Plat. 32
DD, Kopfschmerz
   Stann., Nat-m. 249
DD, Kopfschmerz und Zähne
   Ther., Merc., Kreos., Cham. 279
DD, Kummer
   Staph., Ign., Nat-m., Aur. 252
DD, reizbar, zerbricht Dinge
   Sulf-ac., Nux-v. 18
DD, Ruhelosigkeit
   Tarant., Ars., Verat. 273
DD, Schwäche
   Phos-ac., Picr-ac., Mur-ac. 14
   Stann., Helon., Bry., Phos-ac., Mur-ac. 248

DD, Schweiß übelriechend
    Sil., Psor., Sulf. 244
DD, Schwindel
    Ther., Con. 280
DD, springen von einer Idee zur anderen
    Cann-i., Lach. 79
DD, Todesahnung, sagt die Zeit voraus
    Arg-n., Acon., Agn. 36
DD, Verhalten dem Arzt gegenüber
    Ars., Phos., Nit-ac. 42
DD, Verlangen nach frischer Luft
    Carb-v., Ars., Puls., Apis, Sec. 90
DD, Verwirrung über die eigene Identität
    Plat., Verat. 216
DD, Verzweiflung um die Genesung
    Alum., Calc., Ars. 31
DD, Wahnidee, jemand sei in der Nähe
    Thuj., Med., Petr. 285
DD, Wahnideen
    Stram., Verat. 292
DD, Wahrnehmung verändert
    Plat., Sabad., Cann-i. 214